JATI 認定トレーニング指導者オフィシャルテキスト　TRAINING INSTRUCTORS' TEXTBOOK

トレーニング指導者テキスト［実践編］

NPO法人 日本トレーニング指導者協会 編著

3訂版

JATI

Japan Association of Training Instructors

大修館書店

執筆者紹介 （執筆順）

有賀　誠司	東海大学健康学部教授	………………………	1章1節、3章2節、4章1節
岡野　憲一	帝京平成大学人文社会学部准教授	………………	1章2節
森　実由樹	国際武道大学体育学部准教授	…………………	1章2節
長谷川　裕	龍谷大学スポーツサイエンスコース教授	…………	2章1節、2章2節、3章1節
菅野　昌明	豊田合成 Blue Falcon ストレングス＆コンディショニングコーチ	………	3章3節、3章5節、4章2節、4章4節
山内　武	大阪学院大学経済学部教授	…………………………	3章4節、3章7節2項②、4章3節
山口　太一	酪農学園大学農食環境学群教授	………………	3章6節1項
有賀　雅史	帝京科学大学医療科学部教授	…………………	3章6節2項①・②、4章5節
笠原　政志	国際武道大学体育学部教授	………………………	3章6節2項③
真田　樹義	立命館大学スポーツ健康科学部教授	…………………	3章7節1項
三島　隆章	大阪体育大学体育学部教授	………………………	3章7節2項①
大石　益代	国立スポーツ科学センター スポーツメディカルセンター主任専門職	…………	3章7節2項③
家光　素行	立命館大学スポーツ健康科学部教授	………………	3章8節1項
福田　崇	筑波大学体育系准教授	……………………………	3章8節2項
黒須　雅弘	東海学園大学スポーツ健康科学部准教授	…………	4章4節

序　文

　特定非営利活動法人日本トレーニング指導者協会（JATI：Japan Association of Training Instructors）は2006年に設立され、翌年から国内の実状と将来の展望を踏まえ、日本の現場において本当に役立つ指導者資格を確立することを目指して「JATI認定トレーニング指導者」の認定事業を開始した。現在、トレーニング指導に関わる数多くの方々がこの資格を取得しており、国内におけるトレーニング指導者資格のスタンダードとして位置づけられるようになってきている。

　JATI認定トレーニング指導者とは、「対象や目的に応じた科学的根拠に基づく適切な身体運動のプログラムを作成し、これを効果的に指導・運営するための知識と技能を有する専門家」と定義される。本書は、この資格を取得するために必要とされる知識と技能を習得するための養成講習会のカリキュラムに基づき、その教本として制作されたものである。

　本書は、上述した養成講習会の一般科目の内容に相当する「理論編」と、専門科目の内容に相当する「実践編」の2冊1組で構成されている。理論編は、トレーニング指導者が科学的根拠に基づいて活動するためのバックグラウンドとなる必須事項を精選し、現場的な視点で解説されている。また、実践編については、現場におけるトレーニング指導の実務をふまえ、トレーニング指導者論、測定と評価、トレーニング理論とプログラム、トレーニングの実技と指導法に関する内容が網羅されている。

　本書が、トレーニング指導者を目指す人はもとより、すでにトレーニング指導者として活動している人、競技スポーツのコーチや選手、健康増進分野の運動指導者、学校の教員の方々などに存分に活用されることを願っている。

[3訂版の刊行にあたって]

　幸いにも本書の初版、改訂版は、刊行以降15年間にわたり、JATI認定トレーニング指導者の取得を目指す方をはじめ、多くの皆様にお役立ていただいた。

　今回の3訂版では、スポーツ科学やトレーニングの実践に関わる最新情報を反映させたほか、より現場のトレーニング指導に役立つように改訂を行った。

　最後に、執筆の労を賜った著者の皆様、写真撮影や資料提供にご協力いただいた方々、そして、出版に際して多大なご高配をいただいた大修館書店に心より感謝の意を表したい。

2022年12月

特定非営利活動法人

日本トレーニング指導者協会

JATI認定トレーニング指導者の資格概要

特定非営利活動法人日本トレーニング指導者協会（JATI）について

2006年設立。競技スポーツとフィットネスの分野で活動するトレーニング指導者や、これを目指す人を主な対象として、トレーニング指導者の社会的地位の向上、知識・技能の向上、交流の促進、相互扶助などを目的に、トレーニング指導者の資格認定、教育・研修、研究・国際、キャリア支援などの各種事業を展開しています。

［事務局］

〒106-0041　東京都港区麻布台3-5-5-907

TEL：03-6277-7712

FAX：03-6277-7713

e-mail：info@jati.jp

オフィシャルサイト　https://www.jati.jp/

JATI認定トレーニング指導者について

一般人からトップアスリートまで、あらゆる対象や目的に応じて、科学的根拠に基づく適切な運動プログラムの作成と指導ができる専門家であることを証明する資格です。

1 資格の種類

1）トレーニング指導者（JATI-ATI）
Accredited Training Instructor

対象や目的に応じて、科学的根拠に基づく適切な運動プログラムを作成・指導するために必要な知識を習得したと認められた方に授与されます。スポーツ選手や一般人を対象としたトレーニング指導の専門家として活動するための基礎資格として位置づけられます。

2）上級トレーニング指導者（JATI-AATI）
Advanced Accredited Training Instructor

対象や目的に応じて、科学的根拠に基づく適切な運動プログラムを作成・指導するために必要とされる高度な知識を有するとともに、実技のデモンストレーション技能や指導技能を十分に習得したと認められた方に授与されます。トレーニング指導の専門家として高いレベルの知識と技能を有し、後進への指導を行う能力も有することを証明する上級資格として位置づけられます。ハイレベルなアスリートを対象としたトレーニング指導者、大学や専門学校などにてトレーニング指導者の教育・養成に携わる方、フィットネスクラブのチーフインストラクターなどに推奨されます。

3）特別上級トレーニング指導者（JATI-SATI）
Senior Accredited Training Instructor

トレーニング指導者として必要とされるきわめて高度な知識および技能を有するとともに、長期にわたる実務経験と優れた指導実績を保持していることを認められた方に授与されます。国内を代表するトレーニング指導者として、業界の社会的地位向上を担う最上級資格として位置づけられます。国際レベルのトップアスリートを指導するトレーニング指導者、大学や専門学校などにおけるトレーニング指導者の教育・養成統括担当者、フィットネスクラブにおけるインストラクターの教育研修担当者などに推奨されます。

4）准トレーニング指導者（JATI-ASATI）
Associate Accredited Training Instructor

JATI有資格者が行うトレーニング指導業務を補助することが可能な知識や技能に関する学習を修了した証明として発行される称号であり、認定資格ではありません。この称号保有者は、「トレーニング指導者（JATI-ATI、AATI、SATI）」有資格者に帯同し、その管理監督の下でトレーニング指導のサポート業務に従事する他、JATI有資格

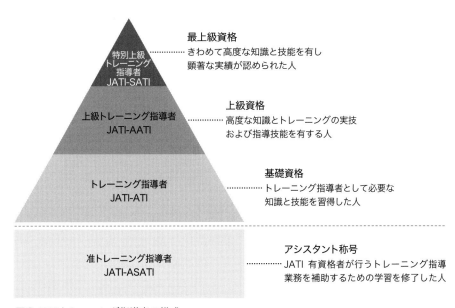

図●JATIトレーニング指導者の構成

者のアシスタントとしてトレーニング指導関連業務の補助全般を担うことが期待されます。

2 資格の対象

1) 競技スポーツ分野において、選手の体力強化や傷害予防を目的としたトレーニング指導を行う専門家

　囲 トレーニングコーチ、ストレングスコーチ、コンディショニングコーチ、スポーツコーチ、地域スポーツ指導者、教員、アスレティックトレーナーなど

2) 一般人を対象としたトレーニング指導の専門家

　囲 フィットネスクラブのインストラクター、一般人を対象とした運動指導者、パーソナルトレーナーなど

3 「トレーニング指導者」資格の取得方法

（内容が変更になる場合がありますので、詳細については最新の要項をご参照ください）

1) 申請条件

①本協会個人正会員であること

②指定する学歴または指導歴を有していること

● 大学・短大・専門学校卒業または卒業見込み

● 高等学校卒業後、3年以上運動指導に従事した方もしくは3年以上のプロフェッショナル（もしくは全日本レベル）の競技経験を有する方など

③免除制度

● 健康運動指導士、スポーツプログラマー、NSCA-CSCS、NSCA-CPTなどを現在保持または、過去に取得した経歴がある方には、養成講習会の免除制度があります。

※資格の種類などによって免除内容が異なります。

● 本協会が認定する「養成校」および「養成機関」において、所定の単位を取得した方は、養成講習会が免除され、認定試験を受験することができます。

2）養成講習会の受講

認定試験の受験に当たって、所定の講習会を受講することが必要です。

①一般科目

体力トレーニング論、機能解剖、バイオメカニクス、運動生理学、運動と栄養、運動と医学、運動と心理

②専門科目

トレーニング指導者論、測定と評価、トレーニング理論とプログラム、トレーニングの実技と指導法

3）認定試験の受験

以下の2科目の筆記試験を受験し、合格した方に認定資格が授与されます。試験は、4つの選択肢から正解を選ぶマークシート方式になっています。

①一般科目：90問（90分）

②専門科目：90問（90分）

4 上位資格の取得方法

1）上級トレーニング指導者

①申請条件

有効な「トレーニング指導者」であり、取得後3年以上の実務経験があること。また、CPR・AEDに関する講習会を修了している方が対象となります。

②認定方法

「実技のデモンストレーション技能」「トレーニングの指導技能」「トレーニングプログラム作成技能」等に関する実技試験と筆記試験に合格した方に認定資格が授与されます。

2）特別上級トレーニング指導者

①申請条件

有効な「上級トレーニング指導者」であり、取得後5年以上の実務経験があること。また、35歳以上で、10年以上の指導歴または教育歴がある方が対象となります。

②認定方法

指導実績と小論文の審査により、認定資格が授与されます。

目　　次

1章　トレーニング指導者論

2章　測定と評価

3章　トレーニング理論とプログラム

4章　トレーニングの実技と指導法

〈モデル〉
小林嵩昇、藤井陽樹、長井祐一郎、長尾秀行、佐々木貴也（4章1節）
前田涼、服部公哉、西嶺太、森長優介、黒田忍、金森優佳里、都築祐衣（4章2節）
藤井晃大（4章4節）
居合裕、伊東敬郎、川端翔太、国松亜樹良、須藤謙、須藤秀太、関口純裕、友部貴哉、服部巧、矢島直樹、渡辺孝雄、塚松さやか（4章5節）

〈協　力〉
福本竜太朗、井出和徳、鈴木孝則

1章

トレーニング
指導者論

トレーニング指導者の役割

1——トレーニング指導者とは

1 定義

　日本トレーニング指導者協会認定トレーニング指導者とは、「対象や目的に応じた科学的根拠に基づく適切な身体運動のトレーニングプログラムを作成し、これを効果的に指導・運営するための知識と技能をもつ専門家」を指すものとする。

2 指導対象と主なトレーニング目的 （表1）

　競技スポーツの分野において、トレーニング指導者は、スポーツ選手を対象として、競技力向上のための体力強化や形態の改善、傷害予防、体調調整などを目的としたトレーニング指導を行う。

　競技スポーツ以外の分野（以降「フィットネス分野」と呼ぶ）においては、健常者（年齢を問わない）を対象として、健康や体力の増進、形態の改善、生活の質の改善、生活動作の機能改善などを目的としたトレーニング指導を行う。

　トレーニング指導者が、疾病や傷害をもつ人を対象としてトレーニング指導を実施する際には、原則として、医師による運動許可を必要とする。

　トレーニング指導者は、原則として、トレーニ

ング実施者の受傷部位（患部）の「リハビリテーション」については独自の判断では関与しないが、医師の指示に基づき、「患部トレーニング」として関与することができる。

3 国内における呼称

(1)競技スポーツ分野

　競技スポーツの現場では、現在においても、トレーニング指導者が、「アスレティックトレーナー」と混同されたり、単に「トレーナー」と呼ばれたりすることが多い。そのほか、国内において使用されるトレーニング指導者の呼称としては、次のようなものがある。

①トレーニングコーチ

　1970年代頃から、主として国内のプロ野球において使用され、広がっていったと思われる呼称。

②ストレングスコーチ

　1970年代頃から、主として米国のアメリカンフットボール競技において、筋力トレーニングの指導を担当する専門家の呼び名として多く使用されたのが発端と思われる。

③ストレングス&コンディショニングコーチ

　レジスタンストレーニング以外の運動プログラムや選手の体調調整などについても幅広く対応するトレーニング指導の専門家を意味する呼称として使用されることが多い。単に「コンディショニングコーチ」と称する場合もある。

④フィジカルコーチ

　主にサッカー競技において、体力強化のためのトレーニングやウォームアップおよびクールダウンを担当する専門家の呼称として使用されること

表1●指導対象と主なトレーニング目的

	競技スポーツ分野	フィットネス分野
対象	スポーツ選手	健常者（年齢を問わない）
目的	競技力向上のための体力強化や形態の改善、傷害予防、体調調整など	健康や体力の増進、形態の改善、生活の質の改善、生活動作の機能改善など

※疾病や傷害をもつ人を対象としてトレーニング指導を実施する際には、原則として医師による運動許可を必要とする。

が多い。

⑤フィットネスコーチ

　主にラグビー競技において使用される機会が多い呼称である。

⑵フィットネス分野

　フィットネス分野においては、フィットネスクラブのような商業施設にて、「インストラクター」「フィットネスインストラクター」「トレーナー」といった呼称が使用されている。国内では、90年代以降になると、トレーニング実施者（顧客やクライアントと呼ばれる）と個人契約を結んでトレーニング指導を行う「パーソナルトレーナー」の呼称も多く使用されるようになり、現在に至っている。

4 活動形態

　国内で活動するトレーニング指導者は、主とし て次のような活動形態をとっている。

⑴競技スポーツ分野

- チームや会社、学校などとの専属契約にて活動（期限付き雇用または終身雇用）
- 個人事業主として複数の指導先（団体または個人）とパートタイム契約にて活動
- 業務受託会社に所属して活動
- アスレティックトレーナーと兼務で活動
- 教員として活動
- 副業またはボランティアとして活動

⑵フィットネス分野

- フィットネスクラブの社員として活動（期限付き雇用または終身雇用）
- 個人事業主として複数の指導先（個人または団体）とパートタイム契約にて活動
- 副業またはボランティアとして活動

2——国内のトレーニング指導者に対するニーズ

　国内のトレーニング指導者の歴史や現状等に関する調査・研究は、現在のところ本格的には行われていないが、国内のトレーニング指導者に対するニーズについて、以下に概括する。

⑴競技スポーツ分野

　競技スポーツの高度化に伴い、競技力向上のためには、より高いレベルの体力を効率よく獲得する必要性が高まっている。一方、各競技のコーチには、高水準の技術・戦術の指導能力やチーム運営能力が求められるようになり、多くの時間と労力が費やされているのが実状である。

　このような状況を背景として、技術・戦術の指導やチームの運営を専門とするコーチと、体力強化や体調調整を専門とするコーチ（トレーニング 指導者）との分業化が進む傾向にある。競技スポーツ分野では、体力強化に関する高水準の専門的知識と指導能力をもつスペシャリストに対するニーズは、今後もさらに高まることが予想される。

⑵フィットネス分野

　一般人における健康増進や体形改善に対する意識の高まり、子どもの体力低下問題、高齢者の介護問題などを背景として、フィットネス分野では、運動を行う対象や目的が多様化する傾向が見られる。

　これに伴い、様々な対象や目的に応じて、適切な運動プログラムを作成・指導できる専門家に対するニーズはさらに増加すると考えられる。

3——トレーニング指導者の役割と業務

　トレーニングを実施する対象について、様々な角度から情報収集を行って現状を把握したうえで、 トレーニング目標を設定し、これを達成するための効果的なトレーニングプログラムを作成する。

表2●トレーニング指導者の役割と業務

1) トレーニングプログラムの作成
2) トレーニングプログラムの運営と管理
3) 測定と評価
4) 教育的指導
5) 環境整備と組織運営
6) 健康管理と救急処置

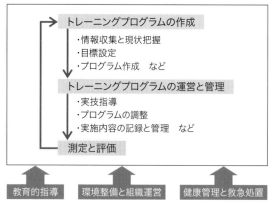

図1●トレーニング指導の流れと業務

表3●プログラム作成に当たって収集すべき情報
　　　（スポーツ選手を対象とした場合）

トレーニング実施者に関する情報	競技に関する情報
1. 一般的情報 ・氏名、年齢、性別など 2. 形態と体力に関する情報 ・過去及び現在の形態・体力測定データなど 3. 医学的情報 ・整形外科的傷害、内科的疾患の既往と現状 ・メディカルチェックのデータなど 4. トレーニング環境に関する情報 ・生活状況（仕事、学業、睡眠など） ・食事状況（食事内容、サプリメントの使用など） ・練習やトレーニングの環境など 5. 競技に関する情報 ・専門種目、競技歴 ・練習、合宿・遠征、試合の日程 ・競技の目標 ・技術・戦術の課題など 6. その他 ・トレーニングに関する知識・理解度 ・心理的特性など	1. 一般的情報 ・競技規則 ・使用する用具（ボール、ラケットなど）やウエア ・気象条件や競技場（気温、湿度、風、サーフェイスなど） ・主要試合日程など 2. 必要とされる形態 ・身長、体重、体脂肪率、筋肉量など 3. 技術特性 ・強化すべき動作や局面 ・使用される部位など 4. 体力特性 ・競技で要求される体力 ・トップ選手の体力特性など 5. 競技で起こりやすい傷害 ・起こりやすい傷害とそのメカニズム

プログラムの作成における具体的業務について、以下に述べる（表2、図1参照）。

1 トレーニングプログラムの作成

(1)情報収集と現状把握

　プログラムの作成に当たって、調査票や面談などを通じて、トレーニング実施者に関する情報を収集する（表3）。収集すべき情報としては、氏名・年齢などの「一般的情報」のほか、体組成や各種体力などの「形態・体力に関する情報」、過去の内科的疾患や整形外科的傷害、医師によるメディカルチェックの結果などの「医学的情報」、生活状況（仕事・学業・睡眠など）、食事状況、精神的ストレスの状況、利用できるトレーニング施設などの「トレーニング環境に関する情報」が挙げられる。また、トレーニング実施者のトレーニングに関する知識や理解度、心理的特性などについても調査しておく必要がある。
　スポーツ選手を対象とする場合、専門スポーツの特性に関する情報収集を行う。具体的には、競技規則、使用する用具、ウエア、競技を実施する場所などの「一般的情報」、競技で必要とされる

身長や筋肉量などの「形態に関する情報」、実際の競技動作やトレーニングによって強化すべき動作局面などの「技術特性に関する情報」、競技で要求される体力などの「体力特性に関する情報」、競技で起こりやすい傷害やその発生メカニズムなどの「傷害に関する情報」などがある。また、選手個人が出場する試合の日程や競技の目標（試合における順位や記録など）、技術及び戦術の課題についても把握しておく必要がある。
　なお、トレーニング指導者自身が未経験の競技に対応する場合には、試合や練習を見学したり、必要に応じて実際に競技を体験したりすることも有効である。

(2)目標設定

　情報収集と現状把握を終えたら、トレーニングによって達成すべき目標を検討する。トレーニング目標には、1年から数年間の長期目標と、数週間から数ヵ月の短期目標とがある。目標設定の際には、トレーニングの効果やトレーニングに対する意欲を高めるために、「達成期限を明確にする」「目標値はできるだけ数値化して具体的に設定する」「トレーニングの実施によって実現可能なレ

ベルに設定する」などに配慮する必要がある。

⑶プログラムの作成

設定された目標を基に、これをできる限り効率よく達成するためのトレーニングプログラムを作成する。

プログラムを作成する際には、1年から数年の期間に及ぶ「長期プログラム」と、数週間から数ヵ月間の具体的なトレーニング内容を示した「短期プログラム」の2つに分けて検討を行う。スポーツ選手の場合には、出場する試合の時期や重要度などを考慮して、「ピリオダイゼーション（期分け）」の概念に基づく長期プログラムを作成する。

具体的なプログラムの作成においては、トレーニング目標や、強化すべき体力要素と運動形態などを考慮してエクササイズを決定するとともに、各エクササイズの強度や量、プログラムの実施頻度などの諸条件を設定する。

② トレーニングプログラムの運営と管理（実技指導）

トレーニングプログラムが決定したら、トレーニング実施者にプログラムの内容について説明するとともに、実技指導を行う（図2）。実施者が初めて行うエクササイズを実施する際には、トレーニング動作の指導が重要となり、指導者のデモンストレーション技能も必要とされる。

トレーニングの実施中には、指導者は、実施者の動きや実施条件（負荷や回数、動作スピードなど）を観察し、必要に応じて助言を行う。レジスタンストレーニングを実施する際には、指導者が補助を行う場合もある（図3）。

施設の収容能力を超える多人数が同時にトレーニングを実施する場合には、グループ分けを行い、時間や曜日を変えてトレーニングを実施するなどの対応が必要となる。

プログラムの進捗状況を管理するためには、トレーニングの実施記録や指導記録をつけるとともに、その内容について定期的に確認し、評価と調整を行う。

③ 測定と評価

トレーニングプログラムの効果を把握するために、一定期間ごとに各種測定を実施し、結果についての評価を行うとともに、必要に応じてトレーニング目標やプログラムの調整を行う。

測定の内容には、体重や体脂肪率、各部位の周径囲などの形態測定、筋力や持久力、柔軟性などの体力測定のほか、食事・睡眠などの生活習慣の調査、メンタル面の調査、医師による医学的チェックなども含まれる。

測定によって得られたデータについては、トレーニング実施者のニーズに応じて、グラフや表などに加工して、わかりやすく説明することが必要となる。具体的な評価法としては、目標値や標準値（日本人の平均値、競技別平均値など）との比較、評価基準を用いた評価（例：5段階評価によるレーダーチャートの作成など）、前回との比較やこれまでの推移（折れ線グラフの作成など）のほか、スポーツ選手の場合には、チーム内順位やトップ選手との比較などがある。

測定結果に基づき、プログラムの進捗状況についての評価を行うとともに、今後のトレーニングプログラムの調整や実施ポイントなどについて検討を行い、できるだけ早く実施者やコーチに説明を行う。

図2●トレーニングの実技指導

図3●レジスタンストレーニングの補助

4 教育的指導

効率よくトレーニング効果を上げ、目標の達成を図るためには、実施者自身が、トレーニングに関する正しい知識をもち、長期間にわたってトレーニングに対するやる気を維持し続けることが重要である。このため、トレーニング指導者は、実施者に対して、正しい知識や情報をわかりやすく伝達するとともに、トレーニングに対するやる気を高める様々な働きかけを行う。

トレーニング指導者が実施する教育的指導には次のようなものがある。

(1)科学的根拠に基づく知識や情報の伝達

トレーニング実施者は、トレーニングについて断片的な情報に基づく偏った認識をもっていることが多い。具体的には、「レジスタンストレーニングを行うと筋肉がつきすぎて運動の妨げになる」「レジスタンストレーニングを行うとスピードや柔軟性が低下する」といったものがある。このような認識を解消するためには、科学的根拠に基づく正しい知識や情報について、実施者の特性やレベルに応じてわかりやすく説明することが必要である。

(2)トレーニングに対する動機づけ

トレーニングに対しては、「きつい」「面白くない」といったネガティブなイメージが想起されやすい傾向がある。トレーニングの実施に当たっては、「なぜこのトレーニングを行う必要があるのか」「このトレーニングによってどんなメリットが得られるのか」といったことについて、実施者にわかりやすい事例や表現を用いて伝達することが必要である。

(3)自己管理能力の向上を促す働きかけと自立支援

トレーニング効果を高めるためには、実施者自らがやる気をもって臨むとともに、食事や睡眠などの生活習慣について、自分自身でコントロールする能力（自己管理能力）を向上させることが不可欠である。トレーニング指導者は、教育的指導の一環として、実施者の自己管理能力を高めるための、様々なアプローチを行うべきである。

また、トレーニング指導者は、実施者に対して生涯にわたって教育的指導を行い続けることは困難であり、日常生活の管理については限界があることから、実施者自身でトレーニングに対する動機づけを行う能力（セルフモチベーション）を高め、最終的には指導者のもとから自立できるように支援する姿勢も重要である。

5 環境整備と組織運営

(1)環境整備

①施設および器具の整備

トレーニングを効果的に推進するためには、トレーニングを実施するためのハードウエアとしての位置づけとなる施設や器具を整備することが必要である。トレーニング指導者は、トレーニング施設の設計、トレーニング器具の選定とレイアウト、施設や器具のメンテナンスなどの業務に関与する。

②予算の確保

トレーニング指導の過程においては、トレーニング器具や測定機器などを購入するための設備費、消耗品の購入費、通信費、交通費、スタッフの人件費及び教育・研究費など、様々な経費が必要となる。トレーニング指導を円滑に実施するために要する予算を確保することは、トレーニング指導者の重要な業務の1つである。

予算を確保するための手段としては、民間や公共のトレーニング施設で活動するトレーニング指導者の場合には、上申書や要望書を作成し、経営や運営の責任者に対して適切なプレゼンテーションを行うことが必要となる。個人で活動しているトレーニング指導者の場合には、より多くの利益を上げる努力をするとともに、スポンサーを獲得するための営業活動を行うことも検討する。

③生活環境やトレーニング時間の整備

トレーニング指導者が関与する環境整備に関するそのほかの業務には、トレーニング実施者の食事や休養などの生活環境の整備や、トレーニングの実施時間の調整などがある。

⑵組織運営

①組織や運営システムの構築

　トレーニング指導者が、複数名で業務に対応する場合には、効率的な組織や運営システムを構築することが求められる。指導の質の向上を図るために、研修を実施することも必要である。

②他分野の専門家の活用と連携

　トレーニング指導を効果的に進めるに当たっては、関連分野の専門家の助言やサポートを受けることが有効である。関連分野の専門家としては、医師、理学療法士、アスレティックトレーナー、栄養やメンタル分野の専門家、スポーツ科学の研究者などが挙げられる。

　トレーニング指導者が、すでに他分野の専門家が活動しているチームや団体に関与する際には、組織構成や役割分担を把握し、互いに連携した活動が実施できるように努めることが必要である。

　なお、個人で活動するトレーニング指導者の場合には、税理士や会計士、弁護士などの助言が必要となる場合がある。

6 健康管理と救急処置

⑴健康管理

　トレーニング指導者は、実施者の日々の健康管理にも関与する。トレーニング指導者の立場として実施する健康管理に関する業務としては、健康管理に必要な測定（体重、体脂肪率、体温、血圧、心拍数など）の実施とデータの管理、生活習慣（食事、睡眠など）のチェックと助言、水分や栄養補給に関する助言などがある。

　また、トレーニング指導者は、運動を実施する環境（暑熱環境、寒冷環境、高所環境など）の変化に伴う健康管理や、ドーピングコントロールに関する助言を行うほか、オーバートレーニング、バーンアウト症候群、摂食障害などの発生に留意する。必要に応じて、専門家と連携しながら対策を講じる。

　トレーニング指導者がスポーツのチームにおいて活動を行う場合には、これらの健康管理に関する業務について、チームドクターやアスレティックトレーナー、管理栄養士などの専門家と連携して対応を行う。

⑵救急処置

　トレーニング指導者は、万一の事故や傷害の発生に備えて、緊急時の対応システムを整備し、日頃から十分な訓練を行っておくことが大切である。指導の際、トレーニング実施者に傷害が発生した場合には、直ちに救急処置を行い、必要に応じて医師の受診を勧める。

　心停止や呼吸停止の事態が発生した場合には、救急車が到着するまでの間、心肺蘇生法（Cardiopulmonary Resuscitation：CPR）を施す。トレーニング指導者にとって、救命処置としての心肺蘇生法の習得は必須である（理論編6章参照）。

4── 競技スポーツ分野における状況に応じた活動

1 通常練習時の活動

　スポーツ現場における通常練習期の主な活動は次の通りである。

①体調のチェック

　練習前後に選手の体調について調査・観察を行う。

②ウォームアップとクールダウン

　その日の気候や選手の状態、練習内容に応じて、適切なウォームアップやクールダウンの指導を行う。

③練習時

　練習を観察し、各選手の動きをチェックする。傷害により練習制限のある選手に対しては、医師やアスレティックトレーナーらとの連携により、トレーニング指導を実施する。

④トレーニング時

　トレーニングプログラムに沿って実技指導を行

う。

2 合宿・遠征時の活動

　合宿や遠征では、生活環境が通常とは異なる場所で、選手やほかのスタッフと寝食をともにした集団生活を送ることになる。トレーニング指導者が合宿や遠征に帯同する場合には、選手の食事や睡眠、疲労回復、健康管理などについて、コーチやアスレティックトレーナーらと連携を密にとりながら、積極的にサポートに関与する。

　合宿や遠征では、通常練習期とは異なる練習が採用されることが多く、心身の疲労が高まることが多いため、選手の体調を十分観察しながら、実施するトレーニングやウォームアップおよびクールダウンの内容を適切に調整することも重要である。

3 試合時の活動

　トレーニング指導者が試合に帯同する場合には、試合開始までの体調調整に関わる業務に携わるほか、ウォームアップやクールダウンの指導を行う。試合中には、選手の動きを観察し、パフォーマンスについて把握する。チーム内にほかの医科学スタッフが存在しない場合には、ドーピングコントロールに関するアドバイスを行う場合もある。

5──トレーニング指導者の資質

1 人間性

　どんなに高度な知識や技能を有していても、トレーニング実施者との信頼関係を構築することができなければ、トレーニング指導者としての業務を全うすることはできない。また、競技スポーツの現場では、結果が厳しく求められる緊張感のある環境のなかで、選手ばかりでなく、コーチや監督、アスレティックトレーナーなどのスタッフとも十分なコミュニケーションを図りながら、連携した活動を行っていくことが要求される。

　トレーニング指導者は、「物」ではなく「人」を対象とした業務であることから、良好な人間関係を保持することができ、他者から信頼される人間性を有していることが不可欠である。トレーニング指導者にとって、人間性は、最も重要な資質であるといえるだろう。

　トレーニング指導の現場において、人間性に起因した行動や態度によって問題が起こるケースとしては、次のような例がある。

● 高圧的な態度によって、強引に従わせて指導する。
● 自己主張が強く、持論をとうとうと論じる。他者の意見を受け入れない。
● 実施者の特性や環境を配慮せず、教科書的な知識や技能を押しつける。
● 結果が出ない原因を環境（施設や器具の不備、予算不足、周囲の理解不足など）のせいにする。
● 社会人としてのマナーに欠ける（あいさつができない、場所や局面に応じて外見を整えることができない、報告・連絡・相談ができない）。
● トレーニング指導者としての立場をわきまえない態度や行動をとる。
● 選手の前で監督批判をする。あるいは、フィットネスクラブの利用者の前で、経営者の批判をする。

2 職業観と価値観

　トレーニング指導者の業務は、一般的なビジネスとは異なり、利益至上主義やコスト主義では成り立たない側面がある。トレーニング指導者には、医療や教育と同様、科学的根拠のある安全で効果的なプログラムを提供する義務があり、利益追求のためにこれを逸脱することがあってはならない。

　トレーニング指導の現場では、時間的な拘束が長く、多くの身体的負担が強いられ、その割に報

酬が期待通りに得られないといった状況が少なくない。しかし、どのような環境であっても、ベストを尽くし、創意工夫を凝らして、最大限の能力を発揮しようとする姿勢が必要である。

トレーニング指導者の1人1人が、このような姿勢で業務に臨むことによって、トレーニング指導者が社会から評価され、自らの社会的地位を向上させることにつながるのである。「実施者の目標達成に向けて全力を尽くす」という基本理念をもち、これに喜びと誇りを感じることができる職業観や価値観を有することは、トレーニング指導者にとって非常に重要な資質であるといえよう。

6──トレーニング指導者が身につけるべき能力

① 知識

トレーニング指導者として質の高い業務を遂行するためには、必要とされる専門的な知識を高めておくことが不可欠である。スポーツ医科学に関する研究の進歩は目覚ましく、新たな知見が次々と生み出されていることから、日頃より、書籍、雑誌、インターネットといった様々な媒体や講習会などを通じて、知識や技能のブラッシュアップを図っておく必要がある。また、経営や法律をはじめとする、実務に関する知識を深めておくことも業務にとってプラスになる。

一方、人と接することを生業（なりわい）とするトレーニング指導者にとって、専門的な知識ばかりでなく、一般教養の見識も深め、幅広い知的バックグラウンドを養っておくことも心掛けたい。

② 実技技能

トレーニング指導者は、実技のデモンストレーションを行う機会が多いことから、自分自身の実技技能を高めておくことが重要である。指導者がレベルの高いデモンストレーションを行うことは、実施者が正しい動作をイメージするための有効な手段となる。指導者自身のデモンストレーション能力を高めるためには、実技の練習機会を確保するとともに、定期的に自分の動作を動画等で確認することが効果的である。

トレーニング指導者自身が、様々なトレーニングを長期にわたって実践し、体力や体形を改善させた体験をもつことも、指導上たいへん有意義なことである。このことは、机上で考案したプログラムが実際にどのくらいきついのかを理解したり、実施者の体調に応じてトレーニング内容を微妙なさじ加減で調整したりするために大変役立つものである。また、何よりも、トレーニングを実践してきた指導者は、実施者からの信頼を得やすく、発言の重みも増すのである。

③ 指導・伝達技能

どんなに豊富な知識をもち、巧みなデモンストレーションを行ったとしても、トレーニング実施者のレベルやニーズに応じた適切な助言や指導ができなければ、効果的なトレーニング指導を行うことはできない。

指導技能を高めるためには、バックグラウンドとして、心理学、教育学、運動学習理論、コーチング理論などの知識を身につけたうえで、現場に

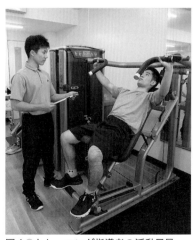

図4●トレーニング指導者の活動風景

おける指導経験を十分に積むことが必要である。また、日々の指導記録をつけて自己評価を行ったり、定期的に自分の指導風景を動画等で確認したり、ほかの指導者に見てもらってアドバイスを受けたりすることも大切である。これからトレーニング指導者を目指す人の場合には、指導経験を積む機会として、インターン（実習生）として現場に受け入れてもらうことも有効である。

トレーニング指導の過程では、実施者に対する情報提供やトレーニングに対する動機づけを目的として、レクチャーを行ったり、各種資料を作成したりする機会が多い。指導者としての経験が浅い人の場合、自分が勉強した専門用語をそのまま伝えてしまう傾向があるが、実施者のレベルやニーズに応じて、できるだけかみくだき、親しみやすい言葉で伝えることが重要である。また、資料を作成する際には、わかりやすい文章を心がけるとともに、図表やイラスト、写真などを活用し、視覚的効果を高める配慮も必要である。

4 コミュニケーション能力

これまでに述べてきたように、トレーニング指導者は「人」を対象とした活動を行うことから、良好な人間関係を構築するためのスキルとして、コミュニケーション能力を向上させることが不可欠である。

コミュニケーション能力には様々な要素が含まれるが、ごく基本的な具体例として、あいさつができること、正しい言葉遣いができること、トレーニング指導者としての立場をわきまえた言動や態度がとれること、自己主張に偏ることなく相手の意見を尊重することができること、などが重要であろう。また、チームや組織のなかで活動する場合には、ほかのスタッフに対して報告・連絡・相談が適切に行えること、協調性が発揮できることなどが求められる。

5 コーディネート能力

スポーツ科学の高度化や進歩の急速化に伴い、トレーニング指導者が活動を行う際に、スポーツ

医科学に関わる関連領域の専門家（医師、アスレティックトレーナー、栄養やメンタル分野の専門家、スポーツアナリスト、スポーツ科学の研究者など）のサポートを受けたり、連携したりする機会が増えている。トレーニング指導者は、これらの専門家との接点を確保し、必要に応じて助言を受けたり、円滑な連携・協力関係を構築したりする能力を身につけておくことが必要である。

他分野の専門家と関わる際には、立場や認識の相違による問題の発生を防止するために、あらかじめ文書によって条件や内容を明確にしておくことが必要である。例えば、選手や顧客をほかの専門家に紹介する場合や、その逆の場合には、口頭で依頼するだけでなく、「紹介状」などの文書を用いることが望ましい。また、ほかの専門家を、講習会などで招聘する際には、条件などについて十分な打ち合わせのうえ、「依頼書」や「承諾書」を取り交わしておくことも重要である。

6 組織運営能力

トレーニング指導者が、チームや会社などの組織のなかで活動する場合には、組織の一員としての多種多様な能力が要求される。具体的には、業務システムの構築、スタッフの確保と組織化、予算の獲得などの能力が必要となる。

トレーニング指導者が会社を立ち上げる場合には、経営的な能力を有していることも重要である。また、スタッフを率いるリーダーの立場になった場合には、リーダーシップを発揮することも必要とされる。

7 情報収集分析能力

トレーニング指導者には、活動に必要とされる多くの知識や情報を適切に収集する能力が必要とされる。国内ばかりでなく、海外の文献やサイトを読む能力も備えていれば理想的である。

インターネットやテレビをはじめとする各種メディアは、健康や運動に関する情報を多数配信しているが、科学的根拠の乏しいものや、客観的な観点に欠ける論評が少なくない。トレーニング指

導者には、これらの情報を取捨選択する能力も重要であるといえよう。

なお、トレーニング指導の実務においては、実施者の動きを観察し、これを適切に分析する能力も必要とされる。

8 学術的能力

トレーニング指導を安全かつ効果的に行うためには、科学的根拠を重視する態度が重要である。このことから、トレーニング指導に関連する学術論文を読む能力や、学会および研究会等において研究者と意見交換ができる能力を養っておくことが理想である。

また、トレーニング指導者自身の活動を、医師における臨床報告のように、事例報告としてまとめて発表できる能力も身につけておきたい。自分の活動を公表することは、他者から有意義なアドバイスを得たり、人的ネットワークを構築したりすることにもつながる。

9 自己管理能力

質の高い活動をするためには、自分自身の健康管理が重要であることはいうまでもない。トレーニング指導者は、自身の自己管理能力を磨き、実施者の目標となるような体形や体力を維持し、模範的な生活が送れるように努力する必要がある。

どんなに知識や技能を高めても、指導者自身の食生活が乱れていたり、喫煙していたり、精神的なストレスを抱えていたりする状況では、生き生きとした活動的な業務を行うことができず、トレーニング実施者の信頼を得ることはできないのである。

7——トレーニング指導者の行動と倫理

日本トレーニング指導者協会は、「JATI認定トレーニング指導者の行動規範」を制定し、これを推奨している。ここでは、トレーニング指導者としてふさわしい行動や倫理的観点からみた活動上の留意点について述べる。

1 専門職としてのモラルやルールの重要性

国内では、トレーニング指導者が職業訓練や実務研修を受ける機会が限られている。このため、職務上のモラルやルールを十分理解せずに現場に出るケースが多いのが実状である。これらを要因とした問題が発生した場合には、指導者個人ばかりでなく、業界全体に対する信頼が損なわれてしまう危険性もある。

トレーニング指導者の社会的地位の向上を図るためには、指導者1人1人が、社会的秩序はもちろんのこと、職務上のモラルやルールを守り、職業倫理に反する行為を慎むように努めることが重要である。

表4 ● JATI認定トレーニング指導者の行動規範

1. 法令、規則、規程、国際ルール、社会的規範を遵守し、社会的な信用や品位を損なうような言動を慎み、トレーニング指導者としての地位の向上に努めます。
2. すべてのトレーニング実施者に対して公平に接し、誠実、丁寧な対応をもとに個人情報の保護や機密保持に努めます。
3. トレーニング実施者の目標達成に努力を惜しまず、創意工夫によって、最大限の能力を発揮します。
4. 常に進歩、発展するスポーツ医科学に関する情報の収集と、自身の実技技能の向上に努めます。
5. 科学的根拠に基づく適切なトレーニングプログラムの作成・提供に責任を持ち、安全で効果的な実技指導に努めます。
6. 経験や勘だけに頼るのではなく、定期的に適切な測定と評価を行い、測定結果に基づいたトレーニングプログラムの作成や実技指導に努めます。
7. トレーニングの実施者に対して、正しい知識や情報をわかりやすく伝達するとともに、トレーニングに対する意欲を向上させる働きかけを行います。
8. トレーニング施設や器具の維持、点検、整備を行い、安全で清潔なトレーニング環境の提供に努めます。
9. 他分野の専門家や関係者との協力、連携、良好な人間関係の構築に努め、必要に応じて助言を得ます。
10. 万一の事故や傷害発生に備え、緊急時の対応システムを整備し、十分な訓練を定期的に行います。
11. 万一、本規範に反する事態が発生した場合には、迅速に原因究明し、再発防止に努めます。

② トレーニング指導者の行動

トレーニング指導者は、社会全体の信頼を得るために、社会人としての自覚をもち、社会的秩序と職務上のモラルを守り、専門職としてふさわしい行動をとることが必要である。

(1) 身だしなみ

トレーニング指導者は、専門職として社会の支持や理解が得られる身だしなみを心がけることが重要である。

特定の所属名や企業ロゴなどが入ったウエアやシューズの着用に当たっては、十分な配慮が必要である。現場で見かける不適切な例としては次のようなものがある。

- 代表チームの遠征に参加した際に支給されたウエアを、代表としての活動時以外に許可なく着用する。
- 以前にトレーニング指導を行っていたチームのウエアを、契約が終了した後も許可なく着用している。

(2) 言動や態度

トレーニング指導者は、専門職としての立場をわきまえ、品位を汚すことのない言動や態度を心がけることが必要である。このことは各種媒体への文章や映像による発表についても同様である。

具体的には次のような点について配慮したい。

- トレーニング指導者としての品位や信頼を損なう（あるいは誤解を与える）発言や振る舞いを避ける。
- 科学的根拠に基づき、誤解を与えることがない発言を心がける。
- 特定の個人や団体、同業者を誹謗中傷する発言を避ける。
- 選手の前でチームや監督、スタッフ、およびほかの選手の批判をしない。
- 個人指導している選手に対して、選手の所属チームやスタッフ（特に同業者）の批判をしない。
- フィットネスクラブの会員の前で、クラブやほかの会員の批判をしない。

(3) 職務上のマナー

社会人としての一般的な職務上のマナーを守ることが重要であることは、いうまでもない。具体的には以下のような点に配慮したい。
① 契約事項の厳守
② 約束時間や期日の厳守
③ 報告、連絡、相談の徹底

③ 個人情報保護と守秘義務

トレーニング指導者は、職務上知り得た個人や団体に関する情報や秘密を、無許可で外部に漏らしてはならない。これは、業務に従事する期間だけでなく、期間が終了した後も同様である。トレーニング指導者として、具体的に次のような行為を防止するように努めなければならない。

- トレーニング実施者の各種情報を、許可なく他者に閲覧させたり、貸与したりする行為。
- トレーニング実施者の各種情報を、媒体（書籍、雑誌、新聞、テレビ、インターネットなど）、学会・研究会、セミナー等にて許可なく公表する行為。
- トレーニング実施者の各種情報に関する資料を、オフィスの机の上に放置、またはパソコン画面に表示した状態でその場を離れる行為。

個人情報が記載された文書や資料を廃棄する場合には、シュレッダー等を利用して情報の漏洩が起こらないように配慮することが必要である。また、個人情報が保存されたメディアやパソコンの紛失・盗難、コンピュータウイルス等による個人情報の外部流出等を想定し、あらかじめ対策を講じておくことも重要である。

④ 各種ハラスメントの防止

トレーニング指導者は、相手の意に反して不快な状態にする行為である「ハラスメント（harassment）」について理解し、これを防止するように努めなければならない。

ハラスメントの代表例としては、言葉や態度などによって相手を傷つける行為である「モラルハラスメント」、職業上の立場を利用して嫌がらせ

行為を行う「パワーハラスメント」、相手の意に反する性的言動（性的嫌がらせ）を意味する「セクシャルハラスメント」などが知られている。

トレーニング指導者が現場で活動する際には、指導者の意に反してセクシャルハラスメントに問われるケースが少なからずあることから、日頃から防止のための十分な対策を講じておくことが必要である。

例えば、男性トレーニング指導者が女性実施者に対して、レジスタンストレーニングの補助やパートナーストレッチングを行う場合、やむを得ず身体接触を伴うケースがある。トレーニングの未経験者の場合には、これを不快と感じるケースもあることから、事前に説明を行い、許可を得るなどの配慮が必要である。

指導者側に意図がなくても、相手側が不快と感じた場合には、セクシャルハラスメントに該当する可能性がある。「この程度なら相手は受け入れてくれるはず」「この人とはすでによい人間関係ができているから大丈夫」といった思い込みは禁物である。

そのほか、トレーニング指導者が現場において避けるべき具体的行為について、以下に挙げる。
- 異性のトレーニング実施者の私生活や家族、信条などについて必要以上に質問する。
- 指導者の立場を利用して食事に誘う。
- 他者がいる場所でトレーニング実施者にとって公開されたくない身体的特徴について言及する。

5 インフォームド・コンセント

インフォームド・コンセント(informed consent)とは、「正しい情報を得た（伝えられた）上での同意」を意味する概念である。トレーニング指導に当たっては、実施者に対して、トレーニングの実施内容や期待される効果、想定されるリスク等について、文書で同意を得ることが必要である。

スポーツ科学の領域においては、ヒトを対象とした実験や調査を行う場合、対象者から文書による同意を得ることが必要とされている。大学や団体の場合、研究の実施に当たって、倫理委員会の承諾を得ることが必要となっている。

6 その他

(1)マスコミ対応

プロチームやナショナルチームのトレーニング指導を担当する場合、トレーニング指導者が、マスコミ関係者から、選手の動向や体調、ケガの状態などについて質問されることがある。このようなときには、許可なく質問に答えてはならない。マスコミ関係者への対応方法については、チームの代表者や広報担当者などとあらかじめ打ち合わせを行っておくことが必要である。

(2)知的財産への配慮

トレーニング指導者は、知的財産に関する法律について理解し、遵守することが必要である。知的財産には、特許権、実用新案権、意匠権、商標権、著作権、肖像権などが含まれる。

近年、トレーニング器具やトレーニング方法について、特許権や商標権が取得されるケースが増えている。特許権や商標権が取得されたトレーニング法に関する講習会を無許可で開催する行為や、指導料を得る行為は、違法行為とみなされる場合があるので注意が必要である。

また、著作権を侵害する行為として、書籍や資料、選手の写真などを無許可で引用・転載することについても慎まなければならない。

(3)トレーニング指導者の派遣業務

トレーニング指導者が会社に所属して契約先に出張指導する場合には、業務委託契約を結ぶケースがほとんどである。

一方、自己の雇用する労働者を、その雇用関係のもと、派遣先の指揮・命令を受けて派遣先のために労働に従事させることを業として行う場合には、労働者派遣法に基づき、労働者派遣事業の届け出を行い、許可を得る必要がある。詳細については、厚生労働省のホームページ等を通じて情報を得ておきたい。

派遣会社とトレーニング指導者との間で問題が起こるケースとして、派遣されていたトレーニング指導者が、会社との契約を解除して指導先と直

接契約を結んでしまい、対立関係が生じる事例が多い。このような状況を回避するためには、契約書にてあらかじめ対策を講じておく必要がある。

（有賀誠司）

▶参考文献
1) 日本体育協会編：公認アスレティックトレーナー専門科目テキスト，日本体育協会，2013.

トレーニング指導者の実務

1──トレーニング機器・器具

トレーニング指導の現場は、競技スポーツやフィットネスクラブなどトレーニング指導者の活動内容によって異なる。トレーニング指導者がトレーニングプログラムを作成する際、顧客やチームのニーズを把握し、科学的根拠を持ったプログラムの作成を行う必要があるが、実際に使用できるトレーニング機器・器具の種類、機器台数や器具の個数などを把握しておかなければならない。トレーニング機器や器具は、安価な物から高額な機器まで様々である。機器が高額だからといって、トレーニング指導の対象において効果的とは限らない。トレーニング指導において、最大限のトレーニング効果を得るためには、エクササイズ種目や負荷設定以外に、どのような負荷をかける必要があるかといった負荷の種類や性質を理解しておくことも必要である。既存のトレーニング機器や器具だけでトレーニングプログラムを作成するだけではなく、場合によっては、新規購入や定期的なマシンの入れ替えを検討することも必要である。日本国内でもトレーニング機器の展示会があるので、実際に機器に触れ情報を入手することも必要である。

1 フリーウエイト

⑴バーベル

シャフト（バー）にプレートを装着したものをバーベルという（図1）。シャフトには、プレートを装着する部分（スリーブ）が回転するものがあり、クイックリフトの代表的なエクササイズであるパワークリーンやスナッチなどを行う際はこの回転式を使用するとよい。重量が固定された

セットバーベルなどプレートを差す部分が回転しないものは手首を痛める危険性があるため注意が必要である。また、シャフトには直線的なものだけではなく、EZバーやカールバーといった変形シャフトもある。シャフトの重量も10〜20kgと様々であり、アルミを主成分とした軽量シャフトなどもある。ウエイトトレーニング中にシャフトが折れると大事故につながるため、耐重量の確認やシャフトの湾曲などに注意が必要である。近年ではヘックスバー（図2）といったバーも普及してきており、デッドリフトを実施する際に腰椎下部の負担が低減される。

プレートにはゴム等でコーティングされたラバーディスクや鉄製のプレートがある。クイック

図1●バーベル

図2●ヘックスバー

リフトなどでバーベルを落下させる場合、ラバーディスクを使用した方がよい。プレートの付け替えをスムーズに行うために、重量ごとにプレートを分別できるプレートラックやプレートツリーがあるとよい（図3）。

(2)ダンベル

ダンベルは、バーベルと比べて片手で扱える、軌道の自由度が高いといった特徴がある。このダンベルには重量固定式と重量調整式があり、重量固定式では対象者や利用人数に合わせて必要数用意することも必要である。メーカーによっては、ラバーでコーティングされたものやクロームメッキでコーティングされたものなどがある。プレート部分が、円形ではなく、六角形になっているものなどは、転がるリスクが低い。球状の重りに取っ手のついたケトルベルは、通常のダンベルとは重心位置が異なるため、ダンベルとは異なる負荷を

かけることが可能である（図4）。

ダンベルを使用する際、フラットベンチやアジャスタブルベンチ（角度調整可能）などのベンチがあるとよい。また、ダンベルを使用するにあたって、ダンベルの落下や傷害を防ぐオンザニーテクニックを身につけることで、ダンベルの落下によるダンベルや床の破損を防ぐことにもつながる。不慮のダンベル落下を考慮して、ゴム製のマットやダンベルクッション（図5）を用意することも必要である。

(3)ラック

ラックは、主要エクササイズであるベンチプレスやスクワットなどを行う際に必要となる。ベンチラックには、ナローラックとワイドラックがある（図6）。ナローラックはワイドラックに比べて不安定であるため、ワイドラックを推奨する。また、安全のためセーフティバーがあるものがよ

図5●ダンベルクッション

図4●各種ダンベル
写真上：重量固定式ダンベル
　　　　（左上にケトルベル）
写真下：重量調整式ダンベル

図3●プレートラック（上）とプレートツリー（下）

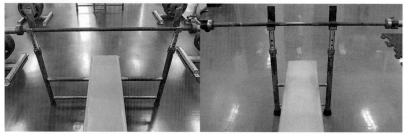

図6●ワイドラック（左）とナローラック（右）　　　　　　　図7●セーフティラック

い。セーフティバーがない場合は、別途セーフティラック（図7）のみを用意するとよい。

スクワットを実施する際には、パワーラックやスクワットラック（ハーフラック）を用いる。パワーラックは四方を支柱で囲まれたラックで、構造上適切にセーフティバーが設置されていれば、バーベルが地面に落下することはない。一方スクワットラック（ハーフラック）は、後方に支柱が無いため、後方へバランスを崩した際に危険が伴う。利点としてはスクワット以外のエクササイズを行いやすいことである。パワーラックにベンチプレス台やプラットフォームをつけたコンボラックなどもある。

⑷プラットフォーム

デッドリフトやパワークリーンやスナッチなどのクイックリフトを実施する際に、足場の安定性やバーベルの落下リスクを考慮して準備すると良い。また、トレーニングエリアの床面の材質や耐久性、トレーニングジムのあるフロアと建物の耐久性や耐震度を考慮することも必要である。

② トレーニングマシン

フリーウエイトと比べ、フォームの習得が容易であり、安全性も高い。そのためトレーニングを始めたばかりの人や高齢者などのトレーニングプログラムに採用されることが多い。また、ファンクショナルトレーナー等と呼ばれるケーブルの軌道が一定方向でないマシンは、1台で複数のエク

ササイズの実施が可能である。ウエイトスタック式トレーニングマシンが主流であるが、トレーニングマシンの負荷抵抗も様々なので、トレーニングマシン購入時には、各種特徴を考慮してマシンを選定すると良い。マシンのサイズも比較的大きいこともあるため、小柄な利用者が使って問題ないか注意が必要である。

⑴ウエイトスタック式マシン

ウエイトスタック式マシンは積み上げられた鉄製のプレートに、ピンを差し替えたり、ダイヤルを回したりして負荷を調整する（図8）。プレートについたケーブルは滑車を介して手や足が接するハンドルやプレートに繋がっている。滑車の数やカムの形状によって同じ部位を強化するマシンであっても負荷がかかる関節角度は異なる。トレーニング時は、プレートとプレートがぶつかり、大きな音が出ないよう注意する。

⑵プレートローディング式マシン

プレートローディング式マシンはフリーウエイトで用いるプレートを付けて扱うマシンである（図9）。テコの原理を利用しており、フリーウエイトに近い負荷のかかり方がし、安全性が高い。単独の筋を鍛えるだけでなく、動作の改善を目的としたマシンもある。

⑶油圧式マシン

油圧シリンダーによって負荷を調整する。素早く動かす際には強い負荷が必要となり、ゆっくり動かす際には負荷は弱くなる。構造上、短縮性筋

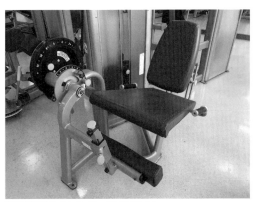

図8●ウエイトスタック式マシン

図9●プレートローディング式マシン

図10●空気圧式
マシン

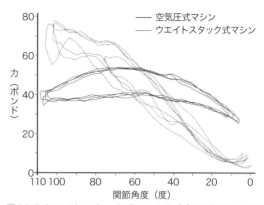

図11●ウエイトスタック式マシンと空気圧式マシンにおける低負荷−最大努力のレッグエクステンションの力と関節角度の関係　（文献18をもとに作図）
軽負荷−高スピードの動作において、ウエイトスタック式マシンは動作初期段階と終盤では負荷が異なるのに対し、空気圧式マシンは負荷の変化が少ない。

収縮時に負荷がかかる。すなわち、チェストプレスのようなマシンでは、押す動作で胸部に負荷がかかり、戻す動作はロウイング動作となり背部に負荷がかかる。安全性が高いため高齢者や女性専用のジムなどで多く利用されている。

(4)空気圧式マシン

空気圧式マシンは、油圧式マシンや電子制御式マシンと混同され誤った理解がされることがある。シリンダー内の空気を圧縮して負荷とし、負荷調整も行いやすく、高齢者からトップアスリートまで使用可能である。シリンダー内の空気を圧縮するシステムを用いており、慣性が働きにくい。軽負荷の最大挙上スピードのトレーニングでは、ウエイトスタック式のマシンでは動作の初期に負荷がかかるのに対し、空気圧式マシンでは均一に負荷がかかるため、高スピードのパワートレーニングに適している(図10)。図11は、ウエイトスタック式マシンと空気圧式マシンにおける低負荷−最大努力のレッグエクステンションの力と関節角度の関係を比較したものである。ウエイトスタック式マシンは、動作の初期段階の大きい力発揮により、負荷は動作の終盤では負荷がかかりにくい。一方、空気圧式マシンは、ウエイトスタック式マシンに比べて、負荷の変化が少ないことがわかる。

(5)電子制御式／電磁式マシン

アイソキネティックトレーニングを行う際に必要なトレーニング機器。アイソキネティックトレーニングは、筋力に適応した抵抗が得られるため全可動域にわたって効率のよいトレーニングが可能である。メーカーによっては、コンセントリック（短縮性筋活動）やエキセントリック（伸張性筋活動）を行える機器もある。付属するデバイスを用いて、トレーニング内容や負荷、シートの位置などを記録できる機器もある。

③ その他

(1)バランスボール

バランスボールは、「転がる」、「弾む」、「支える」などの特徴を生かしてエクササイズを行う。バランスボールのサイズは、座ったときに膝、股関節が90度程度になるサイズがよいと言われるが、使用用途によって変更するとよい。バランスボールの材質や状態によっては、破裂することもあるため空気の入れすぎ、突起物があるような場所での使用、飛び乗るなど急激に外力がかかるような使用や転倒などの注意が必要である。

(2)チューブ

弾性要素を利用して行うトレーニング器具である。ハンドル付きのチューブやループ状、バンド

図12●各種チューブ

図13●各種メディシンボール

図14●各種コンディショニングツール

状になったもの、薄く平べったいバンドなど形状は様々である（図12）。ゴムの張力を負荷としているため、小筋群や深層部の筋を鍛える目的などで使用される。また、強度の高いチューブは、パワー系エクササイズにも使用される。負荷設定は、ゴムそのものが張力となるが、束ねたり、ゴムの伸びる範囲を変えたりすることで調整ができる。マシンやフリーウエイトのように場所を取ることがなく、持ち運びも便利である。トレーニング中にゴムが切れることもあるため、ゴムの劣化や切れ目の確認など、トレーニングの前に確認が必要である。

⑶メディシンボール

　ボールの形状をした重量物で1〜10kgなどダンベルのように様々な重さがある。メディシン（医学）と名がつくようにリハビリテーションなどで用いられてきたが、現在は、レジスタンストレーニングからパワー系エクササイズなど、トレーニングの使用方法は多岐にわたる。ゴム製でバウンドするものや、革製でクッション性の高いもの、持ちやすくハンドルが付いたものなど様々な種類がある（図13）。床や壁に叩きつけて使用する場合などは、形状や材質を確認して選ぶ必要がある。

⑷スリングトレーニング器具

　天井や壁からグリップの付いた紐を垂らし、自体重と重力を用いてエクササイズを行うためのトレーニング器具。エクササイズの種類は数多くあり、筋力、筋持久力、バランス能力、柔軟性など様々な体力の向上が期待できる。

⑸コンディショニングツール

　フォームローラーやストレッチング用クッションなどトレーニングの前後に使用することで身体の柔軟性や可動性を向上させるためのツールもある（図14）。また、テニスボールなど球状のものを使用して行う方法もある。

④有酸素性トレーニングマシン

　有酸素性能力を向上させるためのトレーニングマシン。機器の呼称は製造・販売者によって異なるが、固定式自転車（自転車エルゴメーター）、固定式ランニングマシン（トレッドミル）、固定式階段昇降マシン（ステップマシン）などがある。特徴を理解することで、有酸素性能力の向上のみならず患部以外のトレーニングにも利用できる。

⑴自転車エルゴメーター

　通常の自転車と同様に上体を直立した姿勢で下肢を動かすタイプ、ロードバイクのように上体を地面と平行に近い姿勢で下肢を動かすタイプ、上体を背もたれに預けて下肢を動かすタイプなどがある。どのタイプであっても、サドルに座った姿勢のため、下肢にすべての体重がかかることはない。そのため、下肢にスポーツ傷害を有している

図15●電動式トレッドミル（左）と自走式トレッドミル（右）

者や過体重者の有酸素性運動には有用である。バイクの負荷は、摩擦抵抗、マグネット抵抗、空気抵抗などがあり、負荷様式によってはペダルが空回りしないものもあるため、ブレーキ方法など使用上の注意が必要である。自転車エルゴメーターの中には、ペダルの回転数、負荷、運動時間などが表示されるものがあり、無酸素性能力テストや有酸素性能力テスト、間欠的持久力テストなどの体力測定が可能なものもある。

(2)トレッドミル（図15）

　屋内でのランニングやウォーキングを可能にするベルト可動式マシン。ベルトの回転速度やマシンの傾斜を変更して負荷を調整する。業務用の場合、モーターを駆動させるため200Vの電圧が必要になることが多い。新しい施設をつくる場合、コンセント位置については、トレッドミルの配置を考慮することが必要である。また、モーターを使用しない自走式トレッドミルも近年注目されている。デッキに傾斜が付いており、足をつく位置によってベルトの回転速度が変化する。電源を必要としないため、コンセントの場所に影響を受けずに設置できる、電気系統の故障がないなどの利点もある。

(3)その他の有酸素性トレーニングマシン

　有酸素性トレーニングの特徴として、比較的長く続けられる運動がベースとなる。運動形態として階段の昇降動作やボートを漕ぐ動作、スキーの動作、クライミング動作などが行える有酸素性トレーニングマシンなどがある。また、上肢を中心とした運動のマシンもあり、下肢にスポーツ障害を抱えた者の有酸素性トレーニングとしても有効である。

2──トレーニング施設の管理

　トレーニング指導者として、利用者が快適にトレーニングできるよう配慮することが必要である。施設の規模やコンセプトを熟考し、対象者、トレーニング目的、最大収容人数、施設開放時間を考慮してトレーニング機器・器具の選定を行う。

1 トレーニングルームの管理責任者

　トレーニング施設を運営するに当たり、管理責任者を配置することが望ましい。管理責任者およ

び管理者の主な役割は、以下の通りである。

- トレーニングルーム内の機器・器具の点検
- トレーニングルームの美化を保つ
- トレーニング機器・器具のレイアウト
- 必要なトレーニング機器・器具の購入に関する検討、要望書作成、オーナーや上司へのプレゼンなど
- スタッフの勤務時間の管理やスタッフ教育
- トレーニング中の安全管理

- トレーニングプログラムの管理
- 個人情報保護と守秘義務

　トレーニング指導者が管理責任者を兼務する際は、トレーニング指導以外に施設の運営や経営能力も求められる。施設を運営するには、利用者が快適に効率よく使用できることを念頭にトレーニング機器・器具の点検や施設内の清掃や美化活動も必要である。特にトレーニングマシンのワイヤーの摩耗やネジの緩み、ゴムなどの弾性トレーニング器具の劣化、亀裂などはケガや事故につながることがあるため定期的に点検することが望ましい。施設に新たなトレーニング機器を導入することで利用者の集中が緩和され、効率よくトレーニング施設が運営できると判断された場合、トレーニング機器の購入権限をもつオーナーや上司へのプレゼン能力や予算の獲得など経営に関わる能力も必要となる。複数人でトレーニング施設を管理する場合、管理責任者にはリーダーシップも求められる。また、トレーニング中に事故が起こらないよう巡視することも必要である。トレーニング中の危険を予知することが求められるため、ウエイトトレーニング中に重篤な事故に繋がる可能性のあるエクササイズについては、セーフティバーやラックの適切な使用、補助者を付けることなどに注意を払うことが必要である。さらに、管理者として場合によっては他のスタッフが作成したトレーニングプログラムが対象者に合ったプログラムであるか、トレーニング負荷や休息時間が適切であるかなどについて確認することも必要である。また顧客の個人情報、守秘義務を守ることにも留意しなければならない。

2 トレーニングルームの利用規則、規約、ルール

　規約や規則は、トレーニング施設を使用するに当たり、施設内でのルールや禁止事項、注意事項などのガイドラインを提供するものである。トレーニングルーム利用者の目に留まりやすい場所に掲示する。文字だけでは最後まで読まない利用者もいることがあるので、写真やグラフィックなどを用いて視覚的に情報が伝わるようにするとよい。

　規約やルールは、トレーニング指導の専門家やトレーニング施設管理責任者など、複数の立場からトレーニング施設の規模や対象者によって内容を決定する。作成する際には、安全性、利用者同士のトラブル、トレーニング機器・器具の保全、禁止事項、注意事項、利用マナーなどに関する項目に配慮する。

3 利用者

　トレーニング施設の利用対象者の特徴を把握しておくことが必要である。新規にトレーニング施設を開設する際、利用対象が不明確だと新たに購入するトレーニング機器と利用者のニーズが異なって使い勝手の悪いトレーニング施設となってしまうことが多い。また、トレーニング施設の利用者数の上限を定めることも重要である。トレーニング施設の指導者が一度に監視できる人数にも限度があり、混雑による接触事故、人数に対するトレーニング機器・器具の不足など事故からトレーニングの非効率性まで考えられる。混雑時間にスタッフを増員する、人数制限を行うことも必要である。

4 トレーニング機器のメンテナンス

　トレーニング指導者として、トレーニング環境を維持するためには、日々の清掃からトレーニング機器・器具のメンテナンスが重要である。製造物責任の観点からトレーニング機器・器具の取扱説明書は熟読し、必ず保管しておく。また、清掃方法やメンテナンスの実施方法については、誤った清掃方法や過剰なメンテナンスにより、トレーニング機器の保証期間内であっても保証対象から外れる可能性もあるため納品時に購入業者からこれらについて確認をしておくことが必要である。トレーニング機器・器具以外にも、床板の破損、ゴム製マットの連結部分の不具合、鏡の汚れや破損、エアコン周辺の結露、照明の器具など、施設の点検も必要である。

⑴フリーウエイトのメンテナンス

　フリーウエイトのメンテナンスでは、シャフトが湾曲していないか、回転式シャフトの回転部分が滑らかに動くかについて確認することが必要である。滑らかに動かなければベアリング部分に潤滑油やグリースを注入する。また、プラスチックカラーなど破損しやすいカラー（留め具）は、使用上問題ないか確認が必要である。これ以外に問題になるのは錆である。水分や汗などが錆の原因となるため、梅雨時などは24時間空調を稼働させるなど、錆取り以外の対応も検討するべきである。滑り止めとして使用される炭酸マグネシウムは、水分を含みやすいため使用後は直ちに金ブラシなどを使用して落とすようにする。施設によっては炭酸マグネシウムの使用を禁止しているところもある。シャフトやプレートについた錆は、金ブラシを使用し取ることが必要だが、メッキを剥がしてしまうこともあるため注意が必要である。錆取りが終了したら錆止めを塗布するとよいが、ある程度の時間を置かないとベタベタするため錆取りを行う時間は、トレーニング施設の開放時間外で行うとよい。

⑵トレーニングマシンのメンテナンス

　体の触れるシート部分やグリップ部分は、素材に合わせた洗剤を使用する。汚れや汗がひどい時は、中性洗剤をお湯で適度に希釈したものを使用し、雑巾に湿らせて拭き取る。中性洗剤で肌荒れが発生するケースもあるため、使用後さらに水拭きをするとよい。シートカバーの破損は、中のスポンジまたはウレタン部分で雑菌が繁殖することもあるので、シートカバーが破損したら除菌スプレーなどで除菌するか、シートカバーの補修が必要である。

　ウエイトスタック式マシンのプレートが可動する支柱部分や、油圧式、空気圧式マシンのシリンダー部分などは、スムーズに動くか確認し、必要であれば潤滑油やシリコンスプレー、防錆剤などを塗布する。

　プレートを吊るすワイヤーやベルトなどの摩耗や亀裂などを確認し、問題があれば使用を禁止し、ワイヤーまたはベルトを交換する。

　フレーム部分では、ネジ締めを行い、回転、可動部分がスムーズに動くか確認する。スムーズに動かなければ潤滑油やシリコンスプレーを塗布する。フレームについた汗は錆の原因となるため拭き取るようにする。

⑶有酸素性トレーニングマシンのメンテナンス

　モーターで駆動するトレッドミルは、電子基板で速度や傾斜を調整するため埃がたまらないよう掃除機などで清掃する。モーター部分は、メーカーによってはカバーを開閉することを禁止しているところもあるため、メンテナンス方法はメーカーに問い合わせるとよい。使用頻度が多くなるとトレッドミルのベルト部分が摩耗するため交換が必要となる。近年では、走行するベルトの中にある木製デッキにシリコンを染み込ませメンテナンスを必要としない木製デッキもあるが、必要であればデッキにシリコンや潤滑油を塗布する。

　自転車エルゴメーターなどの機器は、人の肌が触れる部分はトレーニングマシンのシートと同様に対応する。ペダルや回転部分がスムーズに動かない時は、潤滑油やシリコンスプレーを塗布する。

⑷その他の器具のメンテナンス

　バランスボールなど、肌が触れるトレーニング器具は、トレーニングマシンのシートと同様に清掃する。ゴム製やシリコン製などの弾性トレーニング器具は、亀裂や劣化がないか確認をする。安価なトレーニング器具は、耐久性が低いこともあるので十分に注意する。

5 トレーニング施設における機器の配置

　トレーニング機器の配置では、人の通る動線を考慮することが必要である。使用頻度の高いトレーニング機器が施設入り口付近にあると入り口付近に人が集中してしまう。ラックやプラットフォームや周辺も不用意に通行するとトレーニング実施者、通行者ともに危険が伴うためラックやプラットフォームの間には十分な距離（0.9～1.2m）を確保する。また、パワーラックやスクワットラックなど高さのあるトレーニング機器は、壁

側に配置し、床にボルトで固定するなど転倒防止策を講じる。使用頻度が高いトレーニング機器の場合、利用順番を待つ可能性もあるので、待機スペースなどを作ることも必要である。管理責任者として、トレーニング機器のレイアウトについて

は、トレーニング機器の使用頻度や利用者集計、トレーニング機器の安全性、施設利用者の動線などを把握および調査して適宜見直していくことが必要となる。

3──トレーニングの安全管理

① 安全の確保と使用上のルール

トレーニングを安全にかつ効果的に行うためには、事故防止のための安全の確保と、快適にトレーニングを実施するための規約（ルール）が必要となる（表1、2）。

その他にも、トレーニング施設内での盗難や他者に迷惑をかけるような行為（他者の集中を妨げるような大声を出す、無断での写真・動画撮影など）がないような対応が必要である。

表1 ●安全の確保と円滑なトレーニングを実施するための施設におけるルールとマナー（例）

①体調が優れない場合にはトレーニングは行わない。
②トレーニングに適した服装とシューズを着用する。
③トレーニングを実施する際には周囲の安全を確認する。
④機材の破損や故障を発見した場合はすぐに管理者に報告する。
⑤機材を長時間占有しない。
⑥トレーニング使用後の機材に付着した汗を拭きとる。
⑦使用した機材は元の場所に戻す。

表2 ●ウエイトトレーニングを安全に行うための注意点

①正しい方法（フォーム）で行う。
②高重量のウエイトを扱う際は補助者をつける。
③バーベルを使用する際は必ずカラーを使用する。
④ラックを使用する際、フックや補助バーは適切な高さに設定する。
⑤バーベルやプレート、ダンベルをむやみに投げたり落下させたりしない（ただし危険を避けるためにやむを得ない場合を除く）。
⑥プレートの装着は左右均等になるようにし、着脱は2名で左右1枚ずつ同時に行う。
⑦フリーウエイト機器を設置しているエリアの床には座らない。

② 安全配慮義務

トレーニング指導者はトレーニング実施者の生命・身体・健康などの安全を考慮し、事故が起こらず安心してトレーニングが行える環境を構築する義務がある。トレーニングによって起こり得る事故を予見し、回避する注意義務のことを「安全配慮義務」という。この安全配慮義務を遂行するためには、事故原因を体調面、用具、施設、プログラムの観点から捉える必要がある。また、トレーニング指導者の安全配慮義務の範囲や程度は一様ではなく、トレーニングにおける危険性を認識し、対象者の能力や状態を見極めたうえでの十分な配慮が必要となる。

⑴体調面に関する安全配慮

トレーニング指導者はトレーニングの開始前にトレーニング実施者の体調について、安全に行えるかどうかの安全配慮を行わなければならない。そのためには、日々のコンディション（体重、血圧、心拍数など）の記録を取るための機材や記入用紙などの準備も必要となる。その他にもトレーニング実施者の表情や言動などを常に観察しながら健康状態に不良な様子はないか確認をすることも重要である。また、トレーニング中にはトレーニング実施者の顔色や身体の状態、動きなど、異常を示すシグナルを見落とさないようにしなければならない。何か気になることがある場合は声をかけ、状況に応じて休息を入れたり、水分補給をさせるといった対応を取る必要がある。その他にも運動を実施する環境や気候の変化に伴う健康管理や、水分・栄養補給に関する助言なども行う必

要もある。このような健康管理についてはトレーニング指導者の確認だけでなく、トレーニング実施者自身が自己管理できるような教育も必要となる。

(2)施設・機器に関する安全配慮

トレーニングを安全に行うためには、使用する施設や機器に関する安全配慮を行わなければならない。「トレーニング施設の管理」の項でも示したが、トレーニング施設のスペースや機材の数などにより、利用者数を規定したり、トレーニングを行う順序なども配慮しなければならない。また、ウエイトトレーニングでは、安全にトレーニングが行えるスペースが十分確保できているか、フリーウエイトの使用の際に適切な使用および基本的な安全管理が十分できているかなどの注意が必要である。トレーニングマシン、有酸素系マシンについては、日々のメンテナンスや破損や劣化等がないかのチェックも行わなければならない。また数年に1度、業者によるメンテナンスも定期的に行い、古い機材については場合によって買い替え等の対応が必要となる。

(3)プログラムに関する安全配慮

安全に配慮した適切なトレーニングプログラムを作成することも重要である。トレーニング前には十分な準備運動を行ったうえで、段階的に行うようにする。また、トレーニング内容や時間、回数、強度、休息時間など、トレーニング実施者の能力やレベルに応じたプログラムの作成を行う必要がある。さらに、あらかじめ準備をしたプログラムについても、そのときのトレーニング実施者の状況や環境に応じて変更や修正が必要と判断される場合は、十分に安全を配慮したうえで対応していく必要がある。

その他にもトレーニング指導者に多い事故事例として、ペアストレッチングによる対象者の負傷がある。また、マッサージ等の治療行為はトレーニングに当たらないため、トレーニング指導者がこれらの行為を行う場合は注意が必要である。

③ 事故時の対応

事故は未然に防ぐことが最も重要であるが、不幸にして事故が起こった場合は速やかに対処する必要がある。

実際の救急処置、救命処置に関してはテキスト理論編の6章に詳細が述べられているので、ここでは概論を述べるにとどめる。

(1)緊急時対応計画の作成

安全にトレーニングを行うことが理想ではあるが、スポーツ施設内で事故が発生する確率はゼロではない。その際に迅速かつ的確に行動できるよう、事前に対応計画を立てておくことが重要である。この計画のことを、緊急時対応計画（Emergency Action Plan：EAP）という。作成したEAPを施設内に掲示することによって、トレーニング指導者のみならず、施設使用者や団体関係者に周知を促し、安心・安全なトレーニング施設とすることがEAPの目的である。

(2)事故発生時に必要な備品および機器の準備

事故発生時に関わる備品に関しては、定期的に点検および購入が必要である。特にAEDについては電極パッドやバッテリーに使用期限や寿命があり、これらの消耗品は定期的に交換が必要になる。AEDの耐用年数は6〜8年、バッテリー交換は3〜5年が一般的であり、これらの使用期限や交換時期は本体に表示されており、その表示に従って期限が来たら交換を行わなければならない。また、AEDが必要となる心停止が起こった場合、3分以内にAEDによる除細動を行うことが求められる。そのため、AEDを2分以内に取って戻って来ることができる位置に設置することが極めて重要である。AEDを設置できなくても最寄りのAEDがどこにあるのか利用者がわかるように掲示しておくことも必要である。

(3)役割分担

事故発生時に誰がどのような行動をとるか事前に明確にしておく必要がある。対応者が1名で十分な場合と、複数名による迅速な対応が必要な場合がある。複数名が関わる場合にそれぞれの役割

が重複せずに、応急処置、連絡、通報、搬送など役割分担できるような指示系統が確立されていることが必要である。事故発生時、トレーニング指導者はこれらの指示系統をもとに、迅速かつ円滑な対応ができることが求められる。

⑷負傷者に対する応急処置能力の養成

トレーニング環境において想定される事故は、軽症な擦過傷などから生命に関わる重篤なものまである。傷害等が発生した際には応急処置を施す必要があり、重篤な症状の場合は直ちに119番通報を行い、その間に応急処置を行わなければならない。特に心停止や呼吸停止の場合は早急な一次救命処置を行わなければならず、トレーニング指導者はCPR（心肺蘇生法）の実施手順の習得、AEDの操作方法の理解などが必要である。

⑸連絡、搬送する医療機関のリストアップ

緊急時の連絡、搬送先としての外科、内科、整形外科、脳神経外科、耳鼻咽喉科、眼科、皮膚科、小児科などの各専門医、あるいは救急指定病院、救命救急センターなどの連絡先のリストアップが必要である。受診可能な曜日や時間、救急対応可能かどうかも異なるため、ホームページや電話に

よって確認しておく必要がある。

⑹連絡経路の確立

事故発生から緊急要請を経て病院、緊急連絡先（家族など）までの連絡経路を明確にかつ理解しやすい形で表示したものが必要である。そのためにはいわゆるフローチャートを準備することが望ましい。トレーニング環境が商業施設などである場合、経営する会社の責任者への連絡経路までが含まれることがある。

⑺事故時の移動経路および搬送経路の確保

事故発生時に救急隊員の出動を要請した場合、どの経路が最も早くかつ安全に現場に到着するのか、また負傷者を搬送する際に最もスムーズな経路はどこかを明確にする。

⑻事故報告書の作成

事故発生の時間および経緯、対処などを時系列に記録した報告書を作成し、報告が必要な機関に対して提出をする。また報告書を作成した後、トレーニング環境で働くスタッフ全員が閲覧することができる状況を構築し、今後の事故防止と事故発生時の対応に生かす必要がある。

4——トレーニング指導者に関わる法律と契約

トレーニング現場では傷害の危険を伴い、事故が発生する可能性もある。不幸にして生じてしまったトレーニング中の事故について、指導者に安全配慮義務違反があった場合には法律が適用され、刑事上あるいは民事上の責任を負う場合もある。事故を防ぐための対策と合わせて、事故が発生したときにどのような法的責任を負うのか理解しておくことは、トレーニングを指導するうえで重要となる。また、事故以外にもセクシャルハラスメントやパワーハラスメントといったハラスメント行為にも法律が適用される場合がある。

1 事故に関わる知識と法律

⑴刑事責任と民事責任

法的責任には刑事責任と民事責任がある。

刑事責任は、故意または重大な過失により行為が犯罪に該当するとして、罰金を科せられたり、禁固刑、懲役刑を受けたりすることである。トレーニング指導において問われる可能性のある刑事責任として、暴行罪・傷害罪（パワーハラスメントなど）、強制わいせつ罪（セクシャルハラスメントなど）、業務上過失傷害罪・業務上過失致死罪（事故によるケガあるいは死亡）などが挙げられる。

民事責任は、故意または過失によって発生した事故による損害について損害賠償請求されること

である。刑事手続のように逮捕されたり、勾留されたりすることはない。トレーニング指導において問われる可能性のある民事責任として、不法行為責任（故意または過失により事故が起きた場合の被害者に対する損害賠償責任）、債務不履行責任（契約関係にある場合に契約にある債務が履行されなかった場合の損害賠償責任）などが挙げられる。

⑵トレーニング指導事故における責任

上記のように、トレーニング指導者が事故において法的な責任を負う場合、刑事責任では業務上過失傷害罪、業務上過失致死罪で、民事責任では不法行為責任、債務不履行責任ということになる。

トレーニング指導において、指導者には事故を未然に防ぐために、様々な安全配慮義務が課せられる。事故の危険を予見し得る可能性があり、回避することが可能であったにもかかわらず、具体的回避措置をとらずに事故が生じてしまった場合には安全配慮義務違反とされる。その安全配慮義務違反が甚だしい場合において、業務上過失傷害罪、業務上過失致死罪といった刑事責任が問われる場合がある。

② ハラスメントに関わる知識と法律

⑴ハラスメントとは

ハラスメントとは「人を悩ますこと、優越した地位や立場を利用した嫌がらせ」（『広辞苑』）である。ハラスメントにはセクシャルハラスメント、パワーハラスメント、アカデミックハラスメント、モラルハラスメントなど多くのものがある。ここでは、トレーニング指導者にとって身近に起こりうる問題として考えられるセクシャルハラスメントとパワーハラスメントに関して説明をする。

⑵セクシャルハラスメント

セクシャルハラスメントは、性的嫌がらせであり、相手の意に反する性的言動や行動のすべてを指す。具体的には、性的な冗談やからかい、不必要な身体的な接触、性的行為・性的関係の強要等が挙げられる。

セクシャルハラスメントは、その行為態様によって、刑法上の強姦罪や強制わいせつ罪等に該当する。民事上は、性的自由ないし性的自己決定権等の人格権を侵害するものとして違法となり不法行為に該当し、損害賠償請求権を発生させる。

どのような言動や行動も「不快である」という基準は、個々によって異なる。トレーニング指導の現場では動作の指導や補助、パートナーストレッチなど、多くの場面で身体接触を伴う場合がある。また、指導対象に対して性的な質問や批判を行ったり、容姿に関する冗談や意図的な言葉で侮辱したりすることも行ってはならない。指導している側にその意図がなくても指導を受けている人や、その周辺で活動している他の指導者からセクシャルハラスメントと捉えられる可能性がある言動・行動は避けるべきである。

⑶パワーハラスメント

パワーハラスメントとは、権力や優越的地位を利用した嫌がらせを指す。指導としての叱咤激励の度を越して、威圧的な言動や行動に至った場合も、パワーハラスメントとなる。

パワーハラスメントは、セクシャルハラスメントと同様に違法性が大きい場合には、刑事責任・民事責任を負うこととなる。暴力や傷害は暴行罪や傷害罪に当たり、人体に直接的な行使が行われなくても脅迫罪や強要罪などが成立する可能性がある。また長期にわたる侮辱的・威圧的発言等によって、相手に精神的苦痛が生じている場合には、不法行為として、損害賠償責任を負うこととなる。

トレーニングの現場においても、「こんなことが出来ないのか」など、相手を侮辱するような言葉も精神的な攻撃となるため、行うべきではない。また、トレーニングの際にも、指導対象に対して明らかに過大な負荷や量などを要求することもパワーハラスメントになる。このようにトレーニング指導を行うにあたって、パワーハラスメントと指導は区別するのが困難な場合もある。トレーニング指導において適切な指導であっても、その指導における言動や行為が過剰なものであれば、パワーハラスメントとなり得る可能性があるので、注意が必要である。

③ ドーピングに関わる知識

　日本アンチ・ドーピング機構は、ドーピングを「スポーツにおいて禁止されている物質や方法によって競技能力を高め、意図的に自分だけが優位に立ち、勝利を得ようとする行為」とし、意図的であるかどうかに関わらず、ルールに反する様々な競技能力を高める「方法」や、それらの行為を「隠すこと」も含めて、ドーピングと呼んでいる。

　選手がドーピングを行ったことが判明すると、その選手の成績・記録の抹消、その後の大会出場等の資格停止など、厳しい処分が下され、指導者がドーピングに関与した場合にも制裁が科される。その際、これに対する不服がある場合、海外における事案はスポーツ仲裁裁判所、国内における事案については日本スポーツ仲裁機構に不服申立てを行うことができる。

　トレーニング指導者は、サプリメントなどについてのアドバイスを求められることもあり、このようなアドバイスを行う際は慎重な対応が求められる。さらにトレーニング指導者は指導対象に対して、普段からこのようなドーピングを行わないようにするための教育や啓発も必要となる。

④ 契約

　トレーニングに関する業務の形態は多様化しており、契約形態についても様々である。ここでは、トレーニング指導者における主な契約形態である雇用契約と業務委託契約について説明をする。

⑴雇用契約

　勤務先に雇用され、従業員（社員）として働く契約となる。社会保険加入や有給休暇取得、一方的な解雇禁止など、労働法上の保護を受けることができる。トレーニング指導者の雇用契約先としては、フィットネスクラブやトレーナー派遣会社などが挙げられる。

⑵業務委託契約

　勤務先と雇用契約を結ぶのではなく、企業や個人から依頼のあった業務を受託者が受託することで結ばれる契約を業務委託という。業務委託には請負契約と委任契約があり、請負契約は業務に対する成果物を完成させる（成果を出す）ことで報酬を得ることに対し、委任契約は、業務を遂行することで報酬を得ることができ、成果物を完成（成果を出す）させなくても必ずしも責任を負う必要はない。トレーニング指導における業務委託契約の多くはこの委任契約となる。委任契約では社会保険加入や有給休暇取得などの労働法上の保護は適用されず、また契約や報酬等の交渉についても自らが行う必要がある場合もある。

⑶契約の方法

　雇用契約については、契約先から契約内容が提示されることがほとんどであり、契約内容（労働条件）が勤務先の就業規則等であらかじめ決まっていて、契約者はそれに同意して契約が成立することとなる。業務委託契約についても、企業等の場合、先方から契約書が提示されることが一般的であるが、個別指導など個人との契約の場合、トレーニング指導者が契約内容を定めて提示しなければならない場合もある。また、企業との契約においても業務委託の場合は、提示された契約内容に関する業務等が不明確な場合や不服のある場合等には協議のうえ、変更を要求することは可能である。

⑷契約書の内容

　契約書により契約内容を明確にすることによって、当事者双方の言い分の食い違いを防ぐことが可能となる。トレーニング指導における契約書を作成する際には、①トレーニング指導者の行う指導（サービス）の内容、②契約期間及び回数、③料金及びその支払い方法の3点の記載は必須となる。それ以外にも契約書の解除や更新の取り決め、損害賠償の請求などに関する記載等も必要になってくる。

　日本トレーニング指導者協会では『トレーニング指導者のためのハンドブック（契約編）』を作成しており、トレーニング指導における契約についての詳細な内容を知りたい場合や、契約書のモデルを確認したい場合はそちらを参照するとよい。

5──情報収集と情報発信の注意点

1 情報とは

『大辞林』によると、情報とは「①事物・出来事などの内容・様子。また、その知らせ。②ある特定の目的について、適切な判断を下したり、行動の意思決定をするために役立つ資料や知識。」とされている。すなわち、我々が情報を必要とする時は、何らかの判断を下す、意思決定をするという必要性が前提条件として存在する。そして、より良い判断を下すために各種情報収集活動を実施する。得られた情報からトレーニング指導に関する新しい方法を考えるきっかけになったり、これまで行ってきたトレーニングの修正など、多くの効果を得ることが可能となる。そのため、情報化社会と呼ばれて久しい昨今において、トレーニング指導者も正しい情報の収集能力と適切な活用方法が求められている。

⑴トレーニングに関する情報収集

日々、トレーニング科学に関する研究も進み、多様な通信メディアによる広い範囲における情報伝達が活発に行われるようになっている。その結果、トレーニングに関する大量の情報が、様々なところで伝達、蓄積されてきている。トレーニング指導者は、これらの情報の波にのまれることなく、うまく活用していく必要がある。そのためには、やみくもに情報を収集するのではなく、目的に応じて情報の収集を行わなければならない。

⑵情報の収集方法

情報を収集するうえでのポイントは、必要な情報の入手方法を事前に整理、理解することにある。以下の4種類が、トレーニングに関する情報収集を行う際の主な入手先である。それぞれのメリット・デメリットを理解したうえで、得られた情報の活用について考慮していく必要がある。

①インターネット

インターネットによる情報収集は、気になるキーワードを入力するだけで、関連する情報を即座に得ることができ、非常に便利である。しかし、インターネットの情報には不正確なものが混在しているケースも少なくない。インターネットからの情報収集において重要なことは、その情報源をきちんと確認することであり、それにより正確性の高い情報であるかどうかの判断が可能となる。

②書籍

書籍からの情報収集は、主に基礎的な情報を収集する際に役立つ。さらに書籍は出版前に校閲が入るため、より情報の正確性が高いことが特徴として挙げられる。しかし、書籍の情報は新しさという点で他の情報源よりも劣ることもあり、普遍的な知識を得る際に活用するなど目的に応じた情報収集が必要となる。

③学術論文

近年ではトレーニング指導においても、科学的な研究によって得られた知見を実践に応用することの重要性が主張されてきている。また、トレーニング科学は日々進歩しており、トレーニング指導者は常に新しい情報の収集能力が求められている。そのためには学術論文から科学的知見を得て、日々のトレーニング指導に生かしていく必要がある。

④人

人と直接会って情報収集する方法には、知人や専門家に相談をする、セミナーや講習会に参加するなどの様々な方法がある。この人から得る情報収集の特徴として、生じた疑問などについてその場で確認できることが挙げられる。

⑶インターネット・リテラシー

インターネット・リテラシーは、インターネットの情報や事象を正しく理解し、それを適切に判断・運用できる能力のことを指す。総務省が発表した「平成27年版 情報通信白書」では、全世代における情報収集の手段としてインターネットの利用が約7割と高い比率であることが明らかになっている。インターネット上で様々な情報があ

ふれているなか、どのような目的で情報収集をするのか、その目的に合った情報であるか、この情報がクライアントに適した情報であるかなど、判断し見極める必要がある。トレーニング指導者は多くの情報に振り回されるのではなく、自分で情報を取捨選択し、その情報を使いこなす能力が必要となる。

⑷学術論文の検索

　トレーニングに関する研究は日々進歩している。その研究から導き出された知見は、学術論文から得ることができる。最新の学術論文を通じて得られる情報は新規性が高く、場合によってはこれまでの概念を覆すような新たな情報が得られる可能性がある。また、学術論文は数人の査読者による査読を経たうえで公開されるため、情報の客観性が保証されている。また、役立つ情報を提供してくれるのは、最新の学術論文ばかりではなく、過去から現在の論文までを体系的に読み進めることで、いかにして現在の常識に至ったかという、"概念の変遷"を学ぶことができる。

　世界中には多くの学術論文が存在する。現在、PubMedやCiNiiなどといった国内外の論文情報検索サービスから、キーワードを入力することにより、関連する論文を検索することが可能である。また、近年は学術論文の電子化が進み、インターネット上の学会ホームページより検索ができるようになって来ている。

②　情報の活用

⑴定性的情報と定量的情報

　情報には定量的情報と定性的情報がある。定量的情報は数値化して具体的に捉えることのできる情報となる。例えば、選手の走力を示す際、「100mを10秒台で走ることができる」というのは定量的情報となる。一方、定性的情報は数値として表さず抽象的に捉える情報である。例えば、同様に選手の走力の特徴を示す情報として、「スタートの反応が速いので走るのが速い」というのは定性的情報に当たる。定量的情報は誰がみても同じ評価ができるものであるが、定性的情報はその事象・事項に対する内面的、性質的、抽象的なものに着目し表現する際の情報として用いられる。いずれの情報もトレーニング指導においては重要であり、必要な情報は定量的な情報なのか、定性的な情報なのか、また両方が必要なのかを状況に合わせて使い分ける必要がある。

⑵informationとintelligence

　情報を英語で表すとき、information（インフォメーション）とintelligence（インテリジェンス）が挙げられる。トレーニング指導における情報についても、このinformationとintelligenceという用語の違いを理解する必要がある。informationは「素材としての情報」であり、測定や研究等で得られたデータはこちらに当たる。一方、intelligenceは「加工・分析された情報」であり、集積されたinformationを評価・分析することで、判断や行動に必要な知識として利用可能なものとなる。トレーニング指導者は、多くの情報（information）から必要な情報であるかどうかを見極め、トレーニング指導を行う際に対象者の目標達成に役立つ情報（intelligence）をつくり出す能力も求められる。

⑶問題解決にむけた情報活用

　トレーニングに関する情報について、様々な方法で収集した情報のすべてがそのまま指導している対象者に利用できるわけではない。また、一部の情報をそのまま都合よく解釈して、指導している対象者にあてはめてしまうような方法を取るべきではない。例えば、最新の科学的知見というこ

表3●トレーニング指導における課題解決にむけて情報を活用するためのプロセス

①課題の具体化：抽象的または直感的な課題を細分し具体化する
②情報の収集：既に一般化された課題解決に関する情報を収集する
③情報の抽出：既に一般化された情報と課題とを照合し、解決の糸口を見いだす
④課題解決方法の作成：抽出された情報を課題に適合するように加工し、新たな方法として作成する
⑤課題解決方法の実行：作成した解決方法を実行する
⑥課題解決方法の評価：実行した解決方法の結果を評価し、再検討する

とで方法と結果だけを見て、そのまま対象者に指導をしてしまうと効果が出ないばかりか、スポーツ傷害などにつながる恐れもある。対象者の特性、トレーニングの目的や課題に応じて、まずは情報を検索、収集、照合し、そこから修正、編集、加工などを段階的に行うことで、対象者個々に応じた解決方法を見出すことが可能となる。対象者個々の特性に応じた課題解決にむけて情報を活用するためのプロセスについて、6段階の方略を表3に示した。

3 情報の取扱い

(1)個人情報やデータの取扱い

トレーニング指導者は職務上で得られた情報の扱いには留意する必要がある。例えば測定等で得られたデータの取扱いについて、学会等の発表やインターネット等での公開に用いる場合には、事前に本人の承諾が必要となる。特に個人情報の扱いについては、細心の注意を払う必要がある。

また、このようなデータや個人情報を含むPCなど情報媒体の取扱いには十分注意する必要がある。例えば、ログインの際にパスワードを要求するような設定やセキュリティソフトを導入し、ウイルス感染を未然に防ぐなど万全の準備が必要である。

さらに、文章や写真、動画などの著作物には著作権がある。このような著作物を無断で使用し、情報を発信する際には著作権を侵害しないようにしなければならない。

(2)トレーニングに関する情報発信

近年、トレーニング指導者がインターネットやSNSなどを通じて、情報を発信することが一般的に行われて来ている。最新の情報発信や多くの人と情報を共有できることなどが、大きな魅力となるが、インターネットやSNSなどによる情報発信については、多くの人の目に触れる可能性があり、注意が必要である。例えば、インターネットやSNSにトレーニングの情報等を公開する場合、受け取る側の解釈によって様々な受け取り方をされてしまい、自分の意に反する内容として拡散し

てしまう可能性もある。またインターネットやSNSに発信した情報が一度拡散してしまうと、あとで何かの理由で削除したい場合でもすべて削除することは困難となる。インターネットやSNSに情報をあげる際には、そのようなことが起こりうることを理解したうえで行う必要がある。

また、受講したセミナー等の資料や内容を無断で転載、情報発信することも著作権の侵害に当たることもあるので注意が必要である。

(3)情報を取扱う際の責任とモラル

現在の情報社会において、我々は誰もが情報の送り手と受け手の両方になり得る。その結果、対応を誤ると対面のコミュニケーションではありえないような問題が起こる可能性もある。トレーニングに関する情報が錯綜している中、情報を発信する側のモラルと情報を受信する側の判断力が問われている。

情報は様々な人の判断の材料となり、その人の行動に大きな影響を及ぼすものである。トレーニング指導者は情報の取扱いには責任をもち、正しいモラルに則って行動することが求められる。

（岡野憲一・森実由樹）

▶参考文献
1) 有賀誠司：競技スポーツのためのウエイトトレーニング，体育とスポーツ出版社，2001.
2) NPO法人日本トレーニング指導者協会編著：トレーニング指導者テキスト実践編 改訂版，大修館書店，2016.
3) NPO法人日本トレーニング指導者協会編著：スポーツトレーニングの常識を疑え!，ベースボール・マガジン社，2007.
4) NPO法人日本トレーニング指導者協会編著：スポーツトレーニングの常識を超えろ!，大修館書店，2019.
5) G. Gregory Haff, N. Travis Triplett 編：NSCA決定版ストレングストレーニング＆コンディショニング第4版，ブックハウス・エイチディ，2018.
6) 阿部征次：日本体育協会公認スポーツ指導者養成テキスト共通科目Ⅰ 第6章 指導計画と安全管理，2013.
7) 有賀誠司：競技スポーツのためのウエイトトレーニング，体育とスポーツ出版社，2001.
8) 厚生労働省：AEDを点検しましょう!，2018.
9) 片岡圭太：トレーニング指導者のためのハンドブック—契約編—（日本トレーニング指導者協会編），2012.
10) 片岡理恵子：Sports & Law No.3 基礎から学ぶ「スポーツと法」スポーツ指導者・コーチが身につけておくべ

き法知識. Sportsmedicine, 21(2): 35-37, 2009.

11) 高島秀行, 高木宏行: 日本体育協会公認スポーツ指導者養成テキスト共通科目II 第2章 スポーツと法, 2005.

12) 公益財団法人日本アンチ・ドーピング機構: アンチ・ドーピングとは. https://www.playtruejapan.org/about/ (2022年10月30日閲覧)

13) 北岡元:「情報」とはなにか 第6回 情報×分析 インフォメーションからインテリジェンスへ. 情報管理, 60(8): 583-588, 2017.

14) 小谷賢: インテリジェンス 国家・組織は情報をいかに扱うべきか, 筑摩書房, 2012.

15) 久木留毅: 日本体育協会公認スポーツ指導者養成テキスト共通科目III 第6章 競技者養成のための指導法 4 競技力向上のための情報とその活用, 2013.

16) 松原伸一: 情報学教育の新しいステージ—情報とメディアの教育論, 開隆堂, 2011.

17) 総務省: 平成27年版 情報通信白書, 2015.

18) Keiser vs Status Quo https://www.youtube.com/watch?v=NUPAJAJPRyo&t=5s (2022年6月16日閲覧)

2 章

測定と評価

1節：トレーニング効果の測定と評価
2節：測定データの分析とデータの活用法

トレーニング効果の測定と評価

1——測定・評価の目的と位置づけ

1 測定・評価とは

　測定とは、様々な能力を客観的に評価することを目的として、数値データを収集することであり、データを収集するために用いる手段をテストという。そして、評価とは、測定によって得られたデータを分析することにより、何らかの判断を下すことをいう。評価を目的としない測定は無意味であり、測定なしに客観的な評価をすることはできないことから、両者を合わせて、測定・評価と表現されることが多い。客観的根拠に基づいて、トレーニング指導を合理的そして科学的に進めていくためには、定期的な測定・評価は不可欠であり、測定・評価を行わないトレーニング指導は、たとえその方針や指導プログラムが科学的な理論や仮説に基づいて行われたとしても、真に科学的であるとはいえない。

2 測定・評価の目的

　どのような能力を何のために評価するかという視点から、測定・評価の目的を分類すると、以下の10項目に要約できる。
①ベースラインの確認
②ストロングポイントとウィークポイントの明確化
③トレーニング負荷の客観的・合理的設定
④トレーニング効果の確認
⑤体調のモニタリング
⑥トレーニング中のリアルタイムモニタリング
⑦動機づけ
⑧リハビリテーションの目標設定と回復状態の確認
⑨才能の発掘

⑩科学的研究や実践報告

3 トレーニング指導における測定・評価の位置づけ

　従来のトレーニング指導における測定・評価は、特別なイベントである、という考え方がされていたが、今日ではトレーニング指導の全過程において、日常的に行うものであると位置づけられている。それは、数週間や数か月に1度の測定では、測定日の体調によってデータが変動し、能力の変化についての正確な傾向が把握できないという理由による。また、テストの準備と実施そしてデータの処理から評価に要する時間が大幅に短縮され、得られた結果をすぐにトレーニングに生かせるようになったこと、さらには、試合においても様々なデータが取得可能となり、パフォーマンスの評価とトレーニングにおける測定・評価との関係に基づいた判断が重視されるようになって来たことにも起因する。

　フィットネス指導においても同様に、普段のトレーニング指導において常にデータを取得し、得られたデータを参考にしながらトレーニングの内容や負荷を調整するというスタイルが確立されつつある。

4 よい測定の条件

(1)妥当性

　正しい評価をするために測定に求められる第1の条件が、妥当性である。測りたいことがどれだけ正しく測れているか、その測定によって意図した能力の正当な評価が可能かどうかという基準で

ある。

⑵信頼性

信頼性とは、複数回測定した際に、同じような値が得られるかどうかを示すものであり、一貫性や安定性あるいは再現性と言い換えることもできる。測定する度に違うデータが得られるようであれば、その測定から適切な評価を下すことができない。

⑶客観性

測定者が誰であっても同じ結果が得られるかどうかの基準をいう。テストの動作に関する基準の一貫性や測定技術の優劣、あるいは測定者と被測定者の人間関係が影響するようでは、信頼性や妥当性は確保されない。

5 測定値と測定誤差

得られた測定値には、必ず何らかの誤差が含まれる。したがって、「測定値＝真の値＋誤差」と捉えたうえで、得られたデータをいかに処理し分析するかを考える必要がある。誤差にはランダムエラーとシステマティックエラーがある。

⑴ランダムエラー（偶然誤差）

ランダムエラーとは、ノイズとも呼ばれる自然現象であり、常に起こりうる予測不可能なわずかな変動や測定機器の精度の限界を起源とする不可避な誤差である。そのため、これを修正することはほとんど不可能である。しかし、測定者や被測定者の慣れや集中力が原因で生じるランダムエラーは、防止あるいは小さくすることができる。

⑵システマティックエラー（系統誤差）

システマティックエラーとは、誤差の方向や大きさに一定の方向性が見られるものをいう。データを取得する方法が根本的に違っている場合に生じる誤差である。測定機器の設定やキャリブレーションのミス、サーフェイスやシューズ等の測定条件の不統一によっても生じる。こうしたシステマティックエラーは防止し最小限にする必要がある。

6 ラボラトリーテストとフィールドテスト

トレーニング指導のための測定で用いるテストには、大別すると研究室や測定室で実施されるラボラトリーテストとトレーニング指導の現場で実施されるフィールドテストがある。一般的に、ラボラトリーテストは、測定条件を厳密に統制して生理学的機能や形態的特性あるいはバイオメカニクス的分析を目的として行われる。機器の取り扱いについての専門的知識を有する操作者が必要となるものが多く、1人の測定に時間を要し、評価までにいくつかの段階を経る必要がある。

一方フィールドテストは、トレーニング現場において比較的簡単で低価格な測定装置や器具を用いて行われ、トレーニングの一環として大人数でも同時に実施可能なものが多い。データの取得後すぐその場で評価できるのもフィールドテストの特徴である。

測定装置に用いられるテクノロジーの急速な進歩により、かつてはラボラトリーテストでしか取得できなかったデータが、トレーニング現場でも高い精度で取得可能になると同時に、逆にフィールドテストでしか取得できないパフォーマンスに直結する能力を評価するためのテストが可能となり、測定からすぐにトレーニング指導に生かせる評価が可能となっている。

客観的な根拠をもった説得力のあるトレーニング指導を行うためにも、こうしたフィールドテストを普段から積極的に活用するべきである。

7 テストの管理と手順

⑴測定機器のメンテナンス

測定に使用する機器類は、いつでも使える状態で保管しておく必要がある。バッテリーの充電状態を常に確認しておくことはもちろん、アップデートや新しいバージョンへの対応に注意を払う必要がある。

⑵テストの実施

1回のセッションで多種目の測定を行う場合に

は、テストの順序に配慮する必要がある。一般的には、反応やスピードあるいは爆発的筋力やパワーを必要とする種目は、最初に行い、持久力を必要とするものは最後の方で行うのが基本であるが、様々な種目に取り組む過程で、最大能力が発揮できるベストコンディションができ上がっていくこともあるため、ローテーション方式で行う場合、実施順序に偏りが出ないように、1回の試行数を少なくしておいて2周するといった工夫も必要である。

また、持久的種目であっても、筋と関節に大きな負荷がかかる急激な方向転換が含まれるテスト種目の場合は、全力の筋力やパワーを繰り返し発揮した後では正確なデータが得られないこともある。別の日に行うことも考慮するべきである。

今日汎用されているスプリントやアジリティの測定機器は、選手のID情報を埋め込んだリストバンドによって個人を識別し、測定者や記録用紙がなくてもデータが自動的に記録されるRFIDと呼ばれる自動認識機能をもっている。グループに分けてローテーションで行う測定や、トレーニング中にデータを蓄積していくためには、こうした機能をうまく使いこなしたい。

⑶測定プロトコルの統一

プロトコルとは、測定者が異なったとしても、そのテストを同じ方法や基準で統一的に実行するための手順のことである。テストの説明、実施方法、試行回数、失敗に対する対応、許容される動作等々が、測定者によって異なることによるシステマティックエラーが生じないように注意する。

⑷測定データの管理

従来は、測定データはその場で記録用紙に記入し、後からエクセル等に転記して整理するという方法しかなかったが、今日では、選手情報をあらかじめインポートしておき、取得したデータをエクスポートするという機能をもつ機器が増えており、記録用紙への記入や転記という作業はなくなりつつある。また、クラウドサービスやポータルサービスにより、選手やスタッフ間でインターネットを介してデータをやりとりすることや、より詳細な分析やレポートの作成が可能となっている。

2——トレーニング効果の測定の実際

1 形態と身体組成および姿勢の測定・評価

⑴長さと幅の計測

身長、座高、下肢長、上肢長などの身体の長軸に沿った高さや長さの計測と、肩幅、胸厚、腰幅など長軸に直交する方向での計測がある。正確に計測するために、解剖学的なランドマークを正確に捉える必要がある。

⑵体重と周径囲

形態測定において身長と並ぶ代表的な測定項目が体重である。除脂肪体重を計算するための基準となるほか、相対的筋力の計算には不可欠となる。

周径囲には胸囲、腹囲、上腕囲、大腿囲、下腿囲がよく用いられる。一般的に周径囲の測定は筋肉に力を入れずに測定する。解剖学的ランドマークからの距離を決めて測る、もしくは最大周径囲の箇所で測るという方法がある。

⑶体脂肪率

体脂肪率とは、体重（身体質量）に占める脂肪質量の割合（%）であり、様々な方法で測定できるが、健康増進施設やフィットネスジムでは生体インピーダンス法が主流となっている。脂肪はほとんど電気を通さないのに対して筋肉などの電解質を含む組織は電気を流しやすいという特性を利用し、身体に微弱な電流を流し、その際の電気抵抗値を計測することで体組成を推定する方法である。発汗や水分摂取、姿勢などの影響を受けるため、データを比較するためには、測定条件を一定にする必要がある。

トップアスリートの身体組成測定には、空気置

換法（BOD POD）や二重エネルギーX線吸収測定法（DXA法）が用いられるが、一般的なアスリートの場合は、皮脂厚法を用いることが多い。

　上腕背部の肩峰と肘の橈骨点の中間点と、右の肩甲骨下角部の皮下脂肪厚を測定する。当該部位の皮膚をつまんでつまんだ位置から1cm離れた個所に垂直にキャリパーを当てその目盛りを読む（単位はmm）。2か所の皮下脂肪厚合計（A）を長嶺と鈴木の式に当てはめ、身体密度D（g/cm³）を求め、その値をBrozekらの式に代入して体脂肪率（％）を算出する。

〈長嶺と鈴木の身体密度を求める公式〉
- 男子15〜18歳の身体密度（D）
　　＝1.0977−0.00146×A
- 男子19歳以上の身体密度（D）
　　＝1.0913−0.00116×A
- 女子15〜18歳の身体密度（D）
　　＝1.0931−0.00160×A
- 女子19歳以上の身体密度（D）
　　＝1.0897−0.00133×A

〈Brozekらの体脂肪率を求める公式〉
- 体脂肪率（％）＝（4.570÷D−4.142）×100

　皮脂厚法の留意点は、測定位置や皮膚のつまみ方を一定にすることと、キャリパーをはさむ強さのキャリブレーションである。できるだけ同じ測定者が同じキャリパーを用いて測定することが望ましい。

⑷除脂肪体重

　体重と体脂肪率から、体脂肪量（kg）と除脂肪体重（kg）の計算ができる。除脂肪体重は脂肪組織以外の組織の質量であり、その約70％が筋肉の質量である。アスリートのための筋肥大トレーニングのみならずダイエット目的のトレーニング指導においても除脂肪体重のモニタリングは重要な測定・評価の対象となる。

⑸姿勢評価

　中高齢者やフィットネスにおけるトレーニング指導においては、姿勢評価も1つの重要な測定項目である。姿勢のバランスが崩れていると、腰痛や肩こりなどの原因になったり、歩行機能や日常生活動作の機能障害の原因となったりすることがある。一般的に、矢状面と前額面からランドマークに沿ったアライメントをチェックする。写真撮影からアライメントを数値化できるシステムや、重心動揺計と合わせた姿勢評価ができるシステムもある。

2 筋力・筋パワーの測定・評価

⑴筋力とは

　筋力とは、筋が発揮する力の大きさのことであり、最大挙上質量の測定によって持ち上げることのできる質量（1RM）とは明確に区別される物理量であることを、トレーニング指導者は銘記するべきである。力は質量(kg)×加速度(m/s²) で計算される物理量であることから、その単位はkg・m/s² となるが、これを国際単位系ではN（ニュートン）としている。1kgの質量に1m/s²の加速度を生じさせる力が1Nである。

　地球上でバーベルなどのウエイトを持ち上げるとき、バーベルの質量に対して、重力が作用し、9.81m/s²の加速度（重力加速度＝g）を生じさせている。したがって、例えば100kgのバーベルであれば、100kg×9.81m/s²＝981Nの重力がバーベルに作用している。そこで、例えばスクワットのボトムポジションでそのバーベルを静止させることができた時、981Nの力と釣り合った力を発揮していることになる。

　もし、100kgのバーベルをただ静止させるだけではなく、重力に逆らって素早く持ち上げたり、さらにそれを担いでジャンプしたり、勢いよく頭上に差し上げたりするためには、9.81m/s²という加速度以上の加速度を生じさせる必要があり、981Nよりも大きな力を発揮しなければならない。

　このように、力は質量とは明確に区別されなければならず、何kgのウエイトを持ち上げられるかということだけで筋が発揮する力の大きさを評価してはならない。

⑵パワーとは

一定の力を発揮して身体やバーベルなどの物体を移動させたとき、「発揮された力（N）×移動距離（m）」で計算される値を仕事という。この仕事がどれだけの時間効率で行われたか、すなわち「仕事（Nm）÷その仕事に要した時間（s）」を仕事率（Nm/s）という。パワーとはこの仕事率のことであり、筋力によって発揮されるパワーを筋パワーと呼ぶ。何らかの身体運動を行ったときには常に力を発揮していると同時にパワーも発揮しているが、別の物理量である。

パワーを表す「発揮された力×移動距離÷仕事に要した時間」という式の「移動距離÷仕事に要した時間」という部分は、速度（m/s）であるため、パワーを表す式は、「発揮された力×速度」と変換でき、このことから、「パワー＝力×スピード」と表現されることが多い。

スポーツのパフォーマンスや日常生活動作においても、筋力だけではなく、筋パワーとの関係が強いものが多いことから、筋パワーの測定を筋力測定とは別に行う必要がある。

⑶筋力・パワーの測定・評価

①等速性筋力・パワー測定装置

筋力は、発揮する際の運動速度によって発揮できる最大の大きさが異なり、低速から高速になるにしたがって、発揮できる筋力は小さくなる。そこで運動の速度を機械的に一定に制御してその速度で発揮できる最大筋力を測定することにより、速度特異的な筋力を正確に測ることができる。これを等速性筋力測定といい、等速性筋力測定装置で測定されたパワーを等速性パワーという。

計測中に力の発揮を止めると、抵抗もすぐに消失し負荷はかからない。よって、筋や関節に急激に大きな力がかかることがなく、ケガが発生する危険性は極めて少ないという利点がある。そのため、リハビリテーションにおける筋力評価やトレーニングにおいては利用価値が高い。

一方、等速制御が可能な機器は大掛かりで高額であるため、日常的に大人数の測定やトレーニングに用いることは困難である。また、スポーツや日常生活動作における筋力発揮には常に大きな加速や減速が伴い、等速性機器を用いた筋力の発揮様式とは異なるという問題がある。

②フォースプレート

フォースプレートとは、床（地面）と接する人が、床に対して発揮した力に対する反作用としての力（床反力または地面反力）を計測する装置である。上下・左右・前後の3方向の力を計測することが可能な機種の他、ウエイトトレーニングやジャンプトレーニングにおける測定・評価に特化した垂直方向のみの力を計測する現場のトレーニングにおける測定・評価のための機種もある。こうした機種は、比較的低額で重量も軽く、手軽に持ち運ぶことが可能となっている。また、大柄な選手でも各種エクササイズ動作が可能なサイズで、かつトレーニング指導に直接役立てることのできる項目が表示されるようになっている。

フォースプレートを用いることにより、動的な筋力のみならず、アイソメトリックミッドサイプル（図1）と呼ばれる、関節角度を一定にした最大アイソメトリック筋力を正確に測定でき、RFD（Rate of Force Development）の評価によく用いられている。また1枚のフォースプレートで右と左の床反力を別々に測定できる機種もあり、姿勢バランスや筋力バランスの評価にも役立てることができる。

図1●フォースプレートによるミッドサイプル

リニアポジショントランスジューサーの例

慣性センサーの例

図2●さまざまなVBTデバイス

③VBTデバイス

　筋力とパワーは、Velocity Based Training（VBT）デバイスを用いることで、トレーニング現場で簡単に測定することが可能である。フォースプレートが力を直接測定するのに対して、VBTデバイスは、センサーによって測定されたウエイトの移動距離や加速度から計算によって筋力とパワーを求める。測定機器には、ウエイトの移動距離を直接測定し、そこから力学的計算によって速度や加速度や力やパワーといった物理量を算出する「リニアポジショントランスジューサー（LPT）」と、最初に加速度を直接測定してこうした物理量を算出する「慣性センサー（IMU）」がある。また、レーザー光線と慣性センサーを組み合わせた機器も存在する。

　VBTデバイス（図2）による最大パワーの測定は、軽いウエイト（例えばバーベルであれば20kg）から負荷質量を漸増させ、対応するパワーを測定する。負荷の漸増に伴ってパワーは増加するが、ある時点からは負荷を増やしても低下する。低下する直前に得られたパワーが最大パワーとなる。

　VBTデバイスを身体に直接装着することで、自体重に対して発揮される筋力やパワーを測定することもできる。例えば椅子からの立ち上がりパワーや脚筋力の測定により高齢者に対するトレーニング指導においても役立つ情報を取得することができる。

⑷最大挙上質量（1RM）測定

　最大挙上質量測定とは1RM測定とも呼ばれ、そのエクササイズ種目で挙上可能な最大負荷質量

（kg）を調べることをいう。最大挙上質量を測定する意義は、トレーニングの目的に応じて設定される相対的なトレーニング強度を設定するためである。

　しかしながら、1RM自体はその日の体調やトレーニングによって大きく変動し、また1RMを実際に測定するテストは大きな負担となるため、頻繁に測定することができない。その結果1RMのパーセンテージで強度設定をしても、日々の1RM自体が変動しているため、適切な強度とならないことが多い。そこで、挙上速度によって強度を設定するというVBTが用いられるようになって来ている。その根拠となっているのは、1RMに対するパーセンテージ負荷と、それに対する挙上スピードとの間には直線回帰の対応関係があり、体調や筋力の変化によってその対応関係は大きく異なることがないため、それぞれの%1RMに対応するスピードをもとにして、そのスピードで挙上可能な質量を見つけて適切な負荷質量を決定することができるというものである。この場合にも個人ごとの1RMに対するパーセンテージに対応する挙上速度の個人差に対応するためには1RMを調べる必要がある。1RMは、直接法および推定法によって測定することができる。

①1RM測定の直接法

　直接法は、十分なウォームアップの後、直近の1RMまたは1RMの約50%で10回程度反復し、1～1.5分休息し、次に約70～80%で2～3回、さらに1～1.5分休み、90%で1回行いその後徐々に負荷を上げながら1回挙上を続け、最後に失敗した場合、必要に応じて、その1つ前と最後の質量の間の負荷で1回行う。質量の増加は、5段階から多くても7段階以内に測定を終えるようにする。

②1RM測定の推定法

　推定法では、軽いウエイト、例えば20kgから負荷質量を4～6段階に漸増させ、それぞれに対応する全力挙上での最大平均速度をVBTデバイスを用いて計測し、負荷質量と速度の対応関係か

ら、その直線回帰式を求め、種目ごとの1RM挙上速度（V1RM）を回帰式に代入して1RM値を算出する。V1RMは、一般的に知られている値、チームの平均値、あるいは個人別の値のいずれかを選んで用いる。負荷質量と速度の関係が直線回帰することから、軽負荷と高負荷の2つの負荷に対する速度だけで1RMを推定するという2点法も全力発揮に慣れた中級者以上では用いることができる。

⑸負荷−速度プロフィール

上記の1RMの間接測定で用いた方法によって得られる個人ごとの負荷質量と速度の直線的な対応関係は、負荷−速度プロフィールと呼ばれ、これによってその人に固有の％1RMに対応した挙上速度を知ることができる。VBTにおける速度を個人別に決定するための最も正確な方法となる。

⑹筋持久力の測定・評価

筋持久力とは、一定以上の筋力または筋パワーをいかに長時間、あるいはいかに多くの回数を繰り返して発揮できるかという能力である。この測定・評価のためには、発揮している筋力または筋パワーの大きさを正確に測定できる機器を用いることが必要である。測定・評価の方法の1つは、被験者に最大筋力または最大パワーあるいは、一定レベルの筋力または筋パワーを発揮させ、その数値をモニターしながらあらかじめ決めておいた閾値以下にまで低下した時点で測定を終了し、開始から終了までの時間または反復できた回数で評価する。もう1つの方法は、時間または回数をあらかじめ決めておき、最初の1回目の値または数回の平均値と最後の1回の値または数回の平均値を求め、最初の値と最後の値の差を最初の値で割って100を掛けて低下率（％）を求めることで評価することができる。

⑺ジャンプの測定・評価

ジャンプに関する測定値は、単に跳躍高や跳躍距離自体がスポーツのパフォーマンス指標となるだけでは

なく、スプリントや方向転換といった他のパフォーマンスとも関連した脚パワーの評価としても利用できる。よく用いられるテストには、カウンタームーブメントジャンプ（CMJ：Counter Movement Jump）、スクワットジャンプ（SJ：Squat Jump）、幅跳び、ドロップジャンプ、連続リバウンドジャンプがある。

①カウンタームーブメントジャンプ（CMJ）

両手を腰に当てて、腕の振り込みを制限する方法と、両腕をしっかり振り込んで行う方法がある。立位からいったん沈み込みその反動を使って跳び上がり、その跳躍高を測る。フォースプレートを用いて跳躍動作で生じた床反力における短縮性（コンセントリック）局面の力積を体重で除して踏切時の初速度（v_0）を求め、その値を$v_0^2/2g$という式に代入して跳躍高を求める方法が物理的には最も正確である。gは重力加速度（$9.81\mathrm{m/s^2}$）である。また、滞空時間から求める方法もある。滞空時間による跳躍高は、$1/8gt^2$という式に滞空時間tを代入することで求められる。フォースプレートの他、VBTデバイス、または光学センサーシステム（図3）、さらには映像から足の接地と離地を確認して滞空時間を計算しそこから跳躍高を求めるアプリもある。一般的な両脚でのCMJの他に、片脚によるCMJを測定することで左右差を確認することもできる。

一般的な跳躍高ではなく、バレーボールやバス

図3●光学センサーシステムを用いた片脚でのCMJの測定

図4●自立型跳躍高測定装置を用いた跳躍高（地上高）の測定

ケットボール、サッカーのゴールキーパーなど絶対的な地上からの高さを測定するには、図4に示した自立型跳躍高測定装置を用いる。

②スクワットジャンプ（SJ）

CMJのような反動を用いず、スクワット姿勢で静止した状態から、できるだけ沈み込まないように注意して跳び上がる。このジャンプは、コンセントリックオンリージャンプ、またはスタティックジャンプとも呼ばれ、同様の動作特性をもつパフォーマンス評価に用いられるほか、CMJの値との差を見ることで、伸張–短縮サイクルの効率を評価することも可能である。

③幅跳び

水平方向への跳躍能力の評価に用いる。静止した立位から両腕を振り上げ反動をつけてできるだけ遠くまで跳び、つま先から踵までの距離を地上に置いたメジャーで測る立ち幅跳びテストが一般的である。片脚ずつ交互に連続で跳ぶ3段跳びや5段跳びもある。光学センサーシステムを用いることによりメジャーの目盛りを読むことなく正確な距離を1cmの精度で測定できる（図5）ほか、連続跳躍における左右脚のバランスも同時に評価できる。

④ドロップジャンプ

一定の高さから落下し、足が地面につく際の接地に素早く反応して跳び上がるための筋力は、爆発的反応脚筋力と呼ばれ、時間をかけて大きな力を発揮する筋力とは異なる能力であるとされている。このドロップジャンプ、別名デプスジャンプは、一般的に20～60cmの台上から自然落下し、できるだけ短い接地時間でできるだけ高く跳び上がり、その跳躍高または滞空時間を接地時間で除して反応筋力指数（Reactive Strength Index：RSI）を求めることで評価する。

両手を腰に当てて実施する方法と、落下時に両腕を構えておいて接地と同時に振り上げる方法がある。VBTデバイスの他、光学センサーシステムを用いることで簡単に評価できる。

⑤連続リバウンドジャンプ

ドロップジャンプと異なり、地上における連続的なリバウンドジャンプにおいてRSIを評価するためのテストである。両手を腰に当てる方法と自由に腕を振る方法があるが、数回の連続ジャンプにより徐々によい値がでるので、8～10回連続ジャンプしたうちの最大値をとる、または最後の数回あるいは数回のベスト記録の平均値を採用するといった工夫が必要である。従来はマットスイッチを利用して行われていたが、マットの面積が窮屈であることや、サーフェイスとシューズに制限されない光学センサーシステムやVBTデバイスによる測定が一般的となっている。光学センサーシステムでは1回ごとのジャンプの接地時間と跳躍時間を個々に分析することが可能である。

RSIをCMJとSJに応用したものはRSImodと称され、接地時間ではなく、伸張性（エキセントリック）局面の開始から踏切までの時間で跳躍高を割る。これにより、単に高く跳ぶだけではなく、いかに速くかつ高く跳べるかという様々なスポーツ競技に直結した能力を測定できる。

⑻投射動作の測定・評価

主として体幹の回旋運動や上肢の筋力・パワーは、メディシンボールの様々な動作による投射によって測定・評価が可能である。従来はその投擲距離によって評価されてきたが、投擲距離は初速度のみならず投射角度によって大きく規定されるため、投擲距離ではなく、加速度センサーとジャイロスコープが内蔵された専用のボールを用いて、

図5●光学センサーシステムを用いた立ち幅跳びの測定

実際にボールに加えられた力やパワーを直接測定することが望ましい。これにより、水平方向への投射時のパワーを適切に評価することが可能である。

(9)スプリントの測定・評価

①ストップウォッチと電気計測

スプリントや短い距離の歩行といった身体移動におけるわずかなタイム差を正確に信頼性のある方法で客観的に測定するためには、光電管やレーザー光線による電気計測が必要である（図6）。身体移動や四肢の動きを目視して手動で行うストップウォッチによる計時は、ほとんどの場合、電気計測よりも速い値となり、測定者によるばらつきが大きいため、短い距離の正確な移動時間を測定することはできない。

様々な姿勢による静止状態からスタートして一定の距離を移動するまでの時間のほか、区間タイムを測定し、スタート能力、加速能力、最大スピード能力、スピード維持能力などを評価することもできる。

0.01秒の差を測定するため、機器の設置の高さや位置、スタート方法等を厳密にコントロールする必要がある。

②ピッチとストライドの測定によるスプリントの測定・評価

地上から3mmの高さに1cm間隔で光センサーが配列された光学センサーシステムを用いることにより、ステップ長、接地時間および滞空時間から1歩ごとのステップ速度を得ることができる（図7）。これによって、スタート能力、加速能力、最大スピード、左右脚のバランス等を詳細に分析し、スプリントトレーニングの課題を明確化したり、トレーニング成果を細かく評価したりすることができる。

⑽歩行分析

歩行分析は、特に高齢者の転倒予防や歩行スピードの維持改善の視点から重要である。一般的に、スピードや歩行周期の他、立脚期、遊脚期、片脚支持期、両脚支持期、ローディングレスポンス、プレスウィングの歩行周期における割合や変動の大きさを測定し評価される。これらの測定に

レーザー式タイム測定器

光電管式タイム測定器

図6●電気計測によるスプリント測定

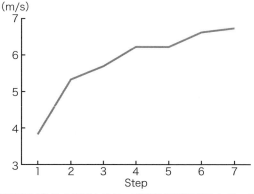

図7●スプリント測定とステップ速度曲線（光学センサーシステムによる）

は、光学センサーシステムと同じ光センサーテクノロジーによる歩行分析装置を用いる方法や、ビデオ映像、マットスイッチを用いる方法の他、加速度計とリンクしたスマートフォンアプリも開発されている。

⑪方向転換とアジリティ

アジリティとは、正確には反応能力と方向転換能力で構成され、単なる方向転換能力はChange of Directionの頭文字をとってCODと呼ばれることが多い。

CODのテストにはプロアジリティテスト、Lテスト、アロウヘッドアジリティテスト等の様々な距離と角度および方向転換回数のテストがあり、スポーツ種目や日常生活動作との特性に応じたテストを選ぶ必要があり、わずかな差を検出するためには電気計測が必要である。

反応を伴う本来のアジリティテストを行うためには、方向転換の視覚信号を提示できる装置を利用し、目的に応じた信号の種類と移動の方向や距離を設定する（図8）。図6で示したようなスプリント測定装置には、反応信号を提示するオプションがある。

⑫柔軟性

柔軟性の測定には、ゴニオメータによる関節角度測定の他、立位体前屈、長座位体前屈あるいは上体そらしといった一般的なテスト、ハムストリングスの柔軟性の評価に用いられるStraight Leg Raising (SLR) や、大腿四頭筋の柔軟性の評価に用いられるHeel-Buttock Distance (HBD)、肩の可動域を測定する指椎間距離等がある。測定

図8●反応スタートからのスプリント測定

値には代償動作や体格や筋肉の発達の程度、あるいは測定時の姿勢等が影響するため、その評価や誤差に注意が必要である。関節可動域だけではなく、関節運動の流動性（fluidity）を評価できる装置（慣性センサー等）を用いれば、リハビリテーションにおける回復状態を的確に評価することができる。

⑬バランス能力の測定・評価

バランス能力の測定と評価は特に高齢者の転倒防止の観点から重要である。開眼片脚立ち、閉眼片脚立ち、Functional Reach Test等の簡易なテストの他、前後左右への変位、重心動揺の軌跡や面積等による精密な分析のためには、重心動揺計による測定と評価が必要となる。単体での重心動揺計の他、VBTデバイスや可動域測定機器あるいはフォースプレートにバランス能力評価機能が組み込まれた機器もある。

⑭持久力測定

持久性は、動作による特異性があるため、それらの固有の動作によって測定することが望ましい。ランニングにおける持久力を測定するためには持久走テストを利用する。従来は、一定の距離を決めておいてそれを走り切る時間を測る方法、または一定の時間でどれだけの距離を走れるかを測る方法がとられてきた。しかし、ペース配分によって結果が大きく異なることや、テスト結果に基づいて持久走のトレーニングを処方するための情報を十分取得できないということから、一定のペースでスピードを漸増させながら走り、到達した総走行距離または到達した最大スピードによって評価するという方法が一般的となっている。また、連続的に走り続けるのに必要な持久力と、多くのフィールドスポーツで必要とされる一定の休息を挟んで高強度ランニングを繰り返す間欠性持久力が区別されている。

一般的によく用いられるVamEvalテストでは、200〜400mトラックに20m間隔でマーカーを設置し、8km/hまたは10km/hから1分ごとに走速度を0.5km/hごとに漸増させていく走速度に合わせてそのマーカーを通過するように走る。そ

図9●スポーツ用インターバルサウンド発生装置を
用いた間欠性持久力測定

の際通過すべきタイミングをビープ音で知らせて
走速度をコントロールする。方向転換をするス
ポーツ用としては、20〜40mの往復走のコース
を設置し、速度の増加に合わせて途中の通過ポイ
ントと往復するタイミングをビープ音で知らせる
方法がある。間欠性持久力の場合は速度の増加段
階に合わせて休息時間を挟む。スピードの増加に
ついていけなくなった段階でテスト終了となる。
一般的によく用いられるテストとしてはYo-Yo
間欠性回復力テスト、30-15間欠性フィットネ
ステスト等がある。これらの音源を内蔵したス
ポーツ用インターバルサウンド発生装置等の専用
スピーカーや、取得した音源をスピーカーにつな
げて利用する（図9）。

これらのテストの最後に到達したスピードが最
大有酸素性走速度であり、持久走のトレーニング
ではその相対スピードによって強度を設定する。
またテストの最後に到達した心拍数が最大心拍数
となる。フィットネス目的では、最大心拍数は一
般に220−年齢という公式が用いられることもあ
るが、アスリートを対象とした場合には、個人差
を考慮し、最大心拍数を直接測定することが望ま
しい。

⒂主観的運動強度（RPE）

運動時に知覚された主観的な運動負荷の強さや
激しさを数値でスケール化したもの。Rating of
Perceived Exertion の頭文字をとってRPEと略
される。自覚的運動強度ともいう。よく用いられ
るボルグスケールでは、「非常に楽である」から「非
常にきつい」までの主観的強度を6〜20の数値
で表現する。また、トレーニングセッションにつ
いてのRPEはセッションRPE（sRPE）と呼ばれ、
「安静」から「最大」までの10段階の強度にセッ
ション時間（分）を掛けた値となる。これにより
トレーニング負荷を継続的にモニタリングするこ
とで、オーバートレーニングやケガを防止し適切
な負荷設定に役立てることができる。

（長谷川裕）

測定データの分析とデータの活用法

1──測定データを活用するための準備

1 データの記入（入力）と保存

　測定によって得られたデータをその後の分析に利用するためには、データを利用しやすい形で整理し保存する必要があるが、最初に注意するべきことは、個々のデータの正確な記録である。この段階で不正確なデータが記録されてしまうと後から修正することは極めて困難である。測定の最中に、測定機器に表示された数値を、筆記用具を用いて用紙に記入する場合は、後から数値を正しく判読できるように注意して記入する。入力用のタブレットやPCにその場で入力する場合も、数値や小数点の打ち間違いがないか常に確認するようにする。また、入力した数値と個人の対応関係がずれていないかも細かくチェックするようにする。

　最近は、測定された個人データをその場で測定機器の内部メモリーに保存・蓄積していく機能や、すぐさまクラウド上に保存する機能をもつ測定装置が普及しているので、その場合は、あらかじめ氏名やID番号などにより個人情報を登録しておき、測定する際にその個人を指定して測定を実施する。測定する人数が多い場合は、チームやポジション等で少人数のスタートリストをあらかじめ作成しておくと、個人の確認が容易となる。さらに、個人情報を埋め込んだリストバンドを専用の読み取り機にかざすことで、個人を識別し、測定者や記録用紙がなくてもデータが自動的に記録・保存されるRFIDと呼ばれる自動認識機能をもっている機器が普及してきている。こういった機器を用いると、グループに分けてローテーションで行う測定や、普段のトレーニングにおいて日常的に測定データを取得することが可能である。

2 データのクリーニング

　用紙に記入されたデータをエクセルや統計ソフトに転記入力する場合、ミスが生じないように複数名で行うことが望ましい。測定機器に自動的に記録・保存されているデータは、エクスポート機能が付属している場合にはエクセルに出力する。CSVやTSV形式でエクスポートされた場合もエクセルで開くとよい。基本的に、データは1列目にID番号、2列目に氏名を付し、その他の各列が特定の変数を表す。そして各行が個人の記録に対応するような表形式のデータベーステーブルとして整理する。こうして整理された一連のデータをデータセットという。

　得られたデータセットから分析を行う前に、必ずデータの欠損や異常値あるいは重複を発見し、修正もしくは削除する。これをデータのクリーニングという。欠損値のはずが0と記録されていたり、同じ個人のデータが複数個あったり、入力ミスによる異常に大きいあるいは小さいデータがあったりすると正確な分析ができない。エクセルでは、最小値（MIN）と最大値（MAX）を求める関数を用いることで欠損や異常値は簡単に発見できる。重複データがある場合は、IDや氏名の並べ替えをすることですぐに見つけることができる。集団としての分析をする場合、欠損や異常値は、単純にその分析から外すか、その集団から得られた平均値に替える。

2──記述統計

　測定の対象となった特定のグループから得られたデータの全体的な特徴や性質を、客観的かつ簡潔に把握するために行う統計処理法を記述統計という。記述統計分析によって算出される統計値によって、対象となったグループに対するトレーニング効果や体調の変化等を様々な角度から分析することができる。

1 中心的傾向と代表値

　グループから得られたデータの特徴を1つの数値で表現するものを代表値という。代表値は、データの分布の中心を示す値、すなわちそのグループの中心的傾向を要約する数値であるともいえる。代表値には、平均値、中央値、最頻値がある。

2 平均値

　もっともよく用いられる代表値であり、グループ内の個々のデータをすべて加え、データ数で除した値である。対象がグループの場合だけではなく、1つの対象、例えば個人について繰り返して測定した値に対してもその代表値として平均値を求めることができる。複数回測定したうちのベスト記録ではなく、平均値を代表値とすることで安定的に発揮できる能力を知ることができる。このためには、ベスト記録とワースト記録を除外した残りの数値の平均値をとるという方法もある。

3 中央値

　データを最小から最大へと順に並べたときに、ちょうど真ん中に位置する値を中央値という。データ数nが奇数の場合は、$(n+1)/2$番目の値となるが、偶数の場合は、$n/2$番目の値と、$n/s+1$番目の値との平均をとる。エクセルでは、MEDIANという関数で簡単に求めることができる。

4 最頻値

　連続数ではなく、カテゴリーをつくり、そのカテゴリーの中で最も度数が多いものを代表値とする方法である。グループの特徴を理解するうえで、どの分類に最も多くのデータが該当するかを検討するための代表値である。

5 偏った分布の代表値

　データの分布が偏っていて、極端に大きいあるいは小さいデータがあると平均値がそれらのデータに引っ張られてしまうということが生じる。例えば5名の体重（kg）が60、62、64、66、68というデータと、60、62、64、66、100というデータの中央値はどちらも64だが、平均値は前者が64.0に対し後者は70.4となる。100kgという極端に大きいデータによって平均値が重い方に引っ張られてしまうからである。このような場合には、平均値と中央値の両方を用いるとか、外れ値を除いた平均値を用いることでそのグループの特徴を正確に把握することができる。

3──データの散布度

　グループの全体的な特徴を把握するためには代表値だけではなくデータの散らばり具合、つまりデータの分布の度合いも重要な情報となる。このデータの散らばりの程度を表す指標を散布度という。散布度には、以下の4種類がある。

1 最大値と最小値

　最も大きい値が最大値（Max）で最も小さい値

が最小値（Min）である。タイムと速度、運動強度と疲労度等では、数値の大小の意味がそれぞれ逆になるので注意する必要がある。

② 範囲（レンジ）

最大値と最小値との差で、この中にすべてのデータが入る測定値の範囲である。外れ値の影響を強く受ける点に注意を要する。

③ 4分位範囲（IQR）

全データを昇順または降順に並べ、その上下25％を除いた値の範囲である。Inter-Quartile Rangeの頭文字をとってIQRと略されることが多い。最大値や最小値の影響を受けずに25〜75％という中央の50％だけに注目した範囲の指標である。エクセルではQUARTILE関数を用いることで、25％、50％、75％に当たる分岐点を簡単に抽出することができる。最小値と最大値も抽出するには、QUARTILE.INCを、それが不要な場合はQUARTILE.EXCを用いる。

④ 分散と標準偏差（SD）

データが平均値の周りにどの程度散らばっているかを表す指標が分散であり、その平方根が標準偏差である。個々の値と平均値との差をすべて求め、その値を合計すると±0になってしまうので、個々の値と平均値との差の2乗をとってすべて正の値にしてから合計し、それをデータ数で除して

その平均値を出す。これが分散である。分散の単位は元の単位の2乗となっているため、その平方根をとって単位を元に戻したものが標準偏差である。Standard Deviationの頭文字をとってSDと略されることが多い。エクセルの関数では、STDEV.PとSTDEV.Sがあるが、前者は既知のグループのデータにおける標準偏差を計算するために用い、後者は得られたデータを抽出されたサンプルとする母集団における標準偏差を求める際に用い、正確には不偏標準偏差という。違いは分散を計算する際に、前者はデータ数nで除するのに対して後者は$n-1$で除する。したがって、単に既知のグループのデータのばらつきを求めたい場合にはnで割り、母集団のばらつきを推定したい場合には$n-1$で割る。

平均値が同じであっても標準偏差が大きい場合は、その平均値からかけ離れたデータが多数存在することを意味し、逆に小さい場合は平均値の周りに多くのデータが集まっている均一化したグループであることがわかる。

また、2つの条件でのデータを比較する際、その平均値に差があっても、標準偏差が大きく分布の重なっている部分が大きいと、両条件の間に顕著な差があるとはいえない。

標準偏差はデータの散らばり度合いを検討する以外に、後述する様々な統計処理に用いられる重要な指標である。

4——変動係数

変動係数は標準偏差を平均値で除した値であり、相対的なバラつき度合いの指標となる。単位のない値となり、通常100をかけてパーセント値で表す。Coefficient of Variationの頭文字をとってCVと略される。

例えば5mスプリントタイムと総走行距離のような、絶対値の大きさや単位の異なるデータのばらつき度合を比較するような際に用いると便利で

ある。CVは、測定の信頼性の指標、あるいは得られた測定値の差が意味のある差なのかそれとも誤差範囲なのかを判断するための指標として用いられることもある。

5──正規分布と標準偏差

　測定値を横軸に、それぞれの度数を縦軸にとって度数分布を示すグラフを描くと、多くの場合、中央に平均値の最大の山があり、その周りは度数が多く、平均値から離れていくにしたがって左右対称に度数はなだらかに少なくなる。こういった特徴をもつ分布を正規分布といい、多くの自然現象はこの正規分布に従うことがわかっている。そのため、後述する統計的手法の多くは、そうした現象が正規分布に従って分布することをその前提としている。

　正規分布の重要な特徴は、平均値の左右それぞれに全体のデータ数の50％ずつが含まれるということと、平均値を中心とした標準偏差（SD）の範囲に含まれるデータの数が決まっているという点である。平均値から±1SDの範囲には±34.1％つまり全体の68.2％のデータが含まれ、

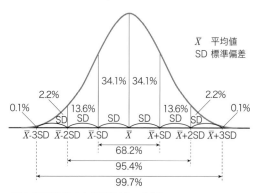

図1 ●正規分布と標準偏差の関係

SDの±1〜2倍の範囲にはそれぞれ±13.6％が加わり全体の95.4％、そしてSDの±2〜3倍の範囲には±2.2％が入り、これらの合計でほぼすべてに当たる99.7％のデータが含まれる（図1）。

6──時系列分析と移動平均

　定期的に測定されたデータや、トレーニング中にリアルタイムで取得されたデータを時間の経過に従って分析することを時系列分析という。視覚的には折れ線グラフで表示することによって変化を捉えることができるが、細かい全体の上下する変化から、一定の傾向を見つけることができればより正確な判断ができ、その傾向から将来の予測を行うことも可能となる。

　時系列分析でもっと簡単な手法が単純移動平均である。n日分またはn回分の平均を求め、次に

$n+1$日分あるいは$n+1$回分の平均を求めるということを時系列データ全体にわたって行い、得られた値を時間の経過に沿って折れ線グラフとして表示する。何日分または何回分の平均を取るかはケースバイケースで考える。

　エクセルで単純移動平均線を表示させるには、折れ線グラフを表示させた後、近似曲線を追加しオプションから移動平均を選択し、区間を適宜入力する。

7──2つのデータ間の関係を把握するための相関と回帰

1 散布図と相関関係

　2種類のデータ間の関係を視覚的・直観的に把

握するためには、散布図を作成するとよい。エクセルにおいて散布図を作成するには2つのデータの配列を範囲指定し、挿入メニューから散布図を

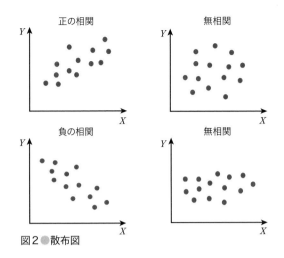

正の相関　　　　無相関

負の相関　　　　無相関

図2●散布図

選択すると簡単に作成できる。散布図のプロット全体が右肩上がり、もしくは右肩下がりになっている場合、2つの測定項目間に何らかの関係を想定することができ、これを相関があるという。プロットした点が全体的に広がった円状、あるいはX軸もしくはY軸と平行になる場合は無相関といい、両者の間に何の関係もないことが予想される（図2）。相関の強さを客観的かつ定量的に示すためによく用いられるものが、次に示すピアソンの積率相関係数である。

② ピアソンの積率相関係数

XとYという1組の値について、個々の値とその平均値との差を算出し、その値を掛け合わせる。どちらの値も平均値より大きいとプラス×プラスでプラスとなり、逆にどちらの値も平均値より小さいとマイナス×マイナスでこれもプラスとなる。これとは反対に、一方が平均値より大きくてプラスとなっても他方が平均値より小さくてマイナスとなるとプラス×マイナスでマイナスとなる。すべての数値のペアについてこの計算を行いその平均値（共分散という）をとると、プラスまたはマイナスの傾向をもつペアが多ければ多いほどその絶対値は大きくなり、こうした傾向をもつ値のペアが半分ずつあるとお互いに打ち消し合ってその平均値は0に近くなる。すなわち共分散が正の値で大きいほど、Xが大きいほどYも大きいことを意味し、共分散が負の値で大きいほど、Xが大き

いほどYが小さいことを意味する。こうして得られた共分散が、絶対値の大きさや単位の影響を受けないように標準化するために、それぞれの標準偏差の積で割ったものがピアソンの積率相関係数または単に相関係数と呼ばれる指標である。記号rで表す。rは必ず$-1 \sim +1$の範囲に収まり、右肩上がり＋で正の相関、右肩下がりは－で負の相関となる。スポーツサイエンスでは、関係の強さは一般に次のように表現される。

- ≤ 0.1 非常に低い（弱い）、ほとんど相関はない
- $0.1 \sim 0.3$ 低い（弱い）相関がある
- $0.3 \sim 0.5$ 中等度の相関がある
- $0.5 \sim 0.7$ 高い（強い）相関がある
- $0.7 \sim 0.9$ 非常に高い（強い）相関がある
- ≥ 0.9 ほとんど完全な相関がある

ピアソンの積率相関係数は、エクセルのCORREL関数で簡単に求めることができる。

③ 相関関係に関する注意事項

(1)外れ値の影響

数個の外れ値があると、相関係数の値は大きく影響される（図3-a）。外れ値を外して再計算するか、外れ値の影響を受けないスピアマンの順位相関係数と呼ばれる相関係数を用いる。

(2)分割（層別）相関

データに初心者から上級者まで含まれているよ

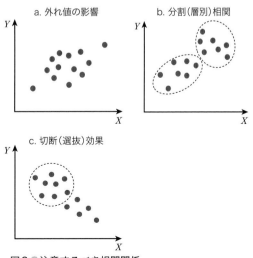

a. 外れ値の影響　　　b. 分割（層別）相関

c. 切断（選抜）効果

図3●注意するべき相関関係

うな場合、全体として相関があっても、それぞれのグループ内では相関がみられない、あるいは、むしろ正と負が逆転しているといった現象が生じる（図3-b）。このような相関を分割相関または層別相関という。

⑶切断（選抜）効果

データ本来の分布の中の一部分の偏ったデータだけを用いて相関を算出することにより、相関係数の値は影響を受ける（図3-c）。選抜を通して等質化した集団で相関係数が低下することを切断効果または選抜効果という。

⑷疑似相関

2つの測定値の関係に、第3の測定値が影響を及ぼすことで、正しい相関関係が得られなくなることを疑似相関という。このようなことが想定される場合は第3の測定値の影響を取り除くために、偏相関係数を求める。仮に、X、Y、Zという3つの変数があるとして、XYの相関係数がrXY、YZの相関係数がrYZ、ZXの相関係数がrZXである時、例えばZの影響を除いたXYの相関係数は、エクセルでは次の式で求められる。

「Zの影響を除いた $rXY = rXY - (rZX \times rYZ) / (SQRT(1 - rZX^2) - SQRT(1 - rYZ^2))$」

⑸相関関係の解釈

強い相関係数が示されたからといって、そこから直ちに2つの変数の間に因果関係があると結論づけてはならない。あくまで統計的に強い関係があることが示されたにすぎず、因果関係があるというためには、2つの変数の間に原因→結果という方向性のある関係がなくてはならない。これを特定するためには厳密なランダム化比較試験のような実験的研究や、コホート研究（縦断観察）をする必要がある。

8──回帰分析と決定係数

2つの測定値、例えばXとYの間に強い関係があるときに、一方の値からもう一方の値を予測・説明することを回帰分析という。例えばウエイトトレーニングにおける%1RM（X）と、それを全力で挙上した際の速度（Y）との間には強い負の相関関係が示されることから、両者の間に直線的な関係があると仮定し、散布図においてプロットされた各値と直線との間の距離（誤差）の2乗が最小となる直線を探すという計算を行う（最小2乗法）。これによって得られた直線を回帰直線と言い、$Y = aX + b$という直線回帰式の形で示され、%1RMを指定することで、それに対応する挙上速度を予測することが可能となる（図4）。

エクセルでは散布図にプロットされた点のいずれかを右クリックもしくは、グラフのデザインにあるグラフ要素を追加から、近似曲線を選択し、線形近似を指定する。近似曲線の書式設定にある「グラフに数式を表示する」を選ぶと回帰式が表示される。また「R-2乗値を表示する」にチェックを入れるとR^2という数値が表示される。これを決定係数といい、回帰式による予測の精度を表す。

以上の直線回帰の他、2つの変数の関係に曲線が当てはまるものを曲線回帰、ある値の変数を複数の変数の値によって予測・説明するものを重回帰分析といい、より複雑な分析を必要とする。

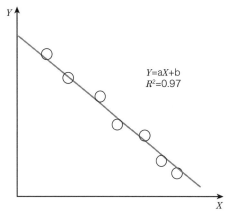

$Y = aX + b$
$R^2 = 0.97$

図4●回帰直線

9——推計統計

記述統計に相対する言葉としての推計統計とは、既知のグループを母集団から無作為に抽出された標本であるとみなし、その標本から得られたデータを用いて母集団における特徴を推測することである（図5）。あるチームやグループで試された指導法による効果が、別のチームやグループでも同じように生じる可能性がどれくらいあるか、という判断を確率論的に導く統計学的手法ということもできる。また、同一のチームやグループに対して、もう一度同じ測定をしたときに同じ結果が得られる可能性がどれくらいあるのか、その指導で得られた効果の大きさは他の同様の指導と比較してどの程度大きいとみなせるのか、という推測にも適用される。したがって、1回の指導や介入によって得られたデータを用いて、より的確な判断をするための情報を得るためには、記述統計だけではなく推計統計による考察が必要となる。

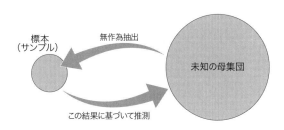

図5●推計統計

1 平均値の差の検討

⑴帰無仮説を用いた仮説検定

記述統計によって得られたサンプルの平均値の差から、母集団における差の有無を推定するために用いる統計学的手法の1つが帰無仮説による仮説検定である。これは次のような背理法と呼ばれる証明法の論理を用いる。まず、「トレーニング前後の平均値に差がある」とか「2つの指導法によるトレーニング効果に差がある」といった仮説を証明するために、これとは真逆の「2つの条件には差がない」という仮説を立てる。この仮説は後で否定したい仮説なので、無に帰するという意味で帰無仮説という。

これと対立する「差がある」という仮説は対立仮説あるいは研究仮説と呼ばれる。そして、データを処理した結果、偶然では起こらないような低い確率で、平均値の差が0にはならない（つまり差がある）ことが示された場合、滅多に起こらないことが起こったとみなして、「差がない」とい

う帰無仮説を棄却して（捨てて）「差がある」という結論を下す。もしその差が、高い確率で偶然の範囲でも十分起こりうることが示された場合は、帰無仮説を棄却せずに、「差があるとはいえない」という結論を下す。

帰無仮説による仮説検定で用いられる確率を有意水準または危険率と言い、スポーツサイエンスでは一般的に5％とされている。計算によって得られた差が生じる確率はP値と呼ばれる。P値が有意水準である5％以下であることが示された場合にのみ「差がない」という仮説を棄却して「差がある」という結論を採用する。この場合、同じことを100回繰り返した場合に95回は差が生じるという意味でもある。

よく用いられる検定法には、スチューデントのt検定がある。同一チームにおけるトレーニング前とトレーニング後を比較するような場合は「対応のあるt検定」、別のチームで行ったトレーニング法を比較するような場合には、「独立2群のt検定」を用いる。スチューデントのt検定はデータが正規分布することを前提としているため、明らかに正規分布しないことがわかっている場合には、マンホイットニーU検定やウィルコクソン順位和検定を用いる。またスチューデントのt検定は、比較する2つのデータがいずれも正規分布し、標準偏差が等しいこと（等分散）を前提としているため、事前にF検定によって等分散性が確認できない場合は、ウェルチのt検定を用いる。ただし、ウェルチのt検定は等分散でもなくても

使えるため最初からウェルチの t 検定を使うことが主流となっている。

3群以上の比較や、2つ以上の要因についての分析には、分散分析を用いる。

⑵P値による仮説検定の問題点

近年、上記のP値を用いた帰無仮説による仮説検定については、統計的有意差が示されたといっても、そのまま実質的に意味のある差とはいえないこと、有意な差が認められないからといっても、差がないとは言い切れないこと、データ数が多いと、ほとんど差がなくても有意とされてしまい、逆にデータ数が少ないと、実際には差があっても検出することができないといった問題点が指摘されている。また、5%というP値は恣意的・便宜的に決められた慣例にすぎず、P値が6%であれば5%よりも効果が少ないとはいえないといったことから、多くの権威のある科学研究雑誌においても帰無仮説による仮説検定そのものが見直されている。これに代わって重視されているのが、サンプル数や正規性あるいは等分散性に影響を受けない効果量とその信頼区間である。

⑶効果量（ES）

効果量とは、2つの条件における平均値の差をそれらの標準偏差の平均で割ることによって標準化したものであり、2つの平均値が標準偏差の何倍離れているかを表す統計量である（図6）。Effect Size の頭文字をとってESと略される。統計量としては、Cohen（コーエン）のdが最もよく用いられている。dの計算における分子は2つの条件における平均値の差の絶対値であり、分母は2つの条件の標準偏差の平均値（プールされた標準偏差という）となるが、Pre-Postテストの比較や統制群–実験群の比較では、介入の影響のない介入前のPreテストの標準偏差や、介入のなかった統制群の標準偏差を用いてもよいため、比較的簡単に求めることができる。

エクセルで効果量を計算するには、「=ABS($\bar{X}_1$−$\bar{X}_2$)/SQRT(((n_1−1)*SD$_1$^2+(n_2−1)*SD$_2$^2)/(n_1＋n_2−2))」とする。ここで、$\bar{X}_1$ と $\bar{X}_2$ は2条件の平均値、n_1 と n_2 はそれぞれの標本数、SD$_1$ と SD$_2$ はそれぞれの標準偏差である。プラスマイナスを問題とする場合は、ABSを外す。

dの判断基準で最も一般的なものは、＜0.2：些少（極小）、0.2〜0.5：小、0.51〜0.79：中、＞0.8：大、である。アスリートを対象としたものでは、＜0.2：極小、0.2〜0.59：小、0.6〜1.19：中、1.2〜1.90：大、＞2.0：極大、という基準も用いられる。

2 平均値の信頼区間

母集団の分布が正規分布であると仮定できるときに、標本から得られた統計量を基に、一定の幅を持って母集団の平均値がとりうる上限と下限の範囲を推定することを区間推定という。そしてその範囲のことを信頼区間と呼ぶ。信頼区間はConfidence Interval といいCIと略されることが多い。よく用いられる95%信頼区間は、その区間の中に母平均が収まる確率が95%であることを示し、平均値±1.96×標準誤差で求めることができる。標準誤差は標準偏差/$\sqrt{n}$で計算される（図7）。

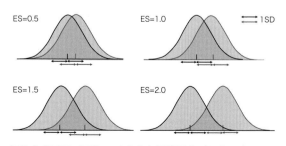

図6●効果量（ES）の大きさと標準偏差（SD）の関係

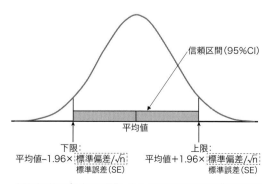

95%CI：サンプルを100回取ったら、95回はこの間に母集団の真の平均値が含まれる。

図7●平均値の95%信頼区間

エクセルで95％信頼区間を求めるには、CON-FIDENCE関数を用いる。標本数（n）が30以上の場合は、CONFIDENCE.NORM、30未満の場合はCONFIDENCE.T関数を用い、引数に0.05、標準偏差、n数を入れて返された値を平均値にプラスした数値が上限、マイナスした値が下限となる。

③ 効果量の95％信頼区間

効果量をその信頼区間と共に報告することにより、母集団においてその効果量のとりうる下限と上限の範囲を推定することができるため、得られたトレーニング指導の効果の大きさやトレーニング方法による差の大きさをより確かな情報として発信することができる。

効果量の95％信頼区間の求め方は、効果量±1.96×効果量の標準誤差、である。効果量の標準誤差は少々複雑であるが、エクセルで計算するには、＝SQRT（（n_1＋n_2/n_1*n_2）＋d^2/（2*（n_1＋n_2−2）））で求めることができる。ただしn_1とn_2は2条件のそれぞれの標本数、dは効果量である。

10──最小有効変化量

① 評価

1つの測定値には常に、真の値以外にランダムに生じる偶然誤差を含んでいる。したがって、常に変動する測定結果から、その変化が真のトレーニング効果かどうか、あるいは真のコンディションの低下かどうかといったことを判断するためには、ランダムに生じる不可避な誤差の存在を考慮して、それよりも大きな変化といえるかどうかを確かめる必要がある。そして変化量が誤差の範囲より大きいと判断できる場合のみ、真の変化があったと判断できる。この変化量において実践的あるいは臨床的に意味があるといえる最小の値のことは、最小有効変化量（Smallest Worthwhile Change：SWC）とか、臨床的有意義最小変化量（Minimally Clinical Important Difference：MCID）、あるいは最小可検変化量（Minimal Detective Change：MDC）と呼ばれている。ここではスポーツサイエンスの文献で最も頻繁に登場するSWCを用いて論を進める。SWCを求めるためには、その目的に応じて以下に示すような様々な手法がある。

② 経験的方法

これは、これまでの測定によるデータベースやコーチの観察とデータの照らし合わせ等によるパフォーマンスから見た経験則に基づいて決定されるSWCである。

例えば大学生のサッカー選手において、20mスプリントで2.97〜3.15秒の範囲では、0.02秒の差であれば約13cmの差しかないが、0.03秒の差があれば約20cmの差、0.04秒の差では約25cmの差、0.05秒の差では約30cmの差となり、競り合いで自分の肩を相手の前に割り込ませることができる、ということが知られている。こうしたパフォーマンス上の意義に基づいてSWCを決定することができる。

③ 測定の標準誤差による方法

個人に対して繰り返し行われる測定において、必然的に測定値に含まれている誤差は、測定の標準誤差（standard error of measurement）あるいは、常に普通に起こり得る誤差、という意味のTypical Errorの頭文字を取ってTEと呼ばれている。2回の測定を実施した際に個人に示された差がこのTEより大きければ意味のある差であると考えることができる。そこで得られた測定値の差からこのTEの大きさを推定しようということになる。

TEの求め方自体は非常に簡単で、例えばあるグループのトレーニング前（Pre-test）とトレーニング後（Post-test）、あるいは前回の測定と今

回の測定といった2回の測定値があるとすると、TE＝個人ごとの2回の測定値の差のグループ全体における標準偏差（SD）÷$\sqrt{2}$で得られる。その理由は次の通りである。2回のテストそれぞれに含まれるTEの分散はそのままそれらの差における分散にも引き継がれる。逆にいえば、2回の測定値間の差の分散には、それぞれのテストにおけるTEの分散が含まれる。したがって2回の測定の差の分散は、2つのテストのTEの分散が合わさったものと考えられる。

ここで、SDは分散の平方根なので、2つの測定値間の差（difference）の分散を、標準偏差SD_{diff}の2乗とし、2回それぞれのテストにおいて生じるTEの分散をどちらもTEの2乗すると、$SD_{diff}^2 = TE^2 + TE^2$となる。

この式を変換すると、$SD_{diff}^2 = 2TE^2$、$TE^2 = SD_{diff}^2/2$、したがって$TE = SD_{diff}/\sqrt{2}$となり、TE＝2回のテストの差の$SD/\sqrt{2}$となる。

TEについては、TE×1.96あるいは×2とする方法や、TE×1.96×$\sqrt{2}$とする方法もある。ただし、数値が大きくなるため、競技レベルが高くなると現実的にそのTEの値を超えることは困難となるので、競技レベルを考慮してどれを使用す

るかを判断する必要がある。

④ 標準偏差（SD）を用いる方法

これは、グループデータにおける個人間SD×0.2で求める方法である。これは効果量Cohenのdにおいて変化があると認められる最小の値である0.2に対応している。グループを対象とした2回の測定における個人ごとの差のグループにおける個人間SDについても、SD×0.2によって得られた値を上回るかどうかで、個人に生じた差に意味があるかどうかを判断することができる。個人内で蓄積されてきたデータをもとにして、得られたデータに意味ある差が生じたかどうかを判断するには、SD×0.3で得られた値を基準とする。

⑤ 変動係数（CV）を用いる方法

変動係数を用いることにより、誤差の範囲を上回る変化を捉えることもできる。その場合は、平均値を100で除した値にCV（％）を掛けることで有効な変化量を求める。個人のデータが継続して蓄積されている場合は、その複数のデータのCV×0.3をSWCとすることもできる。

11——最小有効変化量を用いた目標設定

最小有効変化量（SWC）を使って選手の目標値を合理的に設定することができる。SWCによって得られた値を数値が大きい方がよい種目か小さい方がよい種目かに応じて加算または減算する。

例えば、チームで行ったテスト結果の変化量のSD×0.2やCVで得られたSWCを個人の結果に

プラスまたはマイナスし、その値を目標値とすることができる。CVを用いる場合は、計算の元となっている個人データの平均値にCV×0.3で算出された値を用いる、TE×2で得られた値を使用する等々である。

12——順位による評価法

① 順位得点

チームや特定のグループ内の順位によるランキ

ング評価が必要な場合は、エクセルでデータを昇順または降順に並び変える方法の他、RANK関数を用いると便利である。複数の値が同じ場合にそ

れら順位の平均を表示するにはRANK.AVG関数、それらの中で最も高い順位を表示するにはRANK.EQ関数を用いる。大きい順序か小さい順序かの引数指定を忘れないように注意する。

2 パーセンタイル順位とパーセンタイル順位表

順位得点ではグループの人数が異なると直接比較ができないため、グループ全体の総度数を100として、ある値の全体に占める相対的な位置をパーセントで示すための方法がパーセンタイル順位である。順位得点では数値が小さいほどよい記録であることを意味するのに対して、パーセンタイル順位は数値が大きいほど上位にいることを意味する。例えばパーセンタイル95は、上位5%に位置することになる。

エクセルでパーセンタイル順位を求めるには、PERCENTRANK関数を用いる。PERCENTRANK.INCでは100%と0%の値が示され、PERCENTRANK.EXCでは100%と0%を除いた値が示される。

パーセンタイル順位に対応する元のデータの値（パーセンタイル値）を一覧表にしたものをパーセンタイル順位表という。個々の測定値がグループ内パーセンタイルでどの位置にあるのかが一目で理解できるため、目標値の設定やトレーニング成果の確認等にきわめて利用価値の高い資料となる。エクセルでは、PERCENTILE関数を用い、データ配列を指定した後、率を指定する。率は、例え

表1 ●パーセンタイル順位表の例

パーセンタイル	反応時間(秒)	5mスピード(km/s)	10mタイム(秒)	20mタイム(秒)	トップスピード(km/h)
95	0.24	17.27	1.75	2.96	31.80
90	0.31	17.08	1.76	3.02	31.36
85	0.33	16.89	1.79	3.08	30.72
80	0.33	16.82	1.81	3.12	30.51
75	0.34	16.82	1.81	3.13	30.25
70	0.35	16.51	1.83	3.14	30.10
65	0.35	16.45	1.86	3.15	29.51
60	0.36	16.19	1.88	3.16	29.36
55	0.37	15.96	1.91	3.17	29.08
50	0.39	15.65	1.91	3.21	29.03
45	0.39	15.63	1.93	3.22	29.03
40	0.39	15.41	1.93	3.22	29.03
35	0.41	15.25	1.93	3.23	29.03
30	0.42	15.05	1.95	3.25	28.85
25	0.46	15.00	1.96	3.26	28.80
20	0.47	14.95	1.98	3.27	28.57
15	0.49	14.75	1.98	3.30	28.48
10	0.50	14.68	2.00	3.32	28.21
5	0.53	14.36	2.02	3.35	27.12

ば上位から10%のパーセンタイル値を知りたいときは0.9、70%なら0.3というように指定する。PERCENTILE.INC関数を用いると1（最大値）と0（最小値）すなわち100%と0%を含むが、PERCENTILE.EXC関数はどちらも含まないため、1と0を率に指定するとエラーとなる。5〜10%刻みで値を求め表に配列する。異なる種類のテストの結果をまとめて一覧にすると、グループ内におけるテスト別の各自の位置が容易に把握できる（表1）。

13──得点化による評価法

1 zスコアとTスコア（偏差値）

個々の測定値と平均値との差が標準偏差の何倍大きいかあるいは小さいかによって、個人の値のデータ全体に占める位置を把握することができる。これを標準得点(z得点)という。計算方法は、(個々の測定値−平均値)/標準偏差である。エクセルで

は、STANDARDIZE関数で求めることができる。このzスコアは平均値が0、標準偏差が1になるように変換したものであり、小数点のついた非常に小さな値をとり、すべての値の半分にはマイナス符号が付くので、より理解しやすい数値に変換するため、平均値を50、標準偏差を10とし、得点の分布がほぼ20〜80の範囲に収まるように

種目	反応時間 (秒)	5mスピード (km/h)	10mタイム (秒)	20mタイム (秒)	トップスピード (km/h)
測定値	0.39	16.4	1.81	3.12	30.3
偏差値	48.5	54.8	57.0	56.6	61.7

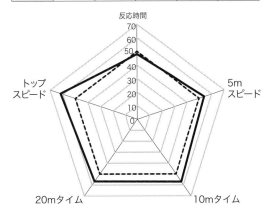

図8●レーダーチャートの例
この選手はトップスピードにおいて優れているが、反応や
短い距離のスピードに改善課題があることがわかる。

したものがTスコアであり、別名では偏差値とい
う。したがって、Tスコア＝z得点×10＋50で
求めることができる。偏差値をレーダーチャート
でグラフ表示すると、各測定項目に対するバラン
スや平均値に対する偏差が一目瞭然となる（図8）。

② 多段階評価判定

　標準偏差、偏差値、あるいはパーセンタイル値
等を基準として多段階評価判定を行うことができ
る。標準偏差（SD）による3段階評価では、平
均値±1SDを境界点として評価2とし、それ以下
を1、それ以上を3とする。5段階では平均値±
0.5SDと±1.5SDで段階を区切る。7段階評価で
はさらにその外側に±2.5SDの境界点を置く。

　パーセンタイル値や偏差値においても任意の境
界点を設定し、その範囲に入るデータにA、B、C、
……といった段階や、「非常に劣る、劣る、やや
劣る、普通、やや優れる、優れる、非常に優れる」
といった表現による評価判定を当てはめることも
できる。境界値と評価判定を対応させた昇順の参
照表（評価基準表）を作成しておき、エクセルの
VLOOKUP関数によって個々のデータに対応し
た評価判定が自動的に表示されるようにすること
が可能である。引数の検索の型をTRUEに指定す
ることで、参照表における境界点間の値にも以上
と未満に対応した評価判定を表示させることがで
きる。

（長谷川裕）

3 章

トレーニング理論と
プログラム

長期的トレーニング計画

1──スポーツパフォーマンスとトレーニング

1 適応環境の意識的構成としてのトレーニング

生物体は、その生命を維持するために、自身を取り巻く外的環境からの刺激とその環境において必要となる生活様式に対して、自らの生理学的機能や形態を変化させ環境に適応していく。トレーニングとは、この生物体の適応するべき環境からの刺激を意識的・意図的につくり出してその中に身を置き、自らの生理学的な機能や形態を意識的・合目的的に変化させ適応させていく過程そのものであるといえる。したがって、意識的にどのような環境を構成し、そこにどのように身を置くか、それによってどのような適応を遂げるかということがトレーニングの計画と実行の過程であるといえる。

2 スポーツパフォーマンスの規定要因

スポーツパフォーマンスを規定する要因には大別すると外的要因と内的要因がある。

外的要因には、気象条件のような自然条件、施設や用具・道具のような人工的条件、審判や観衆などの人的条件が含まれる。

内的要因は選手の能力そのものであり、運動領域、精神（心理）領域、健康領域という3つの領域がある。このうち、運動領域はその下位に運動能力、技術（スキル）、戦術をもつ。運動能力は、狭義の体力とほぼ同義である。

こうした位置づけにある内的要因を試合でよいパフォーマンスを発揮するためにいかに適切に準備されているかを示す概念が、準備性[1]と呼ばれる選手の状態である。

この視点から見ると、スポーツにおけるトレーニングとは、最大限のパフォーマンスレベルの発揮に向けて選手の準備性を総合的に高める過程であるといえる。

2──生活の質とトレーニング

1 運動不足から生じる生活習慣病

現代の日常生活を問題なく送るためには、歩く、座る、立ち上がる、階段を昇降する、荷物を運ぶといった最低限の身体運動の機能が必要である。また、危険物から身をよける、つまずいても転ばないようにバランスを取って踏ん張るといったやや激しい運動も必要である。こうした日常生活に必要な運動機能は、長い人類の歴史では日常生活を送ることで自然に獲得され維持されてきた。しかし、交通が発達し、身の回りの生活が楽で便利になり、食生活が変化してきた結果、日常生活を送っているだけでは自然にこうした運動機能や体力が維持されなくなり、むしろ低下するリスクが高まりつつある。

特別な運動をほとんどしない人が何らかの理由

で少し強い運動や長時間の運動を行うと、大きな疲労を経験したり、身体を痛めたりするため、ますますより楽な生活スタイルを求めがちになる。その結果さらなる運動不足を招き、身体の不調をきたすようになる。こうした運動不足が原因となって生じる疾病は、生活習慣病と呼ばれる。

②トレーニングと生活の質の向上

こうした運動不足を起因とする悪循環を断ち切るためには、生活をより活動的にすることが必要であるが、現代生活において、日常生活だけで体力を維持・増進するには、生活を必要以上に不便にしなければならず、社会生活において支障を来たす可能性も生じるため現実的には困難である。

そこでより効率よく体力を維持・増進する手段として、意識的に行うスポーツ活動や体力トレーニングが有効となる。スポーツ活動や体力トレーニングは、自己実現のための楽しみや喜びとなるばかりではなく、他の活動に向けての体力的な準備となるという側面も有するため、さらに活発で意欲的な生活を送れるようになり、生活の質が向上することになる。

フィットネスのための体力トレーニングを指導するトレーニング指導者は、こうした生活の質とトレーニングの関係もよく理解しておく必要がある。

3──トレーニングの原理と原則

①トレーニングの原理的モデル

トレーニングによってなぜ体力や運動機能の向上や改善が生じるか、を原理的に説明するいくつかのモデルが存在し、この原理モデルに基づいて、より効果的なトレーニングを計画したり、トレーニング状態を検討したりするための理論的な枠組みとして用いることができる。これらのモデルは生理学的なメカニズムの完全な裏付けがなされているわけではないが、経験則や具体的事例あるいは数理モデルによって理論的に説明されており、よりよいトレーニングを計画し、実行していくための非常に役立つモデルとして世界中の多くのトレーニング指導者に使用されている。この原理モデルとして最も広く用いられているのが、超回復モデルとフィットネス-ファティーグモデルである。

②超回復モデル

一般的にトレーニングを行うと、疲労が生じる。疲労によって低下した体力あるいは準備性はその後の適切な休息により回復するが、単に元のレベルに戻るだけではなく、元のレベルを超えるまでに回復する。これを超回復（図1）という。その後トレーニングを行わないと超回復は消滅する。超回復の生じている間（超回復期間）に次の新たなトレーニングを行うと、先のトレーニングによる超回復によって向上したレベルから新たな疲労—回復—超回復というサイクルを辿る結果、さらに新たな超回復のレベルにまで到達する。これを繰り返すことによりトレーニング効果が得られる、というのが超回復の基本原理である（図2のa）。超回復モデルに基づけば、理想的な効果を得るための条件は、適切な疲労と超回復を引き起こすためのトレーニング負荷の適切性、超回復を引き起こすための休息、そして連続させるトレーニング

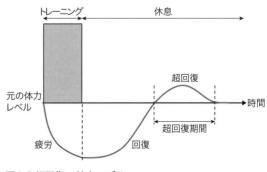

図1●超回復の基本モデル

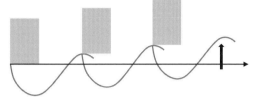

a. 理想的なトレーニング効果

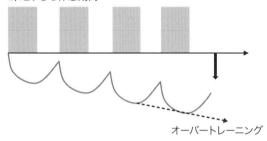

b. 短すぎる休息期間

オーバートレーニング

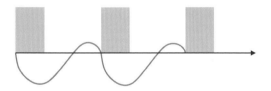

c. 長すぎる休息期間

図2 ●超回復モデルによるトレーニング効果

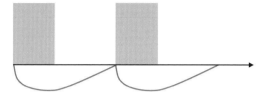

d. 大きすぎる負荷

e. 小さすぎる負荷

f. 集中負荷

のタイミングである。

　もしトレーニングの間隔が短すぎると、回復や超回復が生じる前に疲労が蓄積していく結果、トレーニング効果は得られない。過労からオーバートレーニングに陥るリスクも生じる（図2のb）。これとは逆にトレーニングの間隔が空きすぎても、超回復期間が過ぎてから新たなトレーニングを行うことになるため、トレーニング効果を積み重ねていくことはできない（図2のc）。負荷が大きすぎる場合は、回復に長時間を要し超回復が生じにくいため、トレーニング効果が得られないことが多い（図2のd）。逆に負荷が小さすぎると日常的な負荷の域を出ないため超回復が生じない（図2のe）。

　意図的に短い回復時間で負荷を連続的にかけ、その後にやや長い回復期間を置くことにより、通常得られるよりも大きな超回復レベルと、より長期の超回復期間を得ようとするトレーニング戦略

もある（図2のf）。これは、集中負荷法と呼ばれ、ある程度能力の高い選手では効果のあることがわかっている。ただしオーバートレーニングやアンダーリカバリーを防ぐための栄養や睡眠を含めた高い質の休息が重要となる。

③ フィットネス–ファティーグモデル

　超回復モデルが、体力レベルの疲労による低下─回復による上昇─超回復によるさらなる上昇というように、1つの要因で体力や準備性の変化を説明するのに対して、フィットネス–ファティーグモデルでは、トレーニングに対してフィットネスというプラスの応答と、ファティーグ（疲労）というマイナスの応答が生じ、それらの和によって体力あるいは準備性のレベルが決まると考える。

　トレーニング終了時点では、超回復モデルにおいては、疲労という1要因のみでその状態をとらえたが、フィットネス–ファティーグモデルでは、

この時点はトレーニングを完遂した直後であり、フィットネスレベルが最も高い瞬間であると考える。しかし同時にこの時点は最も疲労している時点でもあるので、ファティーグがもっとも大きい時点でもある。その後、休息期間に入るとトレーニングで得られたフィットネスは徐々に消失しそのレベルは徐々に低下していく。しかし一方でファティーグは徐々に回復していく。

このプロセスをわかりやすく図示したのが図3である。トレーニングの終了時点でフィットネスが＋10、ファティーグが−12だとするとその和としての体力レベルあるいは準備性は−2である。その後フィットネスが低下し、例えば＋8まで減少した時点でファティーグの回復が進み−8になっていればその和は±0、そしてさらにフィットネスが低下していく割合よりも大きな割合でファティーグが回復していけばある時点でその和はプラスに転じ、体力レベルあるいは準備性はある時点でピークを迎えその後低下していくことになる。

このように、フィットネス−ファティーグモデルでは、超回復モデルのように疲労が完全に抜けきった時点で最大の体力レベルや準備性が得られるのではなく、あくまでフィットネスとファティーグの関係で決まる。したがって、トレーニングによって生じた疲労が抜けていくのを受け身

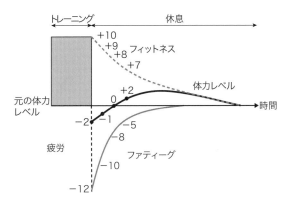

図3●フィットネス−ファティーグモデル

的に待つというよりも、フィットネスをできるだけ高く維持するためのトレーニングを実施しつつ、ファティーグを蓄積させずにできるだけ素早く回復させるという能動的で積極的なトレーニング管理が必要となる。フィットネス−ファティーグモデルは、このプロセスをより正確にコントロールするための数理モデルであり、体力要素や疲労状態を様々な測定によってモニターし、適切なモデルを構築することによってより正確にコンディションの変化を予測し、適切なトレーニングを実行するために用いられる。モデルの詳細と具体的な計算の方法やトレーニングへの応用の仕方については、文献[2]を参考にされたい。

4——トレーニングの効果

1 トレーニング効果と順応

トレーニング刺激に対する適応のプロセスがトレーニングであり、適応によって得られた変化がトレーニング効果であるが、トレーニング効果の大きさは適応が進むに従い時間の経過とともに減少していく。そしてトレーニング初期にみられた大きな効果の変化量は徐々に小さくなり、やがてそれ以上の効果はみられなくなり停滞する。これを適応と区別して順応という。順応を防ぐために

は常に何らかの新しい環境の変化によって新たな適応刺激を加えなければならない。

2 トレーニング効果の種類

トレーニング効果は、以下に示すように、すぐに顕在化するものから一定期間を経て徐々にあらわれるものまで様々である。トレーニング指導者はこれらの多様なトレーニング効果のあらわれ方をよく理解して、全体として成果が得られるようにトレーニングを計画しコントロールする必要が

ある。

(1)即時効果

　トレーニングの実行中直ちに、あるいは数日で得られる効果。スキルや戦術ではよく見られる。

(2)急性効果

　数日から数週間という比較的短期間で得られる効果。

(3)遅延効果

　トレーニングを終了した後、一定期間を経た後に遅れてあらわれる効果。

(4)蓄積効果

　何か月も何年もかけてようやく得られる効果。

即時効果、急性効果、遅延効果の積み重ねによってあらわれる効果をいう。

(5)剰余効果

　トレーニングの中断後、一定期間残っている効果の大きさ。剰余効果の大きさと期間がわかれば、どのくらいの期間トレーニングを中断してもその効果がどの程度残っているかがわかる。

(6)部分効果

　トレーニングの効果が目的としていたパフォーマンスの改善に直接的につながらなくても、そのパフォーマンスを構成する一部分や局面にあらわれる効果。

5──トレーニングの原則

1 オーバーロードの原則

　トレーニング効果を得るには、すでに到達している以上の負荷をかけなければならない。これをオーバーロード(過負荷)の原則という。オーバーロードにならない負荷では、その時点で保持している能力は維持されるだけにとどまるか低下する。オーバーロードは量的のみならず質的にも作用する。したがってそれまでに経験したことのないエクササイズや活動もオーバーロードとなり得る。

2 特異性の原則

　英語のSpecific Adaptation to Imposed Demandsの頭文字をとってSAIDの原則とも呼ばれている。生体は、課された課題に対して特異的に適応する、という意味である。種類の異なる環境刺激に対して同じように反応して同じように適応するのではなく、刺激の違いによって適応反応は異なる。特異性はトレーニングレベルが高ければ高いほど顕著となる。逆に初心者ではどのようなトレーニングであっても様々な機能の向上が生じる。

3 漸進性の原則

　いきなり大きな刺激や大きく性質の異なる刺激を突然受けると、生体はうまく適応できなくなる。刺激が極端に大きく強い刺激が持続すると生体の適応機序が破綻し恒常性が失われてしまう。こうした反応を防ぐために、トレーニングの負荷は徐々に大きくさせていく必要がある。これを漸進性の原則という。

4 個別性の原則

　最適な適応を引き出すための過負荷の大きさや種類は全員同じではなく個人によって異なる。同一年齢で同じ性別で同じ種目の同じポジションの選手であっても、効果の上がるトレーニングは異なる。体格、生得的特性、個人ごとの体力特性などによって、エクササイズの種類や負荷の大きさを慎重に選択する必要がある。特に思春期前後は、発達の速度に極めて大きな個人差があるため十分な配慮を怠ってはならない。

5 全面性の原則

　スポーツのパフォーマンスや日常生活動作における様々な身体機能や体力の各要素は、他の機能

や要素とまったく無関係に独立して機能するのではなく、相互に関係し合って作用する。ある要素が他の要素の土台として機能したり、ある能力の向上と他の能力の向上が相互に必要となったりする。ある部位や能力だけを鍛えても、それと一見無関係に思える部位や能力のトレーニングをないがしろにしていると、鍛えたい部位や能力の向上にも限界が来るということも生じる。トレーニングにおいては、分析視点のみならず相互連関の視点や統合的視点をもつように心がける必要がある。

6 意識性の原則

　実施しているトレーニングの目的は何か、そのトレーニングによって何がどう改善され、それが

パフォーマンスにどのような効果をもたらすのか、どうなればトレーニングが順調に進んでいるといえるのか、といったことを理解し、目的意識をもって自ら工夫しながらトレーニングをするのと、ただやり方だけをコーチに指示されてそれをこなすだけのトレーニングとでは、トレーニング効果に大きな違いが生じる。

　このことは測定についても同じである。したがってトレーニング指導においては、選手やクライアントに対して、トレーニングや測定の実施手順を形式的に説明するだけではなく、その目的や意義についても、かいつまんでわかりやすく理解させることが求められる。

6──トレーニング計画の立案

1 トレーニングプログラム作成の全体的手順

　トレーニングプログラムを作成するに当たっては、最初に全体的な計画を立てることが先決事項となる。計画なしにいきなり具体的なプログラムを実施しても、重要な要素が抜け落ちたり、後になって必要な能力の発達が不十分であることが判明したりする、といった様々な問題が生じる。

トレーニング計画の立案に当たって最も重要なことは、目標設定である。的確な目標を設定するためには最初にニーズ分析を行う。そして目標達成に向けたトレーニングプログラムを、短期、中期、そして長期的に作成する。実際に機能するプログラムを作成するためには、トレーニング環境や条件を考慮するという管理的な操作も必要となる。

　図4にトレーニングプログラム作成の全体的手順を示した。

2 ニーズ分析

　ニーズ分析は、客観的なスポーツ競技特性や活動特性の分析とトレーニングを実施する者の個人特性の分析という2つの観点から行う。

　競技・活動特性の分析では、試合で必要とされるパフォーマンスの特徴を様々な角度から客観的に分析する。そのためには、力やパワー出力の大きさ、関節角度や姿勢の特異性、時間やスピードの特異性、総移動距離、スプリント速度やその回数や頻度や距離、方向転換の角度や加速と減速、ジャンプの高さ、回数といったバイオメカニクス

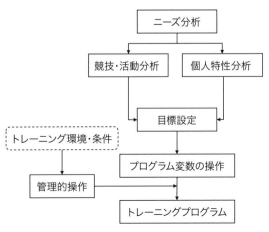

図4●トレーニングプログラム作成の全体的手順

的、運動学的特徴や、主たるエネルギー代謝システムや運動時の心拍数の変化といった生理学的特性、起こりやすい障害や外傷といったスポーツ医学的特性、さらには心理的特性等々、様々な分析機器や質問紙を使用することで、その競技に必要な体力特性や心理特性を明らかにすることができる。文献から幅広くこうしたデータを得ることも重要である。

　こうした客観的な競技の特性がわかったら、次に競技特性を踏まえた測定によってトレーニング対象となる選手の個人特性を分析する。この測定は目標設定にとって重要であるばかりではなく、その後のトレーニングの成果を確認するためにも頻繁に用いることになるため、できるだけ簡単な準備でかつ正確なデータが得られるものを用いる。

　以上のニーズ分析から、強化し改善するべき課題を明確化する。

③ 健康スクリーニング

　競技選手ではない一般の人々を対象とした体力の維持・増進や疾病の予防あるいはリハビリテーションのためのトレーニングを指導する際には、負荷をかけた測定やトレーニングの安全性を確かめるための健康スクリーニングを事前に行う必要がある。それによって何らかのリスクファクターがあると認められる場合には、医学的にみてトレーニングを行うことに対するリスクがないかどうか医師に相談することを勧める必要がある。もし、医学的検査を受けることに同意してもらえない場合には、希望する運動強度の引き下げに同意してもらうか医師の監視下でトレーニングを実施できるような他の機関や指導者を紹介する。

④ トレーニング目標の設定

　ニーズ分析の結果に基づき、トレーニング対象となる体力要素や、試合パフォーマンス中に示される体力要素や運動能力についての目標値を設定する。設定する目標はできるだけ具体的で絞り込んだもの（Specific）が望ましく、数値で測定可能なもの（Measurable）にする。絶対値による

設定のほか、伸び率や相対値（例えば体重比や左右差）で設定することも可能である。また、目標は努力すれば達成することが可能な（Achievable）値に設定することが望ましく、その目標を達成することにどのような合理的（Reasonable）意味があるのか、またパフォーマンス上の目的とどう関係しているか（Relevant）が明確でなければならない。さらに、設定した目標をいつまでに達成するのかという時期を明確に（Timed）しておく必要がある。以上のような目標の設定は、英語の頭文字をとってSMARTな目標設定法と呼ばれている。

⑤ トレーニングプログラムの作成

　トレーニングプログラムを作成する作業とは、以下に示すプログラム変数の操作に他ならない。各変数のすべてに対して、最大のトレーニング効果が得られるような最適な組み合わせを検討し決定する。

⑴エクササイズ種目

　実施する運動種目そのもの。

⑵強度

　強度の設定法には、ウエイトの質量、跳躍の高さ、走速度といった物理量で指定する物理的方法と心拍数や血中乳酸濃度のような生理的方法とがある。また、それぞれ絶対値で指定する絶対的方法と、個人差に対応させて個人の最大値に対する割合で指定する相対的方法とがある。ウエイトトレーニングにおける強度では、単に物理量である質量(kg)や最大挙上重量に対する割合(% 1RM)だけではなく、挙上スピードによって実際に選手が発揮する筋力そのもの（N）が変化するため、挙上速度も重要な強度変数となる点に注意を要する。

⑶量

　持続時間、距離、反復回数などで設定され、回数の場合はレップ数×セット数という形式をとることが多い。上述の強度と量を合わせてトレーニングの負荷といい、強度×量によってトレーニング全体の負荷の大きさが決まる。一般に、強度を

多くすると量は減り、量を増やすと強度は低くなるという関係にある。

⑷エクササイズの配列

選択したエクササイズを1回のセッションで実施する順序である。同じエクササイズや運動種目であっても、セッション中の位置や他のエクササイズとの前後関係が異なれば効果は異なる。一般的には、疲労の影響を受けやすい種目や高度な集中力を要する種目は最初の方に実施し、疲労の影響を受けにくいもの、あるいはあえて疲労した状態で実施するべきと判断されたものは最後の方に位置づける。

⑸休息時間

個々のエクササイズ間やセット間の休息時間である。完全回復させて最大努力を反復させる必要のある場合は比較的長めの、不完全回復で持久的要素に働きかける必要のある場合は比較的短めの休息時間を設定する。

⑹頻度

一定期間におけるトレーニングの回数であり、通常は1週間を基本単位として週当たりの回数で示す。セッションの頻度だけでなく、特定のエクササイズやプログラムによって設定することもある。例えばインターバル走は週に1回、ウエイトトレーニングは週に3回、そのうち上半身のプログラムは3回だが、脚のプログラムは3日空けて2回、腰背部のプログラムは1回というように、目的や疲労回復に要する時間等によって設定する。

⑥ プログラムの決定

以上のプログラム変数の最も妥当で効果の上がると考えられる組み合わせからプログラムを決定するが、トレーニングに費やすことのできる時間、施設利用条件、人数、指導者、他のトレーニングや試合スケジュール等との関係を考慮して最終的なプログラムを決定する。

7──トレーニングの時間構造と中・長期計画

トレーニングの効果は即時効果や急性効果だけではなく、中・長期的な継続によって達成される。したがって短期のプログラムだけではなく、中・長期計画の策定が必要となる。

トレーニングには以下に示す時間構造がある。

① セッション

トレーニングの最も小さい単位はセッションまたはワークアウトと呼ばれる。ウォームアップに始まりクールダウンに終わる通常の1回のトレーニングのことであり、いくつかのエクササイズと休息から成り立つ。通常30分以上の完全休息が間に入るとそれらは別のセッションであると考える。

② トレーニング日

1回または複数のセッションからなる。キャンプなどでは複数セッションから構成されることが

多い。

③ ミクロサイクル

トレーニング日が何日か集まったものをミクロサイクルという。通常は社会生活のリズムを反映して7日間であるが、試合スケジュールによって2週間であったり、3〜5日であったりする。一般的な1週間サイクルの場合、1年間は全体で52ミクロサイクルとなる。

④ メゾサイクル

ミクロサイクルがいくつか集まったものがメゾサイクルである。1週間のミクロサイクルでは2〜8週間が1つのメゾサイクルとなる。メゾサイクルの長さは、継続的に特定の負荷をかけることによって目的とする特定の適応を引き出すための期間となる。メゾサイクルが短すぎると適応反応が引きだされず、逆に長すぎると順応が生じたり

オーバートレーニングとなり、トレーニング効果が停滞したり低下したりする。したがって4〜6週間が最も一般的である。

5 マクロサイクル

メゾサイクルがいくつか集まったものがマクロサイクルである。1年間に重要な試合や大会が1回である場合は、マクロサイクルは1年間となる

が、2シーズン制や3シーズン制の場合、マクロサイクルは、それぞれ6か月や4か月となる。1シーズン制であっても、管理上の問題や集中力の持続という観点から6か月以下のマクロサイクルを組むこともある。6か月間のマクロサイクルの場合、全体で24週間の期間を6週間のメゾサイクルであれば4個で構成することになる。

8——ピリオダイゼーション

一定の期間を通したトレーニングによる体力の改善やパフォーマンスの向上が、一様のスピードで一直線に進むことは稀である。通常、トレーニングを開始した初期は新たな刺激に対する疲労により体力レベルがいったん低下する段階があり、その後、適応が進む段階に移行して新たな体力レベルの獲得段階が続き、負荷の大きさが過剰となりすぎない限り、体力レベルは一定期間、維持・安定化し、最後に、それまでに獲得した体力レベルの一時的な低下あるいは消失段階が来る。これは生物学におけるストレス学説に基づく適応機序の獲得と破綻のプロセスに対応している。

したがって、疲労によるパフォーマンスの低下を前提としてトレーニング負荷を増加させていく時期と、獲得した能力を試合で安定的に発揮する時期を同時進行させることは不可能であり、一定期間の試合が継続する期間の終了後には回復のための期間を置くことが必然的となる。通常、これらの各段階をメゾサイクルとしたマクロサイクルが1年間に1回〜数回周期的に繰り返されることになる。このようなトレーニングにおける段階的、周期的特性を踏まえた中・長期計画をピリオダイゼーション（期分け）という。

1 段階性と周期性の理由

段階性と周期性が必然化する理由には次の点が考えられている。
第1に、常に同じトレーニングの種類と負荷が

継続すると、適応過程が停滞し順応が生じる。これを回避するには刺激を変化させる必要がある。第2に、強い負荷を長期間継続させるとオーバートレーニングに陥る危険性が増大する。これはストレス学説でいうところの疲憊期（ひはい）に相当する。そこで負荷を周期的に低減する期間を設けることにより、回復を促進して適応を引き出すだけでなくオーバートレーニングを未然に防ぐことができる。第3は、1つのメゾサイクル中のトレーニング課題を少数の体力要素に絞り、適応の方向性を限定することにより、複数の課題を同時期に追求するよりも大きなトレーニング効果を得ることである。第4に、メゾサイクルにおいて特定のトレーニング課題に絞ったトレーニングを実施する際、それらをどんな順序で行うか、また複数の課題を同時期に追求しなければならない場合に、何と何を同時に行うかという前後関係や並行関係を考慮する必要があるからである。

2 ピリオダイゼーションの基本モデル

一般的なピリオダイゼーションのモデルは、準備期、試合期、移行期（回復期または休息期）という3つのメゾサイクルで構成される。

準備期は一般的準備期と専門的準備期に大別される。一般的準備期は、最終的に向上させたい体力要素の一時的な低下を前提としつつ、比較的大きな負荷を継続的にかけていく。そのため一定の疲労を伴うことになる。専門的準備期は、一般的

準備期に蓄積した疲労を回復させながら、より競技専門的な体力要素の向上を引き出すことを目的とする。一般的準備期と専門的準備の間に短期間の移行期を置くこともできる。

　試合期は、フィットネス−ファティーグモデルでいうところのフィットネスレベルを安定させ、疲労を蓄積しないようにして、体力レベルや準備性を高く保ち、ハイレベルなパフォーマンスの安定的発揮を図る時期である。

　移行期は、試合期に蓄積した身体的・精神的疲労を回復させ、ケガを治癒させ、新たな準備期に備える期間である。

③ 量と強度の変化

　上記の目的を達成するために注意するべきことは、ピリオダイゼーションの全体を通したトレーニング負荷における量と強度の調整である。図5のaのように、準備の初期には強度は低く量を多くし、その後、量を減らしながら強度を上げていくという方法が最も一般的である。選手のレベルや競技特性あるいは年間スケジュールに応じてb〜dのような方法をとることもある。

④ 様々なピリオダイゼーション

　ピリオダイゼーションの基本モデルの他にも様々なモデルが試みられ提唱されている[3)4)]。例えば、異なる体力要素に働きかけるいくつかの段階をその前後関係に考慮して連続的に配置し、最終的に目的とする専門的体力要素の最大限の向上を引き出そうとするモデルがある。これは接合的連続モデルと呼ばれている。一定期間、それまでトレーニングのメインであった体力要素のトレーニングを徐々に減らしながら次の別の体力要素のトレーニングを徐々に増加させ、それに移行するというプロセスを組み合わせて連続させていく。それによって、最終的に向上させたい体力要素の条件となる他の要素の発達を促進しながら専門的な体力要素の土台をつくり、最後の段階で向上させたい体力要素の改善に集中する。

　集中負荷モデルでは、準備期に高負荷のトレーニングを意図的に取り組む。この間、専門的体力要素の一時的な低下は大前提である。その後試合期に向けて、最初は量・強度とも低く抑えて疲労を回復させながら徐々に強度を高めつつ専門的体力要素のトレーニングを行う（図6）。これを2

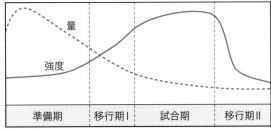

a. 基本モデル

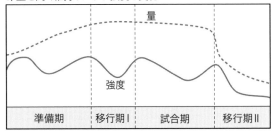

c. 量を高く維持したまま強度を変化させるモデル

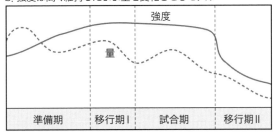

b. 強度は高く維持したまま量を変化させるモデル

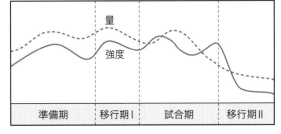

d. 量と強度をほぼ同時に変化させるモデル

図5●ピリオダイゼーションの全体を通したトレーニング負荷における量と強度の調整モデル

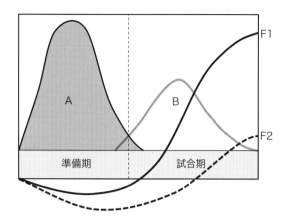

図6●集中負荷によるトレーニング効果の例
集中負荷Aにより専門的体力は一時的に低下するが、その後の専門的トレーニング（B）により、遅延したトレーニング効果（F1）が生じる。集中負荷が過剰になるとF2に示すように専門的体力の低下が深刻となり望ましい適応は得られない。

段階で実施するという方法もある。

接合的連続モデルや集中負荷モデルと相反するものとして、ノンリニアーモデルと呼ばれるピリオダイゼーションもある。ほぼ1年間の長期にわたるプロスポーツに適用されるモデルである。例えば、筋サイズの成長を促す筋肥大、最大筋力の向上そしてスピード筋力の向上という3種類のプログラムを、1週間のミクロサイクルに混在させ、一定期間継続するというモデルである。週内変動型と呼ばれることもある。

また、ハーフメゾサイクルと呼ばれるモデルでは、先に集中的にトレーニングした体力要素が次の段階で別の体力要素に集中することで低下してしまうことを避けるために、通常4〜8週間で組むメゾサイクルよりも短い2週間のメゾサイクルを組んでそれを2〜4回反復する。例えば持久力トレーニングとレジスタンストレーニングの片方

をメインとし、他方をサブとして2週間で入れ替えていくという方法である。

さらに、高重量で低速となるウエイトトレーニングは2〜3週間以上継続することはせず、定期的に高速で行う爆発的なスピード筋力向上のためのトレーニングを実行するという方法もある。高重量で低負荷トレーニングを長期間継続することにより、高い筋力を爆発的に発揮するためのタイプII筋線維の消失や遅筋的特性への移行が生じるという研究結果[5]に基づき、これを避けるために行われるピリオダイゼーションモデルである。こうしたピリオダイゼーションは、ウエイトトレーニング中に発揮される実際の挙上速度のモニタリングを行いながら進めることにより、より確実にコントロールすることが可能となる[6]。

（長谷川 裕）

▶引用・参考文献
1) Zatsiorsky, V.M.: Science of Training Athletes. Pennsylvania State University, Department of Kinesiology, KINES 485 Sction 1 lectures Spring, State College, PA, 1998.
2) 長谷川裕："フィットネス-ファティーグ理論"の真実：NPO法人日本トレーニング指導者協会編著，スポーツトレーニングの常識を超えろ！pp.2-12, 大修館書店，2019.
3) Siff, M.C. & Verkhoshansky: Supertraining: Strength training for sporting excellence, Supertraining International. 1999.
4) Stone, M.H., et al.: Principles and practice of resistance training, Human Kinetics, 2007.
5) Pareja-Blanco, F., et al.: Effects of velocity loss during resistance training on athletic performance, strength gains and muscle adaptations. Scand J Med Sci Sports 27(7): 724-735, 2017.
6) 長谷川裕：VBT—トレーニングの効果は「速度」が決める，草思社，2021.

レジスタンストレーニング

本節では、レジスタンストレーニングの効果的な実践のためのプログラム作成に関する各種事項を紹介する。

1——レジスタンストレーニングの目的

筋力・筋量の向上を目的として筋に抵抗を加える運動（レジスタンス運動）によるトレーニングをレジスタンストレーニングという。レジスタンストレーニングの対象や目的は多様化する傾向にあることから、的確な目標設定や効果的なプログラムの作成に当たっては、レジスタンストレーニングの目的や効果について理解しておく必要がある（図1）。

レジスタンストレーニングを実施すると、挙上重量や反復回数の増加、筋肥大といった変化が見られる。このように、数か月程度の期間内に、トレーニングの実践によって観察できる効果を「一次的効果」または「一般的効果」と呼ぶ。一方、レジスタンストレーニングをさらに長期にわたって適切に継続していくと、競技パフォーマンスや日常生活動作の改善、健康増進、傷害予防など、トレーニング実施者の目的に応じた、より実用的な効果が得られるようになる。このような効果を「二次的効果」または「専門的効果」と呼ぶ。

1 スポーツ選手における目的

(1)競技パフォーマンスの向上

ヒトが動作を発現する際には、筋肉の収縮が原動力となっていることから、筋肉そのものの形態や機能の直接的な改善を目指すレジスタンストレーニングは、スポーツ選手の基盤（ベース）を形成するための重要なトレーニングとして位置づけられる。すなわち、レジスタンストレーニングは、各スポーツの要求水準に応じた筋肉量と筋力を効率よく養成するために役立ち、これが各スポーツで必要とされる専門的体力や技術および戦術の改善に貢献することにつながると考えられる

レジスタンストレーニングの実施

一次的効果（一般的効果）
・筋力の向上 ・パワーの向上 ・筋持久力の向上 ・筋肥大など

二次的効果（専門的効果）
・生活習慣病の予防・改善 ・体形を整える ・肥満の予防 ・姿勢の改善 ・骨密度の改善 ・整形外科的傷害（腰痛、肩こりなど）の予防・改善 ・スポーツや仕事のパフォーマンス向上 ・高齢者の生活の質の改善など

図1●レジスタンストレーニングの効果

表1●レジスタンストレーニングの競技パフォーマンス向上への効果

・競技に必要な筋量の獲得 ・スポーツの動作パワーの向上 ・効率のよい動きづくり 　　身体各部位の協調的な筋力発揮 　　パワーの伝達効率の向上 ・姿勢支持能力の改善 ・スポーツ動作の経済性の改善

表2●レジスタンストレーニングの障害予防への効果

- 外部からの衝撃に対する耐性の向上
- 関節の安定性の改善
- 姿勢の改善
- 筋力バランスの調整
- 安全な動作の習得

（表1）。そのほか、レジスタンストレーニングには、姿勢支持能力の改善や、スポーツ動作の経済性の改善などの効果も期待できる。

⑵傷害予防

　スポーツ傷害は、1回の大きな衝撃によって発生する「外傷」と、比較的小さな衝撃が繰り返し加わったり、使いすぎたりすることによって起こる「（慢性）障害」との2つに分類される。スポーツ傷害のメカニズムには様々な要因がかかわっているが、多くの場合、外部から加わる衝撃が傷害の直接的な要因となっている。レジスタンストレーニングによる筋力強化は、外部から加わる衝撃に対する耐性を高めるために役立ち、結果としてスポーツ傷害を予防する効果をもたらすと考えられている（表2）。

　そのほか、レジスタンストレーニングは、関節の安定性の向上、身体各部の筋力バランスの改善などにも役立ち、スポーツ動作中の傷害予防に好影響をもたらすと考えられている。

② 一般人における目的

⑴生活習慣病の予防

　一般人を対象としたレジスタンストレーニングの効果として、コレステロール値の改善、食物の腸内通過時間（腸内滞留時間）の短縮などが報告されており、有酸素性運動と併用することによって、生活習慣病の予防に対して好影響をもたらすと考えられている。

⑵体形の改善

　運動不足が続くと、筋肉が衰えるとともに、体脂肪が増加して体形に影響を及ぼす場合がある。レジスタンストレーニングを実施することによって、衰えた筋肉量を回復させるとともに、特定の部位の筋肉を重点的に大きくするなどして体形を

整える効果が期待できる。

⑶安静時のエネルギー消費量の増加

　レジスタンストレーニングによる筋肥大は、基礎代謝や安静時のエネルギー消費量の増加をもたらし、肥満の予防と改善に好影響をもたらすと考えられる。

⑷正しい姿勢を保持する能力の向上と整形外科的傷害の予防・改善

　レジスタンストレーニングを通じて、体幹周辺の筋力を強化したり、姿勢支持に関連する筋群を適切にコントロールする能力を向上させたりすることは、正しい姿勢を支持する能力を高めるとともに、姿勢の悪化によって引き起こされる腰痛や肩こりなどの整形外科的傷害を予防・改善するためにも効果的である。

⑸スポーツや高強度労働の負担軽減と安全性向上

　レジスタンストレーニングの適切な実施によって、余暇に行う運動やスポーツをより高いパフォーマンスで安全に楽しむことができるようになる。また、レジスタンストレーニングは、建設業や運送業のような強度の高い労働に従事する人にとって、業務の負担軽減や安全性の向上に役立つと考えられる。

⑹高齢者の介護予防と生活の質の改善

　加齢とともに筋力が低下すると、布団の上げ下ろし、自宅や駅の階段の昇降、椅子や寝床からの起き上がりなど、日常生活の様々な動作に支障を来すようになる。日常生活動作（ADL：Activities of Daily Living）への支障は、活動空間を狭くし、生活の質（QOL：Quality of Life）を低下させるとともに、周囲の人々に対して介護などの負担を増大させることにもつながる。

　レジスタンストレーニングによって、高齢になっても筋力を維持し続けることは、生涯にわたって自分自身で活動的な生活を送り、生活の質を維持するために役立つ。

　そのほか、高齢者がレジスタンストレーニングを実施することは、転倒予防、骨密度改善による骨粗鬆症の予防・改善、不慮の事故の予防などにも役立つと考えられている。

2──レジスタンストレーニングのプログラムの条件設定

1 プログラムを構成する要素

レジスタンストレーニングのプログラムには、エクササイズ、負荷、回数、セット数、セット間の休息時間など、「変数」と呼ばれる様々な要素が存在する。これらの要素をトレーニング実施者の特徴や目的などに応じて適切に調整すべきである（表3）。

プログラムの作成に当たっては、各変数に関する詳細を把握しておくことが必要である。

表3●プログラムを構成する要素（変数）

①エクササイズ（動作形態、使用器具など）
②エクササイズの配列
③負荷
④回数
⑤セット数
⑥セット間の休息時間
⑦動作スピード、可動範囲
⑧トレーニング頻度
⑨ピリオダイゼーション（期分け）
⑩トレーニングシステム、テクニックなど

2 エクササイズの分類と選択

レジスタンストレーニングのエクササイズ（トレーニング種目）には、非常に多くの種類があり、そのバリエーションは多岐にわたる。プログラムを作成する際には、エクササイズを特徴に応じて分類して理解しておくと、その選択や配列をスムーズに行うことが可能となる（表4、5）。エクササイズの主な分類とその内容は以下の通りである。

(1)トレーニング目的に応じた分類

①主要エクササイズ

身体運動の原動力となる大筋群（大腿部、殿部、胸部、背部など）を動員する一般的な動作（押す、引く、立つなど）のエクササイズ。具体例として

は、ベンチプレスやスクワットのようなエクササイズが挙げられる。また、スクワットやデッドリフトのように、立位姿勢で脊柱に対して縦方向に負荷が加わり、複数の関節を協調的に動員するストラクチュラル（構造的）エクササイズも含まれる。

②補助エクササイズ

主要エクササイズの効果を補うことを目的に行われるエクササイズ。特定の部位を局所的に強化することを目的としたエクササイズ、傷害予防を目的としたエクササイズ、姿勢支持力を高めることを目的としたエクササイズなどが含まれる。

③専門的エクササイズ

特定の動作や課題を改善することを目的として

表4●エクササイズの主な分類

分類の基準	エクササイズの名称
トレーニング目的	主要エクササイズ、補助エクササイズ、専門的（個別）エクササイズ
動員される関節の数	多関節エクササイズ、単関節エクササイズ
使用される筋肉の大きさ	大筋群のエクササイズ、小筋群のエクササイズ
動員される筋肉の数	コンパウンド（複合的）エクササイズ、アイソレーション（局所的）エクササイズ
体重の荷重状態	非荷重、部分荷重、全荷重

表5●エクササイズの選択の際に配慮すべき主要なポイント

1)トレーニング目的	・特に強化したい動作や部位、改善したい体力要素に合致したエクササイズを選択する ・個々の筋肉を鍛えるのか、特定動作の筋力を鍛えるのかを考慮する
2)トレーニング経験や体力レベル	・初心者の場合には難易度が低く、フォームの習得がやすいエクササイズを中心に選択する
3)筋力バランス	・一般人の場合、上半身と下半身、右側と左側、押す動作と引く動作などの筋力バランスや、筋力の強い部位と弱い部位などについて検討し、バランスを配慮してエクササイズを選択する

行われるエクササイズ。スポーツ選手を対象とした場合には、各スポーツ特有の動作や、要求される体力特性、選手個人の特徴や課題などを考慮した条件で実施される。

(2)動員される関節の数による分類

①多関節エクササイズ

動作中に複数の関節が動員されるエクササイズ。フォームの習得が比較的難しく、使用する筋肉を意識しにくいという短所があるが、動作中に多くの筋肉が動員され、これらを協調的に発揮する能力を養いやすい。ベンチプレスやスクワットのようなエクササイズが含まれる。

②単関節エクササイズ

動作中に1つの関節を使用するエクササイズ。特定の部位を局所的に強化したい場合に効果的。動作の習得が比較的容易であり、使用する筋肉を意識しやすい特徴をもつ。サイドレイズやレッグエクステンションのようなエクササイズが含まれる。

③ 負荷の手段とトレーニング器具

負荷の手段には、フリーウエイト（バーベルやダンベルのように自由な軌道でトレーニングを実施できる器具）、トレーニングマシン、弾性体（チューブ）などの器具を使用するものと、特別な器具を使用せず、自分の体重（自重）やパートナーの力（徒手抵抗）を負荷として利用するものがある。

トレーニング器具は、フリーウエイトとトレー ニングマシンの2つに大別することができる。トレーニング器具の選択に当たっては、それぞれの特徴を理解し、長所を生かすように配慮する必要がある（表6）。一般に、初心者や高齢者を対象とした場合には、フォームの習得や姿勢の支持が比較的たやすいトレーニングマシンを使用したエクササイズが多く採用されるが、トレーニング経験を積み、体力レベルが高い人を対象とした場合には、フリーウエイトを用いたエクササイズも採用される。

トレーニングマシンの負荷抵抗方式は、積み重ねられた板状のウエイトにピンを差し込むことによって負荷調節を行う「ウエイトスタック式」が主流となっており、ポジションによって負荷が変化する「可変抵抗式」と、負荷が変化しない「一定抵抗式」の2つのタイプがある。そのほかの負荷抵抗方式としては、油圧、空気圧、電磁抵抗などがある。

④ エクササイズの配列

レジスタンストレーニングのプログラムにおいて、エクササイズの配列に当たっては、以下の事項を考慮することが必要である。

(1)主要エクササイズと専門的エクササイズは補助エクササイズよりも先に行う

主要エクササイズや専門的エクササイズの場合、補助エクササイズと比べてより高度なテクニックが必要とされるとともに、神経系の機能改善がより強く要求されるため、疲労した状態では効果を

表6●フリーウエイトとトレーニングマシンの特徴

	フリーウエイト	トレーニングマシン
安全性	注意が必要	高い
補助	多くのエクササイズで必要	ほとんど不要
動作の習得	難しい種目が多い	たやすい
種目数やバリエーション	非常に多い	少ない
動作の軌道	自由	ほとんどの場合一定
負荷の加わる方向	重力方向	様々な方向に対応可能
重力や慣性をコントロールする能力	養いやすい	養いにくい
コーディネーション	養いやすい	養いにくい
達成感	比較的高い	比較的低い

※トレーニング器具の選択に当たっては、両者の特徴を配慮し、長所を生かす工夫をすることが必要。

上げにくい傾向がある。このため、主要エクササイズと専門的エクササイズは、補助エクササイズよりも先に実施した方が効果的である。

⑵大筋群のエクササイズは小筋群のエクササイズよりも先に行う

　胸部、背部、大腿部などの比較的大きな筋肉（大筋群）のエクササイズは、肩部、腕部、下腿部、腹部などの比較的小さな筋肉（小筋群）のエクササイズよりも先に行う。例えば、ベンチプレスでは、大胸筋（大筋群）が主働筋として、三角筋や上腕三頭筋（いずれも小筋群）が共働筋として使用されるが、ベンチプレスの前に、三角筋や上腕三頭筋を主働筋とするエクササイズを行った場合、これらの疲労によって、後に実施するベンチプレスの使用重量や反復回数が低下してしまうことがある。これに対し、ベンチプレスを行った後に、三角筋や上腕三頭筋を主働筋としたエクササイズを実施した場合には、逆の順序で行った場合と比べると上記のような問題は起こりにくい。

⑶多関節エクササイズは単関節エクササイズよりも先に行う

　トレーニング動作中に、複数の関節を使用する多関節エクササイズは、1つの関節のみを使用する単関節エクササイズよりも先に実施する。多関節エクササイズは、単関節エクササイズよりも多くの筋肉を動員するとともに、より高度なテクニックや姿勢支持力などが要求されることから、できるだけ疲労していない状態で行ったほうが効果的である。

⑷効果を上げたいエクササイズを先に行う

　トレーニング実施者にとって効果を上げたいエクササイズは、できるだけ先に行うようにする。
　疲労していないプログラムの序盤には、プログラムの終盤よりも質の高いトレーニングが可能である。一方、プログラムの終盤は、序盤のエクササイズによる疲労やエネルギーの消耗、集中力の低下などの影響によって、トレーニングの質が低下しやすい傾向がある。このため、特に効果を上げたいエクササイズについては、プログラムの序盤に行うようにすると効果的である。

⑸高度なテクニックが要求されるエクササイズは先に行う

　スクワットやデッドリフトのように、高度なテクニックが要求されるエクササイズは、疲労していない状態で行ったほうが効果的である。ほかのエクササイズによって疲労した状態で実施した場合には、フォームが崩れたり、ケガをしたりする危険性が高くなる。

⑹筋力やパワーを向上させたいエクササイズは先に行う

　最大筋力や、パワーおよびスピードを向上させたいエクササイズについては、運動単位の動員促進や、各筋群の協調的かつ爆発的な筋力発揮など、神経系の機能改善が重要な課題となることから、できるだけプログラムの最初、または序盤の疲労していない状態で行う方が効果的である。

⑺姿勢支持筋のエクササイズは終盤に行う

　姿勢支持に働く筋群のエクササイズは、原則としてプログラムの終盤に実施する。例えば、スクワットの動作中、下背部や腹部などの体幹部の筋群は、姿勢を一定に保つ働きをしているが、スクワットを行う前に、バックエクステンションのような脊柱起立筋群を動員するエクササイズを行ってしまうと、疲労の影響により体幹部の一定姿勢を維持することが困難となり、フォームが崩れてしまう危険性がある。

⑻サーキット法を採用する場合は、同じ部位のエクササイズを連続して配列しない

　健康増進や総合的な体力向上を目的とした場合には、身体各部のエクササイズを1セットずつ実施する「サーキット法」を採用する場合がある。サーキット法を用いる場合には、同じ部位のエクササイズを連続して配列するのではなく、「上半身のエクササイズと下半身のエクササイズ」「押す動作のエクササイズと引く動作のエクササイズ」「伸ばす動作のエクササイズと曲げる動作のエクササイズ」というように、異なる部位や動作方向のエクササイズを交互に配列するように配慮する。

⑤ 負荷の設定

⑴最大挙上重量を指標とする方法
　（パーセント法）

　最大挙上重量（1RM）を100％とし、これに対する割合（％）を基準として負荷を決定する方法を、「パーセント法」と呼ぶ。パーセント法を採用する場合には、1RMを把握する必要がある。

　1RMを調べるには、実際に最大挙上重量の挙上を試みる方法（1RMテスト、表7）と、最大より軽め（最大下）の重量を用いて、実施できた反復回数から、％1RMと反復回数との関係を示す「換算表」（表8、9）を用いて推定する方法（最大下テスト、表10）とがある。初心者や一般人には、比較的負担が軽い最大下テストが推奨される。なお、換算表に示された数値は、トレーニン

表7●1RMテストの手順

セット	負荷の目安	反復回数
1	50 ～ 60%	8 ～ 10回
2	75 ～ 80%	3 ～ 5回
3	85 ～ 90%	1回
4	100%	1回
5	100% + 2.5 ～ 5kg	1回

※最大挙上重量の試技の前には3セット程度のウォームアップを実施する。
　4セット目に挙上できなかった場合には、次のセットで4セット目の重量よりも2.5 ～ 5kg軽い重量で1回の試技を行う。

表8●1RMに対する割合と反復回数の関係

％1RM	反復回数	％1RM	反復回数
100%	1回	77%	9回
95%	2回	75%	10回
93%	3回	70%	12回
90%	4回	67%	15回
87%	5回	65%	18回
85%	6回	60%	20回
80%	8回	60%以下	20回以上

※エクササイズやトレーニング経験などによって誤差が生じる場合がある。

表9●主要エクササイズの1RM推定表

1RM	2RM	3RM	4RM	5RM	6RM	7RM	8RM	9RM	10RM	12RM
100%	95%	92.5%	90%	87.5%	85%	82.5%	80%	77.5%	75%	70%
200.0	190.0	185.0	180.0	175.0	170.0	165.0	160.0	155.0	150.0	140.0
195.0	185.0	180.0	175.0	170.0	165.0	160.0	155.0	150.0	147.5	137.5
190.0	180.0	175.0	170.0	165.0	160.0	155.0	152.5	147.5	142.5	132.5
185.0	175.0	170.0	167.5	162.5	157.5	152.5	147.5	142.5	137.5	130.0
180.0	170.0	165.0	162.5	157.5	152.5	147.5	145.0	140.0	135.0	125.0
175.0	167.5	162.5	157.5	152.5	150.0	145.0	140.0	135.0	130.0	122.5
170.0	160.0	157.5	152.5	147.5	144.5	140.0	135.0	132.5	127.5	120.0
165.0	157.5	152.5	147.5	145.0	140.0	135.0	130.0	127.5	122.5	115.0
160.0	152.5	147.5	145.0	140.0	135.0	130.0	127.5	125.0	120.0	112.5
155.0	147.5	142.5	140.0	135.0	132.5	127.5	125.0	120.0	115.0	107.5
150.0	142.5	137.5	135.0	130.0	127.5	122.5	120.0	117.5	112.5	105.0
145.0	137.5	135.0	130.0	127.5	122.5	120.0	115.0	112.5	107.5	100.0
140.0	132.5	130.0	125.0	122.5	120.0	115.0	112.5	107.5	105.0	97.5
135.0	127.5	125.0	120.0	117.5	115.0	110.0	107.5	105.0	100.0	95.0
130.0	122.5	120.0	117.5	112.5	110.0	107.5	105.0	100.0	97.5	90.0
125.0	120.0	115.0	112.5	110.0	105.0	102.5	100.0	97.5	92.5	87.5
120.0	115.0	110.0	107.5	105.0	102.5	100.0	97.5	92.5	90.0	85.0
115.0	110.0	105.0	102.5	100.0	97.5	95.0	92.5	90.0	87.5	80.0
110.0	105.0	100.0	100.0	97.5	92.5	90.0	87.5	85.0	82.5	77.5
105.0	100.0	97.5	95.0	92.5	90.0	87.5	85.0	80.0	77.5	72.5
100.0	95.0	92.5	90.0	87.5	85.0	82.5	80.0	77.5	75.0	70.0
95.0	90.0	87.5	85.5	82.5	80.0	77.5	77.5	72.5	70.0	67.5
90.0	85.0	82.5	80.0	77.5	77.5	75.0	72.5	70.0	67.5	62.5
85.0	80.0	77.5	77.5	75.0	72.5	70.0	67.5	65.0	62.5	60.0
80.0	75.0	75.0	72.5	70.0	67.5	65.0	65.0	62.5	60.0	57.5
75.0	70.0	70.0	67.5	65.0	65.0	60.0	60.0	57.5	55.0	52.5
70.0	67.5	65.0	62.5	60.0	60.0	57.5	57.5	55.0	52.5	50.0
65.0	62.5	60.0	57.5	57.5	55.0	52.5	52.5	50.0	47.5	45.0
60.0	57.5	55.5	55.0	52.5	50.0	50.0	47.5	47.5	45.0	42.5
55.0	52.5	50.0	50.0	47.5	47.5	45.0	45.0	42.5	42.5	37.5
50.0	47.5	45.0	45.0	42.5	42.5	40.0	40.0	37.5	37.5	35.0

表10●反復回数から1RMを推定する方法（最大下テスト）

①5〜10RM程度の負荷を決定
②最大反復回数を測定
　反復が困難になった時点で、フォームを崩す前に測定を終了する
③表を用いて1RMを推定
　（例）40kgで8回反復できた場合、表8より、8回反復できる重量は80％に相当することから、以下の計算により1RM推定値が算出できる
　　　40kg÷0.8＝50kg

グ経験やエクササイズの種類によって誤差が生じる場合があることに留意する必要がある。

⑵最大反復回数を指標とする方法（RM法）

反復可能な最大の回数（最大反復回数）を基準にして負荷を決定する方法を、「RM法」と呼ぶ。「RM」は、最大反復回数を示す"Repetition Maximum"の頭文字をとったものであり、「RM」の前に数字をつけて「〜RM」と表記した場合には、「〜回反復できる最大の負荷」という意味になる。例えば、「5RM」は「5回反復できる負荷」であり、6回目は反復できない負荷を意味する。

⑶主観的運動強度による方法

チューブや自重を負荷として使用する場合、フリーウエイトやトレーニングマシンのように、負荷の大きさを数字で具体的に設定することが困難である。このような場合には、トレーニングの動作中の感覚による「主観的運動強度」（RPE：Ratings of Perceived Exertion）を基準とした負荷設定を用いると効果的である（表11）。その他、最大強度を10として、主観的運動強度を1〜10

で設定する方法もある。

⑷その他の方法

その他の負荷設定法として、トレーニング動作の速度に基づき、負荷をはじめとする諸条件を設定する手法（一般にVBT：Velocity Based Trainingと呼ばれる）などがある。

6 トレーニング目的に応じた条件設定

エクササイズの種類やトレーニング目的に応じたトレーニング条件の設定方法は以下の通りである（表12）。

⑴主要エクササイズ

①筋肥大を目的とした場合

筋肥大のためには、軽めの負荷でウォームアップを実施したのち、70〜85％（6〜12RM）の負荷を用いて、6〜12回の最大限の反復（最大反復）を、30〜90秒間の休息時間を挟んで3セット以上行う方法が採用される。

このような条件によるトレーニングでは、筋肥大のために必要とされる成長ホルモンの分泌を促進する効果や、一時的な筋損傷を引き起こし、その後の筋の修復に伴う筋肥大の効果などを期待することができる。

②筋力向上を目的とした場合

筋力向上とは、特定動作の筋出力を高めることを意味する。軽めの負荷による数セットのウォームアップを実施したのち、85％（6RM）以上の高負荷を用いて、1〜5回の全力による反復を、2〜5分の休息時間を挟んで2セット以上行う方

表11●レジスタンストレーニングの主観的運動強度の例

強度（％）	主観的運動強度
50以下	かなり軽い
55	かなり軽い〜軽い
60	軽い
65	軽い〜やや重い
70	やや重い
75	やや重い〜重い
80	重い
85	重い〜かなり重い
90	かなり重い
95	かなり重い〜非常に重い
100	非常に重い

表12●エクササイズの種類と目的に応じたトレーニング条件の目安

	主要エクササイズ		補助エクササイズ		専門的エクササイズ
目的	筋肥大	筋力向上	各部位の筋力向上	傷害予防	改善したい動作の特性を考慮して決定
負荷	6〜12RM 70〜85％	1〜6RM 85〜100％	8〜10RM 75〜80％	15〜20RM 60〜65％	
反復回数	6〜12回（最大反復）	1〜5回（最大反復しない）	8〜10回	15〜20回	
休息時間	30〜90秒	2〜5分	1〜2分	1〜2分	

法が採用される。

このような条件によるトレーニングでは、筋出力に関わる運動単位の動員促進や、トレーニング動作の効率化など、神経系の機能改善が期待できる。

⑵補助エクササイズ

主要エクササイズでは強化しにくい部位および動作の筋力強化を目的とした場合には、一般的には8〜10RMの負荷を用いて、8〜10回の反復を行う方法が採用される。

また、傷害予防を目的としたエクササイズの場合には、15〜20RMの負荷を用いて15〜20回の反復が多く採用される。

⑶専門的エクササイズ

スポーツや生活動作のパフォーマンス向上を主目的とした専門的エクササイズの場合、実際の動作中に加わる負荷の大きさや動作スピード、運動時間などを考慮し、これらとできるだけ近い条件で実施する。

7 セットの組み方

⑴シングルセット法

各エクササイズについて、1セットずつ、休息をとりながら実施する方法。

⑵マルチセット法

1つのエクササイズについて、休息をとりながら数セット連続して行う方法。筋力向上や筋肥大を目的とした場合には、マルチセット法が多く採用される。

⑶サーキットセット法

8〜10種目程度のエクササイズを、休息をとらずに1セットずつ実施し、これを数循環繰り返す方法。これを採用したプログラムは、サーキットウエイトトレーニングと呼ばれる。レジスタンストレーニングによって身体各部位に適度なトレーニング刺激を与えるとともに、心肺持久力など他の体力要素も総合的に向上させたい場合に効果的である。

⑷その他の方法

トレーニング経験を積んだ人が、筋肥大を目的

表13●特殊なセットの組み方の例（経験者向け）

1）スーパーセット法
互いに拮抗する筋肉を使用するエクササイズを2つ連続して行い、これを数循環行う方法 ・上腕部の例：バーベルカール＋トライセプスエクステンション ・大腿部の例：レッグエクステンション＋レッグカール
2）コンパウンドセット法
同じ筋肉を使用するエクササイズを2つ連続して行い、これを数循環行う方法 ・胸部の例：ベンチプレス＋ダンベルフライ ・背部の例：ラットプルダウン＋シーティッドロウ ・肩部の例：ショルダープレス＋サイドレイズ
3）トライセット法
同じ筋肉を使用するエクササイズを3つ連続して行い、これを数循環行う方法 ・胸部の例：ベンチプレス＋インクラインベンチプレス＋ダンベルフライ ・腕部の例：バーベルカール＋インクラインダンベルカール＋コンセントレーションカール
4）ジャイアントセット法
同じ筋肉を使用するエクササイズを4つ以上連続して行い、これを数循環行う方法 ・体幹部の例：トランクカール＋ダンベルサイドベント＋トランクツイスト＋レッグレイズ

とした場合には、複数のエクササイズを連続して実施する方法（スーパーセット法など）を採用する場合がある（表13）。また、筋力と心肺持久力を総合的に向上させたい場合には、レジスタンストレーニングと有酸素性運動を交互に実施する「スーパーサーキットウエイトトレーニング」と呼ばれる方法を採用する場合もある。

8 セットごとの重量や回数の設定

一般的なプログラムでは、1つのエクササイズについて複数のセットを行う「マルチセット法」が採用される。トレーニング目的に応じた、セットごとの条件の設定方法について以下に紹介する。

⑴重量固定法

軽い負荷でウォームアップを行ったのち、すべてのセットについて同じ重量でトレーニングを行う方法である。セットごとに負荷を変更する必要がないことや、反復回数の増加に応じて重量を増やせば、漸進性の原則に沿った負荷設定が比較的

表14●重量固定法の実施例①（初心者がフォーム習得を目的とした場合）

セット	負　　荷		回　　数
1	20RM	×	10回
2	20RM	×	10回
3	20RM	×	10回

※セット間の休息時間は1〜2分

表15●重量固定法の実施例②（筋肥大を目的とした場合）

初　　回	4週間後	5週目以降
①70%×10回 ②70%×8回 ③70%×6回 ＊10回3セットを試みるが、セットごとに回数が減ってしまう。	①70%×10回 ②70%×10回 ③70%×10回 ＊2、3セット目にも10回の反復が可能になる。	①75%×10回 ②75%×8回 ③75%×6回 ＊反復回数の増加に応じて、負荷を高める。

※セット間の休息時間は1分程度

表16●フラットピラミッド法の実施例（トレーニング経験を積んだ人が最大筋力の向上を目的とした場合）

セット	負　　荷		回　　数
1	60%（20RM）	×	8回
2	70%（12RM）	×	5回
3	80%　（8RM）	×	3回
4	90%　（4RM）	×	1〜2回
5	90%　（4RM）	×	1〜2回

※セット間の休息時間は2〜4分

表17●ダブルピラミッド法の実施例（筋力向上と筋肥大を目的とした場合）

セット	負　　荷		回　　数
1	60%（20RM）	×	8回
2	70%（12RM）	×	5回
3	80%　（8RM）	×	3回
4	90%　（4RM）	×	1〜2回
5	80%　（8RM）	×	5回
6	70%（12RM）	×	8回
7	60%（20RM）	×	10回

※セット間の休息時間は2〜4分

表18●ウエイトリダクション法の実施例（トレーニング経験を積んだ人が筋肥大を目的とした場合）

セット	負　荷		回　数	
1	50%	×	10回	（ウォームアップ）
2	70%	×	5回	（ウォームアップ）
3	80%	×	8回	（最大反復）
4	70%	×	8回	（最大反復）
5	65%	×	8回	（最大反復）

※セット間の休息時間は30〜90秒
　3セット目以降、8〜10回の目標反復回数で最大反復に達するように負荷設定を行う

表19●マルチパウンデッジ法の実施例

第1セット	80%×8回＋60%×5回＋50%×5回
第2セット	70%×8回＋40%×8回＋30%×8回

※繰り返しができなくなるまで反復したら、重量を減らしながら反復を継続する
　第1セットと第2セットとの間は2〜3分の休息をとる

容易であることから、初心者に導入しやすい方法といえる（表14、15）。

⑵ピラミッド法

　セットごとに、負荷を高めたときには回数を減らし、負荷を減らしたときには回数を増やす方法。セットごとに重量を増やして回数を減らし、最大重量に到達したら同じ重量で数セット行う方法をフラットピラミッド法（表16）と呼び、最大筋力の向上を目的とした場合に多く採用されている。そのほかアセンディングピラミッド法、ディセンディングピラミッド法、ダブルピラミッド法（表17）などのバリエーションがある。

⑶ウエイトリダクション法

　数セットのウォームアップを行ったのち、セットごとに重量を減らしながら、目標反復回数まで最大反復する方法であり、筋肥大を目的とした場合に多く用いられる（表18）。

　筋肥大のためには、目標反復回数を6〜12回に設定し、セットごとに反復できなくなるまで実施する。セット間の休息は30〜90秒と短く、次のセットでは、前セットと同じ重量では疲労の影響で反復回数が減ってしまうため、セットごとに目標反復回数が実施できるレベルまで、重量を適宜減らしていくのがポイントである。

9 特殊なトレーニングシステム

⑴マルチパウンデッジ法

　特定の重量で最大反復を行った後、重量を減らして休息をとらずにさらに反復を継続する方法（表19）。ある重量で反復できなくなっても、重量を減らせば反復を続けることができる性質を利用したものである。

⑵プレイグゾーション法（事前疲労法）

　多関節エクササイズを行う際に、主働筋により大きな刺激を与えることを目的として、多関節エクササイズを実施する前に、単関節エクササイズによって、事前に主働筋を疲労させておく方法である。具体例としては、ベンチプレスの前に、大胸筋を局所的に使用するダンベルフライを行う方法などがある。

⑶フォーストレップス法

　反復できなくなった時点で、補助者の力を借りて、さらに数回の反復を行うことによって、筋力の強いポジション（可動域）や下ろす動作局面についても、オールアウトまで追い込むことを目的としたものである。通常、トレーニング中に反復ができなくなって、動作が止まってしまうポジションは、最も力を発揮しにくい関節角度（スティッキングポイント）である。反復ができなくなったら、力が発揮しにくいポジション周辺の範囲だけパートナーに補助をしてもらえば、ほかのポジションは自力で動作を行うことができる。また、ウエイトを下ろす局面（エキセントリック局面）の筋力は、ウエイトを挙上する局面（コンセントリック局面）よりも大きな筋力が発揮できる性質があるため、反復動作中に挙上できない状態になっても、パートナーに上げてもらえば、自力でゆっくりと下ろすことができる。

⑩ 動作スピード

　レジスタンストレーニングにおいて、目的に応じた効果を上げるためには、負荷や回数の条件を正しく設定するとともに、トレーニングの動作スピードについても留意する必要がある。

　レジスタンストレーニングの動作スピードには、「スピードリフティング」と「スローリフティング」と呼ばれる2つの方法がある。「スピードリフティング」は、ウエイトをできるだけ素早く挙上する方法であり、挙上動作そのものの筋力やパワーを高めることを目的とした場合に採用される。一方、「スローリフティング」は、すべての可動範囲にわたってゆっくりと加速をつけずに動作を行う方法であり、初心者のフォームの習得を目的とした場合や、筋肥大を目的とした場合などに用いられる（表20）。

　トレーニング目的に応じた動作スピードの目安は、次の通りである。

⑴初心者がフォームの習得を目的とした場合

　ウエイトを上げる動作について2～3カウント（または秒、以下同様）、下ろす動作について2～

表20 ● レジスタンストレーニングの動作スピード

スロー リフティング	・加速や反動を制限し、一定スピードで動作を行う ・使用部位（筋肉）を意識する ・フォームの習得や特定部位（筋肉）の筋肥大を目的とした場合に採用
スピード リフティング	・できるだけ素早く動作を行う ・挙上することに意識を集中する ・筋力やパワーの向上を目的とした場合に採用

3カウントを目安として、ゆっくりとした一定スピードで行う。

⑵筋肥大を目的とした場合

　ウエイトを上げる動作について2カウント、下ろす動作について2～3カウントを目安として、ゆっくりとした一定スピードで行う。

⑶筋力やパワーの向上を目的とした場合

　上げる動作はできるだけ素早く行い、下ろす動作は脱力せずに1～2カウントの一定スピードで行う。軽めの負荷を用いた場合には、下ろす動作や切り返し動作についても素早く行う場合がある。

⑪ トレーニング頻度

　トレーニング頻度とは、一定期間内に実施するトレーニングの回数を意味する。

　レジスタンストレーニングの頻度は、トレーニングの強度や量、トレーニングの実施による疲労とダメージ（筋損傷など）の状態、トレーニング後の回復に要する時間、スポーツや身体活動の内容、体調などを考慮して決定される。通常、レジスタンストレーニングの頻度は、同一内容のプログラムを実施する場合、中1～2日空けて週2～3回が目安となるが、プログラムを分割する場合（例：上半身のエクササイズと下半身のエクササイズを別の日に実施するケースなど）には、週4回程度まで頻度を増やすことも可能である。

　トレーニング頻度の決定に当たって、特に配慮すべき要因は以下の通りである。

⑴トレーニングの強度や量

　原則として、トレーニングの強度が高い場合や量が多い場合には、そうでない場合と比べて、ト

レーニング頻度を減らすように配慮する。例えば、1RMの90％以上の高負荷を用いた場合や、最大反復を行ってからさらに補助者の助けを借りて数回反復する「フォーストレップス法」を採用した場合には、トレーニング頻度を減らす必要がある。一方、1RMの50％以下の軽めの負荷で余裕をもってセットを終えるようなトレーニング内容の場合には、頻度を上げることも可能となる。

⑵筋肉痛の有無

ウエイトを下ろす動作を意識的にゆっくり行った場合や、下ろすときに強い負荷をかけるようなトレーニングを行った場合には、筋損傷を伴う遅発性筋肉痛（遅発性筋痛）が発生することがある。遅発性筋肉痛が起こった場合には、原則としてトレーニング頻度を下げ、回復するまではその部位の強度の高いエクササイズは控えるようにする。

⑶超回復

レジスタンストレーニングを行うと、一時的に疲労の影響により筋出力が低下したり、筋肉痛や筋肉の張りが起こったりする。しかし、その後数日間の休息をとることによって回復し、前回のトレーニング前よりも重い重量が挙上できたり、同一重量でより多くの反復が行えるようになったりすることがある。このような現象は、「超回復」と呼ばれており、レジスタンストレーニングの頻度を決定する上で重要な要因とされている。

⑷トレーニング以外の身体活動、睡眠、食事、ストレスなど

スポーツ選手の場合には、技術練習の内容を考慮する必要がある。一般人の場合には、職場や学校、家庭内における身体活動の内容などを把握した上でトレーニング頻度を決定する。そのほか、睡眠時間や食事の内容、精神的なストレスについても、トレーニングによる疲労の回復に影響を与える要因として配慮することが必要である。

12 プログラムの分割

レジスタンストレーニングの開始当初のプログラムにおいては、実施するエクササイズの数が比較的少なく、1回のトレーニングですべてのエクササイズを実施することができる。しかし、トレーニング経験を積んでいくと、実施すべきエクササイズの数が増えたり、トレーニングの強度や量が高まったりするため、1回のトレーニングの中ですべてのエクササイズを効果的に実施することが難しくなる。このような場合には、プログラムを2つ以上のコースに分割することによって、トレーニングの強度や質を落とすことなく、1回当たりのトレーニング量や所要時間を適正に調整することができる（表21、22）。

トレーニングプログラムの分割を行う際には、各コース相互の疲労の影響や、トレーニング部位による回復時間の違いなどを考慮する。例えば、高負荷を用いたデッドリフトを行った翌日には、下背部などの疲労によって、スクワットの動きに支障を来すことがある。このような場合には、スクワットをデッドリフトの前日に実施する方法や、同じ日に実施する方法などを検討する必要がある。

また、特に強化したい部位やエクササイズがある場合には、該当するエクササイズを各コースに振り分け、それぞれのコースの序盤（または最初）に実施する方法も効果的である。強化したいエク

表21 ●プログラムの分割法

2分割の例	3分割の例
A：上半身 B：脚・体幹	A：胸・肩・上腕伸筋 B：背・上腕屈筋 C：脚・体幹

表22 ●トレーニングプログラムの分割と実施の例

2分割プログラムの実施例（Aコース：上半身　Bコース：下半身と体幹）

	月	火	水	木	金	土	日	月	火	水	木	金	土	日
週3回の実施例	A	休	B	休	A	休	休	B	休	A	休	B	休	休
週4回の実施例	A	B	休	A	B	休	休	A	B	休	A	B	休	休

3分割プログラムの実施例（Aコース：上半身押す動作　Bコース：上半身引く動作　Cコース：下半身と体幹）

	月	火	水	木	金	土	日	月	火	水	木	金	土	日
週3回の実施例	A	休	B	休	C	休	休	A	休	B	休	C	休	休
2 on 1 off パターン	A	B	休	C	A	休	B	C	休	A	B	休	C	A
3 on 1 off パターン	A	B	C	休	A	B	C	休	A	B	C	休	A	B

ササイズを先に行うことによって、疲労していない状態で集中して質の高いトレーニングを実施することが可能となる。

13 長期プログラムの作成（ピリオダイゼーション）

一定期間ごとにプログラムに変化を加える手法を「ピリオダイゼーション（期分け：periodization）」または「周期化」と呼ぶ（図2、表23）。

「ピリオダイゼーション」は、長期間同一プログラムを実施した場合に発生しやすいトレーニング効果の頭打ち現象（プラトー）や、オーバーワーク、精神的な飽き（マンネリ化）などを防止し、長期にわたってトレーニング効果を効率よく得ることを目的として用いられる。

「ピリオダイゼーション」は、トレーニングの一次的（一般的）効果を、二次的（専門的）効果に転化するための有効な手段としても活用される。例えば、ベンチプレスやスクワットなどの一般的エクササイズの挙上重量の向上を、スポーツ動作や生活動作などのパフォーマンス向上に役立てるためには、一般的エクササイズによる筋肥大や筋力向上を目的としたプログラムから、専門的エクササイズによるスポーツ動作や生活動作のパワー向上を目的としたプログラムへと、徐々に移行していく手法が採用される。

ピリオダイゼーションに関する基本事項については、3章1節を参照されたい。

14 専門的エクササイズの設定

スポーツ選手の場合、専門的エクササイズは、競技パフォーマンスの向上を主目的として、専門スポーツの動作特性や要求される体力要素を考慮して実施される。専門的エクササイズの設定に当たっては、競技特性とともに、選手個人の技術・戦術的な特性と課題についても配慮することが必要である。

一般人については、専門的エクササイズは、「階段を軽快に上り下りできるようになりたい」「ウォーキングの姿勢や動作の問題点を修正したい」と

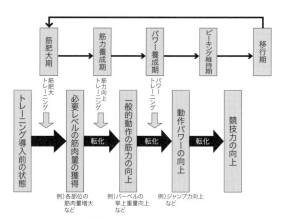

図2●スポーツ選手におけるレジスタンストレーニングの効果の転化とプログラムのピリオダイゼーション（概念図）

表23●レジスタンストレーニングのピリオダイゼーションの基本モデル

マクロサイクル（1年間）	準　備　期			試　合　期		移行期
メゾサイクル（数週間～数か月）	筋肥大期	筋力養成期	パワー養成期	ピーキング期	維持期	移行期
ミクロサイクル（数日～1週間）						

マクロサイクル　　長期計画：数年間または1年間のサイクル
メゾサイクル　　　中期計画：数週間～数か月のサイクル
ミクロサイクル　　短期計画：数日～1週間のサイクル

STEP1：改善したい動作や体力要素の抽出と分析
・特に改善したい動作は？
・特に改善したい体力要素は？

STEP2：トレーニング動作の決定
・実際の動作と関連が高いエクササイズを選択
・特に改善したい動きを再現したトレーニング動作を考察

STEP3：負荷手段や器具の選択
・適切な負荷手段やトレーニング器具を選択
・改善したい動きの軌道や、力を発揮する方向などを配慮

STEP4：負荷、回数などの条件設定
・改善したい動きや体力要素と関連のある負荷や回数、セット数、休息時間を設定

図3●専門的エクササイズの設定手順

野球のバッティング動作（右）のパワー向上を目的としたメディシンボールによるツイストスロー（左）

図4●専門的エクササイズの具体例

表24●専門的エクササイズの動作を決定する際に考慮すべきポイント

①身体各部の動きと動作パターン
・力を発揮する方向
・身体各部位の軌道
・特徴的な動作パターン
　体重の支持形態、左右の動作パターン、パワーの伝達パターンなど
②姿勢や関節角度、動作の可動域
③使用される筋肉
・動作中の主働筋と共働筋、姿勢支持筋など

表25●専門的エクササイズのトレーニング条件を決定する際に考慮すべきポイント

①負荷
・実際の競技場面で加わる負荷の大きさ
②力の発揮特性と動作スピード
・爆発的な力発揮（急激な加速）、ゆっくりとした力発揮（緩やかな加速）
・最大スピードの大きさ、スピードの変化（加速・減速など）
③運動時間
・運動時間と動員されるエネルギー供給機構
・力の発揮形態（持続的か、断続的か）
④筋収縮特性
・動作中の筋収縮様式

いった個人特有のトレーニング目的を達成するために実施される。

　専門的エクササイズの設定に当たっては、改善したい動作や要求される体力要素を分析し、使用される筋肉や動作の軌道、力を発揮する角度、関節可動域、動作中に加わる負荷の大きさや動作スピード、運動の持続時間や力の発揮形態などを考慮することが必要である。これらの情報をもとにして、改善したい動作と関連のある動きや条件でトレーニングを行う（図3、4、表24、25）。

（有賀誠司）

▶参考・引用文献
1) 有賀誠司：令和版 基礎から学ぶ! 筋力トレーニング，ベースボール・マガジン社，2020.
2) 有賀誠司：健康づくり指導者のための筋力トレーニングプログラム作成マニュアル，日本プランニングシステム，2011.
3) 日本体力医学会監訳：運動処方の指針 (原書第8版)，南江堂，2011.
▶理解を深めるための推奨書籍
1) 長谷川裕監訳: レジスタンストレーニングのプログラムデザイン，ブックハウス・エイチディ，2007.

資料1：スポーツ選手を対象としたレジスタンストレーニングプログラム作成例

表A　年間トレーニングプログラムの作成例（対象：大学球技スポーツチーム）

月		1				2				3					4				5				6				7				8				9				10				11				12			
週番号	1	2	3	4	5	6	7	8	9	10	11	12	13	14	15	16	17	18	19	20	21	22	23	24	25	26	27	28	29	30	31	32	33	34	35	36	37	38	39	40	41	42	43	44	45	46	47	48	49	50	51	52
週開始日(月曜日)	5	12	19	26	2	9	16	23	1	8	15	22	29	5	12	19	26	3	10	17	24	31	7	14	21	28	5	12	19	26	2	9	16	23	30	6	13	20	27	4	11	18	25	1	8	15	22	29	6	13	20	27

競技・練習日程：春期リーグ戦／東日本学生／夏期合宿／秋期リーグ戦／全日本学生

形態・体力測定：○ … ○ … ○

期分け：第1準備期／第1試合期／第1移行期／第2準備期／第2試合期／第2移行期

- 第1準備期：筋肥大期／筋力養成期／パワー養成期
- 第1試合期：維持期
- 第2準備期：筋肥大期／筋力養成期／パワー養成期
- 第2試合期：維持期／ピーキング期／維持期

表B　エクササイズリストの作成例

①主要エクササイズ
年間を通じて実施する主要なエクササイズを決定する

> ベンチプレス（上半身）
> スクワット（下半身）
> パワークリーン（パワーエクササイズ）

②補助エクササイズ
各部位の個別強化、姿勢支持力の強化、傷害予防などを目的としたエクササイズを決定する

> ・上半身のエクササイズ
> 　胸部：ダンベルフライ
> 　背部：ワンハンドダンベルロウ、ラットプルダウン、シーティッドロウ
> 　肩部：シーティッドショルダープレス、サイドレイズ
> 　上腕二頭筋：バーベルカール、スタンディングダンベルカール
> 　上腕三頭筋：ライイングトライセプスエクステンション、
> 　　　　　　　トライセプスプレスダウン
> ・下半身のエクササイズ
> 　大腿四頭筋：レッグエクステンション
> 　ハムストリングス：スティッフレッグドデッドリフト、レッグカール
> ・体幹のエクササイズ
> 　トランクカール（クランチ）、ツイスティングシットアップ、ライイング
> 　サイドベンド、バックエクステンション、姿勢支持エクササイズ
> ・傷害予防のためのエクササイズ
> 　肩の傷害予防：肩の内旋、肩の外旋、肩甲帯のエクササイズ
> 　足首の傷害予防：トゥーレイズ、足首の内反・外反

③専門的エクササイズ
専門スポーツ（本例ではバレーボール）の動作特性や個人の技術面の課題を踏まえて、
パフォーマンス向上を主目的としたエクササイズを選択する

> ・ジャンプ力の改善：スクワットジャンプ
> ・スパイク動作の改善：メディシンボールシットアップスロー、
> 　　　　　　　　　　　メディシンボールオーバーヘッドスロー
> ・レシーブ動作の改善：サイドランジ、リーチランジ
> ・オーバーパス動作の改善：ダンベルプッシュプレス

表C　維持期のプログラム例

週1〜2回実施

主要エクササイズ（2種目選択）

①パワークリーン	70〜80%×5回 ×3セット
②スクワット	70〜80%×5回 ×3セット
③ベンチプレス	70〜80%×5回 ×3セット

補助エクササイズ

1）背部のエクササイズ（1種目選択）

①ラットプルダウン	10RM×10回 ×2セット
②シーティッドロウ	10RM×10回 ×2セット

2）肩のエクササイズ

①サイドレイズ	10RM×10回 ×2セット

3）ハムストリングスのエクササイズ（1種目選択）

①スティッフレッグドデッドリフト	15〜20RM×10回 ×2セット
②レッグカール	10RM×10回 ×2セット

4）体幹のエクササイズ（2種目選択）

①トランクカール（クランチ）	15RM×15回 ×2セット
②ツイスティングシットアップ	15RM×15回 × 左右×2セット
③バックエクステンション	15RM×15回

5）肩と足首の傷害予防のためのエクササイズ（2種目選択）

①肩の内旋（チューブ使用）	20回 ×2セット
②肩の外旋（チューブ使用）	20回 ×2セット
③トゥーレイズ（チューブ使用）	20回 ×2セット
④足首の外反（チューブ使用）	20回 ×2セット

表D　筋肥大期のプログラム例

Aコース（上半身）月曜日と木曜日に実施

主要エクササイズ

①ベンチプレス	10RM×10回 ×4セット

補助エクササイズ

1）胸のエクササイズ

①ダンベルフライ	10RM×10回 ×2セット

2）背部のエクササイズ（2種目選択）

①ラットプルダウン	10RM×10回 ×3セット
②シーティッドロウ	10RM×10回 ×3セット
③ワンハンドダンベルロウ	10RM×10回 ×3セット

3）肩のエクササイズ

①シーティッドショルダープレス	10RM×10回 ×3セット
②サイドレイズ	10RM×10回 ×2セット

4）上腕二頭筋のエクササイズ（1種目選択）

①バーベルカール	10RM×10回 ×3セット
②スタンディングダンベルカール	10RM×10回 ×3セット

5）上腕三頭筋のエクササイズ（1種目選択）

①ライイングトライセプスエクステンション	10RM×10回 ×3セット
②トライセプスプレスダウン	10RM×10回 ×3セット

6）肩の傷害予防のためのエクササイズ

①肩の内旋（チューブ使用）	20回 ×2セット
②肩の外旋（チューブ使用）	20回 ×2セット

Bコース（下半身と体幹）火曜日と金曜日に実施

主要エクササイズ

①パワークリーン	50〜60%×8〜10回 ×4セット
②スクワット	60〜70%×8〜10回 ×4セット

補助エクササイズ

1）大腿四頭筋のエクササイズ

①レッグエクステンション	10RM×10回 ×3セット

2）ハムストリングスのエクササイズ（1種目選択）

①スティッフレッグドデッドリフト	15〜20RM×10回 ×3セット
②レッグカール	10RM×10回 ×2セット

3）体幹のエクササイズ（3種目選択）

①トランクカール（クランチ）	15RM×15回 ×2セット
②ツイスティングシットアップ	15RM×15回 × 左右×2セット
③ライイングサイドベンド	15RM×15回 ×2セット
④バックエクステンション	15RM×15回 ×2セット
⑤姿勢支持エクササイズ	5秒静止 × 左右5回 ×2セット

4）足首の傷害予防のためのエクササイズ（2種目選択）

①トゥーレイズ（チューブ使用）	20回 ×2セット
②足首の外反（チューブ使用）	20回 ×2セット

Aコース（上半身）

専門的エクササイズ

①ダンベルプッシュプレス	5回 ×3セット

主要エクササイズ

①ベンチプレス

1～2回目：①50%×10回、②70%×5回、③80%×5回、④80%×5回、⑤80%×5回
3～4回目：①50%×10回、②70%×5回、③85%×3回、④85%×3回、⑤85%×3回
5～6回目：①50%×10回、②70%×5回、③80%×3回、④90%×1～2回、⑤90%×1～2回

補助エクササイズ

1）背部のエクササイズ

①ラットプルダウン	10RM×10回 ×2セット
②シーティッドロウ	10RM×10回 ×2セット

2）肩のエクササイズ

①サイドレイズ	10RM×10回 ×2セット

3）上腕二頭筋のエクササイズ（1種目選択）※実施種目は毎回変える

①バーベルカール	10RM×10回 ×2セット
②スタンディングダンベルカール	10RM×10回 ×2セット

4）上腕三頭筋のエクササイズ（1種目選択）※実施種目は毎回変える

①ライイングトライセプスエクステンション	10RM×10回 ×2セット
②トライセプスプレスダウン	10RM×10回 ×2セット

5）肩の傷害予防のためのエクササイズ

①肩の内旋（チューブ使用）	20回 ×2セット
②肩の外旋（チューブ使用）	20回 ×2セット

Bコース（下半身と体幹）

主要エクササイズ

①パワークリーン
②スクワット

1～2回目：①50%×10回、②70%×5回、③80%×5回、④80%×5回、⑤80%×5回
3～4回目：①50%×10回、②70%×5回、③85%×3回、④85%×3回、⑤85%×3回
5～6回目：①50%×10回、②70%×5回、③90%×1～2回、④90%×1～2回、⑤90%×1～2回

専門的エクササイズ

①サイドランジまたはリーチランジ	12回 × 左右 ×2セット

補助エクササイズ

1）ハムストリングスのエクササイズ（1種目選択）

①スティッフレッグドデッドリフト	15～20RM×10回 ×2セット
②レッグカール	10RM×10回 ×2セット

2）体幹のエクササイズ（3種目選択）

①トランクカール（クランチ）	15RM×15回 ×2セット
②ツイスティングシットアップ	15RM×15回 × 左右 ×2セット
③ライイングサイドベンド	15RM×15回 ×2セット
④バックエクステンション	15RM×15回 ×2セット
⑤姿勢支持エクササイズ	5秒静止 × 左右5回 ×2セット

3）足首の傷害予防のためのエクササイズ（2種目選択）

①トゥーレイズ（チューブ使用）	20回 ×2セット
②足首の外反（チューブ使用）	20回 ×2セット

表F パワー養成期のプログラム例　　　　　　　　　　　　　　　　　　週3回、AコースとBコースを交互に実施

Aコース（上半身）

専門的エクササイズ

①ダンベルプッシュプレス	5回 ×3セット
②メディシンボールシットアップスロー	10回 ×2セット
③メディシンボールオーバーヘッドスロー	10回 ×2セット

主要エクササイズ

①ベンチプレス

1～2回目：①50%×10回、②70%×5回、③75%×5回、④75%×5回、⑤75%×5回
3～4回目：①50%×10回、②70%×5回、③80%×3回、④80%×3回、⑤80%×3回
5～6回目：①50%×10回、②70%×5回、③85%×2回、④85%×2回、⑤85%×2回

補助エクササイズ

1）背部のエクササイズ（2種目から1種目選択）※実施種目は毎回変える

①ラットプルダウン	10RM×10回 ×2セット
②シーティッドロウ	10RM×10回 ×2セット

2）肩のエクササイズ

①サイドレイズ	10RM×10回 ×2セット

3）腕部のエクササイズ（2種目から1種目選択）※実施種目は毎回変える

①バーベルカール	10RM×10回 ×2セット
②トライセプスプレスダウン	10RM×10回 ×2セット

4）肩の傷害予防のためのエクササイズ

①肩の内旋（チューブ使用）	20回 ×2セット
②肩の外旋（チューブ使用）	20回 ×2セット

Bコース（下半身と体幹）

主要エクササイズ

①パワークリーン
②スクワット

1～2回目：①50%×10回、②70%×5回、③75%×5回、④75%×5回、⑤75%×5回
3～4回目：①50%×10回、②70%×5回、③80%×3回、④80%×3回、⑤80%×3回
5～6回目：①50%×10回、②70%×5回、③85%×2回、④85%×2回、⑤85%×2回

専門的エクササイズ

①スクワットジャンプ	5回 ×2セット
②サイドランジまたはリーチランジ	12回 × 左右 ×2セット

補助エクササイズ

1）ハムストリングスのエクササイズ（1種目選択）

①スティッフレッグドデッドリフト	15～20RM×10回 ×2セット
②レッグカール	10RM×10回 ×2セット

2）体幹のエクササイズ（2種目選択）

①トランクカール（クランチ）	15RM×15回 ×2セット
②ツイスティングシットアップ	15RM×15回 × 左右 ×2セット
③バックエクステンション	15RM×15回

3）足首の傷害予防のためのエクササイズ（2種目選択）

①トゥーレイズ（チューブ使用）	20回 ×2セット
②足首の外反（チューブ使用）	20回 ×2セット

資料2：一般人のためのプログラム作成例

1）初心者のためのプログラム例

ここでは、一般健常者が初めてレジスタンストレーニングを実施する場合の12週間の段階的プログラムを紹介する。

表G　初心者のための段階的プログラムの条件設定例

週	段階	目的	種目数	負荷（％）	回数	セット数	休息時間
1〜2	第1段階	フォーム習得	5〜8	60以下	15〜20	1〜2	90秒
3〜4	第2段階	負荷に慣れる	8〜10	60〜70	10〜12	2〜3	90秒
5〜8	第3段階	筋肥大	8〜10	70〜80	10	2〜3	60秒
9〜12	第4段階	筋肥大および筋力向上	10〜12	75〜85	5〜10	2〜4	90〜180秒

表H　第1段階のプログラム例

期　　間：第1〜2週（週2〜3回実施、中1〜3日空けて実施）
目　　的：正しいフォームを習得する
実施方法：すべてのエクササイズを1セットずつ実施し、これを2循環する（サーキットセット法）

No	エクササイズ	使用部位	分類	負荷	回数	セット数	休息時間
1	チェストプレス（マシン）	胸部	主・多	20RM	15回	2セット	90秒
2	レッグプレス（マシン）	大腿前部	主・多	20RM	15回	2セット	90秒
3	ラットプルダウン（マシン）	上背部	補・多	20RM	15回	2セット	90秒
4	レッグカール（マシン）	大腿後部	補・単	20RM	15回	2セット	90秒
5	サイドレイズ（ダンベル）	肩部	補・単	20RM	15回	2セット	90秒
6	トランクカール（自体重）	腹部	補・−	20RM	15回	2セット	90秒

※分類の略語　主：主要エクササイズ　補：補助エクササイズ　多：多関節エクササイズ　単：単関節エクササイズ

表I　第2段階のプログラム例

期　　間：第3〜4週（週2〜3回実施、中1〜3日空けて実施）
目　　的：正しいフォームの習熟、重さに慣れる
実施方法：すべてのエクササイズを1セットずつ実施し、これを2循環する（サーキットセット法）

No	エクササイズ	使用部位	分類	負荷	回数	セット数	休息時間
1	チェストプレス（マシン）	胸部	主・多	12〜20RM	10〜12回	2セット	90秒
2	レッグプレス（マシン）	大腿前部	主・多	12〜20RM	10〜12回	2セット	90秒
3	ラットプルダウン（マシン）	上背部	補・多	12〜20RM	10〜12回	2セット	90秒
4	レッグカール（マシン）	大腿後部	補・単	12〜20RM	10〜12回	2セット	90秒
5	サイドレイズ（ダンベル）	肩部	補・単	12〜20RM	10〜12回	2セット	90秒
6	レッグエクステンション（マシン）	大腿前部	補・単	12〜20RM	10〜12回	2セット	90秒
7	スタンディングダンベルカール（ダンベル）	上腕二頭筋	補・単	12〜20RM	10〜12回	2セット	90秒
8	トランクカール（自体重）	腹部	補・−	15RM	15回	2セット	90秒

※分類の略語　主：主要エクササイズ　補：補助エクササイズ　多：多関節エクササイズ　単：単関節エクササイズ

表J　第3段階のプログラム例

期　間：第5〜8週（週2〜3回実施、中1〜3日空けて実施）
目　的：筋肥大、反復回数の増加
実施方法：各エクササイズについて連続して所定のセットを行う（マルチセット法）

No	エクササイズ	使用部位	分類	負荷	回数	セット数	休息時間
1	チェストプレス（マシン）	胸部	主・多	8〜12RM（70〜80%）	8〜12回	3セット	60秒
2	ラットプルダウン（マシン）	上背部	補・多	8〜12RM	8〜12回	2セット	60秒
3	ワンハンドダンベルロウ（ダンベル）	上背部	補・多	8〜12RM	8〜12回	2セット	60秒
4	ショルダープレス（マシン）	肩部	補・多	8〜12RM	8〜12回	2セット	60秒
5	スタンディングダンベルカール（ダンベル）	上腕二頭筋	補・単	8〜12RM	8〜12回	2セット	60秒
6	トライセプスプレスダウン	上腕三頭筋	補・単	8〜12RM	8〜12回	2セット	60秒
7	レッグプレス（マシン）	大腿前部	主・多	8〜12RM（70〜80%）	8〜12回	3セット	60秒
8	レッグエクステンション（マシン）	大腿前部	補・単	8〜12RM	8〜12回	2セット	60秒
9	レッグカール（マシン）	大腿後部	補・単	8〜12RM	8〜12回	2セット	60秒
10	トランクカール（自体重）	腹部	補・−	12RM	12回	2セット	60秒

※分類の略語　主：主要エクササイズ　補：補助エクササイズ　多：多関節エクササイズ　単：単関節エクササイズ

表K　第4段階のプログラム例

期　間：第9〜12週（週3回実施、AコースとBコースを交互に中1〜2日空けて実施）
目　的：筋肥大、チェストプレスとレッグプレスの筋力向上
実施方法：各エクササイズについて連続して所定のセットを行う（マルチセット法）

Aコース

No	エクササイズ	使用部位	分類	負荷	回数	セット数	休息時間
1	チェストプレス（マシン）	胸部	主・多	6〜10RM（75〜85%）	5回	3セット	2〜3分
2	ラットプルダウン（マシン）	上背部	補・多	8〜12RM	8〜12回	2セット	60秒
3	ワンハンドダンベルロウ（ダンベル）	上背部	補・多	8〜12RM	8〜12回	2セット	60秒
4	ショルダープレス（マシン）	肩部	補・多	8〜12RM	8〜12回	3セット	60秒
5	サイドレイズ（ダンベル）	肩部	補・単	8〜12RM	8〜12回	2セット	60秒
6	スタンディングダンベルカール（ダンベル）	上腕二頭筋	補・単	8〜12RM	8〜12回	2セット	60秒
7	トランクカール（自体重）	腹部	補・−	12RM	12回	2セット	60秒

Bコース

No	エクササイズ	使用部位	分類	負荷	回数	セット数	休息時間
1	レッグプレス（マシン）	大腿前部	主・多	6〜10RM（75〜85%）	5回	3セット	2〜3分
2	フォワードランジ（ダンベル）	大腿前部	補・多	5〜10kgダンベル	12回	2セット	60秒
3	レッグエクステンション（マシン）	大腿前部	補・単	8〜12RM	8〜12回	3セット	60秒
4	レッグカール（マシン）	大腿後部	補・単	8〜12RM	8〜12回	3セット	60秒
5	バックエクステンション（自体重）	下背部	補・−	12RM	12回	2セット	60秒
6	トランクカール（自体重）	腹部	補・−	12RM	12回	2セット	60秒

※分類の略語　主：主要エクササイズ　補：補助エクササイズ　多：多関節エクササイズ　単：単関節エクササイズ

2）体脂肪の減少と体形改善を目的としたプログラム例

表L　サーキットウエイトトレーニングのプログラム例

トレーニング頻度：週2〜3回実施
各エクササイズを1セットずつ行い、3分の休息を挟んで3循環実施する
運動中には、最大心拍数（220−年齢）の60〜70%の心拍数を維持できるように負荷を調整する

No	エクササイズ	主な使用部位	負荷	回数	休息時間
1	レッグプレス（マシン）	大腿前部	20RM（60%）程度	15〜20回	30秒程度（移動時間のみ）
2	チェストプレス（マシン）	胸部			
3	トランクカール（自体重）	腹部			
4	レッグカール（マシン）	大腿後部			
5	シーティッドロウ（マシン）	上背部			
6	バックエクステンション（自体重）	下背部			
7	レッグエクステンション（マシン）	大腿前部			
8	ショルダープレス（マシン）	肩部			
9	トランクツイスト（自体重またはマシン）	腹部			

表M　スーパーサーキットウエイトトレーニングのプログラム例

実施方法：各エクササイズを30秒間ずつ休息をとらずに3循環実施する

運動中には、最大心拍数（＝220－年齢）の60～70%の心拍数を維持できるように負荷や動作スピードを調整する

トレーニング頻度：週2～3回実施

No	エクササイズ（使用器具・主な使用部位）	No	エクササイズ（使用器具・主な使用部位）
1	レッグプレス（マシン・大腿前部）	10	縄跳び
2	その場駆け足	11	バックエクステンション（自体重・下背部）
3	チェストプレス（マシン・胸部）	12	固定式自転車
4	縄跳び	13	レッグエクステンション（マシン・大腿前部）
5	トランクカール（自体重・腹部）	14	その場駆け足
6	固定式自転車	15	ショルダープレス（マシン・肩部）
7	レッグカール（マシン・大腿後部）	16	縄跳び
8	その場駆け足	17	トランクツイスト（自体重またはマシン・体幹部）
9	シーティッドロウ（マシン・上背部）	18	固定式自転車

3）日常生活動作の改善を目的としたプログラム例

　ここでは、日常生活動作の中から、歩行動作の改善のためのプログラムとエクササイズ例を紹介する。

表N　ウォーキング動作の改善を目的としたプログラム例　　　　　　　トレーニング頻度：週2～3回実施

No	エクササイズ	エクササイズの種類	主な使用部位・対応する動作	負荷	回数	セット数	休息時間
1	スクワット（バーベル）	主要	大腿前部	8RM	5回	3セット	3分
2	ウォーキングランジ（ダンベル）	専門	歩行動作	5kg	20ステップ	3セット	2分
3	ニートゥーチェスト（自体重）	専門	歩行動作	自体重	20回	左右2セット	2分
4	ヒップリフト（自体重）	専門	歩行動作	自体重	15回	2セット	2分
5	ベンチプレス（バーベル）	主要	胸部	8RM	5回	3セット	3分
6	ワンハンドダンベルロウ（ダンベル）	補助	上背部	10RM	10回	左右3セット	2分
7	ショルダープレス（ダンベル）	補助	肩部	10RM	10回	3セット	2分
8	アームスイング（ダンベル）	専門	歩行動作	5kg	20回	2セット	2分
9	シットアップ（自体重）	補助	腹部	自体重	15回	2セット	1分
10	アーム＆レッグレイズ（自体重）	専門	歩行動作	自体重	12回	2セット	1分

パワートレーニング

1──パワーとは

パワー（power）は、「単位時間当たりの仕事率」と定義され、国際基準の単位はW（Watt：ワット）である。単位時間当たりとは基準となる時間であり、パワーでは1秒間が用いられている。仕事は力×移動距離で、力は質量×加速度で求めることができる。質量とは物体がどのような環境にあっても変化しない物体そのものの重さのことで、トレーニングではバーベル、ダンベル、ストレングスマシンのウエイト、体重などが質量となる。加速度とは単位時間当たりの速度の変化率である。また、距離÷時間はスピードであることから、パワーは力×スピードで求めることができる（表1）。このように、力とスピードによって構成されるパワーは、スプリント、方向転換（COD：Change of Direction）、カウンタームーブメントジャンプ（CMJ：Counter Movement Jump）、投球速度などのスポーツパフォーマンス、および歩行、

表1 ● 並進運動と回転運動のパワー

並進運動のパワー
力（force） ・力(N)＝質量(kg)×加速度(m/s²)
パワー（power） ・仕事(J)＝力(N)×距離(m) ・パワー(W)＝仕事(J)÷時間(s) 　　　　　　＝力(N)×距離(m)÷時間(s) 　　　　　　＝力(N)×スピード(m/s)
回転運動のパワー
トルク（torque） ・トルク(Nm)＝力(N)×モーメント(m)
パワー（power） ・仕事(J)＝トルク(Nm)×角変位(rad) ・パワー(W)＝仕事(J)÷時間(s) 　　　　　　＝トルク(Nm)×角変位(rad)÷時間(s) 　　　　　　＝トルク(Nm)×角速度(rad/s)

椅子立ち上がり、階段昇段などの日常的動作のパフォーマンスに関連する能力である。

2──力、スピード、パワーの関係

パワーを構成する力とスピードは相反する能力であり、筋力はスピードがゼロのときに、スピードは無負荷のときに最大となる。また、単関節エクササイズの力とスピードの関係は曲線を示し、パワーは等尺性（アイソメトリック）の最大随意的収縮（MVC）の30%の負荷で最大となる（図1）。しかし、動的な多関節エクササイズでは、最大パワーが発揮される負荷領域はエクササイズの種類やピークパワーか平均パワーの評価法によって異なり、ベンチプレスやスクワットでは最大挙上重

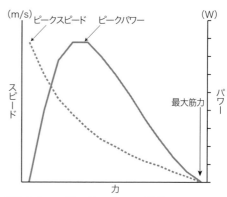

図1 ● 力、スピード、パワーの関係

量（1RM）の30〜70%、ジャンプスクワットは0〜30%、パワークリーンやハングパワークリーンは70%以上、プッシュジャークは80〜90%の負荷でピークパワーが発揮される[1][2]。また、パワーには対象者の筋力や性差が関与し、低レベルの筋力の対象者ではパワーも低いことから、高いパワーを発揮するためには筋力を増加させることが不可欠である。

3——短時間に大きな力を発揮する能力

アイソメトリックで力を発揮するには0.3〜0.4秒以上、スクワットやベンチプレスなどの1RMでは2〜3秒の時間を要する。しかし、スプリントの接地時間、ジャンプの踏切時間、投てきの切り返しからリリースまでの時間はいずれも0.2秒以内であり、日常的な歩行においても足の接地時間は0.7秒程度である。したがって、スポーツや日常生活における多くのパフォーマンスには、ゆっくりと大きな力を発揮する能力よりも短時間に大きな力を発揮する能力が必要となる。このような能力を爆発的筋力、あるいはRFD（Rate of Force Development）、回転運動の場合にはRTD（Rate of Torque Development）と呼んでいる。RFDは「単位時間あたりの筋力の増加率」、「力の立ち上がり率」、「力の発生率」などと訳され、パワーやパフォーマンスと関連している（図2）。

また、伝統的なレジスタンストレーニングは、動作初期に力で速く加速したとしても、動作後半には減速・停止してしまう。一方で、動作の始めから終わりまで加速し続け、自由空間に身体や物体を射出する弾道的なバリスティックエクササイズは、伝統的なレジスタンストレーニングよりも高い速度と大きな力が発揮される（図3）[3]。

そのため、爆発的筋力（RFD）、パワーやスポーツパフォーマンスを改善するためには、バリスティックエクササイズが有効である。

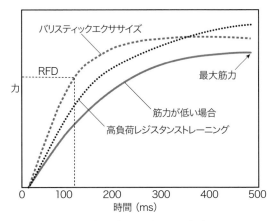

図2●爆発的筋力（RFD）の能力を示す概念図
バリスティックエクササイズで最もRFDが大きいことがわかる。

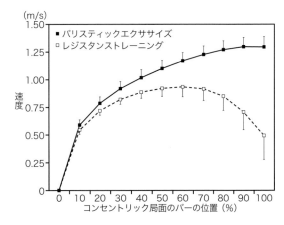

図3●バリスティックエクササイズの速度（文献3より改変）

4——パワーやRFDに関与する要因

パワーやRFDには、筋量、筋力、神経系機能、タイプⅡ線維の収縮速度、タイプⅡ線維とタイプⅠ線維の比率、筋腱複合体のスティッフネスなどが関与し、0.1秒以内のRFDにはタイプⅡx線維

の比率や神経系機能に[4)5)]、0.1秒以降のRFDには筋横断面積、神経系機能、筋腱複合体のスティフネスに影響を受けることが報告されている[6)〜8)]。

　高負荷レジスタンストレーニングは、筋量、筋力、神経系機能、筋腱複合体のスティフネスの改善に有効である一方で、0.1秒以内のRFDに関与する速い収縮特性をもつタイプⅡx線維が大幅に減少する。しかし、70〜85％ 1RMの負荷で挙上速度を即時的にフィードバックして最大の挙上速度を意識した速度基準トレーニング（VBT：Velocity-Based Training）では、挙上速度が最大値の80％を下回った時点で、そのセットの反復回数（レップ）を中止することによってタイプⅡx線維の比率が維持されたことが示されている[9)]。また、筋線維の微細構造のサルコメア数、すなわち筋線維長は筋収縮速度に影響を及ぼすが、70％ 1RMの負荷で伸張性局面のみを1秒未満で実施する高速エキセントリックトレーニングによる筋線維長（筋束長）の増加が、0.2秒以内のRFDに関連していることが示唆されている[10)]。そのため、パワーやRFDを向上させるためには、バリスティックエクササイズや高速レジスタンストレーニング、高負荷レジスタンストレーニング

を行うことが必要であり、高速エキセントリックトレーニングの実施もパワーやRFDの改善に貢献する可能性がある。また、素早い力の立ち上げと可動域全体にわたって全力のスピードを意識し、疲労困憊まで追い込まない条件でトレーニングを行うことが重要である。

　反動動作を意味する伸張−短縮サイクル（SSC：Stretch-Shortening Cycle）は、多くのスポーツや日常生活動作のパワーやパフォーマンスの向上に貢献している。また、SSCには伸張反射、筋腱複合体の弾性エネルギーなどに加えて、収縮性タンパク質のアクチンやミオシン、構造タンパク質であるタイチンが関与している可能性がある[11)]。伸張反射は爆発的反応筋力などの償却局面（切り返し局面）が小さい場合には利用されている。しかし、伸張反射が発生する速度（反射潜時）は極めて速いためCMJのような切り返し局面が大きい場合には、伸張反射は利用されていない[12)]。これに対して、筋腱複合体の弾性エネルギーは、反動動作を用いるタイプと反動動作を用いないタイプにおいても利用されている[13)]。そのため、パワーやパフォーマンスの効率的な向上にはSSCを利用することも必要である。

5——パワーの測定・評価

　これまでのパワーは、垂直跳び、立ち幅跳び、メディシンボール投げの距離、パワークリーン1RMなどによって評価されていた。しかし、これらのテストは身体質量、物体の投射角度、およびテクニックなどに影響を受け、さらにはパワーを直接的に示しているわけではない。これに対して、リニアポジショントランスジューサー（LPT）や加速度計の測定機器では、バリスティックエクササイズやレジスタンストレーニングのパワー（W）やスピード（m/s）を直接測定することができる。また、SSCにおける爆発的反応筋力(m/s)は、マットスイッチや加速度計を用いて跳躍高(m)÷接地時間(s) で算出される反応筋力指数

（RSI：Reactive Strength Index）、あるいはフォースプレートを用いた跳躍高(m)÷踏切時間(s) で求める変形反応筋力指数（RSImod：Reactive Strength Index modified）などによって測定することができる。

　パワーの評価は、①絶対値、②相対値、③ピーク値、④平均値などで行うことができるが、スプリント、COD、ジャンプ、歩行速度、階段昇段速度、椅子立ち上がり速度などのパフォーマンスは体重1kg当たりのパワーを示す相対値との関連性が高い。また、パワークリーンなどのクイックリフトでは、動作初期に低速局面が存在するためにピークパワーが、動作初期から終盤まで一気に

加速するエクササイズでは、平均パワーでの評価が適していると考えられる。

6——ニーズ分析

物理学では、力やスピードが発生していなければパワーもゼロとなる（図1）。しかし、アイソメトリックにおいても筋の微細構造レベルでは筋は収縮しているため、実際にはパワーが発揮されている。さらに、スポーツや日常生活では必ずしも最大パワーが発揮される領域でパフォーマンスが行われているわけではない。そのため、ニーズ分析ではスピード筋力、筋力スピード、スタート筋力、加速筋力、爆発的反応筋力などに分類して、パフォーマンスに必要なパワーを明確にする必要がある[14)][15)]（表2）。また、スポーツや日常生活動作パフォーマンスの改善のためには、力−速度関係、関節角度、活動様式、運動形態、運動方向などに類似する特異的なトレーニングを実施することが重要である（表3）。

表2●ニーズ分析におけるパワーの種類

パワーの分類	パワーの特徴
スピード筋力	軽負荷領域のパワー(高速度—軽負荷)、スピードパワー
筋力スピード	高負荷領域のパワー(低速度—高負荷)、ストレングスパワー
スタート筋力	0.03 ～ 0.05秒以内の力の立ち上がり能力
加速筋力	最大筋力に素早く到達できる能力
爆発的反応筋力	伸張−短縮サイクルにおける素早い筋力発揮能力

表3●ニーズ分析におけるパワーの分類方法

分類方法	パワーの種類
関節角度	力が発揮される関節角度や関節の可動域
活動様式	短縮性、伸張性、等尺性、伸張−短縮サイクル
運動形態	単発的、連続的
運動方向	垂直方向、水平方向、回旋方向
運動様式	両側性、片側性

7——トレーニングプログラム変数

①エクササイズ

代表的なバリスティックエクササイズはクイックリフト、ジャンプエクササイズ、プライオメトリクスであり、高速レジスタンストレーニングもパワーの改善に効果的である。選択するエクササイズは、パフォーマンスに用いられる活動筋群、活動様式、力−速度関係、関節角度などを考慮したうえで決定することが必要である。

一方で、多くのパフォーマンスは、両脚や両腕を同時に動かす両側性エクササイズよりも脚や腕を交互、あるいは片側を単独で動かす片側性エクササイズに動作様式が類似している。しかし、両側性と片側性エクササイズはともにスプリントやCODの改善効果があることが認められている[16)]。

(1)クイックリフト

クイックリフトとは、オリンピックリフティングのクリーン＆ジャーク、スナッチ、およびこれらの応用エクササイズの総称で、共通して下肢の爆発的伸展動作による運動連鎖によって高負荷領域で高いパワーが発揮される。クリーンやスナッチのセカンドプル局面がスプリントやジャンプ動作と類似しているため、パワークリーン1RMの相対値はスプリント、COD、ジャンプパフォーマンスと関連している。また、パワークリーン1RMの110 ～ 135%の負荷でキャッチ動作を行わないクリーンプルのトレーニングによってスプリントやCODが改善することが報告されている[17)]。一方、両脚ハングパワークリーンの1RMの50%の負荷で行う片脚ハングパワークリーン

は両脚で行うよりもピークパワー、RFD、力が高いことが示されている[18]。上肢伸展パワーや上肢動作を含むプッシュジャークのパワーは投球パフォーマンスと関連しているため、クイックリフトは多くのスポーツパフォーマンスの改善に有益であると考えられている。しかし、クイックリフトは高度なテクニックを必要とするため、テクニックが未熟な場合には、他のエクササイズを選択する必要がある。

(2)ジャンプエクササイズ

バーベルやダンベルなどで負荷を加えたジャンプスクワット、シザースジャンプ、ホリゾンタルジャンプスクワットなどは、クイックリフトほど高度なテクニックを必要としないため、設定する負荷を調整することによって軽負荷から高負荷領域までの下肢伸展パワーを改善することができる。また、ジャンプエクササイズはクイックリフトよりもテクニックが容易であり、ジャンプスクワットで発揮されるパワーや力は、パワークリーンやスクワットよりも有意に高いことが報告されている[19]。そのため、クイックリフトの習得が困難な場合には、ジャンプスクワットに類似するエクササイズを選択することで、下肢の爆発的伸展能力を改善することができる。しかし、これらのエクササイズは着地時の衝撃が高いため、適切な着地姿勢とテクニックの習得、および漸進的な負荷の設定が必要である。

(3)プライオメトリクス

プライオメトリクス（Plyometrics）は、旧ソ連、東欧、北欧などのアスリートが長い冬にジャンプトレーニングや反動的衝撃法の名称で実施していたトレーニングである。その後にレジスタンストレーニングで養成された筋力をスピード筋力に結びつけるトレーニングとして注目され、アメリカで1975年に「プライオメトリクス」と称して広まった。プライオメトリクスという用語のプライオはギリシャ語の「より多く」を表すPleionであり、メトリクスは「測定」を意味するmetricである。したがって、プライオメトリクスは「さらに大きな改善が得られる」、「測定可能なほど大

きな増加」などの意味をもっている[20]。プライオメトリクスは、自体重や軽負荷メディシンボールなどでトレーニングが行われるため下肢の垂直方向や水平方向の軽負荷領域パワーだけではなく、体幹の回旋パワーや上肢のパワー改善にも適したエクササイズである。

(4)高速レジスタンストレーニング

高速レジスタンストレーニングは、伝統的な速度のレジスタンストレーニングと比較して、パワー、筋力、スプリント、ジャンプなどのスポーツパフォーマンス[21]、および高齢者における日常生活動作パフォーマンスや筋力、爆発的筋力、筋肥大の改善効果が高いことが示唆されている[22]。しかし、実施するエクササイズや負荷によっては伸張性から短縮性への素早い切り返し時に傷害リスクが増大することもあるため注意が必要である。また、高速レジスタンストレーニングは動作終盤の減速に伴い筋力も低減してしまうため、バーベルの両端にチューブやチェーンを取り付け、バーベルが挙上されるに従い負荷が増大する増張力性抵抗を活用した可変抵抗トレーニングも推奨されている。高速レジスタンストレーニングは、自体重負荷、バーベル、ダンベルなどのフリーウエイト、プレートローディング式、空気圧、油圧マシンでは実施することができるが、ウエイトスタック式マシンでは、慣性がウエイトに加わり加速した直後にウエイトが一時的に上昇してしまうため、軽負荷で実施することは推奨されない。

2 配列

高いパワーを発揮するためには、運動単位、発火頻度、同期化などの神経系機能やアデノシン3リン酸（ATP）やクレアチンリン酸（CP）などのエネルギー系などが最適な状態で行う必要がある。そのためパワートレーニングは、専門的ウォームアップを終えた直後のトレーニングセッションの最初に行うことが推奨されている。また、高負荷レジスタンストレーニングや高負荷パワーエクササイズの3〜12分後に、活動後増強（PAP：Post-Activation Potentiation）の作用によって

一時的にパワー、スプリント、ジャンプ、投球パフォーマンスが増大することがある[23] [24]。そのため、これらの知見を活用して配列を検討することもできる。

③ 負荷

　パワートレーニングの効果は、トレーニングに用いられた負荷とスピードの関係に依存し、スピード筋力は軽負荷でのパワートレーニングによって、筋力スピードは高負荷でのパワートレーニングによって改善することができる（図4）。しかし、身体を静止状態から爆発的に加速するような動作や多くのスポーツパフォーマンスでは、軽負荷から高負荷までの複合的パワーが関与するため、軽負荷から高負荷までの複合負荷領域でのパワートレーニングを行う必要がある。また、スピード筋力と筋力スピードの異なる負荷領域のパワーを測定して、これらの低い方のパワーを重点的にトレーニングすることによって、パフォーマンスが改善することが示されている[25]。

④ 挙上スピードのモニタリングとフィードバック

　パワートレーニングでは、常に最大スピードを意識することが重要であり、アイソメトリックトレーニングでも素早い力の立ち上がりを意識することによってRFDが改善する[26]。また、挙上スピードを明確に指示する動機づけは、できるだけ速く挙上するといった指示よりも挙上スピードが速くなる[27]。そのため、クイックリフト、ジャンプエクササイズ、高速レジスタンストレーニングではLPTや加速度計を使用した挙上スピードのモニタリングと即時的フィードバックが重要であり、パワー、筋力、スプリント、ジャンプなどのパフォーマンスの改善効果も高くなる[21]。また、スクワット、ベンチプレス、デッドリフトなどの多関節エクササイズでは、単関節エクササイズとは異なり挙上スピードは負荷の増加に伴い直線的に低下する特徴がある（図5）。これらのエクササイズでは、トレーニングの目的別に設定された

挙上スピードを基準としたVBTを実施することができる（表4）。VBTは、目的に応じたスピードゾーンが発揮できる負荷を設定して、トレーニング時には挙上スピードをモニタリングしてスピードが最大値の95〜80％を下回ったらそのセットのレップを終了する[15]。

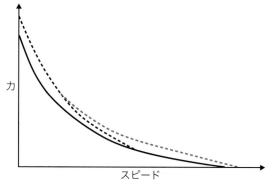

図4●トレーニングによって用いられた負荷と速度が力-スピード曲線に異なる影響を及ぼす

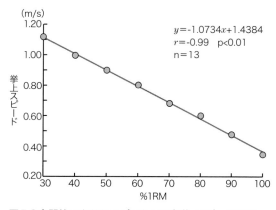

$y=-1.0734x+1.4384$
$r=-0.99$　$p<0.01$
$n=13$

図5●多関節エクササイズにおける負荷-スピード関係

表4●スピード基準トレーニングにおける目的別の平均スピードゾーン

目　的	%1RM	スピードゾーン
最大筋力	80〜100%	<0.50m/s
加速筋力	70〜80%	0.75〜0.50m/s
筋力スピード	45〜70%	1.0〜0.75m/s
スピード筋力 　スクワット 　ベンチプレス	30〜50%	1.30〜1.00m/s 1.10〜0.90m/s
スピード （スタート筋力） 　スクワット 　ベンチプレス	<30%	>1.30m/s >1.10m/s

（文献15より一部抜粋）

表5●パワートレーニングにおけるプログラムの目安

エクササイズ	クイックリフト		負荷を加えたジャンプスクワット		
パワーの種類	単発的パワー	連続的パワー	低負荷パワー	中負荷パワー	高負荷パワー
強度	80〜100% 1RM	≦75% 1RM	≦30% 1RM	40〜60% 1RM	70〜80% 1RM
反復回数	1〜3	3〜5	3〜8	2〜5	1〜3
セット数	3〜5	3〜5	3〜5	3〜5	3〜5
レップ間休息時間	30〜45秒程度	0〜数秒	0〜数秒	15〜30秒程度	30〜45秒程度
セット間休息時間	2〜5分	2〜5分	2〜3分	2〜4分	2〜5分

5 量

トレーニング量（レップ×セット）は、レップやセットで発揮されるスピードやパワーが最大値の95〜80%を下回らないことが重要である。そのために、高負荷による単発的エクササイズでは1〜3回、低・中負荷による連続的エクササイズでは3〜10回が一般的である。しかし、レップの増加に伴うスピードやパワーの変化には個人差があるため、スピードやパワーをLPTや加速度計によってモニタリングしたうえで決定することが必要である。また、セット数の増加は生理学的適応を引き出すことに有益であるが、過度な増加は生理学的適応を妨げてしまうため、パワートレーニングでは3〜5セットが推奨されている（表5）。

6 休息時間

休息時間は、トレーニングの質を維持するために必要な、①ATPやCP再合成、②神経-筋系の疲労回復、③神経-筋系亢進などに配慮した時間設定が必要である。一般的に高負荷のパワートレーニングではセット間休息時間は3〜5分間に設定する。また、中負荷から高負荷でのパワートレーニングでは、レップ間に15〜45秒間程度の休息を挟むことによってパワーやスピードの低下を抑えることが可能であり[28) 29)]、レップ間休息時間は通常のセット間休息時間よりもパワーやスピードの低下を予防する効果が高いことが示されている[30)]。

7 頻度

パワートレーニングは通常、週2〜4回の頻度でトレーニング間に48〜72時間の休息を挟んで行うことが推奨されている。しかし近年、筋肥大や筋力向上のレジスタンストレーニングでは、週単位の総仕事量（負荷×レップ×セット）が同等以上であれば、頻度に関係なく筋肥大や筋力向上の効果があることが報告されている[31)]。そのため、パワートレーニングにおいても週単位の総仕事量がトレーニング効果に影響を及ぼす可能性がある。一方で、強度、量、エクササイズ数が同一であれば、週1回の頻度でも10週間前後はパワーを維持することができる。

8──プライオメトリクスのトレーニングプログラム変数

1 エクササイズの分類

プライオメトリクスは、活動部位、償却時間、活動様式、運動形態、運動方向、運動様式などでエクササイズを分類することができる（表6、7、8）。スポーツパフォーマンスの改善には償却時間（表7）や運動方向が類似するエクササイズを選択することが必要であり、スプリント、COD、立幅跳びなどの水平方向のパフォーマンスには水平方向に跳躍するプライオメトリクスが、CMJなどの垂直方向のパフォーマンスには垂直方法に跳躍するプライオメトリクスによる改善効果が高い[32) 33)]。また、COD方向転換角度が60度以下では0.25秒未満のショートタイプが、COD方向

転換角度が135度以上の場合には、0.25秒以上のロングタイプのプライオメトリクスが推奨されている[34]。

2 配列

　プライオメトリクスは、レジスタンストレーニングや激しい練習の後では、弾性エネルギーやSSCの働きが阻害されることがあるため、できるだけ疲労度の少ない状態で行うことが必要である。また、PAPによるスプリントやジャンプパフォーマンスの一時的な向上は、高・中負荷のレジスタンストレーニング後よりも、プライオメトリクス後の方が高い効果が得られることが示されている[23]。そのため、プライオメトリクスとスプリントやジャンプパフォーマンスのトレーニングを同時に実施することも可能である。

3 強度

　プライオメトリクスの強度は、運動形態、負荷、ボックス高や目標物の高さや距離などによって調整することができる（表9）。プライオメトリクスでは筋腱複合体に蓄積された弾性エネルギーや伸張反射などが利用される。しかし、強度が高すぎる場合には償却時間が長くなり伸張反射が利用できないことや、蓄積された弾性エネルギーが利用されず熱となって散逸し、さらにはゴルジ腱反射が働きパワーが抑制されてしまう[35]。したがって、エクササイズ実施時の関節角度や償却時間などを見定めたうえで、強度を設定することが傷害予防のためにも必要である。また、自体重負荷によるプライオメトリクス、負荷を加えたレジスティッドプライオメトリクス、負荷を軽減して行うアシスティッドプライオメトリクスは、いずれも跳躍高の増加に有益なトレーニングである[36]。

4 量

　プライオメトリクスは、体重、エクササイズ、筋力レベル、エクササイズ強度によって、設定する量（反復回数×セット）は異なる。一般的に自体重負荷で行う下肢プライオメトリクスでは10

表6 ● プライオメトリクスのエクササイズの分類

活動部位	下半身エクササイズ、上半身エクササイズ、体幹エクササイズ、複合動作エクササイズ
償却時間	ショートタイプ（0.25秒未満）、ロングタイプ（0.25秒以上）
活動様式	スタティックタイプ、カウンタームーブメントタイプ、リバウンドタイプ
運動形態	単発的エクササイズ、連続的エクササイズ
運動方向	身体または物体を投射する方向（垂直方向、水平方向、側方、斜方向、回旋方向など）
運動様式	両側性エクササイズ、片側性エクササイズ

表7 ● スポーツパフォーマンスにおける償却時間

運動の種類	時　間
スプリントにおける足の接地時間	0.08 ～ 0.10 秒
走幅跳びの踏切時間	0.11 ～ 0.12 秒
走高跳びの踏切時間	0.17 ～ 0.18 秒
やり投げの切り返しからリリースまでの時間	0.16 ～ 0.18 秒
砲丸投げの切り返しからリリースまでの時間	0.15 ～ 0.18 秒
体操競技の跳馬の着手時間	0.18 ～ 0.21 秒

表8 ● 活動様式でのエクササイズの分類

エクササイズのタイプ	エクササイズタイプの特徴や主なスポーツパフォーマンス
スタティックタイプ	・反動動作を最小限にとどめて、短縮性を強調してパワーを発揮するタイプ ・陸上競技の短距離のスタート局面、相撲の立合い、水泳競技のスタート動作など
カウンタームーブメントタイプ	・伸張性から短縮性への大きな切り返し動作からパワーを発揮するタイプ ・陸上競技の短距離の加速局面、垂直跳び、バレーボールのスパイクジャンプなど
リバウンドタイプ	・伸張性から短縮性へ小さく素早い切り返し動作でパワーを発揮するタイプ ・陸上競技の短距離の最大スピード局面、走り幅跳びの切り返し動作など

表9 ● プライオメトリクスの強度

項　目	エクササイズの強度
運動形態	両側性エクササイズよりも片側性エクササイズは強度が高くなる
負　荷	体重、ウエイト、メディシンボールなどの質量が増加すると強度が高くなる
ボックス高	高い位置から着地するエクササイズでは強度が増加する
目標物の高さや距離	目標物の高さや距離が増加すると強度が高くなる

表10●プライオメトリクスにおけるプログラム作成の目安

パワーの種類	強　度	回　数	セット数	セット間休息時間	レップ間休息時間
単発的パワー	自重〜軽負荷	1〜5回	3〜5	30秒〜3分	5〜15秒程度
連続的パワー	自重〜軽負荷	5〜10回	3〜5	30秒〜3分	0秒

回×3〜5セット、ウエイトなどの負荷を加えた下肢プライオメトリクスでは1〜5回×3〜5セットが推奨されている。また、このようなプライオメトリクスによってランニングエコノミーが改善するため、中・長距離ランナーのパフォーマンスの向上に有益となる[37]。

5 休息時間

休息時間は、①エネルギー源の再合成、②神経-筋の疲労回復、③神経-筋系亢進の維持などに配慮する必要がある。そのために、セット間の休息時間にはエクササイズ実施時間の4〜10倍程度が必要であると考えられ、低強度では30秒〜1分、中強度では1〜2分、高強度では2〜3分程度の休息時間を設けることが推奨されている。

6 頻度

筋腱の疲労回復や傷害予防のためには48〜72時間以上の休息時間が必要であると考えられている。また、高強度プライオメトリクス実施の24時間後では有意に跳躍高が低下する[38]。したがって、一般的には週2〜3回の頻度で、①同一部位のエクササイズを2日間連続で実施しない、②高強度エクササイズは週2回程度に設定する、③週内に高強度、低強度、中強度のエクササイズを組み入れることが推奨されている。一方、上肢と下肢のエクササイズを交互に行う場合には週4回以上実施することも可能である。

7 トレーニング効果を最大限に引き出すための指導法

プライオメトリクスの効果を最大限に引き出すためには、基礎となる筋力を増加させておくことが不可欠であり、プライオメトリクス単独のトレーニングよりも、レジスタンストレーニングも実施した方がより高い効果を得ることができる[16]。また、目標物に向かってできるだけ高く、遠くに跳ぶといったような外部に焦点を当てる手法（external focus）が、脚や腕などの身体の内面に焦点を当てる手法（internal focus）よりもパフォーマンスの改善効果が高い[39][40]。そのため、可能な限り跳躍高、跳躍距離、一定距離における移動時間や接地回数などの目標を設定したトレーニングや、跳躍高、跳躍距離、接地時間、反応筋力指数、変形反応筋力指数などをモニタリングしながらトレーニングを行うことが必要である。

9──フィットネス分野のパワートレーニング

歩行などの身体活動量の増加は、メタボリックシンドローム、虚血性心疾患、高血圧、2型糖尿病、脂質異常の予防などに有益であり、全死亡、心血管疾患やがんによる死亡率が低下する[41]。しかし、歩行に代表される移動能力は加齢とともに徐々に低下し、歩行能力、階段昇降能力、椅子立ち上がり能力などの日常生活動作パフォーマンスは、筋力よりもパワーの方が密接に関連している。また、ピークパワーやRFDは40歳を超えると顕著に低下するため、伝統的レジスタンストレーニングに加えて、爆発的エクササイズを加えることが推奨されている[42]。

これまで、フィットネス分野のレジスタンストレーニングでは伝統的にコントロールされた速度で行われていた。しかし、伝統的な速度で行うレジスタンストレーニングは、筋量や筋力増加に対

する一定の効果は得られるものの、日常生活動作パフォーマンスの改善効果は小さいことが明らかになっている[43]。これに対して、高速レジスタンストレーニングは、高齢者の移動能力などの日常生活動作パフォーマンスや筋力、爆発的筋力、筋肥大の改善効果が高いことが示されている[21]。また、80歳以上の高齢者においても自体重負荷によるジャンプスクワットのパワーや速度は、歩行速度や椅子立ち上がり速度と関連し[44]、高齢者に対する自体重負荷ジャンプスクワットのトレーニングは下肢筋力の向上に有益であり、伝統的レジスタンストレーニングよりも、ジャンプ能力や階段昇降能力が有意に向上することが示されている[45]。そのため、中高齢者を対象としたフィットネス分野においても、対象者の体力や身体的特性、傷害リスクに配慮して高速レジスタンスト

レーニングやバリスティックエクササイズなどのパワートレーニングを導入することを検討する必要がある。パワートレーニングは、伝統的速度で行われるレジスタンストレーニングによって適切なテクニックを習得したうえで、年齢や性別で評価される筋力が標準以上に達していれば安全に実施することが可能となる。また、高速レジスタンストレーニングを容易に実施できるようであれば、負荷を加えた高速レジスタンストレーニングや自体重負荷ジャンプスクワットなどを行うこともできる。一方で、高速レジスタンストレーニングは、伝統的な速度や低速レジスタンストレーニングと比較して、トレーニング中の収縮期血圧と拡張期血圧がほとんど変化しないことも報告されている[46]。

10——ピリオダイゼーションとトレーニング戦略

フィットネス-ファティーグ理論の研究によれば、高強度（85% 1RM以上）レジスタンスエクササイズでは総レップが6回以下、低〜中強度（30〜40% 1RM）で行うバリスティックエクササイズでは15〜20レップを何セットかに分けて実施した場合、神経-筋機能の活性化によってジャンプ、スプリント、およびパワーやRFDの一時的な向上が6〜33時間で最大となり最大48時間持続することが示唆されている[47]。これらの知見は、ピリオダイゼーションのミクロサイクル内のトレーニングプログラムやピーキングなどに活用することができる。

また、長期的なディトレーニングでは身体能力が大幅に低下してしまうが、短期的ディトレーニングは、筋クレアチン濃度や筋グリコーゲン濃度の増加、無酸素性エネルギー供給機能に関わる酵素活性の増加、タイプⅡx線維の増加、神経系疲労の回復、筋損傷の回復、腱機能の変化などによって、パワーやRFD、スピードを効率的に高められる可能性がある[48)49]。このトレーニング戦略では、

まずパワートレーニングを一定期間継続して、その後に1週間のディトレーニングを取り入れることによってパワーの増大が図られている[48]。また、筋力は1週間のディトレーニングによって徐々に低下するが、ピークパワー、ジャンプ、スプリントパフォーマンスは8〜14日目に若干向上することが示されている[49]。

一方、多くのスポーツやフィットネスにおいて、パワーと持久力を高めることはスポーツパフォーマンスや健康維持増進に有益である。しかし、パワートレーニングと持久力向上トレーニングを同一セッション内で実施した場合には、干渉作用によってパワーの向上が妨げられてしまう[50]。また、高頻度、高強度、長時間の持久力向上トレーニングがパワーの向上を阻害することや、下肢を活動させる持久力向上トレーニングは上肢のパワーには影響を与えない可能性がある。そのため、両者のトレーニングは24時間以上の間隔を空けて実施するか、週2回以下の頻度で持久力向上トレーニングの強度を75%以下に設定して、週2回以

下の頻度でパワートレーニング後に行う[51]。上肢と下肢のトレーニング計画を工夫する。あるいは、ハーフメゾサイクルのピリオダイゼーションを活用することなどを検討する必要がある。

（菅野昌明）

▶文献

1) Soriano MA, et al.: The optimal load for maximal power production during lower-body resistance exercises: A meta-analysis. Sports Med. 45(8): 1191-1205, 2015.

2) Flores FJ, et al.: Optimal load and power spectrum during jerk and back jerk in competitive weightlifters. J Strength Cond Res. 31(3): 809-816, 2017.

3) Newton RU, et al.: Kinematics, kinetics, and muscle activation during explosive upper body movements. J Appl Biomechanics. 12(1): 31-43, 1996.

4) Andersen LL, et al.: Early and late rate of force development: differential adaptive responses to resistance training? Scand J Med Sci Sports. 20(1): e162-169, 2010.

5) Gruber M, Gollhofer A: Impact of sensorimotor training on the rate of force development and neural activation. Eur J Appl Physiol. 92(1-2): 98-105, 2004.

6) Suetta C, et al.: Training-induced changes in muscle CSA, muscle strength, EMG, and rate of force development in elderly subjects after long-term unilateral disuse. J Appl Physiol. 97(5): 1954-1961, 2004.

7) Aagaard P, et al.: Increased rate of force development and neural drive of human skeletal muscle following resistance training. J Appl Physiol. 93(4): 1318-1326, 2002.

8) Bojsen-Møller J, et al.: Muscle performance during maximal isometric and dynamic contractions is influenced by stiffness of the tendinous structures. J Appl Physiol. 99(3): 986-994, 2005.

9) Pareja-Blanco F, et al.: Effects of velocity loss during resistance training on athletic performance, strength gains and muscle adaptations. Scand J Med Sci Sports. 27(7): 724-735, 2017.

10) Stasinaki AN, et al.: Rate of force development and muscle architecture after fast and slow velocity eccentric training. Sports. 7(2): 41, 2019.

11) Fukutani A, et al.: Evidence for muscle cell-based mechanisms of enhanced performance in stretch-shortening cycle in skeletal muscle. Front Physiol. 11: e609553, 2021.

12) 飯田祥明，中澤公孝：反動動作と伸張反射─伸張反射出力は跳躍高増大に貢献するか─．体育の科学，62: 24-30, 2012.

13) 深代千之（金子公宥，福永哲夫編）：跳動作．バイオメカニクス─身体運動の科学的基礎─. pp.217-222. 杏林書院, 2004.

14) Zatsiorsky VM, Kraemer WJ: Science and Practice of Strength Training. Champaign, IL: Human Kinetics, 2006.

15) 長谷川裕：Velocity Based Trainingの理論と実践. エスアンドシー, 2017.

16) Moran J, et al.: Effects of bilateral and unilateral resistance training on horizontally orientated movement performance: A systematic review and meta-analysis. Sports Med. 51(2): 225-242, 2021.

17) Suchomel TJ, et al.: Training with weightlifting derivatives: The effects of force and velocity overload stimuli. J Strength Cond Res. 34(7): 1808-1818, 2020.

18) Hayashi R, et al.: Differences in kinetics during one- and two-leg hang power clean. Sports. 9(4): 45, 2021.

19) Cormie P, et al.: Optimal loading for maximal power output during lower-body resistance exercises. Med Sci Sports Exerc. 39(2): 340-349, 2007.

20) 長谷川裕：プライオメトリクス─基礎編─. コーチングクリニック. 6: 6-13, 1999.

21) Vanderka M, et al.: Use of visual feedback during jump-squat training aids improvement in sport-specific tests in athletes. J Strength Cond Res. 34(8): 2250-2257, 2020.

22) Bet da Rosa OL, et al.: Why fast velocity resistance training should be prioritized for elderly people. Strength Cond J. 41(1): 105-114, 2019.

23) Seitz LB, Haff GG: Factors modulating post-activation potentiation of jump, sprint, throw, and upper-body ballistic performances: A systematic review with meta-analysis. Sports Med. 46(2): 231-240, 2016.

24) Seitz LB, et al.: The back squat and the power clean: elicitation of different degrees of potentiation. Int J Sports Physiol Perform. 9(4): 643-649, 2014.

25) Jiménez-Reyes P, et al.: Effectiveness of an individualized training based on force-velocity profiling during jumping. Front Physiol. 7: 677, 2017.

26) Oliveira FB, et al.: Resistance training for explosive and maximal strength: Effects on early and late rate of force development. J Sports Sci Med. 1; 12(3): 402-408, 2013.

27) Hirsch SM and Frost DM: Considerations for velocity-based training: the instruction to move "as fast as possible" is less effective than a target velocity. J Strength Cond Res. 35(2S): S89-S94, 2021.

28) García-Ramos A, et al.: Mechanical and metabolic responses to traditional and cluster set configurations in the bench press exercise. J Strength Cond Res. 34(3): 663-670, 2020.

29) Jukic I, Tufano JJ: Rest redistribution functions as a free and ad-hoc equivalent to commonly used velocity-based training thresholds during clean pulls at different loads. J Hum Kinet. 68: 5-16, 2019.

30) Jukic I, et al.: Acute effects of cluster and rest redistribution set structures on mechanical, metabolic, and perceptual fatigue during and after resistance training: A systematic review and meta-analysis. Sports Med. 50(12): 2209-2236, 2020.

31) Morton RW, et al.: Training for strength and hypertrophy: an evidence-based approach. Curr Opin Physiol. 10: 90-95, 2019.

32) Loturco I, et al.: Transference effect of vertical and horizontal plyometrics on sprint performance of high-level U-20 soccer players. J Sports Sci. 33(20): 2182-2191, 2015.

33) Dello Iacono A, et al.: Vertical- vs. Horizontal-oriented drop jump training: Chronic effects on explosive performances of elite handball players. J Strength Cond Res. 31(4): 921-931, 2017.

34) Dos'Santos T, et al.: The effect of angle and velocity on change of direction biomechanics: An angle-velocity trade-off. Sports Med. 48(10): 2235-2253, 2018.

35) 長谷川裕: プライオメトリクスにおけるタブー. トレーニングジャーナル. 23: 14-15, 2001.

36) Makaruk H, et al.: The effects of assisted and resisted plyometric training programs on vertical jump performance in adults: A systematic review and meta-analysis. J Sports Sci Med. 19(2): 347-357, 2020.

37) Denadai BS, et al.: Explosive training and heavy weight training are effective for improving running economy in endurance athletes: A systematic review and meta-analysis. Sports Med. 47(3): 545-554, 2017.

38) 尾縣貢, 木越清信, 遠藤俊典, 森健一: 高強度ジャンプエクササイズ後の回復過程: 筋肉痛とパフォーマンスとの関連に焦点を当てて. 体力科学. 64(1): 117-124, 2015.

39) Wu WF, et al.: Effect of attentional focus strategies on peak force and performance in the standing long jump. J Strength Cond Res. 26(5): 1226-1231, 2012.

40) Comyns TM, et al.: Effect of attentional focus strategies on the biomechanical performance of the drop jump. J Strength Cond Res. 33(3): 626-632, 2019.

41) Saint-Maurice PF, et al.: Association of daily step count and step intensity with mortality among US adults. JAMA. 323(12): 1151-1160, 2020.

42) Roie EV, et al.: Rate of power development of the knee extensors across the adult life span: A cross-sectional study in 1387 Flemish Caucasians. Exp Gerontol. 110: 260-266, 2018.

43) Latham NK, et al.: Systematic review of progressive resistance strength training in older adults. J Gerontol A Biol Sci Med Sci. 59(1): 48-61, 2004.

44) Winger ME, et al.: Associations between novel jump test measures, grip strength, and physical performance: the Osteoporotic Fractures in Men (MrOS) Study. Aging Clin Exp Res. 32(4): 587-595, 2020.

45) Roie EV, et al.: An age-adapted plyometric exercise program improves dynamic strength, jump performance and functional capacity in older men either similarly or more than traditional resistance training. PLoS One. 15(8): e0237921, 2020.

46) Shima N, et al.: Influence of speed difference in chair sit-to-stand exercise on heart rate and blood pressure responses in the elderly. 24th Annual Congress of the ECSS, 2019.

47) Harrison PW, et al.: Resistance priming to enhance neuromuscular performance in sport: Evidence, potential mechanisms and directions for future research. Sports Med. 49(10): 1499-1514, 2019.

48) Hasegawa Y, et al.: Planned overreaching and subsequent short-term detraining enhance cycle sprint performance. Int J Sports Med. 36(8): 666-671, 2015.

49) Bosquet L, et al. : Effect of training cessation on muscular performance: a meta-analysis. Scand J Med Sci Sports. 23(3): 140-149, 2013.

50) Wilson JM, et al.: Concurrent training: a meta-analysis examining interference of aerobic and resistance exercises. J Strength Cond Res. 26(8): 2293-2307, 2012.

51) Eddens L, et al.: The role of intra-session exercise sequence in the interference effect: A systematic review with meta-analysis. Sports Med. 48(1): 177-188, 2018.

持久力向上トレーニング

1──持久力に関する基礎理論

1 エネルギー供給機構からみた有酸素性代謝・無酸素性代謝

運動の直接的なエネルギーは、筋中のATP（adenosine triphosphate＝アデノシン3リン酸）の分解によって供給される。筋中のATP容量には限度があるため、運動を継続、あるいは反復して実施するには、分解で生じたADP（adenosine diphosphate＝アデノシン2リン酸）を、ATPへ再合成することが必要である。ATPの再合成過程の違いによってエネルギー供給機構は、ATP-CP系、解糖系、酸化系の3つに大別される。このうちATP-CP系、解糖系が無酸素性代謝であり、酸化系が有酸素性代謝とされている。

(1)ATP-CP系：無酸素性代謝

ATPの再合成のため、クレアチンリン酸（CP）を分解するエネルギー供給機構であり、酸素を必要としない無酸素性代謝である。ATP-CP系のエネルギー供給量は100kcal/kgと大きくないが、単位時間当たりのエネルギー供給量は、13kcal/kg/秒と非常に大きい。最大限に供給と仮定すると、持続時間は7～8秒と最も短い。

陸上競技の短距離走、フィールドなどの極めて持続時間の短いスポーツや、野球などの瞬発的な動作を繰り返すチームスポーツにおける主要なエネルギー供給機構である。

(2)解糖系：無酸素性代謝

筋中の糖（筋中のグリコーゲン、血中グルコース）を乳酸に分解することにより、ATPの再合成を行うエネルギー供給機構である。ATP-CP系と同様に、酸素を必要としない無酸素性代謝であ

る。解糖系の代謝産物である筋中の乳酸と水素イオンは、筋収縮過程に影響を及ぼす。ただし、乳酸自体が疲労物質ではなく、解糖系の過程で産出される代謝物質であり、疲労の指標になるものである[1]。

解糖系のエネルギー供給量は230kcal/kgでATP-CP系より大きく、単位時間当たりのエネルギー供給量は7kcal/kg/秒と、ATP-CP系より小さいが酸化系より大きい。最大限に供給と仮定す

表1 ●各スポーツの主要なエネルギー供給機構

スポーツ種目	主要なエネルギー供給機構		
	ATP-CP系	解糖系	酸化系
野　球	高		
ゴルフ	高		
ウエイトリフティング	高		
フィールド競技（陸上）	高		
テニス	高	中	
短距離走	高	中	
バレーボール	高	中	
体操競技	高	中	
ボクシング	高	高	
バスケットボール	高	高	
サッカー	高	中	高
アメリカンフットボール	高	中	低
競泳（短距離）	高	高	
競泳（長距離）		高	高
レスリング	高	高	中
中距離走	中	高	中
長距離走		中	高
マラソン		低	高
トライアスロン		低	高
クロスカントリースキー		低	高

どのエネルギー供給機構も、どんなスポーツにもいくらか関与する。この表には主要なものだけを示した。（文献2より改変）

ると、解糖系は約33秒で使い切ることになる。無酸素性代謝でエネルギーを供給できる限界は、ATP-CP系と解糖系で約40秒と推定される。

運動持続時間が1〜3分程度である中距離走、競泳の短距離泳、ボクシング、レスリングなどにおける主要なエネルギー供給機構である。

(3)酸化系：有酸素性代謝

エネルギー基質（主に糖、脂肪）を酸素で分解し、最終的な代謝産物として水と二酸化炭素を生成し、その過程においてATP再合成のエネルギーを供給する機構である（有酸素系ともいう）。ATP-CP系、解糖系とは異なり有酸素性代謝である。酸化系のエネルギー供給量は酸素の供給が十分ならば極めて大きいが、単位時間当たりのエネルギー供給量は3.6kcal/kg/秒と最小である。

長時間運動を継続する長距離走・マラソン、遠泳、トライアスロン、自転車競技（ロードレース）等の主要なエネルギー供給機構である。表1に各種スポーツの主要なエネルギー供給機構が示してある。

② 有酸素性持久力とは

持久力とは、長時間にわたり最大下の運動を続ける能力である。持久力は、有酸素性持久力（aerobic endurance）と無酸素性持久力（anaerobic endurance）の2つのタイプに分けられる。

有酸素性持久力は、全身持久力あるいはスタミナ（stamina）とも呼ばれ、比較的低強度であるAT（Anaerobic Threshold：乳酸の蓄積がみられない運動強度のことであり、無酸素性作業閾値とも呼ばれる）以下の運動強度で長時間の運動を持続する能力であり、呼吸・循環機能との関連性が高い。エネルギー供給機構としては、ほとんど酸化系機構でまかなわれる。

③ 無酸素性持久力とは

無酸素性持久力は、スピード持久力（speed endurance）とも呼ばれ、長時間最大速度を維持する能力、あるいは反復動作の最大速度を維持する能力である。エネルギー供給機構としては解糖系機構が中心である。持続時間が短い場合にはATP-CP系も関連し、長い場合には酸化系も関連する。

2──有酸素性持久力向上トレーニングに対する基本的な適応

① 心臓血管系の変化

(1)心臓

短期的反応として、有酸素性運動中は、骨格筋に多量の血液が必要となり、心臓から多量の血液が送り出される。心臓から送り出される血液量は心拍出量で示される。

心拍出量＝心拍数×1回拍出量

運動開始後、初期は副交感神経による心拍数抑制作用が軽減され心拍数が急速に増加し、その後は交感神経系の刺激でゆるやかに心拍数が増加していく。運動強度の増加に比例して心拍数は増加していく。運動中には、多くの血液が心臓から押し出され、末梢血管抵抗が減少し1回拍出量が増加する。1回拍出量は、40〜60％の運動強度で最大レベルに達し、その後プラトー（高原状態）を保つ[3]。

運動時、心拍数と1回拍出量が上昇することから、両者の積である心拍出量は大幅に増加する。安静時（約5ℓ/分）と比べて、最大強度の心拍出量は、一般の人で4倍（20〜22ℓ/分）、マラソンランナーでは約6倍に達する。

長期的には、有酸素性持久力向上トレーニングにより、心房・心室の容積が約40％増加し、1回拍出量が増加する。また、安静時・最大下運動時の心拍数の低下が起こる。ただし、最大心拍数は、有酸素性持久力向上トレーニングによる影響を受けず、一定もしくはわずかに低下する。持久系ア

スリートの場合、心拍数が40〜60拍/分と低い除脈がしばしばみられる[3]。

(2)酸素摂取量

酸素摂取量とは、体内の組織に取り入れられる酸素量を示す。酸素摂取量の最大値が最大酸素摂取量（$\dot{V}O_2max$、最大有酸素性パワー）であり、身体のコンディショニングとの相関が高く、有酸素性持久力の指標として最も一般的に用いられている[4]。安静時の酸素摂取量は、3.5㎖/kg/分と推定され、健康な成人の最大酸素摂取量は、25〜80㎖/kg/分であるが、年齢差・男女差・個人差がある[3]。なお、安静時の酸素摂取量（3.5㎖/kg/分）が1メッツ（METs）と定義されており、メッツは、安静時を1としたときと比較して何倍のエネルギーを消費するかで活動の強度を示すものであり、健康づくりの運動でしばしば用いられている。

酸素摂取量
　＝心拍出量（㎖/分）×動静脈酸素較差
　＝心拍数×1回拍出量×動静脈酸素較差

動静脈酸素較差は動脈血と静脈血に含まれる酸素量の差であり、筋内での酸素取り込み率を示す。

短期的反応として、酸素摂取量は運動強度に比例して増加する。プラトーに達し増加しなくなったポイントが最大酸素摂取量で、最大有酸素性パワーを示す。長期的には、有酸素性持久力向上トレーニングにより、最大酸素摂取量を5〜30%増加させることができるが、どの程度増加するかはトレーニング開始時の有酸素性能力に依存する。大部分の最大酸素摂取量の増加は、トレーニング開始後6〜12か月でなされる[3]。1年を超える有酸素性持久力向上トレーニングは、最大酸素摂取量の向上より、運動（ランニング、水泳等）効率と、乳酸性作業閾値（LT、もしくはAT）を向上させる効果が大きい[5]。

(3)血圧

正常な血圧は、収縮期（最高血圧）110〜140mmHg、拡張期（最低血圧）60〜90mmHgである。有酸素性運動時は、収縮期血圧が運動強度に比例して上昇し、220〜260mmHgまで上昇

表2 ●有酸素性持久力向上トレーニングによる心臓血管系の長期的適応

	長期的適応
心　臓	肥　大
最大酸素摂取量	増加（トレーニング開始後6〜12か月）
安静時心拍数	低　下（除脈）
運動時心拍数(最大下)	低　下
最大心拍数	変化なし、もしくはわずかに低下
動静脈酸素較差	増　加
1回拍出量	増　加
心拍出量	増　加
血　圧	変化なし
血液量	増　加
毛細血管密度	増　加
筋の酸化能力	向　上

する場合がある。一方、拡張期血圧は安静時レベルのままか、あるいはわずかに低下する[3]。なお、血圧に関して、有酸素性持久力向上トレーニングによる長期的な影響は少ない。

(4)血液・心臓血管系

短期的な反応として、安静時、骨格筋へ送られる血液は心拍出量の15〜20%であるが、激しい運動時には心拍出量の90%が骨格筋へ送られることもあり、筋への血流が大幅に増加し他の器官への血流は減少する[3]。長期的には、継続的な有酸素性持久力向上トレーニングにより、血液量の増加が起きる（表2）。また、有酸素性持久力向上トレーニングにより、毛細血管密度が増加し、筋が酸素を取り入れやすくなる。

2 代謝の変化

(1)エネルギー供給機構

短期的反応として、有酸素性運動時は、エネルギー供給機構は主に酸化系（有酸素性代謝）がまかなっており、エネルギー基質は糖と脂肪が用いられている（図1）。運動強度が上昇するにつれて、エネルギー基質として糖のみが用いられる解糖系が動員され、しだいに無酸素性運動に切り替わっていき、長時間の運動継続は困難となる[6]。

長期的には、継続的な有酸素性持久力向上トレーニングにより、筋中・肝臓中の糖であるグリコーゲンの貯蔵量が増加し、脂質であるトリグリ

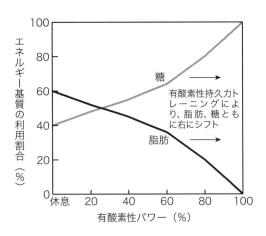

図1●糖と脂肪の利用と有酸素性パワー（文献7より改変）

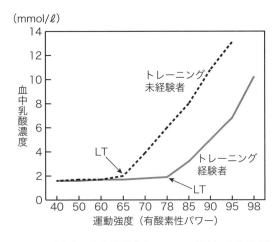

図2●運動強度と血中乳酸濃度 （文献7より改変）

セライド濃度も増加する。グリコーゲン貯蔵量の増加により運動継続時間が長くなり、トリグリセライド濃度の増加により脂肪利用能が高くなる[7]。また、筋中のミドコンドリア含有量が増加し、酸化機構が強化される。

⑵乳酸性作業閾値（LT、もしくはAT）

LT（AT）は、主要なエネルギー基質が脂肪と糖から、糖のみへと移行する点であり、有酸素性代謝から無酸素性代謝（解糖系）へ変移するポイントである。

短期的な反応として、軽度から中程度の運動強度では、筋に十分な酸素が供給され、主に有酸素性代謝で対応でき、産生される乳酸を上回る量が除去され乳酸は蓄積しない。しかし、運動強度が高くなると、乳酸の産生に有酸素性代謝では追いつかなくなり、血液中の乳酸が蓄積し始める。このレベルがLTもしくはATとされ、これ以上の運動強度では、無酸素性代謝（解糖系）中心となる。

長期的には、継続的に有酸素性持久力向上トレーニングを実施していくと、LT（AT）がより高い運動強度へシフトしていく（図2を参照）。すなわち、より高い運動強度でも有酸素性代謝中心で運動が可能となる。ランニングの場合、より速いペースで長時間走ることが可能になり、パフォーマンスの向上が期待できる。

③ 呼吸器系の変化

短期的反応としては、運動中の酸素供給のため、肺におけるガス交換が促進され換気量が増大する。中程度の運動強度までは、1回換気量の増大により換気量が増大する。さらに運動強度が高くなると、1回換気量はプラトーに達し、呼吸数の上昇により換気量が増大する。一方、運動強度が高い場合でも、動脈血中の酸素濃度と二酸化炭素濃度はほとんど変化しない[3]。呼吸数は安静時12〜15回/分であり、運動強度の上昇に伴い35〜45回/分まで増加する。1回換気量は安静時0.4〜1ℓ/分であるが、運動強度の上昇に伴い3ℓ/分まで増加する。呼吸数と1回換気量の積である換気量は、安静時6ℓ/分であるが、運動強度の上昇に伴い90〜150ℓ/分と安静時の15〜25倍まで達する[8]。

長期的には、継続的な有酸素性持久力向上トレーニングにより肺容量の増大が起こり、より多くの酸素を取り入れることが可能になる。

④ 骨格系の変化

短期的にはランニングのような衝撃度の高い有酸素性持久力向上トレーニングによって、骨密度が増加する。骨密度の変化は短期間で現れるが、それ以降はほとんど増加しない。また、関節軟骨を退化させることは、一般的にはない[3]。

5 身体組成の変化

　身体組成は、短期間に急激な変化を起こさない。ランニングなど有酸素性持久力向上トレーニングの直後、一時的な体重の減少がみられるが、その大部分は水分量の減少によるものであり、体脂肪量の減少はわずかなものである。

　長期的には、エネルギー基質として脂肪の割合が大きい有酸素性持久力向上トレーニングにより、徐々に体脂肪量は減少する。身体活動量の少ないデスクワークに従事している人には、1日に20〜30分程度、軽めの有酸素性運動（ウォーキング等）を実施することが勧められている。

　有酸素性持久力向上トレーニングだけでは筋量を増加する効果は少ないので、筋量を向上させるレジスタンストレーニングが必要となる。持久系

アスリートにおいて、有酸素性トレーニングの量が過度に多い場合、異化的代謝が優位になり筋のタンパク質合成が抑制される[9]。その場合、レジスタンストレーニングを加え、同化的代謝を促進し筋の回復を促した方がよい。

6 内分泌系の変化

　有酸素性持久力向上トレーニングにより、短期的にインスリンの感受性が向上し、グルコースの体内への取り込みが促進される。トレーニング終了後48時間にわたり、インスリンによるグルコース吸収が増加する。長期的には、継続的な有酸素性持久力向上トレーニングは、インスリン感受性を増し、インスリンへの反応も増大する。インスリン感受性が増すことで、加齢によるインスリン感受性の低下を抑制することができる。

3──無酸素性持久力向上トレーニングに対する基本的な適応

1 高強度運動への耐性向上

　無酸素性持久力が大きく関連するスポーツ（例えば800m走）では、主要なエネルギー供給機構として解糖系を用い、パワー発揮を高い水準で維持する。しかし、高いパワー発揮を維持すると、解糖系の代謝産物である乳酸と水素イオンが蓄積し、筋代謝バランスが乱れパワー低下と疲労感が生じる。

　無酸素性持久力向上トレーニングを継続的に実施することにより、乳酸と水素イオンの緩衝能力が向上し、血中および筋中の乳酸と水素イオン濃度への耐性が向上し、高強度運動への耐性（高強度運動を持続する能力）を高める。無酸素性持久力が関連するスポーツ（例えば800m走、レスリング）時には、筋の酸性度がpH7.0からpH6.4に低下し、血中の酸性度がpH7.4からpH7.0へ低下する。このような酸性環境に耐える能力は無酸素性持久力向上トレーニングによって向上する。

　ところで、解糖系に強く依存するスポーツを実施した後の悪心、めまい、嘔吐、極度の疲労などは、適切に無酸素性持久力向上トレーニングを行うことで低減できる。アスリートが無酸素性持久力向上トレーニング後に、吐いたり吐き気をもよおしたりすることは、トレーニングの質を測る有効な手段ではないが、適切なトレーニングプログラムを実施していないことを意味する。

2 有酸素性代謝の向上

　無酸素性持久力向上トレーニングは解糖系に関与しており、通常は有酸素性代謝に影響しない。だが、休息方法とトレーニング手段によっては、有酸素性能力にも影響を与える。

3 神経系の適応

　無酸素性持久力向上トレーニングを継続していくと、次第に運動効率が向上し、なめらかな動作が実施できるようになる。これは運動スキルの向上によるものであり、運動刺激に対して神経系の適応がなされていることを示す。

4──持久力向上トレーニングのプログラム作成の基本

持久力向上トレーニングプログラムの作成で、基本となることは、4つの要素（トレーニング手段、トレーニング頻度、トレーニング時間、トレーニング強度）を、適切にコントロールすることである。また、効果的かつ効率的にトレーニングするために、長期的トレーニング計画も必要となる。多くのコーチ・選手は、成功した選手のトレーニング計画を用いる傾向にある。参考にすることは重要であるが、選手の特性（身体的・心理的、成長段階）を考慮し、幅広い視点からのトレーニングプランの作成が求められる。

1 トレーニング手段

持久力を向上させるトレーニング手段として代表的なものに、ランニング、水泳、自転車、各種のトレーニングマシン等が挙げられる。トレーニングを実施する際には、競技の動作パターンに近いトレーニング手段を選択するべきである。例えば、上半身の筋の適応が重要な水泳では、上肢のトレーニング手段が中心となる。

適切なトレーニング手段を選択することで、各競技に特異的な筋の動員や、エネルギー供給機構、代謝システムへの適応がなされる[11]。例えば、有酸素性持久力向上トレーニング手段として、ランニングを選択した場合、下肢筋群のST線維（遅筋線維）が特異的に発達する。

原則として、専門とする競技の動作にできるだけ類似したトレーニング手段を実施するべきである。しかし、故障などで類似したトレーニング手段を実施できない場合は、クロストレーニング等の代替トレーニング手段で、基礎的な有酸素性および無酸素性持久力の維持を図り、徐々に専門的・特異的なトレーニング手段へ戻していく。

2 トレーニング頻度

⑴有酸素性持久力向上トレーニング

有酸素性持久力向上トレーニングでは、AT以下の低強度トレーニング（LSD：Long Slow Distance＝持続性トレーニング）が主体となる。LSDのような低強度の持久力向上トレーニングは、ほぼ毎日実施することが可能であり、トップレベルのマラソンランナーでは、1日2回のトレーニングも常識化している。

トレーニング頻度の増大は、短期的にはパフォーマンスの向上には効果的であるが、オーバートレーニング、心理的なバーンアウトを招きやすく、長期的な弊害も伴う。トレーニング頻度は、ピリオダイゼーション、発育段階、選手の特性を含めて、総合的に判断する必要がある。

インターバルトレーニングやHIIT（High Intensity Interval Training）など高強度の有酸素性持久力向上トレーニングは、無酸素領域を含み、パフォーマンスの向上に大きく貢献する。特に上級レベルの持久系アスリートには不可欠なトレーニングである。しかし、高強度のトレーニングは、筋へのダメージが大きく、心理的にも負荷が大きい。原則として1週間に2～3回以内のトレーニング頻度が適切であり、2日間連続して実施することは避ける。

初心者やコンディショニングが不十分なアスリートでは、低強度の有酸素性持久力向上トレーニングから開始し、コンディショニングが整った後、高強度のトレーニングを漸進的に実施すべきである。なお、健康・ダイエットを目的とする場合、低強度の有酸素性トレーニングで十分であり、高強度のトレーニングは不要で健康を害するリスクが高い。

⑵無酸素性持久力向上トレーニング

無酸素性持久力向上トレーニングは、高強度運動への耐性を高めることを狙いとして、ほぼ全力の高強度で実施される。このトレーニングは、中距離走、競泳（短距離）、レスリングなど、スピード持久力を必要とするアスリートには不可欠であるが、極めて高強度となり、筋へのダメージが大

きく心理的にも負荷が大きい。原則として1週間に2〜3回以内のトレーニング頻度が適切であり、2日間連続して実施することは避ける。

コンディションが整っていないアスリートでは、ほかのトレーニング（有酸素性持久力向上トレーニング、レジスタンストレーニングなど）を実施し、コンディショニングを整えた後、無酸素性持久力向上トレーニングを漸進的に実施すべきである。なお、健康・ダイエットが目的の場合、無酸素性持久力向上トレーニングは不要で、健康を害するリスクが高い。

3 トレーニング時間

有酸素性持久力向上トレーニングは、一般的に1回当たりのトレーニング時間は比較的長くなる。しかし、休息時間が短いので、総トレーニング時間はあまり長くならない。一方、無酸素性持久力向上トレーニングは、1回当たりのトレーニング時間は比較的短いが、十分に休息をとりながら数セット繰り返すため、総トレーニング時間は長くなる。

4 トレーニング強度

トレーニングを効果的・効率的に実施するには、トレーニング強度の適切な設定が重要である。強度が低すぎる場合には、身体にオーバーロード（過負荷）を与えることができず、十分なトレーニング効果を得ることができない。また強度が高すぎても、十分なトレーニング量を確保できない。特に有酸素性持久力向上トレーニングでは、適切なトレーニング強度の設定が重要である。

⑴有酸素性持久力向上トレーニング

トレーニング強度を決定する正確な方法は、運動負荷テストを用いて最大酸素摂取量を測定し%$\dot{V}O_2max$を用いる。あるいは血中乳酸濃度からATを推定し、トレーニング強度を設定する。しかし、こうした方法はコスト・時間等の制約が大きく、フィールドで用いることには困難が伴う。そこで、比較的測定が容易である心拍数、主観的運動強度（RPE）、運動速度（ペース）などから

トレーニング強度を設定する。なお、健康づくりを目的としたトレーニングにおいては、メッツ（METs）を用いたトレーニング強度設定がよく行われる。

心拍数は酸素消費量と高い相関関係があるため、最も広く用いられている指標である[11]。心拍数からトレーニング強度を推定する方法として、カルボーネン法がよく用いられる。有酸素性持久力向上トレーニングの目標心拍数（ターゲットゾーン）は、60〜80％の運動強度に相当するが、持久系アスリートでは85％の運動強度でも適切な範囲となる。一方、初心者、健康やダイエットを目的とする場合、50％の運動強度も適切である。

〈カルボーネン法〉

　目標心拍数（ターゲットゾーン）
　＝（推定最高心拍数−安静時心拍数）×
　　　運動強度＋安静時心拍数
　　　＊推定最高心拍数　220−年齢

運動強度を推定するためRPE（主観的運動強度、表3）もよく用いられるが、正確性に欠けるので、心拍数など他の推定法を併用することが望ましい。アスリートのトレーニングにおいては、物理的尺度である運動速度（ペース）を、トレーニング強度の設定に用いる場合も多い。ランニングや自転

表3●主観的運動強度（RPE）スケール

6	全く努力なし
7	非常に楽である
8	
9	かなり楽である
10	
11	楽である
12	
13	ややきつい
14	
15	きつい（激しい）
16	
17	かなりきつい
18	
19	非常にきつい
20	最大努力

(Gunnar Borg, 1970, 1985, 1994, 1998より)

車、水泳では、試合における目標タイムを基準にして、トレーニングペースを設定する。ただし、運動速度（ペース）は、気象条件、体調、地形の変化の影響を受け、トレーニング強度を正確に反映しない場合もある。

(2)無酸素性持久力向上トレーニング

トレーニング強度を正確に評価するためには、トレーニング間、トレーニング後の血中乳酸濃度を測定する。しかし、この方法はコスト・時間等の制約が大きく、フィールドでの実施には困難が伴う。一般には、物理的尺度である運動速度（ペース）から目標ペースを設定し、一定距離あるいは一定時間の全力運動（おおむね30秒以上）を行う。

5 長期的トレーニング計画

長期的トレーニング計画では、ピリオダイゼーションを用いる場合が多い。

長距離走の場合、かつての世界的名コーチ、アーサー・リディアードが示したトレーニングプランが大きな影響を与えている。リディアードのプランは、古典的なピリオダイゼーションである。まずオフシーズン（基礎トレーニング期）に低強度のランニングを大量に実施し有酸素性の基礎を築く。その後、プレシーズン（移行期）から、レースに向けスピードレベルを漸進的に高めていき、インシーズン（試合期）でピーキングを行い、ベストパフォーマンスを目指す。ポストシーズン（過渡期）でリフレッシュする。リディアードの影響を受けた長期トレーニング計画では、有酸素性の基礎を築くオフシーズン（基礎トレーニング期）のトレーニング時間が最も長くなる。

それに対し、著名な選手であるセバスチャン・コーのコーチであるピーター・コーは、マルチティア・システムを提唱し、高強度の有酸素性トレーニングや無酸素性トレーニングを、どのトレーニング期でも一定割合で実施することを推奨している[10]。

5——持久力向上トレーニングのプログラム作成の実際

1 健康保持を目的としたトレーニングプログラム

(1)成人の健康増進・メタボリックシンドローム防止のためのトレーニングプログラム

健康増進のためには、低強度の有酸素性持久力向上トレーニングが、効果的かつ安全性が高い。また、メタボリックシンドローム防止にも、最も脂肪燃焼効果が高く効果的である。健康増進・メタボリックシンドローム防止に対して、無酸素性持久力向上トレーニングは必要でない。低強度のトレーニング・運動の運動強度をメッツで示せば表4のようになり、8メッツ程度までのトレーニング・運動が無理なく安全であろう。

トレーニング実施に当たっては、開始時点の個人の体力レベル・体重・体脂肪率を考慮し、トレーニング手段を選択する。開始時点で体重・体脂肪率が過度な場合、水泳、ウォーキング等が安全である。体力レベルの上昇に伴い、漸進的にトレーニング量を増やしていく。なお、有酸素性持久力向上トレーニングは継続的な実施で効果があらわれるので、トレーニングを楽しませる工夫が必要であるし、仲間と一緒にトレーニングを行える環境も大切である。

表4●低強度のトレーニング・運動の運動強度

歩く 軽い筋トレをする	3〜3.5メッツ
やや速歩 ゴルフ（ラウンド） 階段をゆっくり上る	4〜4.3メッツ
ゆっくりとしたジョギング	6メッツ
エアロビクス	7.3メッツ
ランニング クロールで泳ぐ	8〜8.3メッツ

⑵高齢者の健康増進のためのトレーニングプ
　ログラム

　高齢になると、徐々に有酸素性能力と筋力が低
下していく。低下防止には、低強度の有酸素性持
久力向上トレーニングとレジスタンストレーニン
グが効果的である。トレーニング開始時点で運動
習慣がない高齢者には、有酸素性運動として
ウォーキングや水中ウォーキングと、自重を用い
た各種のレジスタンストレーニングが適切である。

②年齢に応じたトレーニングプログラム

⑴子どものためのトレーニングプログラム

　小学生から過度な有酸素性持久力向上トレーニ
ングを実施することは、適切な身体的発育を阻害
し、早期の心理的なバーンアウトを生みやすい。
小学生からマラソンを専門的に実施し、一流選手
に育った者は皆無である。神経系の発達が著しい
小学生の時期は、ゲーム性を取り入れた運動やス
ポーツを行い、自然に有酸素性能力の向上を図る。
ハードな無酸素性持久力向上トレーニングは、小
学生では避けるべきである。

　中学生は発育差が大きい時期である。十分に発
育した者は、有酸素性持久力向上トレーニングを
開始する時期であり、無酸素性持久力向上トレー
ニングを導入してもよい。指導者・コーチは発育
差を考慮して、慎重にトレーニングを処方しなけ
ればならない。

　高校生では、成人に準じた有酸素性持久力向上
トレーニング、無酸素性持久力向上トレーニング
が実施できる。アスリートとして長期的活躍をめ
ざすならば、段階的・計画的にトレーニング強度、
トレーニング量を上昇させる。短期的に急激に強
度と量を上昇させた場合、短期的な成功は期待で
きるが、長期にわたる活躍は困難である。

　なお、体重が軽く体脂肪率の少ない方が、持久
系スポーツでは有利なことから、一部の高校生女
子アスリートでは無理な減量を行い、生理不順が
しばしば起きる。これは、女性機能の発育不全に
つながり、骨粗鬆症の原因にもなるので、減量に
は十分な注意が必要である[12]。

⑵一般の持久系スポーツ愛好者のためのト
　レーニングプログラム

　記録の向上を目標にしているランナーや、トラ
イアスロンや遠泳、自転車等で自己の限界にチャ
レンジしている一般の持久系スポーツ愛好家が増
加している。トレーニングを開始したばかりのス
ポーツ愛好家には、低強度の有酸素性持久力向上
トレーニングで体脂肪率を低下させるとともに、
スポーツ特有の動作をスムースに行えるようにす
る。体力レベルが向上するにしたがい、漸進的に
トレーニング量を増やしていく。

　経験を積み体力レベルが向上した中級者以上で
は、やや強度の高い有酸素性持久力向上トレーニ
ング（ATを基準とした持続性トレーニング）を、
週に1〜2回導入していく。積極的に記録を狙っ
ている上級者では、高強度なインターバルトレー
ニング（HIITを含む）を週に1回以上導入した
方が効果的である。

　なお、高強度の有酸素性持久力向上トレーニン
グは、肉体的、心理的な苦痛も伴いやすいので、
トレーニンググループを形成し、集団で励まし
合ってトレーニングを実施するとよい。また、一
般の持久系スポーツ愛好者がトレーニングを過度
に実施すると、社会生活に支障を来たす場合もあ
るので、十分な配慮が必要である。

③アスリートの競技力向上を目的とした
　　トレーニングプログラム

⑴ローパワー系アスリート（持久系競技者）
　のためのトレーニングプログラム

　ローパワー系アスリートの中心となるトレーニ
ング手段は、有酸素性持久力向上トレーニングで
ある。レースより強度の低い有酸素性持久力向上
トレーニング（LSD等）は、体脂肪を落としアス
リートの身体を維持・形成していく。しかしこの
トレーニングのみでは、レース強度でのトレーニ
ングが不足し、十分なパフォーマンスを獲得する
ことはできない。

　十分なパフォーマンスを獲得するには、ATを
基準とした持続性トレーニングを、どのトレーニ

ング時期でも週1回以上実施し、レースに近い時期には週2～3回実施する。さらに高強度のインターバルトレーニング（HIITを含む）を週に1～2回以上実施していく。実施に当たっては、目標レースから逆算してピリオダイゼーションを行い、持続性トレーニングとインターバルトレーニングの頻度と強度をコントロールしていく。

　古典的なピリオダイゼーションモデルでは、レースが近づくにつれ、インターバルトレーニングの頻度を増やし、強度もレースペースに近づけていく。レース中のスピード変化、レース後半のスパートに対応していくには、無酸素性持久力向上トレーニングであるレペティションの導入も必要であろう。

⑵ミドルパワー系アスリートのためのトレーニングプログラム

　無酸素性持久力が関与する中距離走、競泳（短距離）、レスリング等でのトレーニング手段は、レペティショントレーニングである。1回当たりの持続時間は、競技時間、競技距離に応じて設定し、30秒～1分30秒程度ほぼ全力で実施する。休息時間は十分にとり、5～10セット程度繰り返す。レペティショントレーニングは、極めて高強度のトレーニングとなり、筋へのダメージが大きく、心理的にも負荷が大きい。原則として1週間に2～3回以内のトレーニング頻度が適切であり、2日間連続して実施することは避ける。

　またミドルパワー系スポーツにおいても、競技場面では有酸素性代謝も用いられているので、有酸素性持久力向上トレーニングを実施する必要がある。基礎的なトレーニングを実施する時期に、ATを基準とした持続性トレーニングを、週2～3回実施した方がよい。また、HIITを導入することも有効であろう。

⑶ミドルパワー系球技アスリート（サッカー、バスケットボール等）のためのトレーニングプログラム

　有酸素性代謝で回復を図りながら、無酸素性代謝を断続的に発揮する競技形式であるサッカー、バスケットボール等の球技。こうした競技では、無酸素性持久力向上トレーニングと有酸素性持久力向上トレーニングを、競技特性、競技時間を考慮しながら、バランスよく実施することが重要である。基礎トレーニングを行う時期に、重点的に無酸素性持久力向上トレーニングと有酸素性持久力向上トレーニングを実施するが、競技特性からみて、LSDのような低強度の有酸素性持久力向上トレーニングはあまり適切でなく、HIITを導入することも有効であろう。

⑷ハイパワー系球技アスリート（野球、アメフト、フィールド競技等）のためのトレーニングプログラム

　競技場面では、ほとんど無酸素性代謝（ATP-CP系）でまかなわれているが、有酸素性代謝も、運動中に失われたエネルギーの再合成に必要である。基礎トレーニングを行う時期（オフシーズン）に、有酸素性持久力向上トレーニングを種目特性に近い形で取り入れることが有効であろう。

④ 持久力向上トレーニングにおけるレジスタンストレーニングおよびプライオメトリクスの留意点

⑴持久系アスリート（長距離ランナー、トライアスリート等）

　レジスタンストレーニングおよびプライオメトリクスは、どういったやり方が持久系アスリートにおいては効果的であろうか。通常実施されている10RM×3～5セット、あるいはスロー・トレーニング、加圧トレーニングなどといった中・高強度のレジスタンストレーニングは、筋肥大を引き起こし速筋が発達し、活動筋の毛細血管密度とミトコンドリア量を減少させる可能性が高い[13]。筋肥大は体重の増加を招くことから、持久系アスリートのパフォーマンスにマイナスの影響を与える可能性がある。

　ランニングパフォーマンスに決定的な影響を及ぼすRE（ランニングエコノミー）を改善するには、高負荷レジスタンストレーニングの実施が有効であることが示されている[14]。また、REを改善するためのトレーニング手段として、プライオメト

リクスの有効性も示されている[15]。このことは、高速のランニングではより弾性エネルギーの貯蔵・利用、伸張−短縮サイクル(SSC)の利用が重要になり、高速で走るためにはプライオメトリクスの重要性が高いことを示唆している[16]。

こうしたことを踏まえると、持久系アスリートにレジスタンストレーニングを実施する場合、高強度のレジスタンストレーニングで最大筋力向上をはかるとともに、筋肥大は最小限にとどめることが重要である。特に上半身の筋肥大は体重増をもたらし、持久系アスリート（特にランナー）のパフォーマンスに不利に作用する。

プライオメトリクスは、筋腱複合体に好ましい影響をもたらし、短い接地時間で大きなエネルギーを地面に加える爆発的筋力を改善できる。継続的なプライオメトリクスを実施することで、ピッチとストライドに好ましい影響を及ぼし、REを改善する可能性がある。

⑵パワー系アスリート（短距離走、フィールド競技、ウエイトリフティング、野球等）

レジスタンストレーニングと有酸素性持久力向上トレーニングを同時に組み合わせると、筋力の発達とパワーの改善が妨げられる[13]。筋力とパワーが重要であるパワー系アスリートでは、有酸素性持久力向上トレーニングを実施する時期を十分に配慮する必要がある。基礎トレーニングを実施するオフシーズンに、有酸素性持久力向上トレーニングを行い、トレーニング後には十分休養をとり、レジスタンストレーニングに影響を及ぼさないようにする。

（山内　武）

▶引用・参考文献

1) Brooks, G.A., et al.: Exercise physiology, Human bioenergetics and its applications. pp.102-108, New York: McGraw-Hill, 2005.
2) Baechle, T.R., Earle, R.W.編: NSCA決定版ストリングス＆コンディショニング, 第2版, p.149, ブックハウス・エイチディ, 2002.
3) Haff, G.G., Triplett, N.T.編 (篠田邦彦監修): NSCA決定版ストリングス＆コンディショニング, 第4版, pp.128-147, ブックハウス・エイチディ, 2018.
4) ピート・フィッツィンジャー, スコット・ダグラス (前河洋一・篠原美穂訳): アドバンスト・マラソントレーニング, pp.22-23, ベースボール・マガジン社, 2010.
5) Jones, A.M., Carter, H.: The effect of endurance training on parameter of aerobic fitness. Sports Med 23: 373-386, 2000.
6) Fleck, S.J., Kraemer, W.J. (長谷川裕訳): レジスタンストレーニングのプログラムデザイン, pp.150-154, ブックハウス・エイチディ, 2007.
7) Wilmore, J.H., Costill, D.L.: Physiology of sport and exercise, 2nd ed. Champaign, IL, pp.206-242, Human Kinetics, 1999.
8) Earle, R.W., Baechle, T.R.編: NSCAパーソナルトレーナーのための基礎知識, pp.98-117, 森永製菓健康事業部, 2005.
9) Seene, T., et al.: Endurance training: Volume-dependent adaptational changes in myosin, Int J Sports Med 26: 815-821, 2005.
10) デビッド・マーティン、ピーター・コー (征矢英昭・尾縣貢監訳): 中長距離ランナーの科学的トレーニング, p.141, 大修館書店, 2001.
11) Haff, G.G., Triplett, N.T.編 (篠田邦彦監修): NSCA決定版ストリングス＆コンディショニング, 第4版, pp.604-618, ブックハウス・エイチディ, 2018.
12) 能瀬さやか編: 女性アスリートの健康管理・指導Q&A, pp.104-106, 日本医事新報社, 2020.
13) Zatsiorskys, V., Kraemer, W. (図子浩二訳): 筋力トレーニングの理論と実践, pp.166-171, 大修館書店, 2009.
14) Guglielmo, L., et al.: Effect of strength training on running economy, International Journal of Sports Medicine, 27-32, 2009.
15) Saunders, P.U., et al.: Short-term plyometric training improves running economy in highly trained middle and long distance runners. J. Strength Cond. Res. 20(4): 947-954. 2006.
16) 日本トレーニング指導者協会編著: スポーツトレーニングの常識を超えろ! pp.64-73, 大修館書店, 2019.

スピードトレーニング

1——スピードとは

スピード（speed）は、優れたスポーツパフォーマンスを発揮するために欠かすことのできない能力の1つで、「定められた距離や時間内に身体や物体が最小限の時間で移動する能力」である。また、スピードには歩行や走行などのように身体全体を移動させるスピードだけではなく、投球動作のように身体の局所的部位を移動させるスピードなどが存在する。

一方で、フィットネス領域では、歩行などの身体活動量の増加が、全死亡、心血管疾患やがんに

よる死亡リスクを低下させることが明らかになっている[1][2]。しかし、近年では身体活動量だけではなく歩行速度の重要性も示唆されている。歩行速度が速い人は全死亡リスク、心血管疾患による死亡リスクが低いことや、歩行速度の低下は転倒リスクや心不全リスクが高くなることが示されている[3]～[5]。また、歩行速度の低下は認知症リスクやサルコペニア、あるいは下肢傷害の発症リスクとも関連している。

2——スピードの種類

1 循環スピードと非循環スピード

スピードは、主に循環スピードと非循環スピードに分類することができ、循環スピードは、陸上競技の短距離走や競泳のように定められた距離を最大あるいは最大下のスピードを連続的に発揮しながら全身を移動させる能力である。また、非循

環スピードは、身体全体、あるいは身体の局所的部位や用具などを最大スピードで単発的に発揮しながら移動させるスピードである（表1）[6]。

2 走行距離やスタート方法の種類

循環スピードでは、スポーツ種目やポジションによって、距離、スピード、スタート様式、スピードの変化、腕振り動作の有無などが異なる。

陸上競技のスプリント種目と異なり、ほとんどの球技系スポーツでは、5～20m以内のスプリントスピードが必要であり、1歩（ステップ）のスピードが重要な局面も存在する。また、野球やアメリカンフットボールのように静止姿勢から開始するスタティックスタートもあれば、サッカー、バスケットボールのように、低速ランニングからスプリントを行うフライングスタートもある。スタティックスタートによる2.5～5mスプリント

表1 ●スピードの分類

スピードの分類	主な特徴
循環スピード	高いスピードを連続的に発揮しながら身体全体を移動させるスピード 歩く、走る、泳ぐ、漕ぐ、滑るなど身体全身を移動させるスピード
非循環スピード	最大スピードを単発的に発揮しながら身体や物体を移動させるスピードで、投球、バッティング、サッカーのキックなどの身体の局所的部位や物体を移動するスピードも含まれる

（文献6より）

では、脚を前後に広げたスプリットスタンスが最も速く、次に両足をそろえた姿勢から片側の足を後ろに踏み出してからスタートする方法が速く、両足をそろえた姿勢から片足を前に踏み出すスタートが最も遅いことが示されている[7]。また、スタティックスタートに比べてフライングスタートはスプリントスピードが速く、ジャンプなどのスタート前の予備的動作によってもスプリントスピードが速くなる。

③ スピードの変化や腕振り動作の種類

陸上競技のスプリント種目では、最高速度を向上させることが重要であるが、最高速度を維持しつつ、スピードの減速を抑える能力も求められる。これに対して、球技系スポーツのように目まぐるしくゲーム展開が変化するスポーツではスピードの変化が大きく、状況に応じたスピードが要求される。また、球技系スポーツでは、対戦相手とのかけ引きの中で、チェンジオブペースと呼ばれる減速や加速を伴うスプリントも行われている。このようなスプリントでは、減速と加速の素早い切り返しや低速と高速のスピードの差の大きさが優れたパフォーマンスと関連している。一方で、ラ

グビー、アメリカンフットボール、ラクロスのように、ボールやスティックを持って競技を行う種目では、片腕、あるいは両腕の腕振り動作が制限されてしまう。このような状況では、ストライド長の大幅な減少によってスプリントスピードが有意に低下する[8]。そのため、これらのスポーツでは、腕振り動作の制限に伴うストライド長の減少を改善するようなスプリントトレーニングが必要である。

④ 非循環スピードの種類

非循環スピードは、先に述べたように身体全体、あるいは局所的部位やボール、バット、ラケット、ゴルフクラブなどの用具を移動させるのに最大努力で単発的に発揮される。このような非循環スピードでは、動作に関与する筋群の筋力、パワー、RFDを改善するトレーニングが必要である。また、脚や腕のスイングでは、回転中心点よりも遠位部の筋量が多い場合には、遠位部の質量が増加して慣性モーメントが大きくなるためスイングスピードが低下する。そのため、局所的部位のスピードでは、トレーニング部位にも配慮する必要がある。

3──スプリントスピードに影響を及ぼす要因

① ステップ長、ストライド長、ピッチ、歩隔

ステップ長（m/歩：step length）とは、1歩あたりに進む移動距離で歩行では歩幅とも呼ばれている。ストライド長（m/2歩：stride length）は、左右の足の2歩分あたりの移動距離で、歩行では重複歩と呼ばれている。しかし、陸上競技では一般的にステップ長のことをストライド長と呼んでいる。ピッチ（stride frequency）とは、1秒間あたりに足が地面に接地する回数（歩/秒）のことで、ストライド頻度やストライド率とも呼ばれている。また、歩行ではピッチのことを歩行率や

ケイデンス（cadence）と呼び、1分間あたりの歩数で示している。また、歩隔とは左右のかかとの中心間の幅である（図1）。

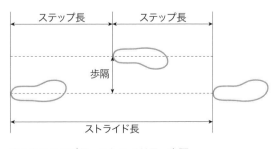

図1●ステップ長、ストライド長、歩隔

② 接地時間と滞空時間

接地時間（contact time）とは、片脚の地面接地時から離地時までの時間のことで、滞空時間（flight time）とは、離地後から次の接地時までの時間である（離地から接地までの局面は、滞空期あるいは両脚遊脚期とも呼ばれている）。また、スプリントの1歩に費やされる時間は、接地時間（秒）と滞空時間（秒）の合算時間、そして、ストライド長は、接地距離（m）と滞空距離（m）を合算したものである[9]。そのため、ストライド長を高めるためには、水平方向への接地距離や滞空距離を大きくすることが必要で、ピッチを高めるためには接地時間や滞空時間を短くする必要がある[9]。

③ スプリントスピードに影響を及ぼす変数

スプリントスピードは、ストライド長とピッチに影響を受け、「スプリントスピード＝ストライド長×ピッチ」によって決まる。しかし、ストライド長を高めればピッチが低下し、ピッチを高めればストライド長が短くなってしまう。そのため、ストライド長を増加させて、同時にピッチの低下を抑えることが重要である[9]。また、ストライド長とピッチのどちらを高めればスプリントスピードが向上するかは、走行距離、身長や下肢長などの形態的要因、筋力、パワー、RFDなどの体力的要因によって異なる。そのため、これらの身体的特徴などを踏まえて、ストライド長・ピッチの得意な方を伸ばしつつ、他方の犠牲を最小限に抑えることがスプリントスピードの向上につながると考えられている[9]。一方で、球技系スポーツに求められる5m程度の極めて短い距離や1歩単位のスプリントでは、ピッチを増加するよりもストライド長を大きくすることがスプリントスピードの向上と関連している[10]。

世界トップクラスの男子陸上競技短距離（100m）選手の歩隔を検討した研究では、スタート1歩から2歩で約40cm、5歩から6歩で約30cmとなり、最大スピード局面では17cmであることが報告されている[11]。また、歩隔の違いにより骨盤周辺や下肢の動きが変化し、歩隔が狭いとピッチが大きくなり、広いとストライド長が大きくなることが示唆されている[11]。

④ スプリントスピードに影響を及ぼす体力要因

スプリントパフォーマンスには、主に下肢のパワー、RFD、反応筋力、最大筋力といった体力要素や近年では、スクワットにおける伸張性（エキセントリック）筋力も関連していることが報告されている[12]。静止姿勢からの爆発的なスタート局面では、高負荷領域のパワーである筋力スピードと軽負荷領域のパワーであるスピード筋力、そして伸張−短縮サイクルにおける反応筋力指数（RSI：Reactive Strength Index）で示される反応筋力が特に重要な体力要因である[10]。また、スタート局面以降ではスピード筋力や反応筋力がスプリントスピードに特に重要な体力要因である。一方、後方への腕振り動作はスプリント時の股関節伸展動作と関係していることが示されている[8]。そのために、腕振り動作に関与する筋群の筋力やパワーを改善するトレーニングもスプリントスピードの向上には有益であると考えられる。

⑤ エリートスプリンターの特徴

スプリンターの筋形態を調べた研究では、エリートスプリンターほど、股関節伸展に作用する大殿筋やハムストリングス、股関節屈曲に作用する大腰筋などの筋量が多いものの、足関節底屈筋は一般の選手と比較しても有意な違いを示していない[13][14]。また、脚の引き上げ速度や股関節を中心とした脚の振り戻し速度がスプリントスピードの増加に関連している。一方で、スプリントスピードが速い選手ほど、足関節の変位が小さく、膝関節伸展速度や足関節底屈速度が有意に低いことが示されている[15]。これらの研究から、スプリントスピードが速い選手は足関節を固定させ、股関節を中心とした脚全体の振り下ろし動作を短

い接地時間で達成している。また、世界一流競技者では、ステップ長は2.3mでピッチは約4.5歩/秒であることも報告されている[9]。そのため、ス

プリントスピードの向上には、これらのエリートスプリンターの知見を参考にしながらトレーニングプログラムを検討することも必要である。

4——スプリントスピード曲線と局面

歩行や走行動作では、1歩の足の離地後には加速するものの、足の接地時には減速するため、実際には1歩ごとに加速・減速を繰り返しながら波動的にスピードが変化している。しかし、これまでは、1歩ごとの分析が困難なことから区間ごとのスピードの変化をスピード曲線と呼び、陸上競技のスプリント種目のスピード分析に用いられて来た（図2）。

陸上競技のスプリント種目では、一般的にスタートの合図となるシグナル音に反応してスターティングブロックから足が離れるまでの時間を反応スピードと呼び、0～10m区間をスタート局

面と呼ぶこともある。また、スタートから走速度が顕著に変化する区間を加速局面と呼び、速度変化が著しい区間を一次加速局面、緩やかに速度が増加する区間を二次加速局面に分類することもある。その後に最大スピードに到達する区間を最大スピード局面、および最大スピード維持局面と続き、スピードが減速する区間を減速局面に分類している[16]。このように局面を分類する理由は、局面によってスプリントテクニックや主要筋群、筋収縮様式、関連体力が異なるためである（表2）[16]～[20]。

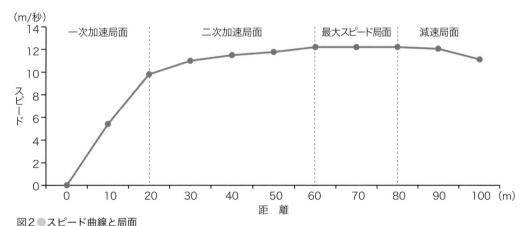

図2●スピード曲線と局面
0～10mはスタート局面と呼ぶこともある。最大スピード局面は、最大スピード維持局面と分けることもある。

表2●スプリントスピード局面の特性

	スタート局面	加速～最大スピード局面
走行距離	主に0～10m	主に10m以降
主要動作	股関節伸展、膝関節伸展、足関節底屈	股関節伸展
主要筋群	大殿筋、大腿四頭筋、下腿三頭筋	大殿筋、ハムストリングス、内転筋群
筋収縮様式	股関節、膝関節は短縮性収縮 足関節は伸張−短縮サイクル	伸張−短縮サイクル
関連体力	筋力スピード、スピード筋力、筋力	スピード筋力、反応筋力

（文献10、16～20より）

5——スピードのトレーニング法

スプリントスピードには、主に下肢の短縮性（コンセントリック）と伸張性（エキセントリック）筋力、パワー、RFDが関与しているため、これらの能力を向上させることが重要である[12) 20) ～22)]。スプリントスピードに関する研究では、スクワットとジャンプスクワット、およびプライオメトリクスの複合的トレーニングが最も高い改善効果を示し、レジスタンストレーニングの強度は、中強度と高強度および低強度の組み合わせが最も改善効果が高いことが示唆されている[20)]。また、パワークリーンなどのクイックリフト、あるいはスプリント時にスレッドなどで負荷を加えたレジスティッドスプリントや牽引などで負荷を軽減したアシスティッドスプリントは、いずれもスプリントスピードの改善に有益である。中負荷から高負荷で行うレジスティッドスプリントでは0～10mのスプリントスピードが、軽負荷で行うレジスティッドスプリントでは5～20mのスプリントスピードの改善が顕著であることが示されている[23)]。一方で、アシスティッドスプリントでは、オーバースピード条件でのトレーニングを行うことができるためスプリント時の足の接地時間を短縮することが可能となる[24)]。

図3に、スプリントスピードの特異的トレーニング（スプリント、スレッド、バンド、傾斜走行によるレジスティッドスプリント、牽引や下り坂でのアシスティッドスプリント）、および非特異

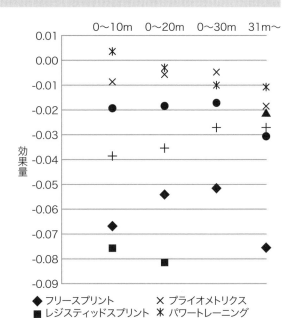

図3●特異的、および非特異的トレーニングによるスプリントスピードの改善効果　　　（文献25より）
効果量のマイナスの値が大きい方が、スプリントスピードの改善効果が高い。

的トレーニング（レジスタンストレーニングとプライオメトリクスなど）の効果を示す[25)]。また、スプリントスピードトレーニングでは、脚や腕などの身体の内面に意識を集中するよりも、力強く地面を蹴って目的地まで速く到達するなどの外部に意識を集中した方がスプリントスピードの改善効果が高いことが示唆されている[26) 27)]。

6——スピードの評価

スピード能力は、スプリント、歩行、階段昇段などの所要時間や投球、スイングなどのスピードで評価することができる。10mスプリントで5m地点のラップタイムを計測した場合には、10mと5mのスプリントの所要時間だけではなく、0～5mと5～10mの区間ごとの所要時間から課

題特性を明確にすることができる。また、光学センサーを配置したバー型の計測器を用いることによって、スプリントスピードだけではなく、1歩ごとのステップ長、接地時間、滞空時間などの詳細情報を得ることができ、より詳細な分析とその結果に伴うトレーニング指導を行うことができる。

一方で、身体接触を伴うスポーツでは、スプリントスピードだけではなく、物体の勢い指数である運動量（モメンタム：スプリント速度×体重）を評価することも重要である。スプリント速度は、距離÷所要時間で求めることができ、トップレベルのラグビー選手では、スプリントスピードよりも、運動量が有意に高いことが示唆されている[28] [29]。

7──アジリティ

① アジリティとは

　日本語では敏捷性と訳されているアジリティ（agility）は、近年では「刺激に反応して、速度や方向を素早く変化させる全身運動」であると定義されている[30]。また、知覚から意思決定までの認知的要素が含まれない動作を方向転換（COD：Change of Direction）、あるいは方向転換スピード（CODS：Change of Direction Speed）と呼び、認知的要素が含まれる動作をアジリティと呼んでいる[31]。加えて、アジリティテストはCODテストよりもアスリートの識別に有益であることから、アジリティにおける反応要素がスポーツパフォーマンスにとって重要となる[32]。アジリティの構成要素は、認知的要素、CODのテクニックに関連する足の接地位置、身体の傾きと姿勢、加速と減速のためのストライド調整、および直線スプリントスピード、下肢の筋力、パワー、反応筋力、体幹筋力といった体力によって構成されている（図4）[32]。したがって、ラダー、ミニハードル、コーン、マーカーなどを用いて、複雑化されたパターンで脚を素早く動かすだけのフットワークトレーニングだけでは、スポーツパフォーマンス特有のアジリティ能力を向上させることはできない。そのために、アジリティ能力の改善には、アジリティを構成する要素の課題特性に応じたトレーニングを行うことが必要である。

② 方向転換（COD）

　CODには、加速、減速、方向転換、再加速、あるいは停止などの動作が含まれている。これらの一連の動作は、スポーツの局面、状況、ポジションなどによって動作、距離、方向転換角度、ステップの種類が異なる。また、CODではテクニックに関連する足の接地位置、身体の傾きと姿勢、加速と減速のためのストライド調整、および直線スプリントスピード、下肢の筋力、パワー、反応筋力、体幹筋力といった体力要素の重要性が示唆されている[32]。

　左右に両足を広げて横方向に素早く切り返すサイドステップでは、両足を左右に大きく広げた低い重心で、小刻みに小さいステップで移動することが、素早い横方向の減速・加速動作に重要である[33]。また、横方向の速い移動には、股関節伸展動作が重要であることが報告されている[34]。ランニングからのCODでは、主にオープンステップ、クロスオーバーステップ、スプリットステップが用いられている。オープンステップは進行方向とは反対側の足で、クロスオーバーステップでは進行方向と同側の足でステップを行い、スプリットステップはステップ直前に両足を遊脚させて進行方向とは反対側の足でステップを行う（図5）。これらのいずれのステップも、進行方向と反対方向に接地することによって進行方向へのス

図4 ●アジリティの構成要素

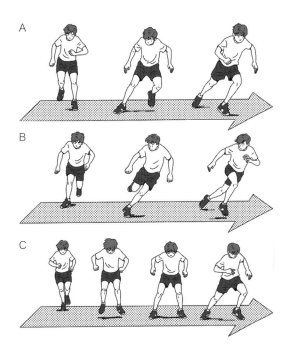

図5●オープンステップ（A）、クロスオーバーステップ（B）、スプリットステップ（C）

ピードを獲得することができる[35]。また、オープンステップとクロスオーバーステップでは、オープンステップの方がステップ時の力積が大きいことから、オープンステップの方が有効であることが報告されている[36]。しかし、実際には実際の状況に応じて用いるステップが自動的に選択されるため、オープンステップが必ずしも有効であるとはいえない。

③ COD改善のためのトレーニング

CODの改善には、適切なテクニックを習得するとともに、下肢の短縮性（コンセントリック）、および伸張性（エキセントリック）筋力、RFDなどの向上が必要となる[37)38)]。CODの改善トレーニングを検討した研究から、COD角度が90～180度の場合には、レジスタンストレーニングよる筋力向上が重要であり、90～45度のCODには、プライオメトリクスが有効であることが示唆されている[39]。また、COD角度が60度以下では、足の接地時間が0.25秒以内の高速プライオメトリ

クスが、135度以上では、足の接地時間が0.25秒以上の低速プライオメトリクスがそれぞれ推奨され、90度では高速と低速のプライオメトリクスが推奨されている[40]。加えて、垂直方向のプライオメトリクスは、地面反力、力積、脚のバネ能力、足の接地時間が大きく変化したのに対して、水平方向のプライオメトリクスでは、CODの接地時間が短縮してCODを大きく改善させることが報告されている[41]。また、スプリントスピードの改善と同様に、脚を速く動かすといった内部集中よりも、目的地に向かって速く走り、ターンでは身体を突き落とすといった外部集中の方がCODの改善が高いことが示唆されている[42]。

④ 認知的要素

アジリティでは、視覚情報、予測、状況把握、パターンの認識などの認知的要素がその優劣に大きな影響を及ぼすため、知覚から意思決定までの時間をできるだけ短縮することが重要である。刺激に対する知覚は視覚刺激、聴覚刺激、触覚刺激があり、それぞれ視覚野、聴覚野、体性感覚野が関与している。また、意思決定は前頭前野で行われ一次運動野、補足運動野、運動前野が小脳などと連携して運動プログラムを形成し、筋収縮に必要な活動電位が脊髄を下降して運動ニューロンから筋に送られる。しかし、刺激入力からの意思決定を経て、筋に対して活動電位が素早く送られたとしても、筋や腱に緩みが生じている場合には、瞬時に大きな力を発揮することができない[43) 44)]。そのため、認知的機能とRFD、パワー、筋力、筋腱のスティッフネスなどの相互作用によってスポーツパフォーマンスに影響を及ぼしている。これまで、認知的要素は技術・戦術トレーニングによって高められてきたが、より多くの運動の反復が習熟された運動発現に寄与することを踏まえると、多くのトレーニングで認知的要素を加えることが必要である。

8——アジリティの評価

アジリティ能力は、プロアジリティ、Tテストなどの一般的なCODテストに反応を加えたアジリティテストで評価することができる。研究領域で使用される測定機器を用いることができる場合には、刺激から運動開始までの反応時間やCODの区間ごとの所要時間や1歩ごとのステップ長、接地時間、滞空時間などの詳細情報を得ることなどができ、より詳細な分析結果に伴うトレーニング指導を行うことができる。また、同一の距離で行われた直線スプリントとCODの所要時間を計測し、両者のスピード差からCODスピード欠損を求め、競技種目ごとの特性や個人の長所や短所などを明らかにすることも行われている[45) 46)]。一方で、身体接触を伴うスポーツでは、COD運動量（モメンタム）を評価することの重要性が示唆されている[47)]。

9——反応スピード

反応スピード（reactive speed）とは、視覚、聴覚、触覚などの刺激に対応して、動き出す方向やタイミングを瞬時に判断して素早く動き出す能力のことで、クイックネス（quickness）とも呼ばれている。また、あらかじめ規定された行動を素早く行う反応を単純反応と呼び、陸上競技のスプリント種目、競泳、スピードスケートなどのスタートに必要な能力である。これらのスポーツ種目では、聴覚刺激からの1/100秒単位の反応スピードで勝敗が決定することがあるため、単純反応によるスタートトレーニングも重要である。これに対して、対人スポーツや球技に求められる相手や周囲の状況に応じて、素早く行動を行う反応を選択反応、あるいは複雑反応と呼んでいる。この能力は、視覚的や触覚的な刺激などから、直後に起こり得る変化に対して反応できる能力のことで、状況の変化に対する反応は、予測のもと動作の準備が行われるものであり、そのスポーツの豊富な経験則も関与する。

反応スピードのトレーニングでは、スポーツ種目によって刺激の種類が異なるため、反応スピードの刺激や種類に適合したトレーニングを行う必要がある。

10——成長と加齢に伴う歩行と走行の変化

歩行速度に影響を及ぼす歩幅や歩行率などの歩行パターンは、各年代によって変化し、おおよそ7歳頃までに歩幅や歩行率は成人に近くなるといわれている。国内の成人を対象とした調査では、歩行速度は20〜30歳代でピークに達し、男女ともに50歳から急激に歩行速度が低下する。また、50歳からは歩幅の減少や歩隔の増加が顕著となり、つま先が上がらないことや、腕振り角度が小さくなり左右の腕振り角度の差が大きくなること

などが報告されている[48)]。そのため、加齢に伴う歩行速度の低下には歩幅の減少が大きく関与し、その原因の1つが腕振り角度の左右差の大きさであると推察されている。また、歩隔の増大にはバランス能力の低下が関与していると考えられている。一方で、日常生活では、状況に応じて歩行速度を調整する能力が必要とされることもある。そのために、高齢者では歩行速度の増加だけではなく、歩行速度の調整能力向上も転倒や転倒による

ケガのリスクの回避につながると考えられている。

　一般の子どもにおけるスプリントスピードの向上は、形態の発育（身長や体重）に伴うストライド長の増加によるところが大きい[49]。しかし、発育期の子どもでは、ストライド長は下肢長の発育に伴い経年的に増大するため、形態の急速な発育の前にピッチが高められるようなトレーニングを優先的に行うことも提案されている[50]。

　一方で、成人では膝を高く引き上げてもスプリントスピードが速くなるわけではないが、子どもでは膝を高く引き上げているほど、スプリントスピードが速いことが示されている[51]。加えて、優れた走速度を示す小学生は、立幅跳び、垂直跳びなどのパワーや筋力に関連する体力要素が高い

ことが報告されている[52]。また、身長が最も伸びる時期（PHV：Peak Height Velocity）以前の時期ではプライオメトリクスによって、PHV以降ではレジスタンストレーニングとプライオメトリクスの組み合わせによって、スプリントスピードが向上する[53]。一方で、小学生から成人までの男女の腕振り動作に着目した研究では、男子においては成長に伴い腕を横に振る割合が減少し、腕を前後に振る割合が増加する。しかし、女子においては、そのような傾向は見られず前後方向に振っている選手が必ずしもスプリントスピードが速いわけではないことが示唆されている[54]。そのため、これらの知見を参考にして、スプリント指導を行う必要がある。

11──加齢に伴う移動能力の低下と原因

　歩行速度の低下に代表される加齢に伴う移動能力の低下は、高齢者の心身の健康や活動的な生活にも影響を及ぼし、転倒リスク、要介護リスク、死亡リスクが増大することや、将来引きこもり老人になりやすいことなどが示唆されている。また、歩行速度の低下には、過体重、関節痛、抑うつ、身体活動量の減少、低栄養などの要因に加え、加齢や身体活動不足などに起因する下肢筋量の減少、神経系機能の低下、筋線維サブタイプの遅筋化といった生理学的要因、あるいは下肢筋力やパワー、バランス能力の低下、股関節、膝関節、足関節などの関節可動域の減少などの体力的要因が相互に関与していることが報告されている。その中で、加齢に伴う筋力やパワーなどの体力要因の低下を検討した研究から、筋量や筋力よりもパワーや単位時間当たりのパワーの増加率（RPD：Rate of Power Development）の方が早期に低下することや、下肢のピークパワーと速度は下肢筋力よりも、6mと400mの歩行速度と関連性が高いことが示唆されている[55]〜[58]。

　一方で、高齢者では歩行の増加には、股関節伸展筋動作が、そして日常生活のなかでも最も下肢

への負担が大きい階段昇段動作では、膝関節伸展、および足関節底屈動作が、それぞれのパフォーマンスの改善に関与していることが報告されている[59]。

　そのため、加齢に伴う歩行速度の低下を予防するトレーニングでは、筋量や筋力の獲得だけではなく、パワーなどの体力要因、および目的とする動作の改善に関与する筋群をターゲットとしたトレーニングを行う必要がある。

（菅野昌明）

▶引用・参考文献
1) Saint-Maurice, P.F., et al.: Association of daily step count and step intensity with mortality among US adults. JAMA. 323(12): 1151-1160, 2020.
2) Jayedi, A., et al.: Daily step count and all-cause mortality: A dose-response meta-analysis of prospective cohort studies. Sports Med. 52(1): 89-99, 2022.
3) Stamatakis, E., et al.: Self-rated walking pace and all-cause, cardiovascular disease and cancer mortality: individual participant pooled analysis of 50 225 walkers from 11 population British cohorts. Br J Sports Med, 52(12): 761-768, 2018.
4) Quach, L., et al.: The nonlinear relationship between gait speed and falls: the maintenance of bal-

ance, independent living, intellect, and zest in the elderly of Boston Study. J Am Geriatr Soc, 59(6): 1069-1073, 2011.

5) Miremad, M., et al.: The association of walking pace and incident heart failure and subtypes among postmenopausal women. J Am Geriatr Soc. 70(5): 1405-1417, 2022.

6) 村木征人: トレーニングの基本的側面とトレーニング課題 (2). スポーツトレーニング理論. pp.102-136. ブックハウス・エイチディ, 1998.

7) Frost, D.M., Cronin, J.B.: Stepping back to improve sprint start performance: A kinetic analysis of the first step forwards. J Strength Cond Res. 25(10): 2721-2728, 2011.

8) 辻本典央ほか: 腕振りの制限が走動作に及ぼす影響. バイオメカニクス研究. 13(2): 38-50, 2009.

9) 土江寛裕: スプリント学ハンドブック. スプリント走のバイオメカニクス. 日本スプリント学会編集. 西村書店, pp.62-80, 2018.

10) 菅野昌明ほか: ジャパントップリーグに所属するラグビー選手におけるスプリントスタート変数と筋機能の関係. トレーニング指導. 2(1): 11-17, 2017.

11) 伊藤章: 短距離走 (男子100m) 東京大会から大阪大会へ. バイオメカニクス研究. 12(2): 99-100, 2008.

12) Douglas, J., et al.: Reactive and eccentric strength contribute to stiffness regulation during maximum velocity sprinting in team sport athletes and highly trained sprinters. J Sports Sci. 38(1): 29-37, 2020.

13) Miller, R., et al.: The muscle morphology of elite sprint running. Med Sci Sports Exerc. 53(4): 804-815, 2021.

14) Tottori, N., et al.: Trunk and lower limb muscularity in sprinters: what are the specific muscles for superior sprint performance? BMC Res Notes. 14: 74, 2021.

15) 伊藤章ほか: 100m中間疾走局面における疾走動作と速度との関係. 体育学研究. 43(5-6): 260-273, 1998.

16) Delecluse, C., et al.: Influence of high-resistance and high-velocity training on sprint performance. Med Sci Sports Exerc. 27(8): 1203-1209, 1995.

17) Delecluse, C.: Influence of strength training on sprint running performance. Current findings and implications for training. Sports Med. 24(3): 147-156, 1997.

18) Young, W., et al.: Relationship between strength qualities and sprinting performance. J Sports Med Phys Fitness. 35(1): 13-19, 1995.

19) 伊藤章ほか: スタートダッシュにおける下肢関節のピークトルクとピークパワー, および筋放電パターンの変化. 体育学研究. 42: 71-83, 1997.

20) Seitz, L.B., et al.: Increases in lower-body strength transfer positively to sprint performance: A Systematic Review with Meta-Analysis. Sports Medicine. 44(12): 1693-1702, 2014.

21) Suchomel, T.J., et al.: Training with weightlifting derivatives: The effects of force and velocity overload stimuli. J Strength Cond Res. 34(7): 1808-1818, 2020.

22) Slawinski, J., et al.: Kinematic and kinetic comparisons of elite and well-trained sprinters during sprint start. J Strength Cond Res. 24(4): 896-905, 2010.

23) Cahill, M.J., et al.: Influence of resisted sled-pull training on the sprint force-velocity profile of male high-school athletes. J Strength Cond Res. 34(10): 2751-2759, 2020.

24) Kratky, S., Müller, E.: Sprint running with a body-weight supporting kite reduces ground contact time in well-trained sprinters. J Strength Cond Res. 27(5): 1215-1222, 2013.

25) Rumpf, M.C., et al.: Effect of different sprint training methods on sprint performance over various distances: a brief review. J Strength Cond Res. 30(6): 1767-1785, 2016.

26) Ille, A., et al.: Attentional focus effects on sprint start performance as a function of skill level. J Sports Sci. 31(15): 1705-1712, 2013.

27) Porter, J.M., et al.: Adopting an external focus of attention improves sprinting performance in low-skilled sprinters. J Strength Cond Res. 29(4): 947-953, 2015.

28) Baker, D.G., Newton, R.U.: Comparison of lower body strength, power, acceleration, speed, agility, and sprint momentum to describe and compare playing rank among professional rugby league players. J Strength Cond Res. 22(1): 153-158, 2008.

29) Barr, M.J., et al.: Long-term training-induced changes in sprinting speed and sprint momentum in elite rugby union players. J Strength Cond Res. 28(10): 2724-2731, 2014.

30) Sheppard, J.M., Young, W.B.: Agility literature review: classifications, training and testing. J Sports Sci. 24(9): 919-932, 2006.

31) Serpell, B.G., et al.: Are the perceptual and decision-making components of agility trainable? A preliminary investigation. J Strength Cond Res. 25(5): 1240-1248, 2011.

32) Young, W.B., et al.: Agility and change-of-direction speed are independent skills: Implications for training for agility in invasion sports. Int J Sports Sci Coach. 10(1): 159-169, 2015.

33) Shimokochi, Y., et al.: Relationships among performance of lateral cutting maneuver from lateral sliding and hip extension and abduction motions, ground reaction force, and body center of mass height. J Strength Cond Res. 27(7):1851-1860, 2013.

34) Inaba, Y., et al.: A biomechanical study of side steps at different distances. J Appl Biomech. 29(3): 336-345, 2013.

35) Dos'Santos, T., et al.: Biomechanical comparison of cutting techniques: A review and practical applications. Strength and Cond J. 41(4): 40-54, 2019.

36) Ohtsuki, T., et al.: Quick change of the forward running direction and footwork in target-catching ball games. Biomechanics XI-B: 820-825, 1988.

37) Spiteri, T., et al.: Contribution of Strength Characteristics to Change of Direction and Agility Performance in Female Basketball Athletes. J Strength Cond Res. 28(9): 2415-2423, 2014.

38) Thomas, C., et al.: Relationship between isometric mid-thigh pull variables and sprint and change of direction performance in collegiate athletes. Journal of Trainology. 4(1): 6-10, 2015.

39) Falch, H.N., et al.: Effect of Different Physical Training Forms on Change of Direction Ability: a Systematic Review and Meta-analysis. Sports Med Open. 5: 53, 2019.

40) Dos'Santos, T., et al.: The Effect of Angle and Velocity on Change of Direction Biomechanics: An Angle-Velocity Trade-Off. Sports Med. 48(10): 2235-2253, 2018.

41) Dello Iacono, A., et al.: Vertical- vs. horizontal-oriented drop jump training: Chronic effects on explosive performances of elite handball players. J Strength Cond Res. 31(4): 921-931, 2017.

42) McNicholas, K., Comyns, T.M.: Attentional focus and the effect on change-of-direction and acceleration performance. J Strength Cond Res. 34(7): 1860-1866, 2020.

43) Ando, R., Suzuki, Y.: Positive relationship between passive muscle stiffness and rapid force production. Hum Mov Sci. 10; 66: 285-291, 2019.

44) Muraoka, T., et al.: Influence of tendon slack on electromechanical delay in the human medial gastrocnemius in vivo. J Appl Physiol. 96(2): 540-544, 2004.

45) Loturco, I., et al.: Change of direction performance in elite players from different team sports. J Strength Cond Res. 36(3): 862-866, 2022.

46) Freitas, T.T., et al.: Change-of-direction ability, linear sprint speed, and sprint momentum in elite female athletes: differences between three different team sports. J Strength Cond Res. 36(1): 262-267, 2022.

47) Mann, J.B., et al.: Momentum, rather than velocity, is a more effective measure of improvements in Division IA football player performance. J Strength Cond Res. 36(2): 551-557, 2022.

48) アシックススポーツ工学研究所: 究極の歩き方. 講談社. pp.60-95, 2019.

49) 遠藤俊典: スプリント学ハンドブック. 発育・発達に伴うスプリント能力. 日本スプリント学会編集. 西村書店, pp.30-45, 2018.

50) 星川佳広ほか: U-15 (中学生) サッカー選手のスプリント加速局面のステップ長とピッチ―速い選手と遅い選手の学年別比較―. 日本女子体育大学附属基礎体力研究所紀要. 30: 7-19, 2020.

51) 木越清信ほか: 小学生における合理的な疾走動作習得のための補助具の開発. 体育学研究. 57(1): 215-224, 2012.

52) 宮丸凱史編著: 疾走能力の発達. 成長にともなう疾走能力の発達. 杏林書院, 2001.

53) Lloyd, R.S., et al.: Changes in sprint and jump performances after traditional, plyometric, and combined resistance training in male youth pre- and post-peak height velocity. J Strength Cond Res, 30(5): 1239-1247, 2016.

54) 比留間浩介, 苅山靖: 短距離走における腕振りの方向に関する横断的研究. 体育学研究. 64 (2): 719-729, 2019.

55) Suetta, C., et al.: The Copenhagen sarcopenia study: lean mass, strength, power, and physical function in a Danish cohort aged 20-93 years. J Cachexia Sarcopenia Muscle. 10(6): 1316-1329, 2019.

56) Roie, E.V., et al.: Rate of power development of the knee extensors across the adult life span: A cross-sectional study in 1387 Flemish Caucasians. Exp Gerontol. 110: 260-266, 2018.

57) Haynes, E.M.K., et al.: Age and sex-related decline of muscle strength across the adult lifespan: a scoping review of aggregated data. Appl Physiol Nutr Metab. 45(11): 1185-1196, 2020.

58) Winger, M.E., et al.: Associations between novel jump test measures, grip strength, and physical performance: the Osteoporotic Fractures in Men (MrOS) Study. Aging Clin Exp Res. 32(4): 587-595, 2020.

59) 菅野昌明ほか: 高齢者の高速コンビネーション・スクワット・トレーニングの効果―移動能力およびスクワット中の下肢関節角速度に及ぼす影響―. トレーニング指導. 1(1): 10-15, 2014.

6節 柔軟性向上トレーニングおよびウォームアップ、クールダウン、リカバリー

1——柔軟性向上トレーニング

1 柔軟性

柔軟性は身体の柔らかさを表す体力要素である。ただし、柔軟性が指すものの範疇は広く、筋の質や伸張の度合いをはじめ、関節の状態、さらには動き自体の柔らかさを表すときにも使われる。このように柔軟性は抽象的かつ主観的に評価される一方で、移動距離、抵抗力あるいは角度によって客観的にも測定評価が可能である。

2 柔軟性の測定評価指標

文部科学省の新体力テストでは[1]、長座位から前屈をし、指先の移動距離を測定する長座体前屈で柔軟性を評価する。また、測定結果の再現性、客観性および妥当性が求められる研究分野では、等速性筋力測定装置を用いて、関節を受動的に動かし、その際に発揮される抵抗力である受動的トルク（passive torque）を記録し、柔軟性の指標に用いる[2]。そして、最も一般的な柔軟性の指標として扱われるのが、関節可動域（Range of Motion：ROM）である。関節可動域は特定の関節を支点として、関節を構成する基本軸に対して移動軸がどの程度動くかを角度で表す[3]。

3 柔軟性（関節可動域）を規定する要因
（表1）

(1)関節の組織の特性

関節は骨、関節包ならびに靱帯によって構成される。これらのうち、靱帯の特性が関節可動域に大きな影響を及ぼす[4]。つまり、靱帯の柔らかさが関節可動域の大きさを決める。

表1●能動的および受動的関節可動域における拡大要因ならびに制限要因

		拡大に関わる要因	制限に関わる要因
能動的関節可動域	関 節	—	靱帯
	筋 腱	主働筋群の収縮力	拮抗筋群の弾性
	神経系	主働筋群の運動単位の動員と発火頻度	伸張反射
		拮抗筋群に対する相反性抑制	ストレッチ・トレランス
受動的関節可動域	関 節	—	靱帯
	筋 腱	—	伸張される筋群の弾性
	神経系	—	6秒未満では伸張反射
		—	ストレッチ・トレランス

(2)筋や腱の組織の特性

自分自身で関節を能動的に動かす場合の関節可動域のことを能動的関節可動域という。能動的に関節運動を行う場合、まず主働筋群の強い収縮力が必要となる。また、主働筋群と拮抗筋群の関係性が成り立つ関節においては、主働筋群の収縮力だけでなく、拮抗筋群の腱を含めた柔らかさも能動的関節可動域に影響を及ぼす。他方、他者や外力によって関節を受動的に動かされる場合の関節可動域のことを受動的関節可動域という。受動的に関節を動かされる場合には、伸張される筋群とその腱の柔らかさが関節可動域を決定することになる。筋や腱は結合組織によって構造化されており、粘弾特性を有している。特に弾性（stiffness：スティッフネス）が能動的あるいは受動的関節可動域の良し悪しに関与している。弾性が小さい、すなわち伸張に対する抵抗力が小さいほど、関節可動域の制限が少ないことになる[4]。

(3)神経系の働き

能動的に関節を動かす際の主働筋群の収縮力の

強さは神経系における脊髄から主働筋群までの運動単位の動員と発火頻度によって決まる。また、拮抗筋群の柔らかさを決める弛緩の度合いにも神経系の働きが関与している。脊髄では、主働筋群の収縮に伴い、相反性抑制（詳細は後述）により拮抗筋群に弛緩を促す。また、筋には伸張量の変化を感知する筋紡錘があり、急激な筋の伸張に伴い、脊髄を介して筋を収縮させる伸張反射（詳細は後述）を引き起こす。能動的あるいは受動的関節可動域の制限を引き起こす筋群において伸張反射を生じさせることは、関節可動域を狭める要因となる。また、関節可動域の限界付近では、筋腱の伸張に伴って痛みを感じることがある。この痛みにどれくらい耐えられるかを、角度を用いて指標化したものをストレッチ・トレランス（stretch tolerance、詳細は後述）という。このストレッチ・トレランスも関節可動域に影響を及ぼし[5]、ストレッチ・トレランスの感度調節にも神経系の働きが関与している。

4 柔軟性を向上させる意義

(1)アスリートが柔軟性を向上させる意義

特定の関節可動域の大小が競技成績に影響しない競技種目が多いものの、新体操やフィギュアスケートなどの審美系の競技種目やスポーツクライミングのように特定の関節可動域が大きいことがよりよい競技成績につながるものもある[4]。一方で、陸上競技の中長距離種目では、長座体前屈の記録がよいほど、走運動中のエネルギー消費量が大きい（ランニング・エコノミー［running economy］が悪い）ことからパフォーマンスが低くなる可能性が示されている[6]。また、特定の関節可動域の欠如が特定の傷害の発生につながりやすいことや逆に関節可動域が大きい場合、換言すると、関節の弛緩性が高い場合で発生しやすい傷害があることも示されている[4]。したがって、一概に関節可動域が大きければよいわけではなく、各競技種目の動作遂行のために必要な関節可動域を獲得すべきであるというのが正しいのかもしれない。

(2)フィットネス分野において柔軟性を向上させる意義

特定の傷害を予防することはフィットネス分野においても重要である。加えて、加齢に伴う柔軟性の低下は、歩行速度の低下など生活活動動作の遂行の妨げとなる。高齢者では、股関節や足関節の関節可動域が小さいほど歩行速度が遅く[7]、転倒経験がある場合で関節可動域が小さいこと[8]が明らかとなっている。よって、加齢に伴う柔軟性の低下を防ぐことは重要である。

また、昨今、柔軟性と動脈の硬さが関連することも報告された。加齢に伴い動脈は硬くなり、心臓や脳の血管の疾患を患う危険性が高まる。若齢者（平均24歳）、中年者（平均49歳）、高齢者（平均68歳）の男女を対象に長座体前屈の記録と動脈の硬さの指標（Cardio Ankle Vascular Index：CAVI）との関係性についての調査によって、男性では全年代において、女性では高齢者において長座体前屈の記録が悪いほど動脈が硬いことが明らかになっている[9]。女性で高齢者においてのみ関係性が確認されたのは、女性ホルモンが影響しているためと考えられている。男性および高齢女性において長座体前屈の成績がよい（つまり柔軟性が高い）ことは、動脈が柔らかいことを想定できることから、動脈硬化の予防あるいは改善の観点から柔軟性を向上させる意義があるといえる。

5 柔軟性向上トレーニングの基礎理論

(1)柔軟性向上トレーニングとしてのストレッチング

柔軟性向上トレーニングの代表的な方法にストレッチングがある。古くからストレッチングに似た柔軟体操は行われてきたようであるが、ストレッチングとして生理学的な効果の検証が行われたのは1960年代に入ってからである。また、ストレッチングが世界的に普及したのは、1975年のボブ・アンダーソン（Bob Anderson）の「Stretching」の出版が大きく貢献している。我が国では1981年にこの訳本[10]が出版されたことで、ストレッチングが広く知られるようになった。

⑵ストレッチングが筋や腱の組織の特性に及ぼす影響

ストレッチングによる柔軟性の向上には、柔軟性（関節可動域）の規定因子に関わる筋腱の弾性の低下が関与している[5][11]。この影響はストレッチング直後の即時的な変化においても長期的なトレーニングとしてストレッチングを実施した後の適応においても生じる。さらに、ストレッチングのトレーニング効果としてサルコメア（筋節）長の延長効果もあるとされる[4]。

⑶ストレッチングが神経系の働きに及ぼす影響

①伸張反射（図1）

ストレッチングにより筋が伸張されると筋線維と並列して存在する筋紡錘が、筋の長さ変化を検知する。筋紡錘で検知された信号がIa群線維を上行して脊髄に入り、運動ニューロンを興奮させ、その興奮によって遠心性線維を介し伸張されたもとの筋を収縮させる反射が伸張反射である[12]。ストレッチング実施時において伸張反射が生じることは、柔軟性の向上の制限要因となり得る。

②自原性抑制（図2）

ストレッチングにより筋が伸張されると腱も伸張される。この時、筋と腱の接合部に直列に存在するゴルジ腱器官が筋の張力変化を検知する。ゴルジ腱器官で検知された信号はIb群線維を上行して脊髄に入り、抑制性の介在ニューロンを介して運動ニューロンに抑制の作用を及ぼし、遠心性線維を介して関わる筋を弛緩させるゴルジ腱反射を生じさせる。この反射による働きを自原性抑制という[12]。自原性抑制の作用を発揮させるため

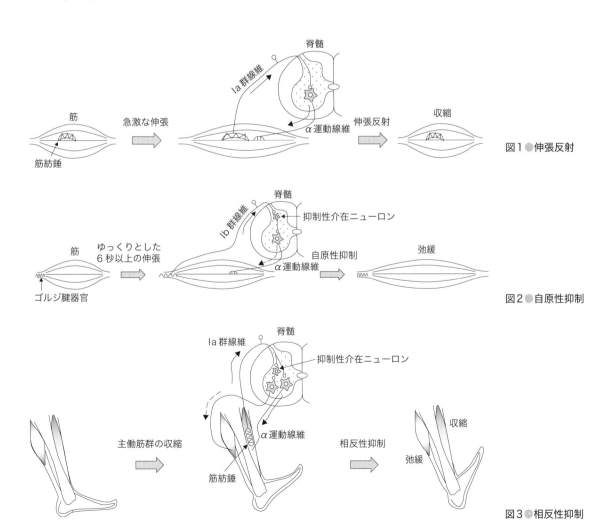

図1●伸張反射

図2●自原性抑制

図3●相反性抑制

には伸張反射の作用が弱まる6秒以上の伸張が必要であり[12]、6秒以上の伸張を継続することにより、筋が弛緩しはじめ、即時的に柔軟性が向上する。

③相反性抑制（図3）

　主働筋群と拮抗筋群の関係にある両筋群において、一方の筋群を収縮させることにより当該筋群における筋紡錘が反応し（筋の収縮によっても一時的に筋が伸張され、筋紡錘が伸張を検知する）、伸張反射によって当該筋群の収縮力を高めるとともに、脊髄では抑制性の介在ニューロンを介して拮抗筋群の運動ニューロンに抑制の作用を及ぼし弛緩させる反射を相反性抑制という[12]。ストレッチングにおいて伸張させたい筋群の拮抗筋群を能動的に収縮させることは、伸張させたい筋群を弛緩させ、即時的に柔軟性を向上させることにつながる。

④ストレッチ・トレランス

　ストレッチングによる痛みの刺激が持続的あるいは継続的に与えられると疼痛に対する適応が生じ、痛みを感じにくくなる。これをストレッチ・トレランスの向上という。即時的な変化においても長期的なトレーニング適応においても、ストレッチ・トレランスの向上が柔軟性の向上に寄与する[5) 11)]。

⑥ 柔軟性向上トレーニングの実際

⑴ストレッチングの分類

　先述のボブ・アンダーソンの「Stretching」の主な方法は、スタティック（static）ストレッチングに分類される。ストレッチングは、筋や腱を伸張する際の関節の動かし方の違いによってスタティックストレッチングの他に、ダイナミック（dynamic）ストレッチング、バリスティック（ballistic）ストレッチング、そして、徒手抵抗を用いたストレッチングに分類される。また、自分自身で行う能動的なセルフストレッチングあるいはアクティブ（active）ストレッチング、受動的な伸張を伴うパートナーストレッチングあるいはパッシブ（passive）ストレッチングという分

類の仕方もある。

⑵スタティックストレッチング（259ページ参照）

　スタティックストレッチングは、反動や弾みをつけることなくゆっくりと関節を動かし、関節可動域の限界付近において一定時間保持し、筋や腱を伸張する方法である。この方法はセルフでもパートナーとでも安全かつ容易に柔軟性を向上させることができ、いわゆるストレッチングとして広く普及している。

　実際にスタティックストレッチングが、足関節背屈可動域の向上[13]およびハムストリングスの柔軟性の向上[14]に有効であり、即時的な効果、長期的なトレーニング効果ともにスタティックストレッチングと他のストレッチングの方法との間で柔軟性の向上効果に相違がないことが明らかとなっている。具体的に、柔軟性の向上効果が認められるスタティックストレッチングの方法における伸張時間は、若齢者では15秒から30秒[15]、高齢者では60秒[16]とされる。また、1日1セット以上（3セット程度が好ましい）、週当たりの頻度は3回以上、そして期間としては5週間以上の継続によって柔軟性の向上が見込まれている[15]。

　スタティックストレッチングによる即時的な柔軟性の向上には主にストレッチ・トレランスの向上[5) 11)]、筋や腱の組織における弾性の低下[5) 11)]ならびに自原性抑制が関与しているとされる[12]。また、長期的なトレーニング効果にはストレッチ・トレランスの向上[5]、筋や腱の組織における弾性の減少[5]およびサルコメア長の延長[4]が関わっているとされる。

　他方、ウォームアップにおけるスタティックストレッチングの利用について、一般に利用されている1つの筋群に対するスタティックストレッチングの伸張時間（30秒未満）[17]では概ね問題ないが、30秒以上の伸張時間で実施することにより、筋機能、瞬発的および持久的パフォーマンスの低下が生じることが示されている[18]ことから注意が必要である。

⑶ダイナミックストレッチング（264ページ参照）

　ダイナミックストレッチングは、ストレッチン

グを実施する人自身が、伸張させたい筋の拮抗筋群を能動的に収縮させ関節の可動や回旋などを行うことで、伸張させたい筋群やその腱を動きの中で伸ばす方法である。

ダイナミックストレッチングによる柔軟性の向上効果は、スタティックストレッチングと相違がないことが示されている[19]。また、この方法による即時的な柔軟性の向上には相反性抑制が関与していると考えられているが、実際のところは明らかにはなっていない[19]。一方、スタティックストレッチング同様、ストレッチング後の即時的な柔軟性の向上にはストレッチ・トレランスの向上[20]、筋腱の組織における弾性の低下が関与していることが確認されている[21]。

他方、ウォームアップにおけるダイナミックストレッチングの利用により、各種パフォーマンスが向上したことが報告されている[18) 22]。具体的なウォームアップにおけるパフォーマンス向上のためのダイナミックストレッチングの効果的な利用方法として、量は回数で10〜15回、移動距離で10〜20mとし、1〜2セット実施すること、動作速度を速く実施することが有効とされている[22]。一方で、上記の量よりも多くなるとパフォーマンスが低下する恐れがあることから、注意が必要である。

⑷バリスティックストレッチング

バリスティックストレッチングは、反動や弾みをつけて関節を動かすことで筋や腱を伸張させる方法である。

この方法では筋が短時間で勢いよく伸張されることもあり、伸張反射が生じやすい[12]。したがって、伸張させたい筋を収縮させる可能性があることから、柔軟性を向上させる効果を引き出すことが難しいとされる。実際にバリスティックストレッチングによる足関節背屈可動域の向上効果は認められていない[13]。

また、伸張反射が生じている状況において大きな外力により無理に筋を伸張させると、筋に損傷を引き起こす危険性もはらむ[12]。これらのことから、柔軟性の向上のための有効なストレッチングの方法とは考えられない場合が多い。

⑸徒手抵抗を用いたストレッチング

パートナーの徒手抵抗を利用し、伸張させたい筋を等尺性あるいは短縮性に筋活動させた直後に受動的あるいは能動的に筋や腱を伸張させる方法である。代表的な方法にPNF（Proprioceptive Neuromuscular Facilitation）を用いたストレッチングがある。

この方法による柔軟性の向上にはスタティックストレッチングと同様のメカニズムに加え、さらに強い自原性抑制あるいは相反性抑制が関与しているとされる[11) 12]。

柔軟性を向上させる効果がバリスティックストレッチングやスタティックストレッチングよりも高いとする研究結果もあるが、総合的にみると、即時効果[23]においても長期的な効果[24]においてもスタティックストレッチングとの相違がないことが示されている。

また、基本的にはパートナーによる実施が必要であること、そして、柔軟性の向上の効果は、パートナーのテクニックに左右されることを留意して利用しなければならない。

（山口太一）

▶引用・参考文献
1) 文部科学省：新体力テスト実施要項（20〜64歳対象）. p.4, 1999.
2) Magnusson, S.P., et al.: A mechanism for altered flexibility in human skeletal muscle. J. Physiol., 497(Pt 1): 291-298, 1996.
3) 米本恭三ほか：関節可動域表示ならびに測定法. リハビリテーション医学, 32: 207-217, 1995.
4) 川上泰雄：柔軟性とトレーニング効果, トレーニング科学最新エビデンス（安部孝編）. pp.19-33, 講談社サイエンティフィク, 2008.
5) Ichihashi, N., et al.: Effects of static stretching on passive properties of muscle-tendon unit. J. Phys. Fitness Sports Med., 3(1): 1-10, 2014.
6) Jones, A.M.: Running economy is negatively related to sit-and-reach test performance in international-standard distance runners. Int. J. Sports Med., 23(1): 40-43, 2002.
7) 田井中幸司, 青木純一郎：高齢女性の歩行速度の低下と体力. 体力科学, 51: 245-252, 2002.
8) 田井中幸司, 青木純一郎：在宅高齢女性の転倒経験と体力. 体力科学, 56: 279-286, 2007.

9) Nishiwaki, M., et al.: Sex differences in flexibility-arterial stiffness relationship and its application for diagnosis of arterial stiffening: a cross-sectional observational study. PLoS ONE, 9(11): e113646, 2014.

10) ボブ・アンダーソン: ボブ・アンダーソンのストレッチング. ブックハウス・エイチディ, 1981.

11) Behm, D.G., et al.: Acute effects of muscle stretching on physical performance, range of motion, and injury incidence in healthy active individuals: a systematic review. Appl. Physiol. Nutr. Metab., 41(1): 1-11, 2016.

12) Shellock, F.G., et al.: Warming-up and stretching for improved physical performance and prevention of sports-related injuries. Sports Med, 2: 267-278, 1985.

13) Medeiros, D.M., Martini, T.F.: Chronic effect of different types of stretching on ankle dorsiflexion range of motion: Systematic review and meta-analysis. Foot, 34: 28-35, 2018.

14) Medeiros, D.M., et al.: Influence of static stretching on hamstring flexibility in healthy young adults: Systematic review and meta-analysis. Physiother. Theory Pract., 32(6): 438-445, 2016.

15) Decoster, L.C., et al.: The effects of hamstring stretching on range of motion: a systematic literature review. J. Orthop. Sports Phys. Ther., 35: 377-387, 2005.

16) Feland, J.B., et al.: The effect of duration of stretching of the hamstring muscle group for increasing range of motion in people aged 65 years or older. Phys. Ther., 81: 1110-1117, 2001.

17) Takeuchi, K., et al.: A survey of static and dynamic stretching protocol. Int. J. Sport Health Sci., 17: 72-79, 2019.

18) 山口太一, 石井好二郎: ウォームアップにおける各種ストレッチングの影響. トレーニング科学, 23: 233-250, 2011.

19) Opplert, J., Babault, N.: Acute effects of dynamic stretching on muscle flexibility and performance: An analysis of the current literature. Sports Med., 48(2): 299-325, 2018.

20) Mizuno, T., Umemura, Y.: Dynamic stretching does not change the stiffness of the muscle-tendon unit. Int. J. Sports Med., 37(13): 1044-1050, 2016.

21) Iwata, M., et al.: Dynamic stretching has sustained effects on range of motion and passive stiffness of the hamstring muscles. J. Sports Sci. Med., 18(1): 13-20, 2019.

22) Yamaguchi, T., Ishii, K.: An optimal protocol for dynamic stretching to improve explosive performance. J. Phys. Fitness Sports Med. 4(1): 121-129, 2014.

23) Cayco, C.S., et al.: Hold-relax and contract-relax stretching for hamstrings flexibility: A systematic review with meta-analysis. Phys. Ther. Sport, 35: 42-55, 2019.

24) Borges, M.O., et al.: Comparison between static stretching and proprioceptive neuromuscular facilitation on hamstring flexibility: systematic review and meta-analysis. Eur. J. Physiotheraphy, 20: 12-19, 2018.

2——ウォームアップとクールダウン、リカバリー

1 ウォームアップ

ウォームアップは、傷害（障害・外傷）予防やパフォーマンス向上を目的として、練習や試合などの主運動の前に実施される一連の準備運動とされている。

(1)ウォームアップの効果

温度上昇に関連して、以下のようなウォームアップの生理学的効果が挙げられる[1]。

①筋や関節の抵抗性の減少

筋温が上昇することで、筋や関節の粘性抵抗は軽減し、障害の予防に関連することが報告されている。また、粘性抵抗の軽減により筋の伸張・短縮や関節運動時にエネルギー消費が少なくなることから、パフォーマンスの向上にも有効であるとされている。例として、大腿部前面の筋温が1℃上昇すると、約3.5%の垂直跳び高の向上が認められる。また、国際サッカー連盟（FIFA）のウォームアッププログラム（FIFA 11＋）の実施により深部体温が約1%上昇することが報告されている[2]。

②ヘモグロビンやミオグロビンからの顕著な酸素解離

温度の上昇やpHの低下により、酸素解離曲線は右側に移行し、末梢の筋組織ではヘモグロビンやミオグロビンが酸素をより多く解離し、筋組織などにより酸素を供給することになる。

③代謝機能の向上

　筋温の上昇に伴い、運動中に無酸素性代謝で産生されるATP（アデノシン3リン酸）が増加することが報告されている。また、温度上昇によりミトコンドリアにおける酸化系代謝の亢進も報告されている。能動的ウォームアップの実施はエネルギー代謝機能の向上につながる。FIFA 11＋の実施により、ベースラインの酸素摂取量（$\dot{V}O_2$）が約14％上昇することが報告されている[2]。

④神経伝達速度の増加

　温度の上昇は神経筋の伝達速度を高める効果があり、筋温が上昇することで中枢神経の機能が向上することが報告されている。そのため、巧緻性や反応時間に好影響を与えるとされている。しかし、効果が明確ではなく今後の競技特性を考慮した研究が必要である。

⑤暑熱耐性の増加

　能動的なウォームアップは、交感神経活動を活性化し、副交感神経を抑制する。これは、呼吸循環器系だけでなく、体温調節などにも影響を与えることが予想される。ウォームアップを実施することによる体温調節機能への刺激が、暑熱耐性を向上させることも期待できる。熱中症予防には、強度や量を漸進的に増加させるプログラムが実施されている。

⑵ウォームアップの種類

①一般的ウォームアップ

　一般的ウォームアップとは、競技やスポーツ種目別に特定されない、共通して実施するべきものを指す。一般的ウォームアップの目的は、筋温を上げ、基本動作を実施して、各部位の動きを円滑にすることである。ウォーキング、ジョギング、スキップなどの基本ドリル、縄跳び、ストレッチング、各種体操などが含まれる。

②専門的ウォームアップ

　専門的ウォームアップは、競技やスポーツで要求される体力要素、特異的動作、対人の連動性（コンビネーション）、専門技術・戦術を考慮した動作、予防すべき傷害を踏まえたウォームアップのことを指す。

　競技特性を考慮した特有の動き、ステップやジャンプを含んだドリルを実施する。重要となる動作のスピードやパワーを意識した競技リハーサルも確認する。

　球技スポーツでは、フットワーク、ポジション別動作、および個別性を配慮して実施する。例えば、バスケットボールのシュート、バレーボールのサーブ、野球やソフトボールのトスバッティングやキャッチボールなどは、典型的な専門的ウォームアップである。氷上スポーツや水泳競技では、陸上で一般的ウォームアップを行った後に、各スポーツ環境で専門的ウォームアップを実施する。

③受動的ウォームアップ

　受動的ウォームアップとは、能動的（アクティブ）な一般的・専門的ウォームアップと並行して行うものであり、一般的・専門的ウォームアップの前後、あるいは中間に行われる。パートナーストレッチング、マッサージ、温熱療法、温水浴、サウナなどが含まれる。

⑶ウォームアップの構成

　チームスポーツの全体的なウォームアップの構成は、受動的および個別ウォームアップ、一般的ウォームアップ（軽度な有酸素性運動［ジョギング、バイクなど］、各種ストレッチング、ステップ）、専門的ウォームアップ（競技特性動作、競技リハーサル）などである（図4）。全体的なウォームアップ終了後、各個人でコンディションを確認し、各部位の違和感や問題があればドリルやステップを再度実施、調整する。傷害の問題があればアスレティックトレーナーなどのメディカルスタッフにケアを依頼する。仕上げとして、コンディションを調整し、練習や試合に臨む。

図4●ウォームアップの実際：チームスポーツの場合

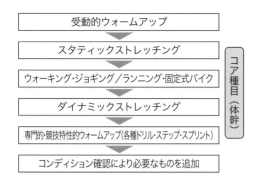

```
┌─────────────────────────────┐
│   受動的ウォームアップ      │
└─────────────────────────────┘
              ↓
┌─────────────────────────────┐
│  スタティックストレッチング │
└─────────────────────────────┘
              ↓
┌───────────────────────────────────────┐
│ ウォーキング・ジョギング/ランニング・固定式バイク │
└───────────────────────────────────────┘
              ↓
┌─────────────────────────────┐
│  ダイナミックストレッチング │
└─────────────────────────────┘
              ↓
┌───────────────────────────────────────────┐
│ 専門的・競技特性的ウォームアップ(各種ドリル・ステップ・スプリント) │
└───────────────────────────────────────────┘
              ↓
┌───────────────────────────────────────┐
│ コンディション確認により必要なものを追加 │
└───────────────────────────────────────┘
```

コア種目（体幹）

図5●ウォームアップの実際：個人スポーツの場合
コアを意識した体幹種目を実施することで、体幹部の筋肉活動により血流が増加する。筋温の上昇に効果的であることが報告されている。

個人スポーツについては図5に示した。

2 クールダウン

(1)クールダウンの目的

①疲労回復促進

運動後の疲労には、筋肉や血液における疲労物質の蓄積・滞留、脳：中枢神経系のグリコーゲンの枯渇・セロトニン減少などが関係しているため、速やかな栄養補給と全身の血液循環を促進し疲労回復を促すことが必要となる。

古典的な研究では、低強度から中程度（最大酸素摂取量の30～50％）の有酸素性運動により乳酸の除去率が高まること、また継続的な運動の方が効果の高いことが報告されている[3]。体幹筋を刺激するコアスタビライゼーションにより、高強度運動後に乳酸除去が高まることも報告されている[4]。

②血液配分の正常化、安静時への回復

運動中は、主働筋への血液量・心拍量が急増する。段階的に呼吸循環器系を安静時状態に回復させる。運動中は、交感神経系が優位となり心拍数や血圧が上昇している。クールダウンにより徐々に副交感神経系へとスイッチさせ、運動の興奮を抑えていく。交感神経優位であるとアドレナリンなどが影響し、筋損傷などの痛みが鈍化し、適切なケアが遅れることもあるため注意が必要である。

③コンディションチェックおよび傷害予防

運動中の筋緊張・筋損傷などの異常を確認し、ストレッチングやマッサージを行う。異常を把握できたら、適時セルフケアやメディカルスタッフに対応を依頼する。

④リカバリー、次競技への最初の準備

運動によってエネルギーが枯渇した状態になるので、適切な栄養補給によりATPやグリコーゲン、水分を補充する。クールダウンは、次の競技に向けた最初のウォームアップともいえる。

(2)クールダウンの生理学

運動後の生理学的変化としては、①二酸化炭素排出の増加、②主働筋の血流滞留、③細胞からのカリウム漏出、④筋グリコーゲン枯渇などがある。また、激しい運動後には、血中乳酸値が20mmol/ℓ（安静時は0.5～2mmol/ℓ）近くまで上昇する。血中乳酸は、血液循環により肝臓に運ばれ、グリコーゲンに再合成される。競技後に速やかに全身の血液循環を促進し、同時に適切な水分および栄養補給と休養をとることは、リカバリーや疲労回復のために必要不可欠なことである。

クールダウンを行うことで、スポーツや運動後に代謝を安静時レベルまで段階的に落とす。活動していた筋の静脈の血液滞留や蓄積を防止し、血液循環を促進することが重要である。静脈の血液の蓄積は血圧を低下させ、心臓や脳への血流の減少につながり、めまいや吐き気、起立性低血圧や脳貧血、失神の原因となる。また、心筋への血流の減少は重篤な不整脈を誘発するため、適正なクールダウンの実施によって安静時レベルへの回復が必要である。呼吸器系においても、徐々に呼吸を正常に戻し、過換気による筋けいれんや血圧低下を予防する。運動後に好発する遅発性筋肉痛に対するクールダウンの予防効果は明確に認められてはいないが、よりアクティブなクールダウンの方が効果的な傾向がある。

(3)クールダウンの実際

運動や競技の終了後は、体内の水分や筋グリコーゲンが枯渇しているため、速やかな水分やミネラル・糖質補給が必要である。水分、スポーツ

ドリンクの有効性は認められている。最近は、糖質やビタミン・ミネラルを含むゼリータイプのものによる補給が普及していて、即時の栄養補給には適している。水分や栄養補給後に、約10〜15分程度の軽度の有酸素性運動を実施して、全身の血液循環を促進し、活動筋の血液・疲労物質の滞留や蓄積を防ぐことが重要である。その後、基本的なステップドリルやダイナミックストレッチング、スタティックストレッチングを実施し、筋の緊張や拘縮をほぐしていく。同時に、筋腱などの損傷の有無や違和感を確認し、競技後のコンディションを整える（各種のリカバリーについては次項目を参照）。

　その後、アイスバス、シャワー後にセルフケア（アイシングなど）を実施する。本格的な食事までに時間が空く場合は、消化吸収のよい軽食により再度、水分・栄養補給を行う。十分な食事を摂った後は、入浴、ケガの治療やトリートメントを入念に受ける。環境を整えた質の高い睡眠を取ることが理想的である。試合後の入浴は、38〜40℃で10〜15分間が疲労回復、副交感神経優位に効果的である。

[参考] 入浴の目安

試合前：熱め（41℃〜）の場合、直後の温まり感は強く、実際には交感神経が優位になるため血管が収縮し、血流が抑制される。適度な緊張により心と体を活性化する。

試合後：ぬるめ（38〜40℃）の場合、副交感神経が優位になるため血管が拡張して血流が促進され、リラックス状態となる。

（有賀雅史）

▶引用・参考文献

1) Bishop, D.: Warm up Ⅰ. Potential mechanisms and the effect of passive warm up on exercise performance. Sports Med. 33(6): 439-454, 2003.
2) Bizzini, M., et al.: Physiological and performance responses to the "FIFA 11+" (Part1); is it an appropriate warm-up? J Sports Sci. 31(13): 1481-90, 2013.
3) Belcastro, A.N., Bonen, A.: Lactic acid removal rates during controlled and uncontrolled recovery exercise, J Appl Physiol. 39: 932-936, 1976.
4) Navalta, J.W.: Core stabilization exercise enhance lactate clearance following high-intensity exercise. J Strength Cond Res. 21(4), 1305-1309, 2007.
5) Bishop, D.: Warm up Ⅱ. Performance change following active warm up and how to structure the warm up. Sports Med. 33(7): 483-498, 2003.
6) De Vries, H.A., et al.: Warming up. Physiology of Exercise for Physical Education, Athletics and Exercise Science (5th ed.), Brown & Benchmark, pp.527-539, 1994.
7) Katch, V.L., et al.: Essentials of Exercise Physiology (fourth ed.), Lippincott Williams & Wilkins, 2011.
8) 永井将史他：ウォーミングアップ，クーリングダウン，臨床スポーツ医学（臨時増刊），28: 294-301, 2011.
9) 太田千尋他：コンディショニングの測定評価実践例—ラグビーにおけるGPSの活用例—. JATI EXPRESS, 29: 8-9, 2012.
10) 日本トレーニング指導者協会編著：トレーニング指導者テキスト 実践編 改訂版, pp.86-90, 2014.
11) Hooren, B.V., et al.: Do we Cool-Down after exercise? Narrative review of the psychological effects the effects on performance, injuries and the long-term adaptive response. Sports Med. 48(7): 1575-1595, 2018.
12) バスクリンHP: スポーツと入浴

3 リカバリー

　運動実践者における疲労回復対応をリカバリーと称し、ハイパフォーマンスを発揮し続けること、あるいはトレーニング効果を最大限に高めるためのコンディショニング方法の1つとして、その重

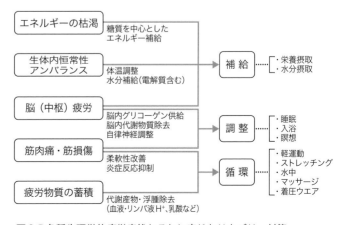

図6●各種生理学的疲労症状とそれに応じたリカバリー対策

要性が高まっている。リカバリーといっても運動様式や運動内容そして運動時間などによって身体的な負荷のかかり方は異なるため、その方法は多岐にわたる(図6)。したがって、いかにリカバリー効果を高めるかを考えると、運動実践者の身体活動に伴う生理学的反応を考慮し、運動特性に合わせた最適なリカバリー方法を選択して実践する必要がある。

⑴エネルギー枯渇に対するリカバリー

運動を継続することにより、身体に貯蔵されているエネルギーの枯渇が起こり、多くの場合は体重減少が生じる。このエネルギーが枯渇した状態で、主にそのリカバリーを目的としたエネルギー摂取が不十分だと、体重減少はもとより、筋および肝グリコーゲンの補充不足によってその後の運動パフォーマンスの低下を引き起こしてしまう。したがって、エネルギー枯渇に対するリカバリーとしては、運動によって消費したエネルギーを早期に回復し、低下したエネルギーを補充することである。そのためには、運動様式や運動時間など

の条件によっては異なるが、基本は多くの炭水化物を摂取する、あるいは炭水化物とタンパク質を同時に摂取することでエネルギーの補充が可能になる（図7）。

⑵生体内恒常性アンバランスに対するリカバリー

生体内の恒常性のアンバランスでは、脱水と体温のコントロールが運動実践者の疲労に深く影響する代表的なものとして挙げられる。脱水においては、2%以上の減少によって各種運動パフォーマンスを低下させるため、その予防のためにも失った体水分量の早期リカバリーが必要になる。なお、失った体水分量の補充には、失った体重以上の電解質を含めた水分摂取が必要となる。

脱水は体温上昇に伴って生じる生理的現象であり、体温の過度な上昇は運動パフォーマンスを低下させる。通常深部体温は37℃程度であるが、運動すると40℃を超えることもあり、神経系が影響を受け、様々な体温調整機能メカニズムを乱してしまう。さらに、深部体温の過度な上昇は持久性パフォーマンス低下に限らず、熱中症を引き起こす危険性も高くなるため、アイススラリー（水と微小な氷がシャーベット状に混ざった飲料）などで体内から冷却することや全身を冷却するアイスバス（冷水浴）、顔面や手足の末端に多く存在する動静脈吻合血管を冷却するなど体外から冷却しなければならない。また、主働筋の過度な温度上昇は無酸素性パフォーマンスの低下を引き起こすため、アイスパックなどの冷却方法により主働

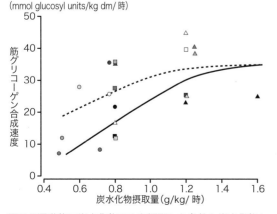

図7●運動後に炭水化物のみを摂取した条件と炭水化物とタンパク質を同時に摂取した条件における筋グリコーゲン再合成速度との関係　　　（文献1より著者翻訳）

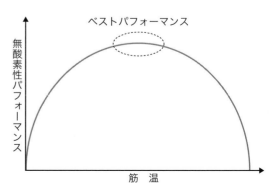

図8●主働筋の筋温と無酸素性パフォーマンスとの関係

筋の温度コントロールを目的とした冷却が必要になる（図8）。

⑶脳（中枢性）疲労に対するリカバリー

　脳は認知判断をする機能があるため、運動実施時の集中力や反応時間などの低下につながる[4]。特に脳は低血糖に弱く、運動によって筋グリコーゲンが枯渇すると、脳グリコーゲン量も減少し、その結果として疲労感を感じやすくなるので、思考力低下や倦怠感などの症状を引き起こす。したがって、脳疲労に対するリカバリー対策の1つとしては、糖質の摂取が必要になる。

　また、運動直後では脳下垂体副腎皮質系ホルモンや交感神経ホルモンが顕著に上昇し、脳内の神経伝達物質の減少が起こることで自律神経の乱れが生じる。試合があった日など、より交感神経が強い状態のまま就寝時間を迎えてしまうと、寝付けない等の睡眠障害に陥ってしまう者が多い。以上のような乱れを正常な状態に戻す手段となるのが睡眠の1つの役割である。特に睡眠初期のノンレム睡眠が自律神経の乱れを整える重要な時間となるため、睡眠の中でも就寝前の環境づくりがより良い睡眠の確保に重要となる。以上のように、認知判断能力を司る脳機能のリカバリーのためには、睡眠障害を引き起こさないような環境整備をし、十分な睡眠を確保させることが求められる（表2）。

⑷筋肉痛や筋損傷に対するリカバリー

　相手とのコンタクトや繰り返しの伸張性（エキセントリック）収縮が伴う競技においては、特に運動後に筋損傷の程度が大きくなることは少なくない。筋損傷が生じると組織自体の損傷、筋力、可動域、腫脹が回復するのに時間を要するため、それらをすみやかに回復させるリカバリーが求められる。このリカバリー対策として挙げられるのが、筋のタ

表2●より良い睡眠の質・量を確保するための留意点

睡眠のための留意点	具体的内容
良い睡眠環境	涼しい、暗い、静か、心地よい
良い睡眠環境への工夫	就寝・起床時間を一定にする 入眠前の入浴環境（交代浴）
季節に応じた工夫	夏季：エアコンの活用・冷却 冬季：入浴後の速やかな就寝
入眠直前にやってはいけないこと	カフェイン多量摂取 暗い場所でのディスプレイ（スマートフォン、テレビ、パソコン）の使用

ンパク合成を促進する食事と筋損傷に伴う炎症症状の鎮静化を図る冷却になる。

　冷却の中でも、筋肉痛や筋損傷に対する代表的なリカバリーを目的とするのが冷水浴である。冷水浴となる温度帯は10～20℃が適応され、実施時間は10～15分、浸水部位については水圧をより身体へ加えることが必要であることから、肩まで浸かることが推奨される（図9）。

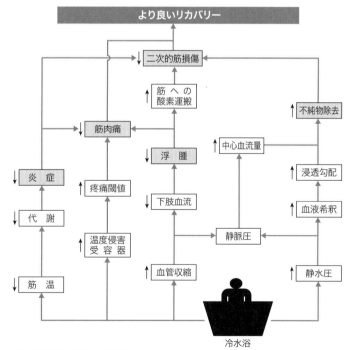

冷水浴温度　10～20℃
実施時間　　10～15分
浸水の深さ　理想は肩まで、最低下半身
タイミング　運動後速やかに（理想30分以内）
留意点　　　傷がある場合は感染回避のため他者と共有しない

図9●冷水浴の実施時の留意点　　　　　　　　　（文献3より）

⑸疲労物質蓄積に対するリカバリー

高強度もしくは長時間にわたる運動により体内には疲労物質として代謝産物が蓄積し、その結果としてエネルギー供給率の低下、筋の興奮収縮連関不全が起こり、筋収縮力の低下が起こる[4]。したがって、運動後に起こる代謝産物の早期除去および蓄積の抑制を図ることがリカバリー対策の1つとして実施すべき内容である。代表的なリカバリー方法としてはアクティブリカバリー(軽運動)、ハイドロセラピー（交代浴、アクアコンディショニング）、コンプレッションウエア（着圧ウエア）など血液循環を促進させる方法がそれに当たる。

⑹最適なリカバリーを戦略的に考える

先述したようにリカバリーは身体活動に伴う各種生理学的応答に応じた方法を選択することが求められるが、さらに最適なリカバリーを実践するためには、対象、タイミング、環境、シーズンなど様々な条件に合わせたリカバリー戦略が必要である。具体的なリカバリー戦略として考慮すべき事項については表3に示した通りである。

①対象に応じたリカバリー

エネルギー摂取でいえば、IOCが示すスポーツ選手の炭水化物摂取ガイドライン[5]でも示されているように、運動後に摂取する炭水化物の必要量は体重や運動強度によって変えることを推奨している（表4）。また、冷水浴では体脂肪率が少なく除脂肪体重量が多い方が、体脂肪率が多く除脂肪体重量が少ないよりも有意に深部体温は低くなる[6]。つまり、運動実践者の体格に応じて摂取エネルギーや冷水浴を実施する温度や時間を調整することが必要になる。

②タイミングに応じたリカバリー

エネルギー枯渇に関しては、その摂取のタイミングが重要である。運動直後では体重1kgあたり1.0〜1.2gの炭水化物を4時間以内に毎時間摂取することやタンパク質と同時に摂取することが筋グリコーゲンの回復に推奨されており[1]、特にタイミングでは、グリコーゲンの再合成を考えると、運動終了後から2時間以内にエネルギー摂取をできるよう配慮することが必要である[7]。

サッカーやラグビー競技などのハーフタイム中や1日に複数試合がある場合の間に求められるリカバリーは、持続的な筋収縮によって筋緊張（筋スパズム）が生じ、運動パフォーマンスが低下す

表3 ● スポーツ現場における戦略的リカバリー実施時の留意点

考慮する点	具体的内容
対　　象	性別、年齢、身体組成
競技種目	エネルギー供給系、試合時間、筋損傷の有無
強　　度	疲労度合い、練習強度
環　　境	暑熱環境、寒冷環境、時差、標高
タイミング	運動前、運動直後、運動数時間後、運動間、どのシーズンか
順　　序	複数リカバリー方法を実施する場合の順序

（文献9より）

表4 ● 2010年IOCによるトレーニングにおける炭水化物摂取ガイドライン

状　　況		糖　質	炭水化物摂取のタイミングや種類の解説
1日の消費量と必要な供給量 ・高強度で激しくトレーニングするとき、日々の炭水化物摂取はトレーニングによるエネルギー消費量とグリコーゲンの回復を同じにすることが重要である。 ・一般的に推奨されることは、個々の総エネルギー必要量やトレーニング内容、トレーニング状態を考慮して摂取する糖質の微調整が必要である。 ・スポーツの時期によってトレーニング内容が変化するため、アスリートの炭水化物摂取は様々であるべきである。			
低	低強度・スキル重視のトレーニング	3〜5g/kg/日	・エネルギー摂取は、その日のトレーニングに応じてエネルギーと摂取時間を計算する。総エネルギー量と同等にエネルギーが摂取されていれば、間食や軽食は容易に個々に合わせて選択できる。 ・タンパク質や豊富な栄養素などと糖質を多く含む食事の組み合わせは、様々な場面でのスポーツ栄養の理想である。
中	中等度プログラム（〜1時間/日）	5〜7g/kg/日	
高	持久系プログラム（1〜3時間/日の中等度および高強度エクササイズ）	6〜10g/kg/日	
極高	超高強度プログラム(>4〜5時間/日の中等度および高強度エクササイズ)	8〜12g/kg/日	

（文献1より著者訳）

ることが少なくない。それに対するリカバリー方法として対象部位を冷却することによって、過度な神経伝達、筋紡錘やゴルジ腱器官などの活動を鎮静化させることが可能になる。ただし、過度な冷却は大きく筋温を下げその後の運動パフォーマンスを低下させる危険性が高いため、冷却時間、冷却方法に注意をする必要がある。

③条件に応じたリカバリー

練習や試合直後に代謝産物を除去することを狙いとしたジョギングやスイミングなどの軽運動がある。このリカバリー方法は生理学的にも有効性は高いが、運動直後には速やかなエネルギー補給も重要なリカバリーポイントであることを考えると、軽運動を長時間実施することによってエネルギーがさらに枯渇してしまうため、場合によっては軽運動を長時間実施しないよう心がけることも必要である。

環境に応じたリカバリー戦略を考えるうえの重要なポイントは、暑熱環境下での対応である。暑熱環境で長時間高強度運動をする場合、過度な体温上昇を抑制することが重要であるため、身体への何らかの冷却手段が用いられる。しかしながら、快適環境下においても暑熱環境下と同様な冷却を実施してしまうことにより、過度な筋温低下に

よって運動パフォーマンスが低下してしまうことを忘れてならない。

さらに、シーズンごとにリカバリー方法を選択することも必要になる。筋肉痛や筋損傷に対するリカバリー方法として冷水浴があるが、レジスタンストレーニング後の習慣的な冷水浴の実施は、そのトレーニング効果を抑制してしまうことがある[8]。したがって、レジスタンストレーニング後に身体的に強い張りがあったとしても習慣的に冷水浴を実施してしまうことは、むしろマイナスに働いてしまう可能性がある。

⑺スポーツ選手の戦略的リカバリーの実践例

ここまで生理学適応に応じたリカバリー方法について解説したが、これらを統合した代表的なリカバリー実践方法として、一般的な練習および試合後から翌日に至るまでの一例について表5に示した。運動直後では蓄積した疲労物質の除去を狙いとした軽運動やストレッチングを実施し、その後は運動によって使用したエネルギーのリカバリーとして炭水化物とタンパク質の摂取を実施する。その後はコンタクト競技など筋損傷が疑われる場合では筋ダメージの抑制を狙いとした冷水浴を、コンタクトはなくとも高強度運動であった場合では、血液循環を狙いとした交代浴を推奨して

表5 ●運動後から翌日にかけてのリカバリー戦略の一例

運動後から	リカバリー内容	留意点	実施例
10分以内	アクティブリカバリー	最大酸素摂取量の30〜60%の運動強度 スタティックストレッチング	軽運動、ストレッチング
20分以内	栄養・水分補給	体重1kgあたり1.2gの糖質 分岐鎖アミノ酸(BCAA)の摂取	スポーツドリンク、スムージー リカバリースナック
30分以内	ハイドロセラピー[*1]	筋損傷・筋痛を伴う場合：アイスバス 筋損傷・筋痛を伴わない場合：交代浴	上肢へのダメージがある場合肩まで浸かる バスタブを冷水浴にし、温水シャワー
60分以内	栄養補給	筋損傷を伴う場合はタンパク質を多く含む 個人に合わせた炭水化物量の摂取	栄養フルコースの食事
60分以降	コンプレッションウエア	夜の入浴まで着用 不快感があれば実施しない	リカバリー用のコンプレッションウエア 下肢全体のものや下腿のみ
就寝前	睡眠	入眠を妨げるものをしない 筋損傷を伴う場合は就寝前の温浴はしない	温浴しない場合はシャワーのみとする 炭酸泉
翌　日	アクティブリカバリー[*2]	試合翌日の場合、リザーブの選手と分ける	アクアティックリカバリー、軽運動、マッサージ

＊1　移動がある場合は代わりにコンプレッションウエア
＊2　筋損傷がある場合はアイスバス

（文献9より引用）

実施するなど、状況に応じてハイドロセラピーを
実施する。なお、時間短縮のため、栄養・水分補
給とハイドロセラピーを同時で実施できるとよい。
もし、遠征などで試合後すぐに移動しなければな
らない場合には、ハイドロセラピーの代わりにコ
ンプレッションウエアで下肢への適度な圧迫を加
える。食事においては、フルコース型の食事を摂
取し、体重当たり必要な炭水化物の摂取と筋損傷
がある場合にはタンパク質の摂取を心がける。そ
の日の最後は質的にも量的にも適した睡眠を確保
するために、入浴（炭酸泉、交代浴など）を実施
して就寝前の環境を整える。翌日は前日の練習お
よび試合、あるいは試合出場選手とリザーブの選
手とに分けて、積極的なリカバリー対策が必要な
のか、それとも通常練習もしくは試合にむけた準
備をするのか判断して取り組むことが必要である。

（笠原政志）

▶参考文献
1) Burke, L., Deakin, V.: Nutrition for recovery after training and competition, Clinical Sports Nutrition, 5th edition, McGraw-Hill Education, 420-462, 2015.
2) Juliff, L.E., et al.: Understanding sleep disturbances in athletes prior to important competitions. J. Sci. Med. Sport., 18: 13-18, 2015.
3) Ihsan, M., et al.: What are the physiological mechanisms for post-exercise cold water immersion in the recovery from prolonged endurance and intermittent exercise? Sports Med., 46(8): 1095-1109, 2016.
4) 森谷敏夫: 筋肉と疲労. 体育の科学, 42(5): 335-341, 1992.
5) Burke, L.M., et al.: Carbohydrates and fat for training and recovery. J. Sports Sci., 22: 15-30, 2004.
6) Stephens, J.M., et al.: Influence of body composition on physiological responses to post-exercise hydrotherapy. J. Sports Sci., 36(9): 1044-1053, 2018.
7) Ivy, J.L., et al.: Early post-exercise muscle glycogen recovery is enhanced with a carbohydrate-protein supplement. J. Appl. Physiol., 93: 1337-1344, 2002.
8) Roberts, L.A., et al.: Post-exercise cold water immersion attenuates acute anabolic signaling and long-term adaptations in muscle to strength training. J. Physiol., 593(18): 4285-4301, 2015.
9) 笠原政志，山本利春: スポーツ選手における戦略的リカバリー. トレーニング科学, 28(4): 167-174, 2017.

特別な対象のための
トレーニングプログラム

1——高齢者に対するトレーニング

1 高齢者の特性とアセスメント

(1)サルコペニア

　サルコペニアは、加齢による筋量の減少とそれに伴う筋機能低下と定義されており[1]、日本サルコペニア・フレイル学会では、Asian Working Group for Sarcopenia（AWGS）によるサルコペニアの診断基準を推奨している[2]。その際の二重エネルギーX線吸収測定法（DXA法）による骨格筋指数のカットオフ値（検査の正常と異常を分ける値のこと）は、男性が $7.0kg/m^2$、女性が $5.4kg/m^2$ 未満、握力は、男性28kg、女性が18kg未満、歩行速度は男女とも 1.0m/s 未満である[3]。また2019年に改訂された新しいAWGSの基準では、プライマリーケアにも重点を置いている。例えば、下腿周径囲長（男性34cm、女性33cm未満）やサルコペニアのスクリーニングツールとして開発されているSARC-F（表1）[4]などを用いることで、一般診療所や地域などでサルコペニアの簡易な評価が可能であるとしている。SARC-Fは5つの質問によって構成されており、

表1●サルコペニアの簡易アンケート（SARC-F日本語版）

質　　問	点　　数
4.5kgくらいのものを持ち上げたり運んだりするのはどのくらいむずかしいですか？	まったくむずかしくない＝0 いくらかむずかしい＝1 とてもむずかしい、または、できない＝2
部屋の中を歩くことはどのくらいむずかしいですか？	まったくむずかしくない＝0 いくらかむずかしい＝1 とてもむずかしい、杖などが必要、または、できない＝2
ベッドや椅子から立ち上がることはどのくらいむずかしいですか？	まったくむずかしくない＝0 いくらかむずかしい＝1 とてもむずかしい、または、介助が必要＝2
10段くらいの階段をのぼることはどのくらいむずかしいですか？	まったくむずかしくない＝0 いくらかむずかしい＝1 とてもむずかしい、または、できない＝2
過去1年間に何回程度転びましたか？	まったくない＝0 1〜3回＝1 4回以上＝2

（文献4より）

表2●日本人成人男女を対象としたDXA法による四肢筋量推定式

		推定式（kg）	R^2	標準誤差(kg)	p値
男性	Step 1	ASM＝0.287×体重(kg)＋3.681	0.685	1.75	＜0.001
	Step 2	ASM＝0.460×体重(kg)−0.251×腹囲(cm)＋12.867	0.864	1.15	＜0.001
	Step 3	ASM＝0.408×体重(kg)−0.209×腹囲(cm)＋0.072×握力(kg)＋10.032	0.88	1.10	＜0.001
女性	Step 1	ASM＝0.185×体重(kg)＋5.330	0.47	1.43	＜0.001
	Step 2	ASM＝0.155×身長(cm)＋0.138×体重(kg)−16.291	0.67	1.13	＜0.001
	Step 3	ASM＝0.121×身長(cm)＋0.128×体重(kg)＋0.104×握力(kg)−13.096	0.71	1.05	＜0.001
	Step 4	ASM＝0.094×身長(cm)＋0.187×体重(kg)−0.051×腹囲(cm)＋0.082×握力(kg)−7.394	0.73	1.02	＜0.001
	Step 5	ASM＝0.007×年齢(歳)＋0.095×身長(cm)＋0.196×体重(kg)−0.061×腹囲(cm)＋0.087×握力(kg)−7.896	0.74	1.02	＜0.001

ASM(kg)：DXA法による四肢筋量。年齢、身長、体重、握力、腹囲を独立変数に用いたステップワイズ回帰分析を行った。（文献6より）

10点満点の合計点が4点以上の場合サルコペニアの可能性があると判断される。最近の報告ではSARC-Fの妥当性が確認されている[5]。

さらに、日本人成人男女を対象に年齢、身長、体重、握力および腹囲を用いたDXA法による四肢筋量（kg）の簡易推定式が考案されている[6]（表2）。DXA法による四肢筋量を従属変数に、男性では体重、腹囲、握力、女性では体重、身長、握力、腹囲、年齢を独立変数に使用することによって、四肢筋量を精度よく推定することができる。サルコペニアの起こりやすい部位は、大腿四頭筋や腹直筋などで、ふくらはぎの下腿三頭筋などの抗重力筋はより加齢しやすいといわれている。サルコペニア予防のためには、まずはこれらの老化しやすい筋群を強化することがポイントとなる。

⑵ロコモティブシンドローム

ロコモティブシンドロームは、骨や筋肉、関節などの運動器の障害による要介護の状態や要介護リスクの高い状態を表す言葉で、2007年に日本整形外科学会から提唱された。和名は、運動器症候群といい、世界随一の長寿国である日本発祥の用語である。ロコモティブシンドロームは、進行すると関節疾患や歩行障害を引き起こす。ロコモティブシンドロームの原因疾患としては、変形性関節症、骨粗鬆症に伴う円背、易骨折性、変形性脊椎症、脊柱管狭窄症などが挙げられる。関節リウマチ等では、痛み、関節可動域制限、筋力低下、麻痺、骨折、痙性などにより、柔軟性、バランス能力、筋機能、歩行能力が低下する。加齢による身体機能の低下として、下肢筋力、有酸素性能力の低下、反応時間延長、運動速度の低下、巧緻性低下、深部感覚低下、バランス能力の低下などが挙げられる。ロコモ5は、階段昇降や歩行速度など5つの質問項目を使用し、その困難度によって点数化する判定法である。この場合6点以上がロコモと判定されている[7]（表3）。この他、ロコモ25や2ステップテスト、椅子立ち上がりテストを用いて、ロコモ度1およびロコモ度2に分類されている。平均年齢が64歳の日本人高齢男女を対象とした大規模調査では、ロコモ度1の対象者は70%、ロコモ度2の対象者は25%におよび、ロコモ度1は加齢によって一定に増加するが、ロコモ度2は70歳代からの急激な増加が認められる[8]（図1）。

最近では、ロコモティブシンドロームの高齢者を対象とした家庭での15分間DVDエクササイズの効果を検討したところ、コントロール群には有意な変化は認められなかったが、DVDエクササイズ群では、バランス能力や歩行速度に加えて腰痛の改善効果が認められたと報告されている[9]。

表3●ロコモティブシンドロームの簡易アンケート（ロコモ5）

「お体の状態」と「ふだんの生活」について、手足や背骨のことで困難なことがあるかどうかをおたずねします。
この1カ月の状態を思い出して以下の質問にお答え下さい。
それぞれの質問に、もっとも近い回答を1つ選んで、□に✓をつけて下さい。

1	階段の昇り降りはどの程度困難ですか。				
	□困難でない	□少し困難	□中程度困難	□かなり困難	□ひどく困難
2	急ぎ足で歩くのはどの程度困難ですか。				
	□困難でない	□少し困難	□中程度困難	□かなり困難	□ひどく困難
3	休まずにどれくらい歩き続けることができますか（もっとも近いものを選んで下さい）。				
	□2～3km以上	□1km程度	□300m程度	□100m程度	□10m程度
4	2kg程度の買い物（1リットルの牛乳パック2個程度）をして持ち帰ることはどの程度困難ですか。				
	□困難でない	□少し困難	□中程度困難	□かなり困難	□ひどく困難
5	家のやや重い仕事（掃除機の使用、ふとんの上げ下ろしなど）は、どの程度困難ですか。				
	□困難でない	□少し困難	□中程度困難	□かなり困難	□ひどく困難
	0点	1点	2点	3点	4点

（文献7より）

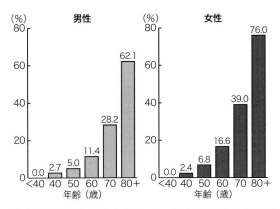

図1●ロコモティブシンドローム（ロコモ度2）の罹患率
（文献8より）

(3)フレイル

　フレイルは、高齢者の虚弱を示す総合的な概念であり、身体的、精神的、社会的フレイルに分類されている[10]。そのうちサルコペニアおよびロコモティブシンドロームは身体的フレイルの大きな要因として考えられている。フレイルは早期に介入して対策を行えば元の健常な状態に戻る可能性を含んでおり、介護予防においては重要な局面であると考えられている。その世界的な診断基準としてはFriedの定義が広く用いられており[11]、我が国では、改定日本版CHS基準である、①意図しない体重減少（年間4.5kgまたは5％以上の体重減少）、②疲労（何をするのも面倒だと週に3〜4日以上感じる）、③歩行速度の低下（秒速1.0m未満）、④握力の低下（利き手の測定で男性26kg、女性18kg未満）、⑤身体活動量の低下（「軽い運動・体操［農作業も含む］を1週間に何日くらいしていますか？」および「定期的な運動・スポーツ［農作業を含む］を1週間に何日くらいしていますか？」の2つの問いのいずれにも「運動・体操はしていない」と回答した場合）がよく使用される[12]。この5つの項目のうち、3項目以上該当した場合をフレイル、1〜2項目該当した場合をプレフレイル、該当項目が0の場合は健常に分類される。

　厚生労働省によって、2020年度より75歳以上の高齢者を対象に「フレイル健診」が開始されており、メタボリックシンドロームのように今後国民にも広く知られる概念となることが予想される。

(4)メタボリックシンドローム

　メタボリックシンドロームは、内臓脂肪の蓄積に加えて高血糖、血圧高値、血中脂質異常のいずれか2つ以上を併せもつ状態をいう。メタボリックシンドロームを予防することは適度な免疫機能を維持し、心筋梗塞や脳梗塞など死に直結する疾患を予防することにつながる。内臓脂肪蓄積の基準値は、CTやMRI法によって求めた内臓脂肪面積が100cm^{2}以上の場合とされているが、これに相当する腹囲が男性は85cm、女性は90cmとなる[13]。また高血糖は、空腹時血糖値が110mg/dℓ以上、血圧高値は収縮期血圧が135mmHgまたは拡張期血圧が85mmHg以上、血中脂質異常は、中性脂肪が150mg/dℓ以上またはHDLコレステロールが40mg/dℓ未満とされている。40歳以上の75歳未満の中高齢者は特定健診・特定保健指導を受診することが法律で義務付けられており、このような健康診断の結果を事前に調べることでメタボリックシンドロームかどうかの判断ができる。

　メタボリックシンドロームは、全死亡リスクや心血管系疾患による早期死亡リスクを増加させることが指摘されており[14]、メタボリックシンドロームを評価し、予防・改善することで死亡リスクを減少させることができると考えられる。一方、体力、とりわけ有酸素性能力もまた全死亡リスクや心血管系疾患による早期死亡リスクとの関連が指摘されており[15]、高い有酸素性能力はメタボリックシンドロームの早期死亡リスクを低下させるとの報告も見られる[16]。したがって、メタボリックシンドロームの予防のための運動としては、ウォーキングや軽いジョギングなどの有酸素性運動が中心となると考えられる。

(5)サルコペニア肥満

　最近サルコペニアと肥満が合併した状態をサルコペニア肥満と呼んで話題となっている。サルコペニア肥満は、心筋梗塞や脳卒中などの心血管系の病気のリスクや総死亡リスクが高まると考えられている[17]。サルコペニア肥満は、筋肉が少な

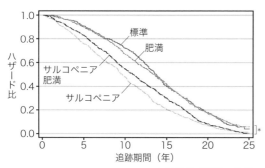

図2●24年間の縦断研究におけるサルコペニア肥満の生存曲線
（文献18より）
ハザード比とは統計的な専門用語で、相対的なリスクの程度を表す。ここでは生存率を示している。

* ログランク検定 p<0.05

いデメリットと内臓脂肪が多いデメリットとが重なっているため、健康に対する悪影響が相乗的に及ぶ可能性が考えられる。最近、これらの簡易推定式を用いてサルコペニア肥満が死亡リスクに及ぼす影響について調査が行われている[18]。

その結果、サルコペニア単独が最も生存率を低下させた（図2）。この疫学研究の介入時の年齢は高齢であることから、75歳以上の後期高齢者では肥満予防よりもサルコペニア予防に重点を置くことが望ましいといえる。

② 高齢者のトレーニングの実際

⑴サルコペニア

最近のサルコペニア改善のための介入研究をまとめた調査研究では、エビデンスレベルは低いものの、運動介入は3か月間で筋量、筋力、歩行速度を増加させることが報告されている[12]。また、サルコペニアに該当する日本人女性を対象に3か月間の運動介入試験を実施し、筋機能とパフォーマンスに及ぼす影響について検討した調査がある[19]。運動は5分のウォーミングアップ後、30分のレジスタンス運動、20分のバランスおよび歩行運動、最後に5分のクーリングダウンを実施し、合計60分を週に3回、3か月間実施した。レジスタンス運動はチェアエクササイズでトーレイズ、ヒールレイズ（図3）、ニーリフト（図4）、ニーエクステンション（図5）および立位エクササイズでヒップフレクション（図6）、ラテラルレッグレイズ（図7）とし、被験者は筋力の増加に応じて、0.5〜1.5kgのアンクルウエイトを使用した。バランスおよび歩行運動は、開眼片脚立ち、多方向のウエイトシフト、タンデムスタンド、タンデムウォーク（図8）を実施した。比較対象として

図3●シーティッドトゥーレイズ（ヒールレイズ）

図4●シーティッドニーリフト

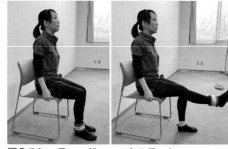

図5●シーティッドニーエクステンション

図6●ヒップフレクション

図7●ラテラルレッグレイズ

図8●タンデムスタンド、タンデムウォーク

▶有酸素性運動

頻　度	中強度の活動は週5回、高強度の活動は週3回、中強度の運動と高強度の運動の組み合わせは週3〜5回以上行う
強　度	中強度（RPE5〜6）、高強度（RPE7〜8）
時　間	中強度の活動は30〜60分、高強度の活動は20〜30分、あるいはそれらに相当する中強度の運動と高強度の運動を組み合わせて行う。それぞれ1回につき10分以上継続させる
種　目	ウォーキングのような過度の整形外科的ストレスを与えない様式を選ぶ。アクアエクササイズや自転車こぎは、自重負荷活動の制限がある人には推奨される

▶レジスタンス運動

頻　度	少なくとも週2回
強　度	初心者は低強度（40〜50％1RM、RPE5〜6）とし、徐々に中〜高強度（60〜80％1RM、RPE7〜8）に移行させる
時　間	主要な大筋群を含む8〜10種目を8〜12回、1〜3セット行う
種　目	ウエイトマシンあるいは自重負荷トレーニング、階段昇降、その他主要な大筋群を含む力発揮活動

▶ストレッチング

頻　度	少なくとも週2回
強　度	張りを感じるか、わずかな不快感を感じる程度
時　間	1回30〜60秒間保持する
種　目	素早い動きのバリスティックストレッチングではなく、スタティックストレッチングもしくはゆっくりとした動きを伴う体操

図9●高齢者のための運動処方　　　　　　　　　　（文献20より改変）

▶10スケールRPE

0	なんでもない
0.5	感じる程度
1	非常に低強度
2	低強度
3	中強度
4	やや高強度
5	高強度
6	
7	非常に高強度
8	
9	
10	かなり高強度

RPE：主観的運動強度

調査した健康教室の参加者は、月に1回、3か月間、合計3回のクラスのみを受講した。この研究の結果、運動介入群では、下肢筋量および歩行速度が有意に改善したと報告している。さらに運動に加えてアミノ酸サプリメントを併用した場合は、膝伸展筋力の有意な増加が認められている。

　サルコペニアの運動処方としては、レジスタンス運動が基本となる。アメリカスポーツ医学会（ACSM）の運動処方の指針では[20]、高齢者のレジスタンス運動のポイントとして、頻度は少なくとも週2回、強度は初心者の場合は低強度（40〜50％1RM、RPE5〜6）とし、徐々に中〜高強度（60〜80％1RM、RPE7〜8）に移行させる。時間は主要な大筋群を含む8〜10種目を8〜12回、1〜3セット行い、種目はウエイトマシンあるいは自重負荷トレーニング、階段昇降、その他主要な大筋群を含む力発揮活動が推奨されている（図9）。また、これまでの先行研究から、歩行を中心とした有酸素性運動やバランス運動、体操のような軽強度のエクササイズも効果的であると考えられる。さらに、階段下りは筋力向上効果の高い伸張性収縮が使われるので、大腿四頭筋

の強化としても勧められる。

⑵ロコモティブシンドローム

　ロコモティブシンドロームの運動処方は、柔軟性、バランス、下肢筋力、歩行速度の改善を目標とする。通常高齢者が対象となるので、レジスタンス運動の場合は、過負荷（オーバーロード）の原則は考慮せず、中強度の自重を用いたトレーニング（10〜15回、週2回以上）が推奨される。ストレッチングは、スタティック（静的）な種目を中心に、少なくとも週に2回、痛みのない範囲で行う。仲間と楽しく行えるようなスポーツやレジャー等も勧められる。姿勢を安定させられるように壁や机等を用いて転倒しないように十分注意し、関節疾患の場合や、関節の痛みや筋力の衰え、ふらつき等が悪化しているような場合は、必ず医師に相談する必要がある。

　ロコモティブシンドロームのためのトレーニングとしては、日本整形外科学会が推奨している「ロコトレ」がある。これには開眼片脚立ちやスクワット（図10）が含まれている。また下記のように、表3で該当したロコモ5の質問項目に従って運動の種類を選択するとよい。

- 片脚立ちで靴下が履けない、あるいは2kg程度の買い物をして持ち帰るのが困難、掃除機や布団の上げ下ろしなどが困難な場合は、立位姿勢バランスを調整する筋群を鍛える。レジスタンス運動は、トーレイズ、ヒールレイズ、スクワット、レッグカール（図11）等の下肢筋群を主働筋とした種目を選ぶ。

- 家の中でつまずいたり滑ったりする場合は、股関節周りや下肢のレジスタンス運動、ストレッ

チングを行う。特に股関節屈曲筋群である腸腰筋を強化するニーレイズや、トランクカール（図12）等の腹筋運動は重要である。

- 横断歩道を青信号の時間で渡りきれない場合は、歩行速度が人よりかなり遅いので歩行速度を高めるトレーニングを行う。具体的には少し歩幅を大きくした大股歩きや腕を大きく振ってピッチを上げる速歩などがあげられる。

- 階段を上るのに手すりが必要な場合は、下肢の筋力を強化するとともに、開眼片脚立ち（ふらつきがある場合は壁に手を付く）等でバランス能力を高めるとよい。

- 15分ぐらい続けて歩けない場合は、下肢筋力の低下もしくは有酸素性能力の低下が原因として考えられる。歩行や固定式自転車等の有酸素性運動を用いて、日常の身体活動量を高める工夫を行う。様々な種類の歩行を組み合わせたバリエーションウォーキングなども勧められる（図13）。

　平均年齢が67歳の高齢者を対象に開眼片脚立ち運動、もしくは椅子立ち上がり運動を5か月間実施し、歩行速度およびバランス機能に及ぼす効果について検討した報告がある[21]。その結果、5m通常歩行速度、椅子立ち上がり時間およびバランス機能を示す3mタンデム歩行速度において、椅子立ち上がり運動群が開眼片脚立ち運動群よりも有意な改善効果が認められたと報告している。開眼片脚立ち運動は、1分間3セットを両脚で実施し、椅子立ち上がり運動は、10回を3セット実施した。すべての被験者は、それに加えて背筋、内転筋、ハムストリングス、下腿三頭筋を使用す

図10●スクワット　　　　　　図11●レッグカール

図12●トランクカール

①キック歩行
前足をキックしながら歩く。ひざを曲げた状態から伸ばすタイミングで、太ももに力を入れるように意識しよう。1秒間に1歩のペースで行う。

②かかと歩行
つま先を上げたまま、かかとだけで歩く。自分の歩きやすい速さで行う。下腿前部（足のすねの部分）の筋肉を意識しよう。

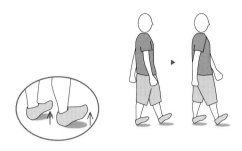

③つま先歩行
かかとを上げたまま、つま先立ちで歩く。自分の歩きやすい速さで行う。ふくらはぎの筋肉を意識しよう。

④大また横歩き
両手を腰に当て、真横に大きく歩く。足を着地させるときは、しこを踏むように少ししゃがみ、両脚をそろえて立ち、横に進む。しゃがんだ状態で少し停止しよう。3秒間で1サイクルするようなペースでゆっくりと行う。太ももの筋肉を使う。

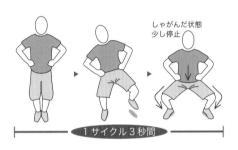

⑤もも上げ歩行
ももを上げながら、下腹部を意識して歩く。ももを地面と平行になるくらいまで持ち上げて少し停止する。停止する時間は3秒間を目指そう。

図13●バリエーションウォーキング

る自重運動と、踵とつま先をつけて立つタンデムスタンディング（両脚で3分間2セット）、およびステップエクササイズ（10段を5セット）を実施した。運動は合計30分とし週3回を5か月間実施した。週に1回は理学療法士の指導のもと、週に2回はホームエクササイズとしている。

⑶フレイル
　最近のフレイル予防および改善のための介入研究をまとめた調査研究では、14本の先行研究のうち9本が介入によってフレイルのレベルを改善させたと報告している[22]。ただし、エビデンスが脆弱でまた6つの異なる定義が使用されていたため、結果を慎重に解釈する必要があると結論付けている。また、平均年齢が77歳の高齢者を対象に12か月間の身体活動介入試験を実施し、フレイルの評価項目である体重、疲労、座りがちな行動、歩行速度、握力に及ぼす影響について検討した報告がある[23]。運動は、40〜60分間を週に3回12か月間実施した。初日から8週目までは、指導者の観察のもとトレーニングセンターにて、9〜24週の移行期はトレーニングセンターで週1回、ホームワークを週に2回、最後の25週から

図14●開眼片脚立ち

はホームワークベースでの実施とし、月1回の電話介入を行った。特に有酸素性運動は、歩行運動をベースとして少なくとも週に150分を基準とした。レジスタンス運動はアンクルウエイトを使用し、レッグエクステンションやレッグカール等の下肢の運動を中心に行い、開眼片脚立ち（図14）等のバランス運動も適宜実施している。歩行運動の強度はRPEで13（ややきついと感じる強さ）、レジスタンス運動は15～16（きついと感じる強さ）とした（ここでのRPEは6～20の段階で示されたものを用いている）。この結果、健康教室のみに参加したコントロール群と比較して、身体活動介入群では、フレイルリスク数（疲労、体重減少、身体活動、歩行速度、握力が基準を下回る数：最大5つ）が有意に減少した。

　フレイルは、適切に予防すれば日頃の生活にサポートが必要な要介護状態に進まずにすむ可能性がある。フレイル予防のための運動としては、サルコペニアの予防改善に重点を置いた歩行運動や自重を用いたレジスタンス運動が勧められる。低強度で無理のない楽な強さから始め、椅子立ち上がりなどの下肢筋力を高める運動や歩行などに徐々に移行するとよい。無理をすると転倒や骨折を起こす危険があるので、医師や運動専門家の指導のもとで行う必要がある。また、しっかり食べて良質なタンパク質を摂るなど栄養面の配慮も同時に行うべきである。

⑷メタボリックシンドローム

　近年、厚生科学審議会地域保健健康増進栄養部会では、生活習慣病対策の一環として、「1に運動、2に食事、しっかり禁煙、最後にクスリ」の標語

を掲げ、食事に加えて身体活動・運動施策についてもより一層の推進が図られることになった。これを受けて国民の健康の維持・増進、生活習慣病の予防を目的とした望ましい身体活動・運動および体力の基準を示すため、「健康づくりのための運動基準2006」が策定された。医療の現場ではEBM（Evidence Based Medicine：科学的根拠に基づいた医療）が叫ばれる中、健康増進の分野においても科学的根拠に基づいた指針が必要であると考えられる。この基準では、メタボリックシンドロームの予防として1週間に10メッツ・時の身体活動が推奨されており、これは「健康づくりのための身体活動基準2013」においても引き継がれている。「健康づくりのための身体活動基準2013」では、高齢者向けの身体活動基準が新たに示されており、強度を問わず身体活動を1週間に10メッツ・時の確保が推奨されている。「健康づくりのための身体活動基準2013」は運動指導の専門家向けに発表されたが、一般への普及ツールとしては、身体活動指針（アクティブガイド）が用いられている。アクティブガイドの大きな特徴の1つとしては、「＋10（プラス・テン）から始めよう！」をキャッチコピーにしていることである。身体活動は、歩行や自転車等の運動や家事、洗濯、通勤等の生活活動などどれでも10分から行い、それらを1日6回（高齢者は4回）確保する。身体活動は連続して行う必要はない。このような形で身体活動を行うことと、健康関連アウトカム（生活習慣病や転倒・足腰の痛み、うつ・認知症などの発生率）との間にポジティブな因果関係が認められる。

　メタボリックシンドロームの運動処方としては、有酸素性運動が基本となる。アメリカスポーツ医学会の運動処方の指針では[20]、高齢者対象の運動指針として、1週間に5回以上の中強度の運動を1日30～60分もしくは1週間に3回以上の高強度の運動を1日20～30分を推奨している。運動種目としては、過度の整形外科的ストレスを課さない歩行や水中歩行、固定式自転車などが勧められている。

⑸サルコペニア肥満

　サルコペニア肥満に対する運動処方のポイントとしては、サルコペニアを解消するのか肥満を解消するのかを事前に見極めることが重要である（図15）。BMIが35以上の高度な肥満やメタボリックシンドロームに該当しているような場合は、ウォーキング等の有酸素性運動が推奨される。有酸素性運動はサルコペニアの原因の1つでもあるインスリンの抵抗性を改善させるので、肥満解消だけではなく筋タンパクの分解も抑制することができる。極端なカロリー制限は筋タンパクの合成を阻害するので、運動に重点を置いた減量プログラムが効果的である。特に対象者が高血糖の場合は、担当医とも相談しながら体脂肪量の減少とインスリン抵抗性の改善を図るとよい。また、アメリカスポーツ医学会のガイドラインでは、有酸素性運動、レジスタンス運動、ストレッチングを含む包括的な運動プログラムが推奨されている。図16のようなウォーキングとストレッチングやレジスタンス運動を組

サルコタイプ	メタボタイプ
サルコペニアを解消	肥満を解消
〈ポイント〉 ・簡単な体操、レジスタンス運動 ・40歳を過ぎたら、脚筋や腹筋を中心に鍛える。特に75歳以上からは重要	〈ポイント〉 ・不活動の減少、有酸素性運動 ・インスリン抵抗性の改善（筋タンパクの分解を抑制）
〈運動例〉 自重運動（スクワット、カーフレイズ、片脚立ち、腿上げ、腹筋運動）、マシントレーニング、ダンベル運動、伸縮性バンド	〈運動例〉 ウォーキング、水中運動、サイクリング、ハイキング、テニスなどのスポーツ、その場での足踏み、座位時間の減少

図15●サルコペニア肥満の運動処方

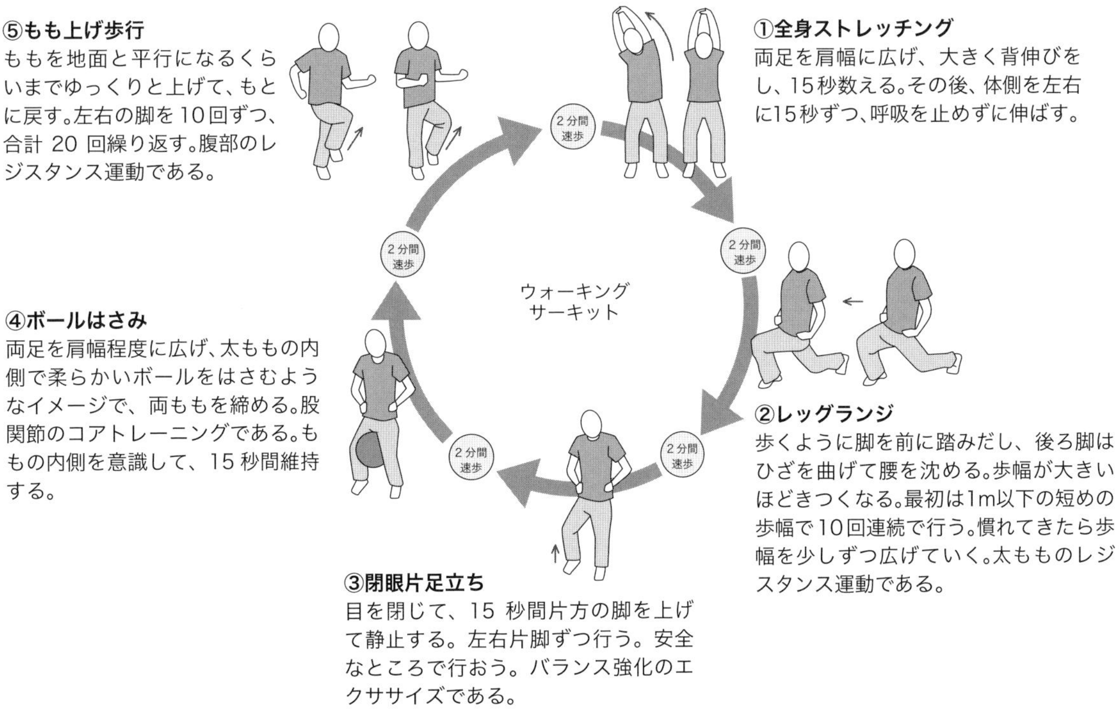

み合わせたウォーキングサーキットも効率的なエクササイズとして勧められる。

（真田樹義）

⑤もも上げ歩行
ももを地面と平行になるくらいまでゆっくりと上げて、もとに戻す。左右の脚を10回ずつ、合計20回繰り返す。腹部のレジスタンス運動である。

④ボールはさみ
両足を肩幅程度に広げ、太ももの内側で柔らかいボールをはさむようなイメージで、両ももを締める。股関節のコアトレーニングである。ももの内側を意識して、15秒間維持する。

③閉眼片足立ち
目を閉じて、15秒間片方の脚を上げて静止する。左右片脚ずつ行う。安全なところで行おう。バランス強化のエクササイズである。

①全身ストレッチング
両足を肩幅に広げ、大きく背伸びをし、15秒数える。その後、体側を左右に15秒ずつ、呼吸を止めずに伸ばす。

②レッグランジ
歩くように脚を前に踏みだし、後ろ脚はひざを曲げて腰を沈める。歩幅が大きいほどきつくなる。最初は1m以下の短めの歩幅で10回連続で行う。慣れてきたら歩幅を少しずつ広げていく。太もものレジスタンス運動である。

ウォーキングサーキット

2分間速歩

図16●高齢者のためのウォーキングサーキット

▶引用・参考文献

1) Cruz-Jentoft, A.J., et al.: European consensus on definition and diagnosis: Report of the European Working Group on Sarcopenia in Older People. Age Ageing, 39(4): 412-23, 2010.

2) Chen, L.K., et al.: Sarcopenia in Asia: consensus report of the Asian Working Group for Sarcopenia. J Am Med Dir Assoc, 15(2): 95-101, 2014.

3) Malmstrom, T.K., Morley, J.E.: SARC-F: a simple questionnaire to rapidly diagnose sarcopenia. J Am Med Dir Assoc, 14(8): 531-2, 2013.

4) 解良武士ほか: SARC-F; サルコペニアのスクリーニングツール. 日本老年医学会雑誌, 56(3): 227-233, 2019.

5) Kurita, N., et al.: SARC-F Validation and SARC-F+EBM Derivation in Musculoskeletal Disease: The SPSS-OK Study. J Nutr Health Aging, 23(8): 732-8, 2019.

6) Furushima, T., et al.: Development of prediction equations for estimating appendicular skeletal muscle mass in Japanese men and women. J Physiol Anthropol, 36(1): 34, 2017.

7) Sasaki, E., et al.: Evaluation of locomotive disability using loco-check: a cross-sectional study in the Japanese general population. J Orthop Sci, 18(1): 121-9, 2013.

8) Yoshimura, N., et al.: Epidemiology of the locomotive syndrome: The research on osteoarthritis/osteoporosis against disability study 2005-2015. Mod Rheumatol, 27(1): 1-7, 2017.

9) Hashizume, H., et al.: Development and evaluation of a video exercise program for locomotive syndrome in the elderly. Mod Rheumatol, 24(2): 250-7, 2014.

10) 荒井秀典. フレイルの意義, 日本老年医学会雑誌, 51(6): 497-501, 2014.

11) Fried, L.P., et al.: Cardiovascular Health Study Collaborative Research G. Frailty in older adults: evidence for a phenotype. J Gerontol A Biol Sci Med Sci, 56(3): M146-56, 2001.

12) Yoshimura, Y., et al.: Interventions for Treating Sarcopenia: A Systematic Review and Meta-Analysis of Randomized Controlled Studies. J Am Med Dir Assoc, 18(6): 553 e1- e16, 2017.

13) Examination Committee of Criteria for 'Obesity Disease' in J., Japan Society for the Study of O. New criteria for 'obesity disease' in Japan. Circulation journal : official journal of the Japanese Circulation Society, 66(11): 987-92, 2002.

14) Lakka, H.M., et al.: The metabolic syndrome and total and cardiovascular disease mortality in middle-aged men. JAMA, 288(21): 2709-16, 2002.

15) Blair, S.N., et al.: Changes in physical fitness and all-cause mortality. A prospective study of healthy and unhealthy men. JAMA, 273(14): 1093-8, 1995.

16) Katzmarzyk, P.T., et al.: Cardiorespiratory fitness attenuates the effects of the metabolic syndrome on all-cause and cardiovascular disease mortality in men. Arch Intern Med, 164(10): 1092-7, 2004.

17) Roubenoff, R. Sarcopenic obesity: does muscle loss cause fat gain? Lessons from rheumatoid arthritis and osteoarthritis. Ann N Y Acad Sci, 904: 553-7, 2000.

18) Sanada, K., et al.: Association of sarcopenic obesity predicted by anthropometric measurements and 24-y all-cause mortality in elderly men: The Kuakini Honolulu Heart Program. Nutrition, 46: 97-102, 2018.

19) Kim, H.K., et al.: Effects of exercise and amino acid supplementation on body composition and physical function in community-dwelling elderly Japanese sarcopenic women: a randomized controlled trial. J Am Geriatr Soc, 60(1): 16-23, 2012.

20) Medicine A.C.o.S. ACSM's Guidelines for Exercise Testing and Prescription, TENTH EDITION, 2018.

21) Yamashita, F., et al.: Chair rising exercise is more effective than one-leg standing exercise in improving dynamic body balance: a randomized controlled trial. J Musculoskelet Neuronal Interact, 12(2): 74-9, 2012.

22) Puts, M.T.E., et al.: Interventions to prevent or reduce the level of frailty in community-dwelling older adults: a scoping review of the literature and international policies. Age Ageing, 46(3): 383-92, 2017.

23) Cesari, M., et al.: A physical activity intervention to treat the frailty syndrome in older persons-results from the LIFE-P study. J Gerontol A Biol Sci Med Sci, 70(2): 216-22, 2015.

24) Satake, S. and Arai, H.: The revised Japanese version of the Cardiovascular Health Study criteria (revised J-CHS criteria), Geriatr Gerontol Int., 20(10): 992-3, 2020.

2——子ども・女性・障がい者に対するトレーニング

1 子どもに対するトレーニング

(1)発達段階に応じたトレーニングの重要性

「子どもは大人のミニチュアではない」といわれるように[1]、誕生から成人へと成長する過程で身体は大きな変化を遂げる。そのため、子どもに対してトレーニングの指導を行う場合、体力・運動能力の発達を十分に理解したうえでのトレーニングプログラムの作成やトレーニング指導が求められる。なぜなら、子どもでは体力・運動能力の発達が自然に生じる期間中、トレーニングのような付加的な刺激に対して感受性が非常に高いからである[2]。スピード、方向転換、瞬発力、敏捷性、筋力、持久力といった子どもの頃に自然に発達する体力・運動能力については、トレーニング刺激に対して感受性の高い時期である「適応の窓」が2つあるといわれている[2]。最初の適応の窓は、男女ともに約8歳頃までの神経系が向上する時期であり、2つ目の適応の窓は、男子では13歳頃から、女子では11歳頃からの思春期の時期であり、男性ホルモン濃度の増加による筋線維タイプの発達、筋量の増加が関与していると考えられている[3]。一方、男子では9歳から12歳頃、女子では9歳から10歳頃までの時期は、体力・運動能力の発達が一時的に滞る思春期不器用の時期であると考えられる。そこで、子どもの体力・運動能力の発達について表4のように分けて、それぞれの発達段階における特徴とトレーニングのポイントについて説明する。

(2)子どもに対するトレーニングの実際

①第1期(男女:8歳頃まで)

男女ともに8歳頃までの第1期の特徴としては、

表4●体力・運動能力の発達の年齢区分

	男　子	女　子
第1期	〜8歳	〜8歳
第2期	9〜12歳	9〜10歳
第3期	13歳〜	11歳〜

神経系の発達が体力・運動能力の著しい発達に関与している可能性が高いことを挙げることができる。第1期では走力や敏捷性、瞬発力といった体力・運動能力が著しく発達することが男女とも確かめられているが[4][5]、全身反応時間[6]や開眼片脚立ち[7]といった能力も著しく発達する時期でもある。したがって、ある特定の体力・運動能力の向上を目指すのではなく、様々な体力・運動能力の向上を目的としたトレーニングプログラムを作成する必要がある。さらに様々な体力・運動能力の向上を目的とすることは、第1期に必要とされる多種多様なトレーニングを通じて、各種スポーツに必要となる基礎的な動きを習得することにもつながる。幼児期に多様で豊富な運動経験がないと、大人になっても運動発達は停滞し運動スキル習得がなされない、いわゆる運動神経の鈍い、不器用な大人をつくることになる[8]。そのため、第1期では、運動だけでなく遊びも加え、様々な動きを取り入れながら身体を動かす時間を確保する必要がある。トッププレーヤーとしての技術を身に付けるには1万時間の練習が必要だといわれている[9]。1日3時間の練習でも10年必要であることから「熟練化10年の法則」ともいわれている[9]。1万時間の法則が提唱された1990年代では、「遊び」は練習には含まれていなかったが、2000年に入ると新たに「計画的遊び」という概念が提唱され、「遊び」のもつ多様性が運動スキルの向上に積極的に貢献することが明らかにされた[9]。そこで、第1期では、遊びを含めた様々な身体活動を積極的に行う必要があるといえる。

よって、第1期のトレーニングのポイントとしては、素早い動きや動きの習得を目的として、基本的な運動動作を考慮した運動を取り入れる必要がある(表5)[10]。ただし、遊びの中で楽しく、知恵や心を働かせながら、活発に動いて身につけていく自由な習得が望まれる[11]。なぜなら、運動や遊びが幼児の前頭葉機能に与える影響を調べ

表5 ●体育学センターの提案した基本的動作と分類

カテゴリー	動作の内容	個々の動作				
		1	2	3	4	5
安定性	姿勢変化 平衡動作	立つ・立ち上がる 逆立ちする わたる	かがむ・しゃがむ 起きる・起き上がる わたり歩く	寝る・寝ころぶ 積み重なる・組む ぶら下がる	回　る 乗　る 浮　く	転がる 乗り回す
移動動作	上下動作	登　る 降りる	上がる・飛び乗る 飛び降りる	飛びつく 滑り降りる	飛び上がる とび越す	這い登る・よじ登る
	水平動作	這　う 走る・駆ける・かけっこ 跳　ぶ	泳　ぐ スキップ・ホップ	歩　く 2ステップ・ワルツ	踏　む ギャロップ	滑　る 追う・追いかける
	回避動作	かわす 止まる	隠れる 入る・入り込む	くぐる・くぐり抜ける	潜　る	逃げる・逃げ回る
操作動作	荷重動作	担　ぐ 動かす 押さえる・押さえつける	支える 漕　ぐ 突き落とす	運ぶ・運び入れる 起こす 投げ落とす	持つ・持ち上げる・持ちかえる 引っ張り起こす おぶう・おぶさる	上げる 押す・押し出す
	脱荷重動作	おろす・抱えておろす	浮かべる	降りる	もたれる	もたれかかる
	捕捉動作	つかむ・つかまえる 受け止める 振る・振り回す・回す	止める わたす 積む・積み上げる	当てる・投げ当てる・ぶつける 転がす	入れる・投げ入れる 掘　る	受ける
	攻撃的動作	叩　く 崩　す 引く・引っ張る	突　く 蹴る・蹴り飛ばす 振り落とす	打つ・打ち上げる・打とばす 倒す・押し倒す 相撲をとる	割　る 縛る・縛りつける	投げる・投げ上げる 当たる・ぶつかる

(文献10より)

表6 ●遊びの分類を実践へ適用する際の観点

分類	特　徴	実践への観点
アゴン	競争という形をとる一群の遊び	何と競争するのか ・他者 ・過去の自分 ・モノ ・記録
アレア	運命で勝利が決まる遊び	じゃんけんの活用 ・体全体で、水中で特異な動きを生み出すきっかけにする
ミミクリ	人格を一時忘れ、別の人格をよそおう遊び	変身欲求 ・表現 ・リズム遊び ・器械運動での表現 ・動物や忍者、魚等に変身
イリンクス	眩量（めまい）の追求にもとづく遊び	心地よさを感じさせる ・連続回転 ・跳び下り ・こうもり振り下り等

(文献13より)

る中で、自発的な動機に基づく運動遊びが前頭葉機能の発達に効果的に働く可能性があることが指摘されているからである[12]。そこで、トレーニングに遊びの要素を加えることも必要だと考えられるが、遊びの概念を実践場面に適応する場合、カイヨワが提唱するアゴン（競争）、アレア（運）、ミミクリ（模擬）、イリンクス（眩量）を実践へ適用する観点を参考にするとよい（表6）[13]。

②第2期（男子：9歳頃から12歳頃、女子：9歳頃から10歳頃）

男子では9歳頃から12歳頃まで、女子では9歳頃から10歳頃までの第2期の特徴として、体力・運動能力の発達が一時的に停滞することを挙げることができる。思春期前に体力・運動能力の発達が一時的に停滞することは「思春期不器用」と呼ばれ、トレーニングによるパフォーマンスの低下ではなく、発育・成熟に伴う協調性の一時的停滞によるものと考えられている[14]。そのため、思春期不器用の真っ只中にいる子どもには、過度な負荷を避けながら、運動制御パターンを再学習するのに十分なトレーニングを提供することが必要である[3]。一方、第2期ではプライオメトリクスが、体力・運動能力の向上に効果的であることが示されている。男子ジュニアスポーツ選手においてト

レーニングがスプリントタイムに及ぼす影響について検討した結果、思春期前ではプライオメトリクスが最も高いトレーニング効果を有していることが認められている[15]。また、ジャンプ能力に対するプライオメトリクスの効果は、思春期前期までに限られる可能性があることも指摘されている[14]。したがって、第2期のトレーニングを考える場合、プライオメトリクスを導入することは、エビデンスに基づいているといえる。

そこで、第2期のトレーニングのポイントとしては、プライオメトリクスを適切に行うことを挙げることができる。子どもに対して安全にプライオメトリクスを実施するためのガイドラインについては、下記の通り示されている[16) 17)]。

- ケガを避けるために、トレーニングは最大で週に2回から3回に留めるべきである。
- 週2回トレーニングを行った場合、トレーニング効果が得られるのはトレーニングを開始してから8週間後から10週間後である。
- エクササイズの負荷は、週ごとに回数や難易度で増加させるべきである。トレーニング期間を10週間とした場合、最初の週での跳躍回数は50回から60回として、最終週には90回から100回にまでに増加させることが必要である。
- エクササイズ時間は10分から25分までとする。
- プライオメトリクスは、90秒間の休息をはさみながら、約10秒で終わるようにすべきである。
- 正しいテクニックや個々に応じたエクササイズを行うために、1人の指導者に対してトレーニングを行う子どもは4名から5名までとすべきである。

プライオメトリクスの代わりに縄跳びを用いることも有効である。スプリント走や方向転換といった能力の改善のために縄跳びを用いたトレーニングを行う場合、できれば二重跳び、二重跳びができない場合はテンポを速くして縄跳びを跳ぶことがポイントである[18]。縄跳びをする際に片脚や両脚交互のジャンプを取り入れることで、よりトレーニング効果が得られる可能性もある[19) 20)]。さらに、プライオメトリクスと縄跳びを組み合わ

せることで、プライオメトリクスの接地時間が短くなること、リズミカルにジャンプできることにより、付加的なトレーニング効果が得られることも示唆されている[21]。

③第3期（男子：13歳頃以降、女子：11歳頃以降）

第3期の特徴は、男女ともに思春期を迎えることによって生じる筋量、筋力の増加を挙げることができる。思春期を迎えると分泌量が急増する、男性ホルモンの1つであるテストステロンは、遅筋線維よりも速筋線維の肥大に強く作用することから[22]、相対的に遅筋線維の占める割合が減少し、速筋線維が占める割合が増加する[23) 24)]。事実、前腕、上腕、下腿および大腿の各部位における筋断面積を測定した結果、思春期に各部位での筋断面積が急増していることが認められている[25]。筋力は筋断面積に比例すること、また速筋線維が含まれる割合が高いほど大きな力を発揮できることから、男女とも第3期は、レジスタンストレーニングを導入し始めるのに適した時期であるといえる。

そこで第3期のトレーニングのポイントとしては、男女ともにレジスタンストレーニングを導入することを挙げることができる。なお、子どもに対するレジスタンストレーニングについては、ガイドラインが示されている[26]。

- トレーニング開始時にはウォームアップとしてダイナミックストレッチング、トレーニング終了時にはクールダウンとしてスタティックストレッチングを行うべきである。
- エクササイズの選択と配列については、体幹を含む全身の筋群をトレーニングするためのプログラムを作成すべきである。また、トレーニングは一般的に大筋群から小筋群へ、また複雑で多関節を用いるエクササイズから単関節エクササイズへと進めるべきである。
- トレーニングの量と強度について技術を習得するまでは、とても軽い負荷か負荷なしで行うべきである。技術を習得した後では、1RMの60％以下の負荷で8回から12回を1セットから2セットへと強度を上げる。さらにトレーニ

ングを進めていくと、1RMの80％以下の負荷で6回から12回を2セットから4セットへと進める。テクニックが優れている場合のみ、1RMの80％以上の負荷で6回以下の低回数でのトレーニングを導入できる。

- トレーニングを安全に実施するために、資格保持者等のもとで実施すべきである。
- 様々なエクササイズを正しいテクニックで、可動域全体を使ってトレーニングすべきである。また、正しい技術を習得し、ケガの危険性を最小限に抑えるため、リアルタイムフィードバックを心掛けるべきである。
- トレーニング頻度については、週に2回から3回が推奨される。ただし、連続して行わないこと。
- まずは技術の習得を優先すべきである。また、トレーニングを行う子どもの必要性、能力、成熟の程度に応じてプログラムを検討すべきである。

（三島隆章）

▶引用・参考文献

1) Lloyd, R.S., et al.: National Strength and Conditioning Association position statement on long-term athletic development. J. Strength Cond. Res., 30(6): 1491-1509, 2016.
2) Viru, A., et al.: Critical periods in the development of performance capacity during childhood and adolescence. Eur. J. Phys. Educ., 4: 75-119, 1999.
3) Lloyd, R.S., et al.: Chronological age vs. biological maturation: implications for exercise programming in youth. J. Strength Cond. Res., 28(5): 1454-1464, 2014.
4) 三島隆章ほか：身長発育とスピード，アジリティ，瞬発力および敏捷性の発達との関係—幼児期から青年期男子の解析—. トレーニング指導，2(1): 4-10, 2017.
5) 三島隆章・渡辺英次：身長発達とスピード，方向転換能力，瞬発力および敏捷性の発達との関係—幼児期から青年期女子の解析—. トレーニング指導，4(1): 10-18, 2021.
6) 中嶋義明：子どもの反応時間および歩行の発達的変化に関する研究. 札幌大谷短期大学紀要，24: 75-88, 1991.
7) 森岡周：幼児期から学童期における片脚立位能力の変化. 理学療法学，28(7): 325-328, 2001.
8) 酒井俊郎：幼児期の体力づくり. 体育の科学，57(6): 417-422, 2007.
9) 工藤和俊：スキルの発達と才能教育. 体育の科学，63(3): 187-190, 2013.
10) 高井和夫：子どもの調整力に関する研究動向について（第2報）. 文教大学教育学部紀要，41: 83-94, 2007.
11) 新宅幸憲：幼児期の立位姿勢における静的平衡性について：重心動揺・運動発達・足底面の関連性. 彦根論叢，391: 18-49, 2012.
12) 志村正子ほか：幼稚園児における運動・遊び経験と運動能力および前頭葉機能との関連性—横断的検討ならびに遊びによる介入—. 発育発達研究，37: 25-37, 2008.
13) 佐々敬正・中島友樹：体育科における「遊び」の定義と実践における有効性と可能性. 教育実践学論集，13: 277-288, 2012.
14) Lloyd, R.S., et al.: Changes in sprint and jump performances after traditional, Plyometric, and combined resistance training in male youth pre- and post-peak height velocity. J. Strength Cond. Res., 30(5): 1239-1247, 2016.
15) Rumpf, M.C., et al.: Effect of different training methods on running sprint times in male youth. Pediatr. Exerc. Sci., 24(2): 170-186, 2012.
16) Johnson, B.A., et al.: A systematic review: plyometric training programs for young children. J. Strength Cond. Res., 25(9): 2623-2633, 2011.
17) Peitz, M., et al.: A systematic review on the effects of resistance and plyometric training on physical fitness in youth- What do comparative studies tell us？ PLoS One, 13(10): e0205525, 2018.
18) Miyaguchi, K., et al.: Possibility of stretch-shortening cycle movement training using a jump rope. J. Strength Cond. Res., 28(3): 700-705, 2014.
19) Kotzamanidis, C.: Effect of plyometric training on running performance and vertical jumping in pre-pubertal boys. J. Strength Cond. Res., 20(2): 441-445, 2006.
20) Michailidis, Y., et al.: Plyometrics' trainability in preadolescent soccer athletes. J. Strength Cond. Res., 27(1): 38-49, 2013.
21) Makaruk, H.: Acute effects of rope jumping warm-up on power and jumping ability in track and field athletes. Polish J. Sport Tourism, 20(3): 200-204, 2013.
22) Matoba, H. & Niu, H.: The effects of castration and testosterone administration on the histochemical fiber type distribution in the skeletal muscles of the mouse. In: Morecki A, Fidelus K and Wit A (eds.), Biomechanics VII-B, University Park Press and PWN-Polish Scientific Publishers, Baltimore and Warsawa, pp.606-611, 1981.
23) Lexell, J., et al.: Growth and development of human muscle: a quantitative morphological study of whole vastus lateralis from childhood to adult age. Muscle Nerve, 15(3): 404-409, 1992.

24) Oertel, G.,: Morphometric analysis of normal skeletal muscles in infancy, childhood and adolescence: An autopsy study. J. Neurol. Sci., 88(1-3): 303-313, 1988.
25) 金久博昭ほか: 相対発育からみた日本人青少年の筋断面積. 人類学雑誌, 97(1): 63-70, 1989.
26) Stricker, P.R., et al.: Resistance training for children and adolescents. Pediatrics, 145(6): e20201011, 2020.

2 女性に対するトレーニング

(1)トレーニングに影響する女性の形態的特徴

　女性へのトレーニング指導において、トレーニング手段や強度・頻度等については、男性と基本的には同様であるが、体格・形態およびトレーニングに対する性ホルモンの影響を理解する必要がある。思春期前までは、男女間に身長・体重など形態面において差はほとんどない。思春期以降、女性では性ホルモンであるエストロゲンの分泌により体脂肪が蓄積しはじめ、乳房が発達して来る。男性では性ホルモンであるテストステロンの分泌により筋肉が発達して来る[1]。

　性ホルモンの影響を受けて、女性の形態が「妊娠・出産」に有利な特徴をもつ一方で、男性は「闘争・狩猟」に有利な特徴をもつ。成人女性の平均身長は男性より小さく、平均体重も軽い。また、女性の平均的な筋量は男性より少なく、平均的な体脂肪率は大きく、除脂肪体重は少ない[2]。

　男女のこうした形態的特徴の相違は、スポーツのパフォーマンスに影響を及ぼす。一般的には、パワーやスピードに影響する身長、除脂肪体重、筋量、速筋線維の割合は男性で高値となる。また、持久的能力に影響する心拍出量、肺活量、血色素量等も男性で高値となる。性ホルモンの影響からパワーやスピード系のスポーツ、持久系のスポーツともに、男性のパフォーマンスの方が高くなり、男女がともに競技をするスポーツ種目は少ない[3]。なお、実際には男女間の相違よりも、個人間の相違のほうが大きいことにも留意しなければならない。

　男性ホルモンであるテストステロンは筋量・筋力に影響するが、女性では男性より極めて低値である。このため女性では筋量・筋力ともに男性より小さく、上半身筋力は男性の25〜55%、下半身筋力は70〜75%とされている[4]。ただ、体重当たりの相対値に補正すると筋力の男女差は大幅に縮小し、下半身筋力の差は小さくなるが上半身の筋力は女性が小さい。これを除脂肪体重当たりに補正すると、男女差はほとんど見られなくなる[1]。

　女性では思春期から、女性ホルモンであるエストロゲンの影響が大きくなり、乳房や殿部、大腿部を中心に皮下脂肪の多い丸みを帯びた女性らしい体形となる[3]。このことが、女性では体脂肪率が大きくなり除脂肪体重が少ない形態となり、男女間の筋力差、特に上半身での差につながっている。また、女性では骨盤幅が広いため、大腿骨が膝部で形成するQ角（Q-angle）が大きく、膝の負担となり、前十字靭帯損傷が多く発生する可能性が高い[3]。

(2)トレーニングに影響する女性の生理的特徴

　男性と比べ体格が小さいため、女性の心臓の大きさは小さく心拍出量も小さい。そのため、女性の心拍数は高い。女性の赤血球数は男性よりも6%、ヘモグロビン量は10〜15%少なく、その結果、女性の酸素運搬能は低い。また、女性は肺活量や残気量が小さいため、呼吸換気量は、男性よりも10%劣るとされている。そして、女性の最大酸素摂取量（$\dot{V}O_2max$）は、男性よりも10〜15%低い[3]。この最大酸素摂取量の男女差には、エストロゲンの影響で女性では体脂肪率が大きくなり、除脂肪体重が少ない形態であることが影響している。

(3)女性へのトレーニングにおける留意点

　男女間の性差にかかわらず、レジスタンストレーニング、持久力向上トレーニングともに、トレーニング内容によって若干の差異はあるものの、男女同様の効果をもたらす[1]。トレーニングにおいては、男女差に加えて個々の筋力差、持久的な能力差、競技レベル、技能レベル、あるいはトレーナビリティを考慮して、プログラムを作成すべき

である。基本的には男女同様のトレーニング指導を実施するが、以下に述べる女性特有の問題への適切な対応も必要である。

⑷女性特有の問題への適切な対応──女性アスリートの三主徴（FAT）とその対策

①思春期の体の変化とトレーニング

　女性では、思春期から性ホルモンであるエストロゲンの分泌により体脂肪が蓄積しはじめる。このことはスポーツのパフォーマンスに負の影響を与え、パフォーマンスの停滞・低下が示されることがある。長距離走のパフォーマンスは、体重比（単位が$m\ell$/kg/分）の最大酸素摂取量（$\dot{V}O_2max$）の影響が大きい。自然な発育として、思春期の女性では体脂肪が蓄積し体重が増加しはじめ、トレーニングを継続しても体重比の最大酸素摂取量が向上せず、パフォーマンスが停滞・低下することがしばしば起きる。パフォーマンス向上のためには、走り込み（走行距離の増大）と食事制限を徹底的に実施して、体脂肪の少ない引き締まった体形を獲得する軽量化戦略をとり、トレーニングを継続することが、もっとも即効性が高い[5]。体重当たりの筋パワーが重要なフィギュアスケートなどでも、体脂肪の少ない引き締まった体型を獲

得するため食事制限を伴う軽量化戦略をとることがある。階級制のスポーツにおいても、審美性を競うスポーツでも食事制限を伴う軽量化戦略をとりトレーニングを継続することは多い。

②女性アスリートの三主徴と軽量化戦略

　思春期の女性アスリートがパフォーマンス向上を狙って食事制限を伴う軽量化戦略をとることは、多くのスポーツ種目のトレーニング場面でしばしば実施されてきたが、これは女性アスリートの三主徴（Female Athlete Triad：FAT）と呼ばれる深刻な健康被害をもたらす危険性が高い（図17）。アメリカスポーツ医学会（ACSM）では、①利用可能エネルギー不足（LEA）、②視床下部性無月経、③骨粗鬆症の3つの疾患を女性アスリートの三主徴と定義し、長距離ランナーや新体操、フィギュアスケートなど審美性を競うアスリートに多く認められるとしている[6]。

　3つの疾患はそれぞれが関連し合っているが、三主徴のはじまりは利用可能エネルギー不足と考えられている。利用可能エネルギー不足とは、運動によるエネルギー消費量に見合った食事からのエネルギー摂取量が確保されていない状態を指す。食事制限を伴う軽量化戦略を長期的に用いると、利用可能エネルギー不足が長期間続き、規則的にきていた月経が不順になり、利用可能エネルギー不足が改善されなければ無月経になる。トレーニングによる初経発来の遅延傾向や、激しいトレーニングに起因する続発性無月経などの各種月経周期異常は運動性無月経と総称されることもある[7]が、女性アスリートの三主徴においては視床下部性無月経と呼ばれている。

　卵巣からはエストロゲンが分泌されているが、エストロゲンは骨量と関連があり、無月経になるとエストロゲン分泌の低下により骨密度が低くなることが明らかになっている。低骨量や骨粗鬆症は閉経後の女性に多くみられる疾患として知られているが、10代や20代の若い女性アスリートにおいても骨密度が低いケースは決して珍しくない[8]。

　日本における女性アスリートの三主徴の頻度は、

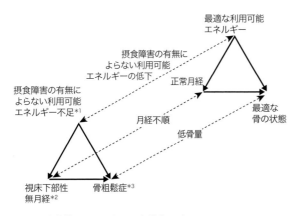

図17 ●女性アスリートの三主徴（FAT）
＊1　摂食障害の有無によらない利用可能エネルギー不足（LEA）：運動量に見合った食事が摂れていないこと。
＊2　視床下部性無月経：初経発来がみられなかったり、3か月以上月経が止まること（続発性無月経）。
＊3　骨粗鬆症：骨密度が低いこと。
（文献8を改変）

続発性無月経39.0％、利用可能エネルギー不足14.0％、低骨量22.7％と報告されており[9]、三主徴を有するアスリートでは疲労骨折のリスクが高いことが明らかになっている[10]。

③女性アスリートの骨量と軽量化戦略

　図18は女性の生涯にわたる骨量の変化を表している。女性の骨量は、20歳頃に最大骨量を獲得し、それ以降は増加させることはできない。1年間の骨量増加率は中学生の時期に最も高く、全身と腰椎の35％、大腿骨頸部の27％を思春期に獲得するといわれている。この骨量と女性ホルモンであるエストロゲンには関連があり、初経が来てエストロゲンが増加する時期と一致して骨量は高くなり、約50歳頃に閉経をむかえエストロゲンが低下すると、女性の骨量は急激に低下する。骨量を決定する因子はエストロゲンでだけでなく、遺伝、食事、運動など様々であるが、成長過程にある思春期では、無月経に伴う低エストロゲンが骨量に与える影響も大きく、低骨量の予防は思春期が重要な時期となる[11]。

　女性アスリートがパフォーマンス向上を狙って、食事制限を伴う軽量化戦略を長期的に用いると無月経になり、エストロゲン分泌の低下を招き、骨密度が低くなり疲労骨折のリスクが高くなる。特に最大骨量を獲得する前である思春期（20歳以前）において、食事制限を伴う軽量化戦略を長期的に行うことは、骨をもろくさせ、疲労骨折のリスクが非常に高くなる。また、最大骨量が低いことは骨粗鬆症につながり、一生にわたる健康被害につながる可能性が高い。

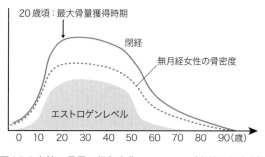

図18 ●女性の骨量の経年変化　　　（文献8を改変）

④トレーニング指導における女性アスリートの三主徴（FAT）への対策

　思春期までの女性アスリートに対して、食事制限を伴う軽量化戦略を用いたトレーニング指導は避けることが大切である。

　食事制限を伴う軽量化戦略は、長期的にみれば女性アスリートが疲労骨折の影響で十分なトレーニングができないことをもたらし、ときには競技からの早期リタイアをもたらす可能性が高い。そして一生に関わる健康被害（骨粗鬆症、摂食障害、不妊等のリスク）をもたらす可能性が高い。以上のことから、20歳までは軽量化戦略を避け、月経異常がない状態でしっかりした骨を形成し、骨の貯金をすることが重要であり、世界レベルを狙うならば、20歳までに強い骨の形成が大切である。

　15歳以上の女性アスリートで、視床下部性無月経（初経発来がみられない場合や、3か月以上月経が止まる続発性無月経）の症状がある場合には、利用可能エネルギー不足（LEA）を改善の指導と産婦人科受診を勧める[10]。

　なお、食事制限を伴う軽量化戦略は、難治性の疾患である摂食障害を引き起こす場合もしばしば見られる。摂食障害は、主に神経性やせ症・神経性過食症のことをさし、様々な身体合併症を併発するとされている。神経性やせ症（拒食症）は、精神的な原因により食行動の異常を生じ、極端なやせを来たす病気であり、成人ではBMIが16未満で重度（160cmで41kgを切る程度）、15未満になると最重度（160cmで38.4kg）と診断される。神経性過食症（過食症）は、大量の食物を一定の時間内に詰め込むように一気に食べては、その後嘔吐したり、下剤を用いたり、翌日食べるのを極端に制限したりして過食による体重増加を防ぐ。自分の意思では止められないという感覚をもつ場合がほとんどである[8]。トップレベルの女性マラソンランナーが、過剰な食事制限の影響から摂食障害を引き起こした事例も報告されている。摂食障害を避けるためにも、食事制限を伴う軽量化戦略を取り入れたトレーニング指導は用いるべきでない。

一方、思春期以降の女性アスリートでは、ピリオダイゼーションを活用した軽量化戦略を用い、最大パフォーマンスをめざすことが重要である。思春期以降（20歳以降）、重要な競技会で十分なパフォーマンスを発揮するためには、やはり一時的に軽量化戦略を用い体重・体脂肪を落とすことが必要となる。ただし月経異常が長期にわたり継続することは、骨粗鬆症や摂食障害などの重篤な健康被害をもたらすリスクが高いので、軽量化戦略を取る期間はできるだけ短期間に限定する。

シーズンオフなども含めトレーニング量を減少あるいは中止すると、運動性無月経のものでも性機能の回復が認められるとされている[12]。重要な試合やレースが終了した後は、明確にトレーニングを中断、減少させる移行期を、年間計画の中に取り入れることによって、無月経を解消できる可能性が高い。この移行期では体脂肪が増加することになるが、試合期に向けて徐々に体重・体脂肪を減少させ、狙いの試合・レースのみでパフォーマンスが最大に発揮できるベストの体重・体脂肪で挑む。

なお、女性において適切なレジスタンストレーニングを実施することは、骨密度を高めることがデータで示されている[1]ので、トレーニングにおいてレジスタンストレーニングを定期的に実施することも重要である。

⑤女性アスリートにおける前十字靱帯損傷（ACL）への対応

女性では骨盤幅が広いため、大腿骨が膝部で形成するQ角が大きく、膝の負担となり、前十字靱帯損傷（ACL）が多く発生する可能性が高いとされている。ACL損傷予防のトレーニングについて以下の内容が提案されている[13]。

①下肢三関節の屈曲−伸展運動を含んだスクワット系のエクササイズを徹底的に行うこと。深い膝屈曲を伴うパラレルスクワットなど。

②片脚スクワットも非常に有効

③跳躍トレーニングなどでは、跳躍後必ず片脚で着地を数秒止めること。片脚パワークリーンなどでは、必ず前重心のトリプルフレクションの形でバーベルをキャッチし、数秒制止する。

（山内 武）

▶引用・参考文献
1) Haff, G.G., Triplett, N.T. 編（篠田邦彦監修）: NSCA決定版ストリングス＆コンディショニング, 第4版, pp.160-164, ブックハウス・エイチディ, 2018.
2) 中川匠: 女性アスリートのメディカルサポート: 成人アスリート支援・総説. 臨床スポーツ医学, 37(1): 36-38, 2020.
3) 能瀬さやか編: 女性アスリートの健康管理・指導Q&A, pp.2-4, 日本医事新報社, 2020.
4) Vladimir, M.Z., et al.: Science and practice of strength training. 2nd ed. pp.173-189, Human Kinetics Publishers, 2006.
5) 山内武: 思春期女子ランナーにおける「軽量化戦略」の影, ランニング学研究, 31(2): 129-130, 2020.
6) Nattive, A., et al.: American College of Sports Medicine position stand. The female athlete triad. Medicine & Science in Sports & Exercise, 39(10): 1867-1882, 2007.
7) 目崎登: スポーツ医学入門, pp.134-154, 文光堂, 2009.
8) 能瀬さやかほか: Health management for female athletes Ver. 3—女性アスリートのための月経対策ハンドブック—, 東京大学医学部附属病院女性診療科・産科, 2018.
9) Nose-Ogura, S., et al.: Risk factors of stress fractures and due to the female athlete triad: Differences in teens and twenties. Scand J Med Sci Sports 20: 1501-1510, 2019.
10) 能瀬さやか: 産婦人科医のジュニア選手サポート, 臨床スポーツ医学, 37(1): 18-22, 2020.
11) 能瀬さやか編: 女性アスリートの健康管理・指導Q&A, pp.104-106, 日本医事新報社, 2020.
12) Bullen, B.A., et al.: Induction of menstrual disorder by strenuous exercise in untrained women. N Engl J Med, 312: 1349-1353, 1985.
13) 日本トレーニング指導者協会編著: スポーツトレーニングの常識を超えろ! pp.141-151, 大修館書店, 2019.

③ 障がい者に対するトレーニング

障がい者[*1]の体力・運動能力は、障がいの部位・程度・状態によって大きく異なり、個別性が非常に高いため、トレーニング指導者は、障がいに対する理解を深める必要性があると同時に、トレーニング現場では様々な工夫・配慮が必要となる。図19に「障がいの概要」を挙げる[1]が、多種多様な障がいの中から、ここでは、パラリンピック競技のアスリート（以下、パラアスリートという）

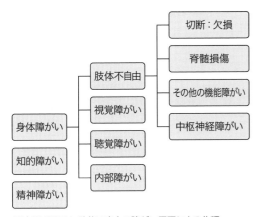

身体障がい
- 肢体不自由
  - 切断：欠損
  - 脊髄損傷
  - その他の機能障がい
  - 中枢神経障がい
- 視覚障がい
- 聴覚障がい
- 内部障がい

知的障がい

精神障がい

※右記4項目は、肢体不自由の障がい原因による分類。

図19●障がいの概要　　　（文献1、p.34図1を簡略化）

の多くが該当する「身体障がい」の「車いす使用者（主に脊髄損傷）」「四肢切断・欠損」「脳性麻痺」「視覚障がい」を中心に、トレーニング指導に関する話を取り上げる。

　障がい者への運動指導を行うに当たっては、公益財団法人日本障がい者スポーツ協会の「公認障がい者スポーツ指導者」の資格取得等で、障がいそのものや障がい者の特性について、より深く学

ぶことを推奨するが、障がい者へのトレーニングサポートを身近にとらえられるよう、ここでは最低限知っておくべき障がいに関する知識や安全管理、運動プログラムを処方するうえでの留意事項などを説明する。また、実際のサポート事例から、利用価値の高いトレーニング機器や補助具についても触れ、障がい者のトレーニング指導に臨むための理解を深める一助としたい。

*1　本項では「しょうがい」の表記について、法律、行政、医学用語等の固有名詞がある場合および引用した文献で表記されている場合は「障害」、それ以外は基本的に「障がい」を使うこととする。

(1)主な障がいの特性
①脊髄損傷（SCI：Spinal Cord Injury）

　高所からの転落や交通事故などの外傷により、脊椎・脊髄が損傷された状態のことをさす。受傷時に脊椎の骨折や脱臼を伴うことが多く、頸椎レベルの損傷では四肢の麻痺、胸椎では両下肢の麻痺を伴うことが多い。麻痺のレベル（高さ）・程度によって機能的な予後が決まる[2]（図20参照）。

　トレーニング時における脊髄損傷者特有の注意事項として、(a)褥瘡、(b)自律神経障害、(c)残存運

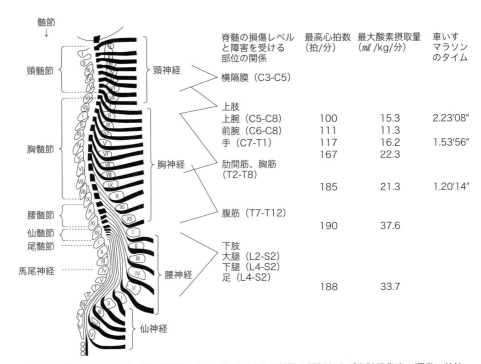

髄節		脊髄の損傷レベルと障害を受ける部位の関係	最高心拍数（拍/分）	最大酸素摂取量（㎖/kg/分）	車いすマラソンのタイム
頸髄節	頸神経	横隔膜（C3-C5）			
		上肢			
		上腕（C5-C8）	100	15.3	2.23'08″
		前腕（C6-C8）	111	11.3	
		手（C7-T1）	117	16.2	1.53'56″
			167	22.3	
胸髄節	胸神経	肋間筋、胸筋（T2-T8）			
			185	21.3	1.20'14″
		腹筋（T7-T12）			
腰髄節			190	37.6	
仙髄節	腰神経	下肢			
尾髄節		大腿（L2-S2）			
馬尾神経		下腿（L4-S2）			
		足（L4-S2）			
	仙神経		188	33.7	

図20●脊髄節と神経根、脊髄損傷レベルと障害を受ける部位の関係および脊髄損傷者の運動の特性
（文献3より）

動機能と姿勢制御が挙げられる。

(a)褥瘡

　直接組織が壊されない程度の力で阻血になり、組織が壊死に陥ることである。好発部位は、坐骨部・仙骨部・大腿骨大転子部・外果・足部など[1]で、座位トレーニングの際は座面の硬さに配慮し、介護用品の高性能パッドクッション等を適宜利用する。

(b)自律神経障害

　急激な血圧上昇、頭痛、損傷レベル以上の異常発汗、顔面紅潮などの症状を呈する「自律神経過反射」では、導尿、排便の促進、皮膚刺激の除去等の対処法[1]があり、多くの場合は本人が対処可能である。そして「体温機能障害」を持

①マジックベルト（幅広／厚／強）：脊髄損傷で姿勢制御が難しい場合、体を機器に固定
②各種マジックベルト：用途に合わせて使い分ける
③マジックベルト（細）：末端機能障がいで握力が弱い場合のグリップ補強例
④ハンドメイドアタッチメント（革製）：左前腕欠損でもプル動作が可能

図21●アタッチメント、補助具

つ障がい者は、高温環境下での運動ではうつ熱を起こすことがあり、めまい、吐き気、意識障害などの症状を呈する。発汗が阻害されている場合もあるため、水分摂取とともに、霧吹き・冷タオル等で頭頸部を冷却して対処する。また、低温環境下では凍傷に注意する[1]。

(c)残存運動機能と姿勢制御

　損傷部位が上位であればあるほど、体幹・四肢の残存運動機能も厳しく姿勢制御も難しくなるため、トレーニング種目選択の際は、体幹のコントロール（出力の程度や重心制御範囲）を事前に評価しておく必要がある。特にオーバーヘッド種目は、両側で行うと座位バランスを崩すことがあり、その場合は片側のエクササイズとして行うなどのアレンジをする。

②四肢切断・欠損

(a)四肢切断

　四肢の一部が何らかの原因により切り離された状態を示し、交通事故や労災事故などの外傷、動脈硬化による血行障害、糖尿病、悪性腫瘍、感染症などによる。切断した四肢があるように感じる幻肢やその痛みを感じる幻肢痛が問題になること

がある[2]。

(b)四肢欠損

　遺伝的異常や、何らかの事由で四肢の正常な発達が子宮内で中断したことによる形成異常で、四肢の欠損・変形・発育不全などがある。

　下肢切断者が義肢を使用してスポーツを行う場合、断端部への物理的負荷が大きく、義肢と切断端を結ぶソケット部に潰瘍ができやすいため、断端部の皮膚の状態に注意し、少しでも循環不全や潰瘍の兆候があれば早めに対策を行う[2]。また、切断アスリートは発汗が非常に多く、熱中症・脱水症になりやすいため、注意が必要である。

　上肢障がいでは末端の欠損や機能不全でグリップができず、患側が不活動になっているケースが多い。その場合はトレーニング用義手の他、アタッチメントなどを利用しエクササイズを行う（図21）。

③脳性麻痺（CP：Cerebral Palsy）

　脳性麻痺は、受胎から新生児（生後4週間以内）までに生じた、脳の非進行性病変に基づく、永続的なしかし変化し得る運動および姿勢の異常である[1]。

脳性麻痺の分類は、「片麻痺」など麻痺の身体分布による分類と、「痙直型」など筋緊張の異常の種類による分類があるが、ここでは詳細は割愛する。

脳性麻痺障がいの症状として、痙縮・拘縮・下肢痙縮に伴う尖足*2・てんかん発作などがあり、こわばりの程度によっては、運動開始前に他動的に筋肉を緩める必要がある場合もある。

下肢痙縮に伴う尖足では、片脚立位やスプリットスタンスのような姿位の種目は難しい。その場合は姿勢保持を助けるために安定した固定物につかまらせるか、スミスマシンなどの利用を考える。

*2 尖足（せんそく）：ふくらはぎの筋肉からアキレス腱の筋肉に痙縮や拘縮が生じた結果、つま先立ちのような足の形になってしまった変形で、立ったり歩いたりするときに踵が床に着かない状態。

④視覚障がい

視力ゼロの全盲の人から矯正視力0.3未満の弱視（ロービジョン）と呼ばれる人までが含まれる[1]。先天性の他、事故や病気、進行性の眼疾患に起因する視野異常には、狭窄（求心性、不規則性）、暗点、半盲（同名、異名、4分の1）などがある。

視覚障がい者は、日常生活全般において安全のため慎重に行動しなければならず、ジョギングや自転車などの有酸素性運動を1人で気軽に行える状況にない。そのため基礎体力向上には運動の機会を増やす努力や工夫が必要になる。表7に、視覚障がい者への接し方、指導のポイントを挙げる。

⑵有用性の高いトレーニング機器・補助具

トレーニングジムでは、健常者の利便性を維持しつつ、障がい者ならではのニーズに応えられるよう機器や動線などを整備することが望ましい。

表7●視覚障がい者への接し方、指導のポイント

〈視覚情報の欠如を補う方法を工夫する〉
・近づく／離れる（立ち去る）時は声をかける。
・移動で手引き（先導）が必要な場合は、指導者の肘や肩に手を置かせて少しゆっくり歩く。
・ジム内を歩く際は、マシンで突起している部分や足元に気を配って先導する。
・周囲の環境を説明する際、指示代名詞（あっち、そこ等）は避ける。
　（例）右へ5歩行ったところを左に曲がる。
　　　※障がい者側に立って「左右」を説明。
・音をたてる（対象物を叩く、床を踏む等）ことで位置を知らせる。
・動作・フォームをできる限り具体的に言語化して伝える（イメージできるように）。
・対象物を触らせることで全体像を把握させる。
　（例）初めて使うマシンの場合、シートの位置や向き、グリップ部分などを触らせる。
　（例）指導者が試技を行い、ポイントとなる身体部位を触らせて動作を伝える。
　　　※デッドリフトなど日常生活動作ではイメージしにくい種目を導入する場合。
・移動を伴う場合は、方向を音（声、手叩きなど）や声の指示で導く。
　（例）ウォーキングランジ、メディスンボールスローなど。
・パワー向上トレーニングでは難易度と安全性を考慮する。
　（例）クイックリフトのような全身的パワー発揮は動作が複雑で難しく、ジャンプ動作は着地の協調性が悪く安全性に欠ける。
　　　⇨接地したままのエクスプローシブスクワットとメディスンボールスローを代替種目として組み合わせる。

①カーディオ系トレーニング機器（図22参照）

車いすユーザーや片脚切断者は、図22①②③に示したような機器の利用が多い。

上肢障がい者がエアロバイクを利用する際、重い負荷や全力でペダルを漕ぐ場合には、義手をハンドル付近に固定するか、ハンドルの高さを調節

①上肢バイク：車いすのままで使用可能なタイプもある
②エルコリーナ：肋木に取り付けて使用
③摩擦抵抗式バイク：片脚切断・欠損者は片脚でスムーズに漕げるバイクを好む

図22●カーディオ系トレーニング機器

して義手なしで肘を置くなど腕の支持を安定させるよう工夫する。

　視覚障がい者の中には、全盲であってもトレッドミル走行が可能なアスリートもいるが、多くはエアロバイクやローイングマシンなど安定したポジションでの有酸素性運動を好む傾向がある。

②レジスタンストレーニング機器（図23参照）

　障がい者のレジスタンストレーニング実施にあたっては、マシンが有用性を発揮する。姿勢・動作軌道が安定しているため、脊髄損傷者であっても安全に負荷をかけることができる。上肢欠損でも、マシンであれば末端で外的負荷を把持しなくても負荷がかけられる。近年は車いすに乗ったまま利用できるユニバーサルデザインのマシンも市場に出てきているため、機器更新の際には選択の1つとして考えてもらいたい。

　フリーモーション系のケーブルマシンは、低負荷から細かく負荷設定されているため、障がい者全般のトレーニングに利便性が高い（図23①）。

　脳性麻痺で片脚種目やスプリットスタンスでは姿勢制御が難しい場合でも、スミスマシンであれば動作が安定し負荷もかけられる。姿勢制御が難しい比較的重い脊髄損傷のパラアスリートの中には、一般的なラットプルダウンマシンでは座位が安定せず、試行錯誤の結果スミスマシンでのチンニングが背部のトレーニングとして最も効果的かつ安全に行うことができている事例もある（図23②）。

③ディスエイブル用ベンチ（図23③参照）
④セーフティスクワットバー（図23④参照）
⑤アタッチメント、補助具（図21参照）

　脊髄損傷や上肢欠損などでグリップができない場合、様々なアタッチメントを活用すれば、上肢の運動が可能となる（図21③④）。また、脊髄損傷などで姿勢制御が不十分な場合、分厚く幅広で強力なマジックベルトを使用して身体をトレーニング機器に固定すると、不安なく本来の筋力発揮ができる（図21①②）。

(3)パラアスリートの指導に関する留意事項

①クラス分け

　パラアスリート競技では、公平性を保って競い合うために、障がいの種類・部位・程度によって細かくクラス分けがなされている。様々なトレーニングを行うことによって、身体機能が向上した場合、クラス分けに影響を及ぼす可能性があるため、事前に本人やコーチと話し合っておく必要がある。

②非対称性への対処

　S＆Cコーチは頻繁に四肢切断・欠損アスリートの非対称性問題に直面する[4)5)]。筋筋膜経線の観点から捉えると、非対称性は様々な影響を及ぼしていると考えられる[6)]。健側と同様に患側を鍛えられないことに対して否定的な見解をもつかもしれないが、実際には多くのパラアスリートはネガティブな結果なしに非対称性に適応している[3)]。

①ケーブルマシン：負荷設定もアームの角度調節も細かい設計で多種多様なエクササイズが可能＋車いすのままでも使用可能
②スミスマシン：簡単に高さ調節が可能（安全にぶら下がれる）＋視覚障がいでも安全に高負荷のエクササイズが可能
③ディスエイブル用ベンチ：通常のベンチ幅では仰臥位姿勢が不安定な脊髄損傷や下半身麻痺障がい者でも安全に使用できる幅広のベンチ
④セーフティスクワットバー：肩で担いでバランスがとれる構造のため、両手で支持できなくても安全に使用できる

図23●レジスタンストレーニング機器

③代償運動

障がい部位をカバーする「代償運動」の捉え方と対処（方法・許容範囲）は、海外も含めトレーニング指導現場において、しばしば議論の的になる。効率の良い動作の追求に対して、マイナスの印象が強い代償動作ではあるが、ニューロリハビリテーション関連科学研究分野では、パラアスリートの「残存機能の超発達をもたらす代償的発達」がいくつも明らかになっている[7]。脳性麻痺水泳選手の事例では、脳画像上は運動野・感覚野近辺に広範な損傷があり、運動と感覚麻痺は重度なはずだが、脳運動野の活性度を調査したところ、脳の運動を司る細胞の配列（運動野地図）が大幅に再編されていたことが判明している[7]。これらの事実を踏まえ、パラアスリートの代償動作に対するアプローチは、慎重かつ多角的に検討・対処すべきである。

④有酸素性運動能力の測定・評価

脊髄損傷における障がいの程度によっては、負荷漸増に対する心拍応答が健常者とは異なることが報告されている[8][9]。重い脊髄損傷のアスリートは、明らかに最大心拍数が抑制されるため、有酸素性運動能力測定の際、おそらく最も実用的な方法は、RPE（主観的運動強度）である[3]。ただし現場では、損傷レベル相応の心拍応答に合致しない事例を見ることもある。脊髄損傷が完全ではなく「不全」である場合も多く個人差も大きいため、個々人の変化を縦追いで検証・評価するスタンスが望ましい。

⑷まとめ

パラアスリートの競技特異的ではないレジスタンストレーニングに関しては、オリンピックアスリートのそれと同様と考えてよい[1]。パラアスリートのトレーニングサポートをする際は、健常者のトレーニング指導で培ってきた知見や経験を活かしつつも、決めつけないことが大事である。個別性が非常に高い部分は尊重し、コミュニケーションを取りつつ、できること／できないことをシビアに現状把握した上で、何をプラスすればできるようになるか？ という創意工夫が、障がいを抱えるアスリートの体力・競技力向上を促進する重要なファクターである。

（大石益代）

▶引用・参考文献
1) 公益財団法人日本障がい者スポーツ協会（編）: 新版障がい者スポーツ指導教本 初級・中級, ぎょうせい, 2016.
2) 矢部京之助, 草野勝彦, 中田英雄: アダプテッド・スポーツの科学 ―障害者・高齢者のスポーツ実践のための理論―. 市村出版, 2014.
3) 宮下充正, 平野裕一編: 才能教育論, 放送大学教育振興会, 2002.
4) Jeffreys, I. and Moody, J.: Strength and Conditioning for Sports Performance. Routledge, pp.506-518, 2016.
5) Cardinale, M., et al.: Strength and Conditioning - Biological Principles and Practical Applications. John Wiley & Sons, Ltd., pp.441-451, 2011.
6) Myers, T.W.: Anatomy Trains. Elserview Ltd., 2001.
7) 中澤公孝: パラリンピックブレイン. 東京大学出版会, 2021.
8) 袴田智子, 谷中拓哉, 山本真帆, 設楽佳世: パラリンピックアスリートを対象としたフィットネスチェックの取り組みについて. Journal of High Performance Sport, 5: 12-22, 2020.
9) Leicht, C., et al.: The BASES expert statement on assessment of exercise performance in athletes with a spinal cord injury. The Sport and Exercise Scientist, 37: 8, 2013.
10) Yves, C.V. and Walter, R.T.: Training and Coaching the Paralympic Athlete. WILEY Blackwell, 2016.
11) Goosey-Tolfrey, V.: Wheelchair Sport - A complete guide for athletes, coaches, and teachers. Human Kinetics, 2010.
12) 大石益代: トレーニング体育館における施設利用と個別トレーニングサポート. Journal of High Performance Sport, 5: 23-28, 2020.
13) 高橋佐江子, 鈴木栄子, 中本真也, 大石益代, 千葉夏実, 加藤英人, 木戸陽介: 片腕上肢切断・欠損パラリンピッククロスカントリースキー選手に対する姿勢・動作アセスメントに関する一考察. Sport Science in Elite Athlete Support, 3: 69-78, 2018.

生活習慣病、傷害の受傷から復帰までのトレーニングプログラム

1——生活習慣病、精神疾患等の予防

　国内の生活習慣病（肥満症、高血圧症、脂質異常症、糖尿病、心血管疾患、メタボリックシンドローム）、精神疾患（うつ病など）の罹患率は、近年増加している。生活習慣病、精神疾患の予防・改善に対する運動療法は、エビデンスを基盤としてガイドライン等が提示されている。

1 肥満に対するトレーニングプログラム

　肥満とは、「体脂肪組織に脂肪が過剰に蓄積した状態」と定められている。日本では、Body Mass Index（BMI＝体重kg/[身長 m]²）が25以上で肥満と判断されている[1]。BMI 25以上の判定基準は、疫学研究によりBMI 25のときの有病率（BMI 22の有病率を1としてオッズ比を算出）として高トリグリセライド血症が1.99倍、低HDLコレステロール血症が1.89倍、高血圧が1.67倍であったことから、BMI 25以上を肥満と判定している[1]。

　このように、肥満を起因として様々な健康障害（例えば、高血圧症、2型糖尿病、脂質異常症、心血管疾患など）が生じるため、予防・改善は重要な課題である。また判定基準において、BMI 35以上の場合には、高度肥満となる[1]。さらに、BMI基準に加えて、健康障害がある場合、または、内臓脂肪が蓄積した状態では、肥満症や高度肥満症と診断される[1]。

　肥満の原因は、主に1日のエネルギー消費に対する過剰なエネルギー摂取による余剰なエネルギーが脂肪となって体内に蓄積することであるため、肥満改善の基本はエネルギーを消費するための運動療法やエネルギー摂取を適切にするための

食事療法などの生活習慣の修正である。習慣的な運動や身体活動の増加が有用であることは多くの研究により証明されており、肥満の治療や予防に推奨されている運動療法に関するガイドラインも提示されている。

　「肥満症診療ガイドライン2016」では、肥満症の治療の目標は3〜6か月で現在の体重から3%の減量を目標とし、治療方法は、食事療法、運動療法、行動療法が挙げられている[1]。また、高度肥満症では、5〜10%の減量を目標とし、食事療法、運動療法、行動療法に加え、外科療法がある[1]。運動療法では以下のような運動種目・時間・強度・頻度が一般的に推奨されている[1]。

(1)運動種目

　ウォーキング（速歩）、軽いジョギング、スロージョギング、水中歩行、自転車、エアロビクス、アクアビクスなどの有酸素性運動を主体とし、レジスタンス運動、ストレッチングなどの運動を併用する。

　＊水中運動や自転車エルゴメーター運動は関節に負担がない運動として導入しやすいが、エネルギー消費量の観点では少ないことが注意点である。ウォーキングは強度を設定しやすいことや通勤などでも導入がしやすいことから、日常生活の中で身体活動量を増やすことも有効である。

(2)運動頻度・時間

　ほぼ毎日（週5日以上）実施する。身体活動量が十分であれば、運動の頻度が5日未満でもよい。1日の運動時間は、合計30〜60分、週150〜300分を実施する。中強度以上の運動の場合には1回10分未満の運動を積み重ねることでもよい。

⑶運動強度

運動開始初期は低〜中強度の運動から開始する。運動の実施に慣れてきたら徐々に強度を上げ、中強度以上の運動の導入も検討する。

⑷運動の注意点

事前にメディカルチェックを受け、運動療法の可否を確認したうえで、個人の基礎体力・年齢・体重・投薬状況などを踏まえて運動療法を設定する必要がある。特に肥満は、高血圧症、脂質異常症、糖尿病、動脈硬化などの他の疾患を併発している場合もあることから、高血圧症、脂質異常症、糖尿病で記載されている注意事項についても確認が必要である。その他、以下の項目も確認が必要である。

- 脳血管疾患の既往やその兆候・症状がある場合、また、糖尿病による腎症・自律神経障害の合併がある場合には、多段階運動負荷試験の実施を推奨する。
- 収縮期血圧180mmHg／拡張期血圧100mmHg以上の高血圧の場合には服薬して血圧をコントロールしたうえで運動を実施する。
- 肥満状態で運動を実施する場合、関節などに大きな負担がかかることから、整形外科的な問題がある場合には改善してから実施する。

運動療法は、骨格筋の収縮を介してエネルギーの消費量を増加させることで脂肪を燃焼あるいは脂肪の蓄積を予防する効果があるが、運動によるエネルギー消費だけの減量は多くはない。そのため、脂質や糖質などの必要以上のエネルギーを摂取している量を減らす食事療法との併用が効果的である。

例えば、体重100kgの肥満者を6か月間で5kgの脂肪を運動療法および食事療法で減らす目標の場合：1kgの脂肪は約7,000kcalであるため、5kg脂肪×7,000kcal=35,000kcal（1日当たり195kcal）を消費の増加および摂取の減少をしなければならない。

①運動療法（エネルギー消費の増加）

ウォーキング（3メッツ）を1日15分実施した場合
3メッツ×体重100kg×0.25時間＝75kcal/日

75kcal/日×180日＝13,500kcal
を運動で消費

②食事療法（エネルギー摂取の減少）

基礎代謝＋1日の身体活動による消費カロリーが必要エネルギー量であり、必要エネルギー量から摂取量を減らす

35,000kcal−13,500kcal（運動で消費した量）
＝21,500kcal
21,500kcal÷180日≒120kcal/日
の摂取量を減らす

といった簡易なシミュレーションをしたうえで計画的に実施をすることも必要である。そのため、運動療法および食事療法の併用を実施するためには、現状の身体活動量（エネルギー消費量）と1日の総摂取量（エネルギー摂取量）を把握する必要がある。また、食事療法においては、脂質や糖質を主に減らし、タンパク質やビタミン・ミネラルなどは減らすべきではない。

加えて、肥満の判定基準は基本BMIであるが、BMI評価は体重に依存した判定基準のため、やせ型で体脂肪が多い者を過小評価する場合や、体重が重くて筋量が多い者を過大評価する場合があることから、体脂肪率の計測も含めて判断が必要な場合がある。

２ メタボリックシンドロームに対するトレーニングプログラム

メタボリックシンドロームとは、内臓脂肪型肥満に加えて、高血圧、脂質代謝異常、高血糖といったリスクを2つ以上の複数該当した状態である[2]（表1）。肥満、高血圧、脂質代謝異常、高血糖は互いに発症リスクを高めるだけでなく、それぞれ単独で動脈硬化を進行させ、心血管疾患（心筋梗塞、脳梗塞など）の発症リスクとなる。さらに、肥満、高血圧、脂質代謝異常、高血糖の複数のリスクを有する場合には相乗的に動脈硬化の進展を促進させる。そのため、メタボリックシンドロームのリスクである肥満以外の高血圧、脂質代謝異常、高血糖（糖尿病）に対するトレーニングについてはそれぞれ以下に示す。

(1)必須項目（内臓脂肪蓄積）
ウエスト周囲径　男性≧85cm、女性≧90cm
（内臓脂肪面積　男女とも≧100cm^{2}に相当）
(2)選択項目
(1)必須項目に加えて以下の3項目のうち2項目以上
が該当した場合にはメタボリックシンドロームと診断
する。
①脂質異常
高トリグリセライド血症≧150mg/dℓ
かつ／または
低HDLコレステロール血症＜40mg/dℓ（男女とも）
②収縮期血圧≧130mmHg
かつ／または
拡張期血圧≧85mmHg
③空腹時高血糖≧110mg/dℓ

※CTスキャンなどで内臓脂肪量測定を行うことが望ましい。
ウエスト周囲径は立位・軽呼気時・臍レベルで測定する。脂
肪蓄積が著明で臍が下方に偏位している場合は、肋骨下縁と
前上腸骨棘の中点の高さで測定する。
メタボリックシンドロームと診断された場合、糖負荷試験が
薦められるが診断には必須ではない。
高トリグリセライド血症・低HDLコレステロール血症・高血
圧・糖尿病に対する薬剤治療を受けている場合は、それぞれ
の項目に含める。
糖尿病、高コレステロール血症の存在はメタボリックシンド
ロームの診断から除外されない。

（文献2を改変）

③ 高血圧症に対するトレーニングプログラム

高血圧とは、収縮期血圧が140mmHg以上かつ／または拡張期血圧が90mmHg以上を高血圧症と定義されている[3]。平成29年「国民健康・栄養調査」[4]によると、収縮期血圧140mmHg以上の割合は、男性で37.0%、女性で27.8%であり、現在わが国において最も頻度の高い疾患の1つである。収縮期血圧が140mmHg以上、拡張期血圧が90mmHg以上の場合、循環器病死亡の相対危険度は男性で1.37倍、女性で1.18倍、心臓病死亡の相対危険度は男性で1.29倍、女性で1.12倍、脳卒中死亡による相対危険度が男性で1.45倍、女性で1.27倍増大することが示されている[5]。

高血圧症の要因としては、好ましくない食生活・身体活動量の不足・喫煙・ストレスといった生活習慣が密接に関連している。高血圧治療の基本は生活習慣の修正と降圧薬治療であるが、高血圧症

の発症予防には習慣的な運動や身体活動の増加が有用であることは多くの研究により証明されている。それらの成果をもとにして、高血圧の治療や予防に必要な推奨運動量・身体活動量など療法に関するガイドラインが確立されている。

日本高血圧学会の「高血圧治療ガイドライン2019」では、降圧治療には、生活習慣の修正、降圧薬治療が挙げられている[3]。生活習慣の修正は、①食塩摂取量の制限、②野菜や果物の摂取の促進、③飽和脂肪酸や総脂肪摂取量の制限、④体重減少（肥満の場合）、⑤運動・身体活動量の増加、⑥アルコール摂取量の制限、⑦禁煙などである。

運動療法は、運動による血流増大を介した動脈血管の内皮由来血管拡張因子の分泌を誘導することで血管内皮機能（一酸化窒素の産生促進など）を改善すること、交感神経系の抑制、インスリン感受性の改善などによって、降圧効果が得られ、高血圧症を改善することが報告されている。習慣的な有酸素性運動では、収縮期血圧を3.5mmHg低下、拡張期血圧を2.5mmHg低下させ、高血圧患者においても収縮期血圧を8.3mmHg低下、拡張期血圧を5.2mmHg低下させる効果がある[6]。そのため、運動療法では以下のような運動種目・時間・強度・頻度が一般的に推奨されている[3]。

(1)運動種目

ウォーキング(速歩)、スロージョギング、ステップ運動、ランニングなどの有酸素性運動。

(2)運動頻度・時間

1週間定期的に（できればほぼ毎日）、30分以上の運動を目標とする。また10分以上の運動であれば合計して1日40分以上としてもよい。

(3)運動強度

低・中強度の運動は収縮期血圧の上昇はわずかであるのに対して、高強度の運動は血圧上昇が著明であるため、中等度「ややきつい」と感じる程度の運動強度(最大酸素摂取量の40～60%程度)が望ましい。また上記のような運動を急に実施するのは身体に与える負担が大きいため、掃除、洗車、子どもと遊ぶ、自転車で買い物に行くなどの生活活動のなかで身体活動量を増やすことからは

じめてもよい。なお、高強度（最大酸素摂取量の75％運動負荷）の運動は運動中の血圧上昇が顕著であり、運動後にも交感神経系や血管収縮系ホルモン分泌が活性化する可能性もあることから安全性を考慮すれば、運動強度は軽〜中強度に留めるべきである。

⑷運動の注意点

事前にメディカルチェックを受けて虚血性心疾患・心不全などの心血管合併症がないことを確認し、運動療法の可否を確認した後に、個人の基礎体力・年齢・体重・投薬状況などを踏まえて運動療法を設定する必要がある。運動を実施する前には、当日のメディカルチェックとして、①安静時心拍数がいつもより高い・低いとき、②収縮期血圧が200mmHg以上あるいは拡張期血圧が120mmHg以上のとき、③胸の締め付け、動悸、息切れを感じるとき、④膝、腰などの関節痛や筋肉痛があるとき、には運動の実施は避けた方がよい。また、準備・整理運動は十分に行い実施するように指導する必要もある。

近年の研究報告では、降圧薬を服用している高齢者が低強度のランニング運動を1回30分、週6回、3か月間の実施で収縮期血圧が15mmHg低下、拡張期血圧が9mmHg低下した結果[7]（図1）や中強度の自転車運動を1回45分、週3日、2か月間の実施で収縮期血圧が12mmHg低下、拡張期血圧が5mmHg低下したという結果[8]も報告されている。

さらに運動療法は、1週間当たり総運動時間で設定することでも妥当であり、ガイドラインでも「軽強度の有酸素性運動（動的および静的筋肉負荷運動）を毎日30分、または週180分以上行う」とされている[3]。例えば、1回の運動時間を長く設定し1週間の運動回数を減らすか、運動時間を短く設定し1週間の運動回数を増やすなどの設定を個人のライフスタイルに合わせて提示することができる。

また、肥満を伴う高血圧の場合、近年では軽強度のレジスタンス運動による降圧効果も報告されており、有酸素性運動だけでなく、軽強度の静的

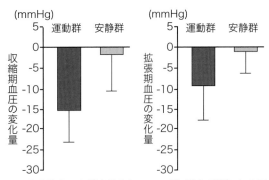

図1●中強度の有酸素性トレーニング（3か月間）と血圧の変化量　　　　　　　　　　　（文献7を改変）

なレジスタンス運動も導入してもよい。高血圧症の改善には運動療法だけでなく、食塩摂取量やアルコール摂取量の制限、禁煙などとの併用がより効果的といえるため、複合的な療法の提案も必要である。

④ 脂質異常症に対するトレーニングプログラム

脂質異常症とは、空腹時の血液中の低比重リポタンパク質（LDL）コレステロール値が140mg/dℓ以上、高比重リポタンパク質（HDL）コレステロール値が40mg/dℓ未満、トリグリセライド（中性脂肪）値が150mg/dℓ以上の3項目のうち1つでも該当する場合と定義されている[9]。こうした脂質異常症の有病者の割合は、成人で20％程度が該当するといわれており、現在わが国において頻度の高い疾患の1つである。血中のLDLコレステロール値が80mg/dℓ未満に比べて、140mg/dℓ以上の場合では、冠状動脈血管疾患の発症や死亡リスクが2.8倍増加することが報告されている[10]。血中のHDLコレステロール値が1％増加するごとに心筋梗塞による死亡率は、3％減少することも示されている[11]。また、血中の中性脂肪値は心血管疾患の発症リスクを男性で1.14倍、女性で1.37倍増加することが示されている[12]。

脂質異常症の治療は、生活習慣の改善が根幹であり、薬物療法中も生活習慣の改善の実施を行うべきである。また、冠動脈疾患を合併しない場合には食事療法と運動療法に重点を置いた生活習慣

改善を最初に行い、次のステップとして薬物療法との併用療法が推奨されている。

日本動脈硬化学会の「動脈硬化性疾患予防のための脂質異常症診療ガイド2018」[9]および「動脈硬化性疾患予防ガイドライン2017年度版」[13]において、高脂血症のための生活習慣の改善には、①禁煙（受動喫煙の防止も含む）、②食事管理（バランス良い食事、飽和脂肪酸・コレステロール摂取の制限、食物繊維の摂取、食塩の制限）、③体重管理（BMI 25以上であれば体重減少）、④運動・身体活動量（有酸素性運動を中心に実施）、⑤飲酒（アルコール摂取量の制限）とされている。日本動脈硬化学会の「動脈硬化性疾患診療ガイドライン」によると、脂質異常症のための生活習慣の改善項目は、「1．減量：適正体重の維持（BMI 18.5～24.9の範囲）」「2．減塩：食塩摂取の制限（7g/日以下）」「3．アルコール摂取の制限」「4．コレステロールや飽和脂肪酸の摂取制限」「5．運動療法（運動・身体活動量の増加）」「6．禁煙」とされている。

運動療法は、骨格筋のリポプロテインリパーゼ活性が増大し、トリグリセライド（カイロミクロン、VLDL、LDL）の分解を促進させることにより、血中HDLコレステロールを増やすと考えられている。HDLコレステロールは、体内の余剰なコレステロールを回収し、肝臓に運搬する役割を有していることから、運動によるHDLコレステロールの増加は脂質異常症の改善にとって重要である。3か月以上の有酸素性運動は血液中の中性脂肪の濃度を10～20mg/dl低下させ、LDLコレステロール濃度は変わらず、HDLコレステロール濃度を2～3mg/dl増加させる効果があるといわれている[14]。また、最大酸素摂取量の40～50%の運動強度で1回約30分、週3日、12週間のウォーキングを実施した結果、血中HDLコレステロール濃度が増加し、血中中性脂肪濃度が低下したことが報告されている[15]（図2）。そのため、運動療法では以下のような運動種目・時間・強度・頻度が一般的に推奨されている[9][13]。

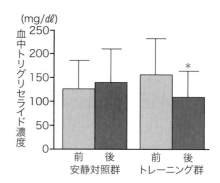

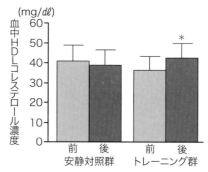

＊p<0.05：トレーニング群の前後の変化量 vs. 安静対照群の前後の変化量

図2●中強度の有酸素性トレーニング（3か月間）と血中脂質の変化　　　　　　　　（文献15を改変）

(1)運動種目

有酸素性運動を中心とした種目として、ウォーキング、速歩、水泳、スロージョギング（歩くような速さのジョギング）、自転車、ベンチステップ運動などの大きな筋をダイナミックに動かす身体活動。

(2)運動頻度・時間

1日の合計30分以上の運動を毎日続けることが望ましい（少なくとも週3日は実施すること）。また、1日の中で10分程度短時間の運動を数回行い合計30分以上としてもよい。

(3)運動強度

中強度以上の運動を推奨する。中強度以上の運動とは3メッツ以上の強度（通常速度のウォーキングに相当する強度）の運動である。心血管疾患や骨関節疾患がある場合や低体力者の場合には、急に運動を実施することは身体に与える負担が大きいため、3メッツ以下の強度の身体活動として、掃除、洗車、子どもと遊ぶ、自転車で買い物に行

くなどの生活活動の身体活動量を増やすことから
はじめてもよい。

⑷運動の注意点

　運動を実施するうえで、以下の項目に注意する
必要がある。①体調不良、心拍数が平常時よりも
20拍/分以上高い場合には運動は中止すること、
②運動は早朝や食事直後でなく、食前や食後2時
間以降に行うこと、③座りがちな生活を送ってい
る場合、いきなり長時間あるいは高強度の運動を
開始せず、徐々に運動量を増やしていくこと、④
動脈硬化性心血管疾患や骨関節疾患など運動が禁
忌になる場合もあるため、事前にメディカル
チェックを受け、医師に相談して実施すること、
⑤気温に合った服装を身につけ、脱水に注意する
こと、⑥準備・整理運動は十分に行うこと。

　1日200kcal程度の身体活動量を有する高齢者
の血液中の中性脂肪濃度は約14%低い値を示す
ことが報告されている[16]。また、脂質異常症の
改善には運動療法だけでなく、食塩摂取量やアル
コール摂取量の制限、禁煙などとの併用がより効
果的といえるため、複合的な療法の提案も必要で
ある。

5 2型糖尿病に対するトレーニングプログラム

　糖尿病とは、早朝空腹時血糖値126mg/*dl*以上、
75g OGTT（経口ブドウ糖負荷試験）で2時間値
が200mg/*dl*以上、随時血糖値が200mg/*dl*以上、
HbA1c（グリコヘモグロビン）が6.5%以上の4
項目のうち1つでも該当する場合と定義されてい
る[17]。平成29年「国民健康・栄養調査」[4]において、
国内の糖尿病の有病者か予備群（糖尿病が強く疑
われる者）の割合は男性18.1%、女性10.5%で
あり、現在わが国において頻度の高い疾患の1つ
である。現在、過剰な食事摂取・運動不足・スト
レスなどの生活習慣を主因として急増している糖
尿病は2型糖尿病であり、全糖尿病患者の約9割
を占めている。2型糖尿病の場合、心血管疾患の
発症を2〜3倍増加させること[18]や心血管疾患
による死亡の相対危険度を男性で1.76倍、女性

で2.49倍増大させることが示されている[19]。

　糖尿病の治療は、運動療法・食事療法・薬物療
法（経口血糖降下薬・インスリン治療）が3本柱
であるが、糖尿病の発症予防には習慣的な運動や
身体活動の増加が有用であることは多くの研究に
より証明されている。それらの成果をもとにして、
糖尿病の治療や予防に必要な推奨運動量・身体活
動量など療法に関するガイドラインが確立されて
いる。

　日本糖尿病学会の「科学的根拠に基づく糖尿病
診療ガイドライン2013」[20]において、糖尿病治
療の基本として、「1. 食事療法と運動療法を励
行し、血糖値をコントロールする。また、肥満を
解消する」「2. 必要があれば、経口血糖降下薬
やインスリン療法を行う」「3. 血圧や脂質代謝
の管理を行う」「4. 治療の目標は、急性・慢性
の合併症の予防、合併症の治療とその進展抑制で
ある」とされている。

　運動療法は、運動により使われた骨格筋が糖や
遊離脂肪酸の利用を促進させるため、血糖コント
ロールの改善、インスリン感受性の増加、脂質代

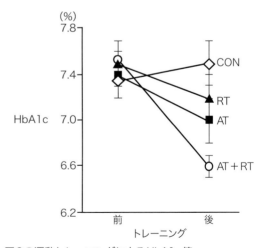

図3●運動トレーニングによるHbA1c値

(文献21を改変)

CON：コントロール
RT：レジスタンス運動
AT：有酸素性運動
AT＋RT：ATとRTのコンバインドトレーニング
HbA1c：グリコヘモグロビン
　　　（過去1〜2か月前の血糖値を反映する指標）

謝の改善、血圧低下、心肺機能の改善が得られ、糖尿病を改善させる。さらに有酸素性運動により、内臓の脂肪細胞が縮小することで肥満を改善し、脂肪組織から産生されるアディポサイトカインなどのインスリンの働きを妨害する物質の分泌が減少することも報告されている。このように、有酸素性運動は、骨格筋や肝臓の糖の処理能力を改善し、血糖コントロールを安定させる。また、レジスタンス運動により、筋量の増加が糖の処理能力を改善させることで血糖コントロールを安定させる効果も示されており、さらに、有酸素性運動とレジスタンス運動の併用はそれぞれの運動単独よりも効果的に糖尿病を改善させることも報告されている[21]（図3）。そのため、運動療法では以下のような運動種目・時間・強度・頻度が一般的に推奨されている[17]。

(1)運動種目

糖尿病を改善させる運動として、有酸素性運動とレジスタンス運動、またはそれらの併用の実施が推奨されている。

①有酸素性運動：ウォーキング（速歩）、ジョギング、水泳、自転車などのできるだけ大きな筋を使用する運動。全身運動。

②レジスタンス運動：腹筋、ダンベル、腕立て伏せ、スクワットなどのおもりや抵抗負荷に対して動作を行う運動。

＊水中運動は有酸素性運動およびレジスタンス運動の両方が行える運動種目であり、膝への負担が少なく、肥満糖尿病患者には安全かつ効果的な運動である。

(2)運動頻度・時間

①有酸素性運動：できれば毎日、少なくとも週に3～5回、運動時間は20～60分間行い、1週間の合計150分以上の実施が勧められている。糖尿病患者の糖代謝の改善は運動後12～72時間持続することから、血糖値を低下改善させるため、運動はできれば毎日、少なくとも1週間のうち3～5日行う必要がある。また、歩行運動の場合、1回につき、15～30分間、1日2回、1日の運動量として約10,000歩、消費エネルギーとして160～240kcal程度が適当で

ある。

②レジスタンス運動：週に2～3回の実施が勧められている。ただし、虚血性心疾患などの合併症患者などでは高強度のレジスタンス運動の実施は勧められない。また、高齢者においても急激な頻度や回数での実施は勧められない。

(3)運動強度

①有酸素性運動：一般的に中等度の強度の有酸素性運動（最大酸素摂取量の50％前後、運動時心拍数が50歳未満で100～120拍/分、50歳以降で100拍/分以下）を行うことが勧められている。ただし、不整脈などで心拍数を指標にできない場合、主観的運動強度として、「ややきつい」または「楽である」を目安とする。

②レジスタンス運動：8～10種目のレジスタンス運動を1種目につき、10～15回を1セットとして1～3セット繰り返すことが勧められている。ただし、慣れていない場合にはレジスタンス運動の種目・セット数などを徐々に増やして実施する。

運動を実施するタイミングは、生活の中で実施可能な時間であればいつ行ってもよいが、特に食後1～2時間後に行うと効果的に食後の高血糖状態を改善させる。

(4)運動の注意点

運動を実施するうえでの注意点としては、まずメディカルチェックを受けて運動療法の可否を確認した後に、個人の基礎体力・年齢・体重・健康状態などを踏まえて運動量を設定する必要がある。運動の前後に5分間の準備・整理運動を行うこと、血糖がコントロールされていない1型糖尿病患者、空腹時血糖250mg/dl以上または尿ケトン体陽性者では、運動中に高血糖になることがあるので注意が必要である。また逆に、インスリンや経口血糖降下薬（特にスルホニル尿素薬）で治療を行っている場合は低血糖になりやすいことに注意する必要があるため、運動量の多いプログラムでは、補食をとる、あるいは、運動前後のインスリン量を減らすなどの注意が必要である。それ以外にも糖尿病患者は高血圧症および脂質異常症が併発し

ている場合もあることから、高血圧症および脂質異常症で記載されている注意事項についても確認が必要である。

運動療法の進め方として、最初は歩行時間を増やすなど身体活動量を増加させることから始め、個人の好みにあった運動を取り入れるなど段階的に運動を加え、安全かつ運動の楽しさを実感できるように工夫していくことが運動を継続するために重要なポイントである。

6 心血管疾患（心疾患）に対するトレーニングプログラム

心血管疾患とは、動脈硬化を介して血管内腔が狭窄することにより各種臓器に対して血液（酸素）供給が不足した疾患の総称である。心血管疾患が冠状動脈血管で生じれば心筋梗塞、脳血管で生じれば脳梗塞となり、国内の死因の約24%（心疾患15%、脳血管疾患7.7%）が心血管疾患の発症が原因である。心血管疾患の発症には、肥満をはじめ、高血圧症、脂質異常症、糖尿病などの生活習慣病リスクが発症の要因となることから、これらの疾患リスクを保有している場合には各疾患に対するトレーニングプログラムも参考にするのが望ましい。また、加齢によっても動脈硬化が進行することから、中高齢者では特に注意すべき疾患である。

心血管疾患の予防のための運動療法は、日本循環器学会を中心とした多くの関連学会との合同により循環器病の診断と治療に関するガイドラインが策定されている。その中で、「虚血性心疾患の一次予防ガイドライン」[22]にアメリカスポーツ医学会（ACSM）／アメリカ心臓協会（AHA）のガイドラインに準じた内容[23]が推奨されている。

(1)運動種目

ウォーキング（速歩）、ジョギング、ステップ運動、自転車などの有酸素性運動。

(2)運動強度・頻度・時間

中強度運動（例えば速歩）を少なくとも30分、週5日、または、高強度運動（例えばジョギング）を少なくとも20分、週3日を実施すること。

なお、上記の運動療法は18〜65歳までを対象とした運動プログラムであるが、65歳以上の高齢者の場合には、これらの運動に加えて、ストレッチングやバランス運動も推奨されている。また、女性における運動療法は、少なくとも週150分の中強度の有酸素性もしくは、週75分の高強度の有酸素性運動、または中・高強度の組み合わせが推奨されている[24]。レジスタンス運動は有酸素性運動の代替えの運動様式ではなく、補助的な運動とすることに注意する。

(3)運動の注意点

個人の基礎体力・年齢・体重・投薬状況などを踏まえて運動療法を設定する必要がある。運動を実施する前には、当日のメディカルチェックとして、①安静時心拍数がいつもより高い・低いとき、②収縮期血圧が200mmHg以上あるいは拡張期血圧が120mmHg以上のとき、③胸の締め付け、動悸、息切れを感じるとき、④膝、腰などの関節痛や筋肉痛があるとき、には運動の実施は避けた方がよい。また、準備・整理運動は十分に行い実施するように指導する必要もある。

心血管疾患の原因となる動脈硬化に対する運動療法では、中高齢者を対象として60〜70%最大酸素摂取量の運動強度を45分、週3日、8週間の自転車エルゴメーター運動を実施した結果、動脈硬化度が低下したことが報告されている[25]（図4）。

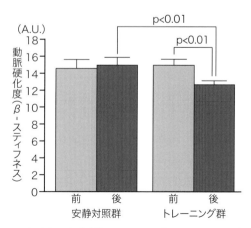

図4 ●中強度の有酸素性トレーニングによる動脈硬化度
（文献25を改変）

β-スティフネス：総頸動脈における動脈硬化度の指標

また、全身性のストレッチング（30～45分、週3日、13週間）によっても動脈硬化度が低下していること[26]や1日に約200kcal以上の身体活動量が動脈硬化度の増大抑制に効果的であること[16]も報告されている。さらに、身体不活動時間と動脈硬化との間には正の相関関係が認められている[27]ことから、低強度および中強度の身体活動時間を増やし、身体不活動時間を減らすことで加齢に伴う動脈硬化度の増大を予防・改善させることができると考えられる。加えて、心血管疾患の予防には運動療法だけでなく、食事療法や禁煙などとの併用がより効果的といえるため、複合的な療法の提案も必要である。

7 抑うつ状態に対するトレーニングプログラム

抑うつ状態とは、抑うつ気分が強い状態のことを示し、抑うつ気分とは、「憂うつである」「気分が落ち込んでいる」などと表現される症状とされている。抑うつ状態が重症化した場合がうつ病であり、主要な精神疾患の1つとされている。うつ病などの精神疾患は、米国精神医学会によって発行された「精神障害の診断と統計マニュアル」（Diagnostic and Statistical Manual of Mental Disorders：DSM）によって発刊されたDSM-5が診断基準となっている[28]。また、抑うつ状態の評価は、代表的な尺度としてハミルトンうつ病評価尺度（Hamilton Rating Scale for Depression：HRSD）が用いられている[29]。高齢者の抑うつ状態の評価は、老年期うつ尺度（Geriatric Depression Scale：GDS）が用いられており、短時間で評価可能なGDS-15が広く使用されている[30]。平成29年厚生労働省「患者調査」[31]において、国内の精神疾患の中でうつ病などの気分（感情）障害の割合は30.4％で最も多く、近年著しい増加が認められている。さらに、うつ病は他の疾患発症リスクにもなり、心疾患1.81倍、高血圧1.42倍、糖尿病1.60倍発症リスクが増加することが示されている[32]。

抑うつ状態が発症する要因は、疾患や薬、性格、環境、ストレス、年齢、遺伝など多岐にわたっている。抑うつの治療では、本人や本人を支える家族との相談のうえ、治療を進めるが、休養、精神療法、薬物療法などが行われる。加えて運動を行うことが可能な場合には「うつ病治療ガイドライン」を基本として運動療法を実施する。日本うつ病学会のガイドラインでは、中強度の有酸素性運動を週3回以上、一定の時間継続することを推奨している[28]。また、アメリカスポーツ医学会では、成人において、週に150分の中強度の身体活動、もしくは週に75分の高強度の身体活動が推奨されている[33]。また、イギリスのガイドラインでは、成人において、ほぼ毎日の最低でも30分の中強度（3メッツ）以上の身体活動が推奨されている[34]。このように、運動療法のガイドラインがいくつか提示されているが、その他のエビデンスを含めて、以下のような運動種目・時間・強度・頻度が推奨される。

(1)運動種目

ウォーキング、ジョギング、ヨガなどの有酸素性運動。

有酸素性運動はうつ病の改善に有効である研究報告は多く認められるが、日常の身体活動量の増加についても効果が認められる。

(2)運動頻度・時間

1週間3回以上が望まれており、一定時間継続して実施する。運動時間は30～60分程度。

(3)運動強度

中強度以上の運動強度が望ましい。50～80％のHRR（Heart Rate Reserve［予備心拍数］）、もしくは、最大心拍数（Heart Rate maximum：HRmax）が目安となる。

％HRR（予備心拍数に対する相対値）はカルボーネン法による計算式：目標心拍数＝（最大心拍数［220－年齢］－安静時心拍数）×運動強度＋安静時心拍数、から求め、最大心拍数の割合として算出することができる。

(4)運動の注意点

上記の高血圧症、脂質異常症、糖尿病と同様の注意事項に加えて、抑うつ状態の状況などは多様

なため、個々の患者の背景に応じて運動療法を導入する必要がある。また、以下の事項について注意が必要である。①運動を無理に推奨はしないこと、②運動を強迫観念的に実施している場合には注意すること、③抑うつ状態が中等症および重度のうつ病の場合には運動は原則控えること。

これまでの研究報告において、抑うつ状態を改善するためには、55 〜 80% HRmaxの中強度の有酸素性運動を1回30 〜 40分、週3 〜 4回を最低でも9週間継続することが必要であることが報告されている[35]。また、70 〜 85% HRR強度でウォーキングやジョギングを1回45分、週3回を最低でも16週間行うことで効果があることが報告されている[36]。さらに、抑うつ状態を改善するためには、1日4,000歩以上、または、3メッツ以上の運動強度で5分以上の運動もしくは身体活動が必要であることも報告されている[37]。近年の研究報告では、低強度の身体活動が抑うつ状態のリスク低下に関与すること[38]、生活活動が抑うつ状態のリスク低下に関与すること[39]、また、身体活動が少ない（歩数が少ない）場合に抑うつ状態が悪化すること[40]も報告されている。このように、身体活動量の増加によっても抗うつ効果がみられることが報告されているが、加えて、アルコール摂取量の制限などの食生活の改善、禁煙なども抑うつ症状の改善に貢献する可能性が指摘されていることから、生活習慣の改善といった複合的な療法の提案も必要である[41]。また、身体活動量の低下が抑うつの発症を高めることや運動および生活活動の増加はうつ病、抑うつの発症を抑制することが報告されていること[42]から、抑うつの予防として日常的に高い身体活動を維持することは重要である。

（家光素行）

▶引用・参考文献
1) 日本肥満学会：肥満症診療ガイドライン2016, 2016.
2) メタボリックシンドローム診断基準検討委員会：メタボリックシンドロームの定義と診断基準. 日本内科学会雑誌, 94(4): 794-809, 2005.
3) 日本高血圧学会高血圧治療ガイドライン作成委員会：高血圧治療ガイドライン2019, 2019.
4) 厚生労働省：平成29年国民健康・栄養調査報告, 2018.
5) Takashima, N., et al.: Long-term risk of BP values above normal for cardiovascular mortality: a 24-year observation of Japanese aged 30 to 92 years. J Hypertens 30: 2299-2306, 2012.
6) Cornelissen, V.A., et al.: Exercise training for blood pressure: a systematic review and meta-analysis. J Am Heart Assoc 2: e004473, 2013.
7) Motoyama, M., et al.: Blood pressure lowering effect of low intensity aerobic training in elderly hypertensive patients. Med Sci Sports Exerc 30: 818-823, 1998.
8) Hasegawa, N., et al.: Effects of habitual aerobic exercise on the relationship between intramyocellular or extramyocellular lipid content and arterial stiffness. J Hum Hypertens 30: 606-612, 2016.
9) 日本動脈硬化学会：動脈硬化性疾患予防のための脂質異常症診療ガイド2018, 2018.
10) Imano, H., et al.: Low-density lipoprotein cholesterol and risk of coronary heart disease among Japanese men and women: the Circulatory Risk in Communities Study (CIRCS). Prev Med 52: 381-386, 2011.
11) Boden, W.E.: High-density lipoprotein cholesterol as an independent risk factor in cardiovascular disease: assessing the data from Framingham to the Veterans Affairs High-Density Lipoprotein Intervention Trial. Am J Cardiol 86: 19L-22L, 2000.
12) Hokanson, J.E., et al.: Plasma triglyceride level is a risk factor for cardiovascular disease independent of high-density lipoprotein cholesterol level: a meta-analysis of population-based prospective studies. J Cardiovasc Risk 3: 213-219, 1996.
13) 日本動脈硬化学会：動脈硬化性疾患予防ガイドライン2017年度版, 2017.
14) Kelley, G.A., et al.: Aerobic exercise, lipids and lipoproteins in overweight and obese adults: a meta-analysis of randomized controlled trials. Int J Obes 29: 881-893, 2005.
15) Cho, J.K., et al.: Randomized controlled trial of training intensity in adiposity. Int J Sports Med 32: 468-475, 2011.
16) Iemitsu, M., et al.: Polymorphism in endothelin-related genes limits exercise-induced decreases in arterial stiffness in older subjects. Hypertension 47: 928-936, 2006.
17) 日本糖尿病学会：糖尿病治療ガイド2018-2019, 2018.
18) Fox, C.S., et al.: Trends in cardiovascular complications of diabetes. JAMA 292: 2495-2499, 2004.
19) Kato, M., et al.: Diagnosed diabetes and premature death among middle-age Japanese: results from a large-scale population-based cohort study in Japan. BMJ Open 5: e007736, 2015.

20) 日本糖尿病学会：科学的根拠に基づく糖尿病診療ガイドライン2013, 2013.

21) Church, T.S., et al.: Effects of aerobic and resistance training on hemoglobin A1c levels in patients with type 2 diabetes: a randomized controlled trial. JAMA 304: 2253-2262, 2010.

22) 循環器病の診断と治療に関するガイドライン：虚血性心疾患の一次予防ガイドライン (2012年改訂版), 2015.

23) Haskell, W.L., et al.: Physical activity and public health: updated recommendation for adults from the American College of Sports Medicine and the American Heart Association. Circulation 116: 1081-1093, 2007.

24) Mosca, L., et al.: Effectiveness-based guidelines for the prevention of cardiovascular disease in women--2011 update: a guideline from the american heart association. Circulation 123: 1243-1262, 2011.

25) Fujie, S., et al.: Aerobic exercise training-induced changes in serum adropin level are associated with reduced arterial stiffness in middle-aged and older adults. Am J Physiol Heart Circ Physiol 309: H1642-H1647, 2015.

26) Cortez-Cooper, M.Y., et al.: The effects of strength training on central arterial compliance in middle-aged and older adults. Eur J Cardiovasc Prev Rehabil, 15: 149-155, 2008.

27) Gando, Y., et al.: Longer time spent in light physical activity is associated with reduced arterial stiffness in older adults. Hypertension, 56: 540-546, 2010.

28) 日本うつ病学会 気分障害の治療ガイドライン作成委員会：日本うつ病学会治療ガイドライン Ⅱ．うつ病 (DSM-5) ／大うつ病性障害2016, 2016.

29) Ruscio, J., et al.: Informing the continuity controversy: a taxometric analysis of depression. J Abnorm Psychol 109: 473-487, 2000.

30) Sugishita, K., et al.: A Validity and Reliability Study of the Japanese Version of the Geriatric Depression Scale 15 (GDS-15-J). Clin Gerontol 40: 233-240, 2017.

31) 厚生労働省：平成29年患者調査, 2019.

32) Penninx, B.W., et al.: Understanding the somatic consequences of depression: biological mechanisms and the role of depression symptom profile. BMC Med 11: 129, 2013.

33) Chodzko-Zajko, W.J., et al.: Exercise and Physical Activity for Older Adults. Medicine & Science in Sports & Exercise 41: 1510-1530, 2009.

34) UK Department of Health: At least five a week: Evidence on the impact of physical activity and its relationship to health, 2004.

35) Stanton, R., et al.: Exercise and the treatment of depression: a review of the exercise program variables. J Sci Med Sport 17: 177-182, 2014.

36) Blumenthal, J.A., et al.: Effects of exercise training on older patients with major depression. Arch Intern Med 159: 2349-2356, 1999.

37) Aoyagi, Y., et al.: Habitual physical activity and health in the elderly: the Nakanojo Study. Geriatr Gerontol Int 10 Suppl 1: S236-S243, 2010.

38) Ku, P.W., et al.: Prospective relationship between objectively measured light physical activity and depressive symptoms in later life. Int J Geriatr Psychiatry 33: 58-65, 2018.

39) Joshi, S., et al.: Beyond METs: types of physical activity and depression among older adults. Age Ageing 45: 103-109, 2016.

40) Raudsepp, L., et al.: Longitudinal Association Between Objectively Measured Walking and Depressive Symptoms Among Estonian Older Adults. J Aging Phys Act 25: 639-645, 2017.

41) Berk, M., et al.: Lifestyle management of unipolar depression. Acta Psychiatr Scand. 127: 38-54, 2013.

42) Schuch, F.B., et al.: Physical Activity and Incident Depression: A Meta-Analysis of Prospective Cohort Studies. Am J Psychiatry 175: 631-648, 2018.

2──傷害からの回復

1 アスレティックリハビリテーションとは

(1)受傷後のリハビリテーションの種類とアスレティックリハビリテーションの目的

リハビリテーションの定義として、1969年に世界保健機関（WHO）は、「障害を持つ者の機能的能力を最大限に生かせるように個人を訓練あるいは再訓練するため、医学的・社会的・教育的・職業的手段を組み合わせ、かつ調整して用いること」と定義している。アスリートでは、受傷から早期の競技復帰を目的として、筋力、筋持久力、筋パワー、全身持久力、バランス、アジリティ、

柔軟性などの各競技に要求される体力に加えて、専門的な動作や技術を、元のレベルに戻すためにリハビリテーションを行う必要がある。日本スポーツ協会（JSPO）が認定するアスレティックトレーナー（以下、JSPO-AT）の教本では、「ケガから社会復帰を目的とするメディカルリハビリテーションに対して、アスリートではスポーツ復帰を目的とするアスレティックリハビリテーション」と定義している。

⑵アスレティックトレーナーの役割

　通常、ドクターの診断に基づいて、理学療法士が病院でメディカルリハビリテーションを担当する。アスレティックリハビリテーションが医療の範囲かどうかは議論の余地があるものの、スポーツ現場ではアスレティックトレーナーがアスレティックリハビリテーションを担当している。

　JSPO-ATの役割は、「JSPO公認スポーツドクター及び公認コーチとの緊密な協力のもとに、1）スポーツ活動中の外傷・障害予防、2）コンディショニングやリコンディショニング、3）安全と健康管理、および4）医療資格者へ引き継ぐまでの救急対応という4つの役割に関する知識と実践する能力を活用し、スポーツをする人の安全と安心を確保したうえで、パフォーマンスの回復や向上を支援する」と記されている。JSPO-ATは、これらの役割をドクターや理学療法士、あん摩マッサージ指圧師、はり師、きゅう師、柔道整復師、コーチ、トレーニング指導者、管理栄養士、時には選手の家族との連携を橋渡しするコーディネーターとしての役割も担っている。また、医療系関連資格やトレーニング指導関連資格を所有し活動しているJSPO-ATも多い。

② アスレティックリハビリテーションの手順

　アスリートが受傷することでトレーニングの中断を余儀なくされた場合には、トレーニングを継続することで身体に培ってきたトレーニング効果が部分的あるいは完全に失われてしまうディトレーニングの影響を避けることができない。特に、

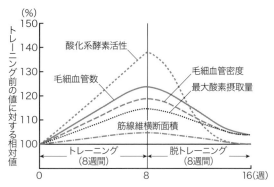

図5●ディトレーニングによる有酸素性能力と筋力の適応の模式図　　　　　　　　　　　　　（文献5より）

有酸素性能力がディトレーニングによって最も影響され（図5）、有酸素性能力が高い人ほどトレーニングの中断による有酸素性能力の低下が大きい。筋機能においては、ディトレーニングによって筋横断面積は緩やかに減少し、筋線維組成はタイプIIaからタイプIIb線維に移行する。さらに、アスリートでは有酸素性能力や筋機能の低下のみならず、神経筋協調性や技術や競技特異動作などにおいても負の影響を余儀なくされてしまう。傷害（外傷・障害）からの回復において患部の休息は重要であるが、この低下するトレーニング効果を最低限に維持するために患部外ではできるだけ早期にトレーニングを再開する必要があり、患部と患部外に分けたトレーニング計画が求められる。したがって、アスレティックリハビリテーションでは、損傷組織の状態を的確に判断したうえでアスリートの競技特性を考慮したトレーニングプログラムを作成する必要がある。

⑴損傷組織の状態把握

　アスレティックリハビリテーション前には損傷組織の状態をHOPS（History：聞き取り、Observation：観察、Palpation：触診、Special tests：スペシャルテスト）にしたがって把握する。特に、筋力の確認として、徒手筋力検査法（MMT：Manual Muscle Test）が、その簡易性から現場では一般的に用いられている。判定基準は、重力に抗して運動ができるかを基準として6段階に分けられている（表2）。これらの状態把握では各種専門家との連携が重要となり、現場では損傷組

表2●徒手筋力検査法

数的スコア	質的スコア	判　定　方　法
5	normal（N）正常	関節の運動範囲を完全に動かすことが可能で、最大の抵抗を加えても最終運動域を保持することができる
4	good（G）　優	関節の運動範囲を完全に動かすことが可能で、強力な抵抗を加えても最終運動域を保持することができる。最大抵抗に対しては、抗しきれない
3	fair（F）　良	重力の抵抗だけに抗して運動可能範囲を完全に最後まで動かすことができるが、どんなに弱い抵抗であっても、抵抗が加われば運動が妨げられる
2	poor（P）　可	重力の影響を最小にした肢位でなら、運動範囲全体にわたり完全に動かすことができる
1	trace（T）不可	テストする運動に関与する筋あるいは筋群に、ある程度筋収縮活動が目に見えるか、手で触知できる
0	zero（Z）ゼロ	触知によっても、視認によっても全く筋収縮活動のないもの

（文献18より）

織を悪化させないようにリスク管理を徹底する。

(2)可動域の回復

関節可動域の回復はアスレティックリハビリテーションにおいて、「危険のない範囲で」できるだけ早期に開始していく。関節可動域を制限する要因として、関節構成体（関節の遊びの減少・関節の運動軸の偏位）に起因するものと関節周囲の軟部組織（筋・腱・皮膚・靱帯など）に起因するものがある。前者では他動での手技療法（関節モビライゼーションなど）や物理療法を用いて対処することが多いが、本書では詳細については省略する。後者では筋の柔軟性にも大きく関与し、自動でのストレッチング（スタティック・ダイナミック・バリスティック）にて対処することが多い（4章5節参照）。実施に際しては、患部に対して温熱療法を用いると効果的である。注意すべき点として、可動域トレーニング後に腫脹などの炎症が生じる場合は過量か、運動させる時期が早いことを示している。また、靱帯損傷では各病期において許容される可動域が存在することや、筋挫傷を生じた後に、可動域の回復を急ぐことで筋内にカルシウムが蓄積する骨化性筋炎を生じさせてしまうことがある。したがって、受傷直後のリハビリテーションにおいては、ドクターや理学療法士らと連携して、適切な可動域トレーニングの開始時期や可動範囲を確認しておく必要がある。

①他動的関節可動域訓練

関節に関わる筋力以外の力により関節を動かす方法である。十分な筋力がない場合や、一定の範囲内でしか、関節を動かしてはならない場合などに用いられる。

②自動的関節可動域訓練

本人が自らの筋力を用いて関節を動かす方法である。本人の感覚を自ら確認しながら行えるため、過量になる危険が少ないといえる。MMTが3以上になり、運動の制限がなければ積極的に行わせる。

(3)筋力の回復

レジスタンストレーニングはトレーニングの原理・原則にしたがって、トレーニング負荷を設定することが重要である。しかし、アスレティックリハビリテーションで行う患部周囲のレジスタンストレーニングでは、患部を悪化させないように、段階的に低下した筋機能を改善する必要がある。特に、アスレティックリハビリテーションの初期においては、トレーニングの原理・原則をそのまま適応することが難しく、トレーニング負荷の設定は「全く痛みがなく、全く危険がない」レベルから始める。またレジスタンストレーニングでは、正常な運動機構の回復のために動作学習という要素も含まれる。そのため一般的なトレーニング負荷設定と比べると、重量は軽く、反復回数は多くなる。負荷設定はトレーニング動作と速度の安定性やアスリートの表情などから適切な負荷を選択する。

リハビリテーションで用いられるレジスタンス

トレーニングプログラムとしては、Delorme program（表3）やOxford technique（表3）など10RM（repetition maximum）の負荷で10回3セットを基準とする方法が20世紀中頃に幅広く受け入れられた。この10回3セットによるプ

ログラムは現在も多くのリハビリテーションの場面で用いられている。その後、日々、変動するトレーニング負荷設定に個体差を反映させるKnight's DAPRE（Daily Adjusted Progressive Resistance Exercise）programが考案された。いずれのプログラムもRM法による負荷設定が基準となっており、客観的な数値によって目標設定が明確となる。リハビリテーションにおいて、トレーニングでの過負荷の程度を客観的かつ段階的にプログラムすることが何よりも重要であることを示す。このことはSAID（Specific Adaptation to Imposed Demand）の原則としても知られており、損傷組織は適用される負荷に対してゆっくりと特異的に適応されていく。したがって、トレーニング課題を明確にし、トレーニングでの過負荷の程度を段階的にプログラムできることが何よりも重要である。

　筋の収縮様式においては、等尺性収縮から短縮性収縮、そして伸張性収縮、最終的に伸張–短縮サイクル（SSC：Stretch Shortening Cycle）を利用したプライオメトリクスなどの複合的な筋収縮の形態へ移行する。トレーニング動作においては、単関節から複合関節、単純なものから複雑なもの、最終的に競技特異的な要素を組み込む。トレーニング負荷においては、速度は遅くから速く、重さは軽くから重く、非荷重から荷重、時間は短くから長く、外的刺激はなしからあり、切り返し動作時のタスク（ボール・対人の有無など）は、なしからありとする。損傷組織の炎症が抑制され、可動域や筋機能の回復が進むにつれて、一般的なトレーニングの原理・原則にしたがったトレーニ

表3●リハビリテーションで用いられる各種レジスタンストレーニングプログラム

(a) Delorme program
10回3セットで、負荷を軽くから重くしていく。

セット	重　量	回　数
1	50%10RM	10
2	75%10RM	10
3	100%10RM	10

(b) Oxford technique
10回3セットで、負荷を重くから軽くしていく。

セット	重　量	回　数
1	100%10RM	10
2	75%10RM	10
3	50%10RM	10

(c) Knight's DAPRE program
負荷設定に個体差を反映させて日々、漸進させていく。

セット	重　量	回　数
1	50%1RM	10
2	75%1RM	6
3	100%1RM	最大
4	(d)の調整重量	最大

(d) DAPRE adjusted working weight
Knight's DAPRE programの3セット目の回数から4セット目の重量と次回のトレーニング重量を決定する。

3セット目の回数	4セット目の重量の目安	次回のトレーニング重量の目安
0～2回	–2.3～4.5kg	–2.3～4.5kg
3～4回	–4.5～0kg	同じ負荷
5～6回	同じ負荷	0～4.5kg
7～10回	2.3～4.5kg	2.3～6.8kg
11回	4.5～0kg	4.5～9.1kg

表4●筋収縮様式の分類

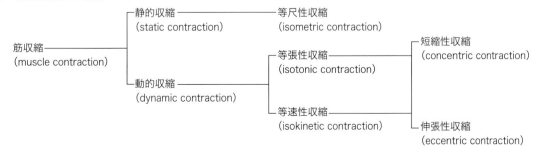

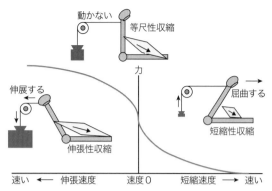

図6●筋の収縮様式と発揮張力の関係

（文献7より）

図7●等尺性収縮による大腿四頭筋のセッティング

膝の受傷後、できるだけ早期より大腿四頭筋の筋収縮を促すことで、筋萎縮の予防につながる。膝の下にタオルやボールなどを入れて、それらを押しつぶすイメージで膝を伸展させる。特に、内側広筋の収縮を確認して、5秒間保持を10セット繰り返す。

ング計画へ移行していく。

①筋の収縮様式と関節運動

　傷害部位の筋機能の回復を安全かつ効果的に行うためには、筋の収縮様式、関節運動、運動連鎖について整理しておく必要がある。

　筋収縮の分類として、関節運動を伴わない静的収縮と関節運動を伴う動的収縮に分類される（表4）。静的収縮は、筋の長さが一定であり等尺性収縮（isometric contraction）といわれる。動的収縮は、張力が一定である等張性収縮（isotonic contraction）と速度が一定である等速性収縮（isokinetic contraction）に分類される。筋収縮と関節運動の関係をアームカールを例にみると、上腕二頭筋の発揮する張力と外部の負荷抵抗が均衡しているときには肘関節に運動は起こらない（図6）。このような筋収縮様式を等尺性収縮という。上腕二頭筋の発揮張力が負荷抵抗に勝るときには肘関節が屈曲する短縮性収縮（concentric contraction）が起こる。反対に、筋の発揮張力よりも負荷抵抗が勝るときは、肘関節が伸張する伸張性収縮（eccentric contraction）が起こる。

②筋の収縮様式の選択

〈等尺性収縮〉

　等尺性収縮によるトレーニングは、関節運動が起こらず、自身の随意的な努力度で実施できる。そのため比較的安全なトレーニングとして、アスレティックリハビリテーションの初期から実施される（図7）。また、特別な道具を必要としない

ために、手軽にどこでも実施できる。トレーニング効果はトレーニングを実施した関節角度に特異的な適応を示すため、複数の角度での実施や筋力の発揮が弱い角度付近でトレーニングを実施する。また、実際のスポーツ動作で必要とされる筋力強化としては等尺性収縮だけでは不十分であることに注意しなくてはいけない。

〈等張性収縮〉

　短縮性収縮および伸張性収縮によるトレーニングは最も頻繁に用いられており、一般的なウエイトトレーニングのほとんどが当てはまる。関節運動を伴うために、関節可動域が十分に回復していることが望ましい。また、関節角度が変化することによって、重心の位置・重りの受ける重力方向・抵抗の掛かる方向が変動するために動きのキネマティクスや身体に及ぼす負荷を理解することが不可欠である。

　等張性収縮によるトレーニングでは負荷設定が行いやすいという特徴があるが、筋は収縮様式によって発揮張力の大きさが異なることを理解し、

図8●単関節運動と複合関節運動によるトレーニング例
レッグエクステンション（左）では膝関節のみが動く単関節運動であり、バックスクワット（右）では股関節、膝関節、足関節を中心に動く複合関節運動となる。

慎重な負荷設定をしなくてはならない。図6からわかるように短縮性収縮よりも伸張性収縮で発揮張力が大きく、それぞれの収縮様式ともに運動速度に影響を受ける。この関係を、力-速度関係といい、筋力レベルもまた、損傷部位の治癒過程に応じた収縮様式の選択が必要であることが分かる。伸張性収縮を伴うトレーニングは競技動作に必要なパワーを高めるためには効果的だが、筋に伸張ストレスがかかるため、アスレティックリハビリテーション初期には不適といえる。

〈等速性収縮〉

等速性収縮によるトレーニングは、関節の角速度が一定に保たれるためトレーニング実施者が発揮した筋力のみが負荷となる。したがって、外部からの力が加わらないため、筋の損傷が起こりにくいという利点がある。一般的には等速性収縮は、等速性筋力測定装置による筋力測定としてBIO-DEXやCYBEXが広く用いられている。これら測定機器は、最大角速度500度/秒、最大トルク680Nmの範囲であらゆる筋収縮様式で速度を変えながら、可動範囲全域で負荷をかけられるためにトレーニングや測定に幅広く対応できる。一方で、等速性収縮は特殊な条件下での筋収縮であり、測定装置が高額であるという欠点がある。水中運動や油圧式トレーニングマシンを用いたトレーニングは等速性収縮に類似した筋収縮が可能といわれる。

③関節運動の選択

筋力強化の際に1つの関節のみが関与する単関節運動なのか、2つ以上の複数の関節が関与する複合関節運動なのかという考慮が必要である（図8）。

アスレティックリハビリテーションでは、患部周囲の筋力や諸機能の回復に応じて単関節運動から複合関節運動へと進めていく。例えば、大腿四頭筋のトレーニングとして、レッグエクステンションから始めて、スクワットを行う。また複合関節運動でも左右対称な動作であるスクワットからはじめ、左右変則な動作であるレッグランジなどの基本動作を獲得して、徐々にスポーツ動作に近づけていく。運動様式が複雑になるにつれて、神経-筋のコーディネーションの向上が求められる。

〈単関節運動〉

単関節運動の特徴として、傷害や手術後に筋の萎縮や筋力の左右差が生じている際には、強化したい筋を特定してトレーニングできる。また、トレーニングの技術的関与が小さく、トレーニング初心者でも安全にトレーニングできる。

〈複合関節運動〉

複合関節運動の特徴として、より競技特異的なトレーニングを実施できる。一方で、トレーニングの技術的関与が大きく、トレーニング初心者には注意を要する。

④運動連鎖の選択

運動連鎖という概念は、1880年代後半に工学の分野で提唱されて、1900年代半ばに運動学の分野で応用されるようになった。OKC（Open

Kinetic Chain）は、「体の遠位部の可動性があり、かつ、固定されていない」と定義され、CKC（Closed Kinetic Chain）は、「体の遠位部の可動性を制限する外力がかかった（固定された）状態」と定義される。また、運動連鎖における筋の作用として、OKCとCKCは相反する特徴をもつ。OKCでは、筋の起始部が固定され、筋収縮によって停止部での動きを生み出す。CKCでは、遠位部が固定され、筋は起始部を動かせる。通常、OKCは非荷重位でのトレーニングとなり、CKCは、荷重位でのトレーニングとなる。しかし、レッグプレス、自転車、水泳などの動作は、体の遠位部が固定されているにもかかわらず可動性があり、これらの定義では説明がつかない。OKCとCKCにおける概念の理解は、段階的なトレーニングの負荷設定を前提とするアスレティックリハビリテーションでは非常に重要といえる。

〈開放性運動連鎖〉（OKC）

　OKCトレーニングの代表例としてはマットトレーニングがある。OKCトレーニングは、特に下肢の骨折や捻挫などの受傷後で免荷が必要な場合や、自体重での荷重負荷が過度となる場合でも、早期から安全に行えることが多い。OKCトレーニングは単関節での動きになるために特定の筋や筋群を強化するだけではなく、関節可動域の獲得や筋機能の回復にも役立つ。マシンによるレッグエクステンションやレッグカールは代表的なOKCトレーニングであるが、前十字靱帯損傷後には、膝関節に剪断力が作用することに注意したリスク管理が必要となる。

〈閉鎖性運動連鎖〉（CKC）

　CKCトレーニングの代表例としては立位でのスクワットがある。つまり、下肢のCKCトレーニングでは自体重を支えられることが前提となる。CKCトレーニングは関節の圧縮力の増加（安定性の増加）、剪断力の低下、加速力の低下、固有受容器の刺激において、OKCトレーニングよりも安全と考えられる。また、歩く、走る、跳ぶなど多くの動作はCKCであり、OKCトレーニングに比べると機能的な動作となる。したがって、競

技復帰にはCKCトレーニングを十分に行えることが条件となる。

⑷全身持久力の回復

　全身持久力の指標として、最大酸素摂取量が用いられ有酸素性能力を示す。身体の不活動によって全身持久力は最も顕著に影響されることが明らかにされており、アスリートにおいても、外傷・障害によって全身の運動量が減少すると、全身持久力の低下は避けられない。たとえ患部が治癒していても、全身持久力の低下があれば、有酸素性能力に依存するマラソンや長距離種目ではタイムの延長という形で直接的に競技力低下を招く。また、サッカーやバスケットボールなどの間欠的持久力に依存する種目では、競技中に疲労が起こりやすくなり、運動量が減少するだけでなく動作の正確性が低下しパフォーマンスに影響を与えるであろう。

　そこで受傷後は、なるべく早期から全身持久力トレーニングを開始し、アスレティックリハビリテーション期間中は継続して実施することが必要となる。全身持久力トレーニングの種類としては、ウォーキング、ジョギング、サイクリング、スイミングが一般的である。下肢の外傷・障害であれば、上肢エルゴメーターや、上肢の外傷・障害であれば、各種の自転車エルゴメーターなどがアス

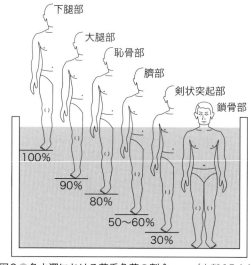

図9●各水深における荷重負荷の割合　　　（文献15より）

レティックリハビリテーションの初期から実施可能であることが多い。また、水中での運動は水位により荷重負荷レベルを調節できる（図9）。これらトレーニングによって有酸素性能力に加え、筋持久力を高める効果も期待できる。近年、荷重負荷を自重の100％から20％まで空気圧によって制御できる反重力トレッドミル（図10）を利用することで、受傷後早期よりジョギングを行うことが可能となっている。全身持久力トレーニングの手段としては、LSD（Long Slow Distance）、ペース走、インターバル、ビルドアップ、レペティションなどが代表的である。受傷後には、主観的疲労度、心拍数、実施時間を記録し、徐々にトレーニング強度を上げていく。復帰前には、サーキットトレーニングや専門的動作を用いたドリルなどによる全身持久力トレーニングが行われる。

⑸バランスの回復

アスリートがある動作を行う際に、関節・筋・腱などに存在する固有受容器によって身体の運動、空間での位置、重量などの情報（刺激）が入力され、感覚神経を介して大脳皮質へ伝達され、脳がそれら刺激を知覚・認知し運動神経を介して実際

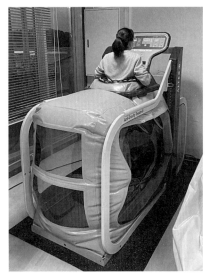

図10●反重力トレッドミル
荷重負荷を自重の100％から20％まで空気圧によって制御できることで、受傷後早期よりジョギングを行うことができる。

に動作が生じる。したがって、アスリートが受傷した結果、固有受容感覚・運動感覚・神経筋機能が影響され、運動機能やバランスの低下が生じると、身体を安定して、素早く、リズムよく、巧み

図11●基本動作の確認（左：片足スクワット、右：レッグランジ）
スタートポジションからフィニッシュポジションまでの動作で、どの局面に問題があるのかを動作観察して修正を行う必要がある。動作観察は矢状面、前額面、水平面から全身を確認する。身体が安定しない要因として、可動域・筋力・筋持久力の低下が起きている場合もある。

に動かすことができなくなる。バランスとは、身体の安定性や姿勢制御と同義とされ、静的バランスと動的バランスに分類される。バランスには視覚、前庭感覚、固有受容感覚が関与しており、中でも固有受容感覚は競技中に最も優先される情報源であり、リハビリテーションでも最も重要視されている。したがって、バランストレーニングは固有受容感覚トレーニング、神経筋トレーニング、神経筋協調性トレーニング、コーディネーショントレーニングなど多様に呼ばれている。

　実際のバランストレーニングの進め方では、支持基底面を広くとり、支持基底面内に重心を保つ静的バランスの改善から始める。静的動作が安定的になると、動きの中での安定性を保つ動的バランスに移行する。基本的な片足スクワットやレッグランジで、knee-in toe-outや円背などの外傷・障害発生リスクの高いフォームに注意する（図11）。損傷組織の回復にしたがって、動作は静的から動的、単純から複雑、ゆっくりから速く、タスクは一つから複数にしていき、バランス器具や身体への外乱を与えて安定から不安定と段階的に強度を上げる。さらに、ある感覚器が損傷された場合に、その他の感覚器の機能が向上することも知られる。このことは、バランストレーニング時に、目を閉じることで固有受容器がバランスの保持に対してより強く刺激されることになり、下肢のアスレティックリハビリテーションに応用される[1]（図12）。傷害からの回復においては、可動域・筋力・筋持久力の低下によってバランスが低下することを念頭に入れてバランス評価を行う必要がある。一方で、運動学の観点から、トレーニングにより一般的なバランス能力が向上したとしても、それはトレーニング課題が学習・予測されたにすぎず、競技動作で求められる専門的バランス能力の向上にならないとも報告されている。さらに、静的バランスと動的バランスの間に相関はみられないとする報告も多く、アスリートのバランス評価には注意を要する。

⑹スピード系能力の回復

　多くのアスリートにとって、スピード系能力の

図12 ●バランストレーニング
受傷時に固有受容器が損傷されるため、アスレティックリハビリテーションにおけるバランスの回復において、固有受容感覚の回復は重要視されている。バランストレーニング時に、目を閉じることでバランスの保持に対して固有受容器をより強く刺激する。

回復は競技復帰には欠かせない。スピード系能力は100mを早く走るような直線的なスピードと加速、減速、方向転換に求められる素早い反応動作であるアジリティ（敏捷性）がある。トレーニングとしては、スプリントトレーニングやアジリティ、コーディネーショントレーニングなどが一般的である。元の競技レベルに復帰できるかどうかは、スピードとアジリティの回復が重要となることが多い。しかし、スピードの発揮には、筋力・筋パワー・神経筋機能の回復が不可欠であり、アスレティックリハビリテーションの早い段階から導入することはリスクが伴う。方向転換を伴う動作では、knee-in toe-outなどの外傷・障害発生リスクの高いフォームに注意を払い、急激に動作速度（強度）を上げることは避けなければいけない。さらに、スピードトレーニングは強度が高く毎日実施することは負担が大きい。特に、肉離れでは再発の多いことが特徴であり注意を要する。

③ アスレティックリハビリテーションの実際

　近年、受傷後の炎症緩和と機能改善を目的とするメディカルリハビリテーションと競技復帰を目

的とするアスレティックリハビリテーションとして分類されるようになっている。しかし、アスレティックリハビリテーションの期分けにおいては、初期は、保護期・回復期・急性期、中期は、訓練期・トレーニング期・機能回復（改善）期、後期は、復帰期・アスレティックリハビリテーション期などと呼ばれており、統一された名称はないようである。本項では、急性期・トレーニング期・復帰期とする。アスレティックリハビリテーションにおけるトレーニングは、損傷組織の治癒過程（図13）に応じて、その負荷をコントロールすることが重要である。単に、受傷してからの時間軸で負荷を上げてしまうと、患部を悪化させるリスクがあるためにトレーニング前には必ず損傷組織の確認をする必要がある。したがって、アスレティックリハビリテーションでは、各専門家が連携してアスリートの競技復帰を支援する体制が求められる。

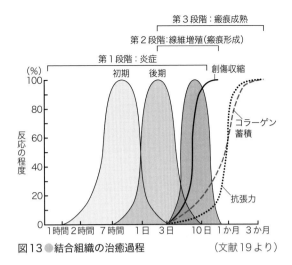

図13●結合組織の治癒過程　　　　（文献19より）

(1)急性期

この時期は、患部の炎症の緩和や可動域の改善に加えて、筋萎縮の予防を目的とし（表5）、ドクターによる薬物療法や理学療法士による物理療法と運動療法が施される。患部の炎症反応が強くみられる際には、患部トレーニングは積極的には行わず、筋萎縮の予防として、非荷重下でのマットトレーニングや等尺性収縮による単関節運動の軽い負荷で、疼痛や違和感のない程度にとどめる。

表5●アスレティックリハビリテーションの期分け

	トレーニングの目標	トレーニング器具、フォーム	トレーニング方法	トレーニング量
第1段階（急性期）	可動域の改善 腫脹の除去 筋萎縮の改善	クライオキネティクスの利用 マットトレーニング 徒手抵抗 ラバーバンド	OKCの使用 アイソメトリック アイソトニック（角度訓練） 単関節運動	競技レベル1日1回 レジャーレベル隔日1回
第2段階 （トレーニング・前期）	可動域の改善 筋力の増強 筋持久力の増強	ホットパックやバイブラバスの利用 マットトレーニング 自転車エルゴメーター、トレッドミル ラバーバンド、各種トレーニングマシン	OKCとCKC アイソメトリック アイソトニック アイソキネティック 単関節、複合関節運動	競技レベル1日1〜2回 レジャーレベル毎日1回
第3段階 （トレーニング・後期）	運動性の増大 筋力・持久力の強化 協調性、巧緻性の改善	各種トレーニングマシン ジョギング、ランニング 方向転換を入れたランニング 各種ステップ	CKC 持久力トレーニング アイソトニック、アイソキネティック インターバルトレーニング 複合的トレーニング	1日1〜2回
第4段階（復帰期）	種目別特性 （シミュレーション） 反応時間の短縮 スピードの増強 瞬発力の強化	各種トレーニングマシン スプリット、ジャンプ 加速走 方向転換 連続ジャンプ	PNFトレーニング スピードトレーニング プライオメトリクス シミュレーショントレーニング	1日2回

（文献17より改変）

一方で、膝の靱帯損傷では、CKCでトレーニングを行うことで関節はより安定的に機能することが明らかとされており、自体重を支持できる状態を確認して早期より荷重をかけていく。患部外トレーニングは、患部を悪化させないように配慮しながら実施可能である。アスレティックトレーナーは、この時期に連携すべき専門家とアスレティックリハビリテーションの方針を確認して、アスリートのメンタル面にも配慮する。

(2)トレーニング期

　この時期は患部の炎症が緩和して、十分ではないまでも可動域の改善がみられ、筋力・筋持久力・有酸素性能力の回復と増強を目的とする。より積極的な可動域トレーニングに加えて、各種の有酸素マシンが使用可能となる。患部トレーニングは損傷組織の治癒過程にしたがって、CKCトレーニングや複合関節運動を用いて動きの協調性を獲得することを意図したトレーニングを開始する。トレーニング前には、渦流浴やホットパックなどの温熱療法を用いて、患部を温めてから、可動域トレーニングやその他の運動療法を行うとよい。トレーニング期のトレーニングでは、急性期に引き続き、疼痛と違和感が出ないことを確認しながら、OKC・CKCトレーニングの負荷、回数、セット数を段階的に上げていく。動作はゆっくりとした速度の短縮性収縮から開始して、正確に行うことがポイントである。例えばスクワットであれば、膝がknee-inしないように傷害のリスク管理はもとより、スタートポジションから下降局面、ボトムから上昇局面での一連の動作を確認する。また、特定された筋の強化を目的とする際には、マシントレーニングなどのOKCトレーニングも積極的に行う。トレーニング期初期では、損傷組織は脆弱であり、トレーニング負荷を上げすぎないように注意しながら筋機能の回復を目指す。翌日に痛みや腫れが現れると、トレーニング強度が高いことが示唆される。

　動作の安定性がみられるにつれて、筋の運動性が高まり、動作はより速く伸張性収縮を意識したトレーニングへ移行する。一般的にジョギングが行えるようになると、片脚でのトレーニングや神経筋協調性トレーニングなどのより機能的なトレーニングを開始する。筋力や筋持久力の改善に伴い、動作の速度が高まると、筋パワーを目的としたトレーニングが求められる。この時期には一般的なトレーニングの原理・原則に基づいたプログラムへ移行していくべきであり、いつまでもトレーニング重量や回数が上がるだけでは期待する筋機能の回復とならないことに注意する。この段階では、損傷組織の増殖により組織の強度が増す。つまり、身体は回復を促進する一方で、競技復帰への焦りからトレーニング計画を急ぎがちとなるために注意を要する。筋力測定の結果より、体重支持指数（体重あたりの膝関節伸展筋力）などの指標が現場では有効であり、正常歩行を行うためには0.4、ジョギング程度の運動で0.6以上、ジャンプやダッシュなどの激しい運動を不安なく行うためには0.9以上が一応の目安となる（図14）。

(3)復帰期

　この時期は、競技復帰の最終段階である。種目特性に応じた体力要素、専門的動作の獲得、反応

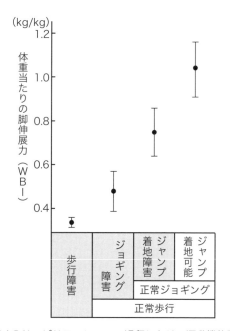

図14●リハビリテーションの過程における運動機能評価と体重当たりの等尺性脚伸展筋力との関係

（文献20より）

時間の短縮、スピードやアジリティの増強、瞬発力の強化などが主な目的となる。また、復帰に向けた実践感覚を取り戻す段階でもあるので、実践を考慮に入れた種目別のシミュレーショントレーニングが主体となる。再発予防としてテーピングやサポーターなどの装具の適用を考慮する。シミュレーショントレーニングでは、実践的な動作の中で、スプリント、スローイング、タックルなどの基本的動作や受傷機転となる動作で問題がないか十分に観察する。そのうえで、動作の巧みさやシステムの理解がコーチによっても確認されると復帰が近づく。なお、最終的にチームに合流するためには体力の復帰基準（目標）をクリアする必要がある。特に、受傷前の体力データがなければ復帰基準が不透明となるばかりか、トレーニング効果やコンディション把握にも支障をきたすので、定期的なメディカルチェックやフィジカルチェックの実施が望まれる。傷害からの復帰基準として、ドクターの承諾、痛みがない、腫れがない、正常な関節可動域、健側の筋力比90％以上が基準とされることが多い。競技においては、今後、競技動作に基づいた機能的テストなどの指標の検討が課題である。

（福田 崇）

▶引用・参考文献
1) What is rehabilitation? World Health Organization. https://www.who.int/news-room/fact-sheets/detail/rehabilitation. 閲覧2021. 2. 9.
2) 日本体育協会: 公認アスレティックトレーナー専門科目テキスト① アスレティックトレーナーの役割, pp.9-16, 26-34, 2010.
3) 日本体育協会: 公認アスレティックトレーナー専門科目テキスト⑦ アスレティックリハビリテーション, pp.2-4, 33-36, 2010.
4) 第1回日本のトレーナー実態調査集計報告書, 公益財団法人日本スポーツ協会, 2018年. https://www.japan-sports.or.jp/Portals/0/data/ikusei/doc/AT/Report/Japan_trainer_report.pdf
5) 勝田茂, 征矢英昭: 運動生理学20講(第2版), p.68, 朝倉書店, 1999.
6) Mujika, I. and Padilla, S.: Detraining: loss of training-induced physiological and performance adaptations. Part I: short term insufficient training stimulus. Sports Med, 30(2): 79-87, 2000.
7) 日本体育協会: 公認アスレティックトレーナー専門科目テキスト⑥ 予防とコンディショニング, pp.59-60, 139, 149-153, 2010.
8) William, E.P.: Rehabilitation Techniques for Sports Medicine and Athletic Training 7th Edition, Slack Incorporated, pp.3-22, 173-208, 237-259, 305-327, 405-431, 597-599, 2015.
9) Freeman, M.A.: Instability of the foot after injuries to the lateral ligament of the ankle. Journal of Bone and Joint surgery, 47B: 669-685, 1965.
10) Richard, C.C., et al.: Associations between three clinical assessment tools for postural stability. North American Journal of Sports Physical Therapy, 5(3): 122-130, 2010.
11) 福田崇: バランスの確認, アスリートのリハビリテーションとリコンディショニング 上巻 外傷学総論／検査・測定と評価, 文光堂, pp.140-147, 2010.
12) 福田崇: リハビリテーションとリコンディショニングの手法 1. エクササイズ―機能の改善・向上を目指したアプローチ ⑥バランス, アスリートのリハビリテーションとリコンディショニング 下巻 プログラミングの実際と手法の活用, 文光堂, pp.58-64, 2012.
13) 朝岡正雄: バランスのトレーニング, 体育の科学, 53(4): 253-257, 2003.
14) 福林徹: アスレティックリハビリテーション―理論と実際―. 日本臨床スポーツ医学会誌, 7(3): 201-207, 1998.
15) Colland, A.: Basic hydrotherapy. Physiotherapy, 67(9): 258-262, 1981.
16) 山本利春: 筋力評価とスポーツ復帰―WBIを中心として―, スポーツ外傷・障害とリハビリテーション. 福林徹編, pp.108-115, 文光堂, 1994.
17) 福林徹, 武冨修治: アスレティックリハビリテーションガイド, pp.4-11, 文光堂, 2018.
18) 日本体育協会: 公認アスレティックトレーナー専門科目テキスト ⑤検査・測定と評価, pp.48-49, 2010.
19) Felforage, G.: エビデンスに基づくインジャリーケア, ナップ, 2005.
20) 黄川昭雄ほか: アスレチックリハビリテーションにおける下肢機能及び筋力評価. 臨床スポーツ医学, 5: 213-215, 1998.

4 章

トレーニングの実技と指導法

レジスタンストレーニングの実技と指導法

1──レジスタンストレーニングの実施にあたって

1 レジスタンストレーニングの安全確保

(1)健康状態の確認

トレーニング指導者は、トレーニングの開始前に実施者の体調確認や健康状態（血圧、心拍数、体温など）のチェックを行う。また、トレーニング中には、実施者の観察や声掛けなどを通じて、何らかの異常が認められた場合には、プログラムを中止するなどの対応を速やかに行う。

(2)正しい姿勢と動作の習得

トレーニング指導者は、実施者に対してトレーニング施設や器具の使用方法について説明を行い、十分な理解を促すことが必要である。

レジスタンストレーニングの初心者に対しては、無理のない負荷を用いて、正しい姿勢や動作、呼吸法、補助法などについて十分な指導を行う。また、トレーニングの実施中に、姿勢や動作の誤りが認められた場合には、直ちに修正を行う。

(3)ウォームアップとクールダウン

レジスタンストレーニングの実施前後には、適切なウォームアップやクールダウンの指導を行い、トレーニングが安全かつ効率よく開始または終了できるようにする。

(4)施設と器具のメンテナンス

トレーニング実施中の事故防止のために、トレーニング前に施設や器具の点検・整備を十分に行う。施設や器具の破損や不具合等を発見した場合には、速やかに対応する。

2 動作スピードと可動域

レジスタンストレーニングの実施においては、

表1 ● トレーニング目的に応じた動作スピードの目安

目　的	上げる動作 （コンセントリック局面）	下ろす動作 （エキセントリック局面）
フォームの習得	2〜3カウント （一定スピード）	2〜3カウント （一定スピード）
筋肥大	2カウント （一定スピード）	2〜3カウント （一定スピード）
筋力・パワー向上	全力スピード	1〜2カウント （一定スピード）*

＊低負荷を用いて、下ろす動作や切り返し動作を素早く行う場合もある。

目的に応じた適切な動作スピードを採用することが必要である。

レジスタンストレーニングの動作スピードには、代表的な2つの方法がある。1つは初心者がフォームの習得を目的とした場合や、筋肥大を目的とした場合などに用いられ、動作をコントロールしながら、加速を制限してゆっくりとした速度で行われる「スローリフティング」と呼ばれる方法である。もう1つは、主としてトレーニング動作で発揮される筋力やパワーを高めることを目的として、できるだけ素早い速度で行われる「スピードリフティング」と呼ばれる方法である。トレーニング目的に応じた動作スピードの目安は表1に示す通りである。

レジスタンストレーニングの動作は、運動器に対する過剰な負荷や衝撃のリスクを考慮し、安全性が確保される条件において、全可動域で行うことが推奨される。加速を伴う素早い速度で動作を行う場合には、可動域を超える動作が生じる危険性があることから、十分な留意が必要である。

③ 補助法

トレーニング中の事故や傷害の防止のために、状況に応じて正しい補助を行うことが必要である。

トレーニング実施者に対して個人指導を行う場合には、原則として指導者自身が補助を行うが、多人数に対して指導を行う場合には、実施者間で補助を行う。

トレーニングの実施に当たって、指導者は、実施者に対して、補助の重要性について理解させるとともに、安全で的確な補助のテクニックについても指導しておくことが必要である。

⑴補助を必要とするエクササイズ

身体に重量物が落下する危険性があるエクササイズについては、危険防止のために、補助者をつける必要がある。

補助を必要とするエクササイズの具体例は、次の通りである。

［例①］肩より上に重量物を挙上するエクササイズ（ベンチプレス、ダンベルフライ、ショルダープレスなど）

［例②］バーベルを肩の後ろまたは前に保持した状態で行うエクササイズ（スクワット、フロントスクワット、ランジなど）

高齢者や低体力者の場合には、身体のふらつきや転倒等の危険に備え、上記以外のエクササイズについても、必要に応じて補助を行うべきである。

⑵補助の方法

①バーベルによるエクササイズ（図1）

バーベルによるエクササイズの場合、補助の方法は状況によって異なるが、バーベルの中央部をオルタネイティッドグリップ（片逆手）で保持して補助を行う方法が一般的である（図1①）。バーベルが高いポジションに移動するエクササイズについては、補助者は台などの上に立って補助を行う（図1②）。

②ダンベルによるエクササイズ（図2）

●両手に1個ずつのダンベルを持って行うエクサ

図1●バーベルによるエクササイズの補助の例
①バーベルによるエクササイズの補助（例：ベンチプレス）。
②バーベルが高いポジションに移動するエクササイズの補助では台を使用する（例：バーベルスタンディングショルダープレス）。

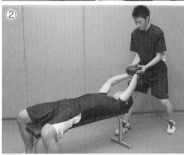

図2●ダンベルによるエクササイズの補助の方法
①左右の手に1個ずつのダンベルを保持して行うエクササイズの補助（例：ダンベルフライ）。
②両手で1個、または片手に1個のダンベルを保持して行うエクササイズの補助（例：ダンベルプルオーバー）。

サイズ（ダンベルフライなど）の場合、原則として手首を保持して補助を行う（図2①）。

●両手で1個または片手で1個のダンベルを持って行うエクササイズ（ダンベルプルオーバーなど）の場合、ダンベル自体を両手で保持して補助を行う（図2②）。

⑶補助の実施に当たっての確認事項

●補助者の人数を決定する（例：低負荷でのベンチプレス［補助者1名］、高負荷でのスクワット［補助者2名］）。複数名で補助を行う場合には、補助の実施方法やタイミングについてあらかじめ打ち合わせを行う。

●補助バーやカラーなどの安全器具を正しくセットする。

- 初心者の場合には、補助の具体的な方法（補助に入るタイミングや方法など）について事前に説明しておく。

⑷補助を開始するタイミングの目安

- 動作スピードが遅くなり、テンポが乱れてきたとき。
- 左右のバランスが崩れるなど、正しいフォームが維持できなくなりそうなとき。
- 呼吸が乱れてきたとき。
- 表情が苦しそうになったとき。

⑸補助のテクニック

- 動作が止まったら、一定スピードで挙上する。
- 正しい軌道をキープし、フォームが崩れないように注意する。
- 実施者に声をかけて力を発揮するように促す。
- ラックにバーを置く際には、手を挟まないように注意する。
- 補助の際には、マシンのケーブルや滑車、アームなどに手を引き込まれないように注意する。

4 呼吸法

　息を止めた状態で力を発揮する「努責（どせき）」を行うと、胸腔や腹腔の内圧が高まり、腰背部の正しい姿勢を保ちやすくなるとともに、大きな力を発揮しやすくなる（この手法をバルサルバ法と呼ぶ）。しかし、努責を行った際には、血圧の急激な上昇やめまいなどを引き起こす危険性があるため、特に中高齢者や初心者の場合には、十分な注意が必要である。

　レジスタンストレーニングを実施する際の呼吸法の代表例を、以下に紹介する。

⑴努責を避けるための呼吸法

　努責による血圧の急上昇などのリスクを避けるためには、トレーニング動作中には息を止めないようにすることが有効である。

　努責は、ウエイトを上げる動作局面の中で、最も大きな力の発揮が必要とされるポジション（スティッキングポイント）付近で起こりやすい傾向がある。このため、多くのエクササイズでは、ウエイトを上げる局面で息を吐き、下ろす局面で息を吸う呼吸法が採用されている。

　なお、ベントオーバーロウやシーティッドロウのように、ウエイトを引く動作のエクササイズを実施する際には、ウエイトを上げる局面で胸郭が広がって、肺に空気が入りやすい状態になるため、ウエイトを上げる局面で息を吸い、下ろす局面で息を吐く呼吸法が採用されることもある。

⑵努責を伴う呼吸法

　動作中の姿勢の安定や、より大きな力の発揮を目的とした場合には、息を止めた状態で力を発揮する「努責」を伴う呼吸法を採用することがある。通常、ウエイトを下ろすときに息を吸い、最も下ろしたポジションで息を止めてウエイトを上げ、スティッキングポイントを通過したあとに息を吐く方法が採用されている。このような努責を伴う呼吸法は、トレーニング経験を積んだ人が、高負荷を使用する場合に限定して用いることが望ましい。

5 バーの握り方

⑴グリップの幅による分類

- スタンダードグリップ（standard grip ／標準グリップ）：各エクササイズの標準的なグリップ幅。ミディアムグリップ（medium grip）またはコモングリップ（common grip）とも呼ばれる。
- ワイドグリップ（wide grip ／広いグリップ）：標準よりも広いグリップ幅。
- ナローグリップ（narrow grip、狭いグリップ）：標準よりも狭いグリップ幅。

⑵手の向きによる分類（図3）

- オーバーハンドグリップ（over hand grip ／順手）：手の甲が上向きになるグリップ。プロネイティッドグリップ（pronated grip：回内グリップ）とも呼ばれる。
- アンダーハンドグリップ（under hand grip ／逆手）：手のひらが上向きになるグリップ。スピネイティッドグリップ（supinated grip ／回外グリップ）とも呼ばれる。アームカールなどで用いられる。

オーバーハンド
グリップ

アンダーハンド
グリップ

オルタネイティッド
グリップ

サムアラウンド　　サムレスグリップ　　フックグリップ
グリップ
図4●バーの握り方（親指の位置による分類）

パラレルグリップ
図3●バーの握り方（手の向きによる分類）

- オルタネイティッドグリップ（alternated grip／片逆手）：片手が順手、反対側の手が逆手のグリップ。デッドリフトにおいて多く用いられる。
- パラレルグリップ（parallel grip／平行グリップ）：左右の手のひらを内側に向けたグリップ。シーティッドロウにおいて多く用いられる。

⑶親指の位置による分類（図4）

- サムアラウンドグリップ（thumb around grip）：親指をバーに一周させるグリップ。クローズドグリップ（closed grip）とも呼ばれる。
- サムレスグリップ（thumb-less grip）：親指をバーに巻きつけず、ほかの指とそろえて握るグリップ。オープングリップ（open grip）とも呼ばれる。
- フックグリップ（hook grip）：親指をバーに巻きつけたあと、親指の上に人差し指と中指をかぶせて握るグリップ。ウエイトリフティング競技などで用いられる。

6 ベルトの使用

　レジスタンストレーニングを実施する際に、ウエスト部にトレーニング用のベルトを装着すると、腹腔内圧（腹圧）を高めることができ、トレーニング動作中に体幹部周辺の正しい姿勢を保ちやすくなる（図5）。

　トレーニング用のベルトは、原則として、スクワットやデッドリフトのような立位で行うエクササイズを、高負荷で実施する場合に限定して使用することが望ましい。姿勢の支持が比較的たやすい座位や背臥位（あお向け姿勢）のエクササイズや、低負荷を使用する場合などには、ベルトの使用を極力避けるようにする。常にベルトを使用することに慣れてしまうと、ベルトがない状態で体幹周辺の筋群をコントロールして腹圧を調整する能力が、十分に養成できなくなる可能性が指摘されている。

図5●トレーニング用ベルト

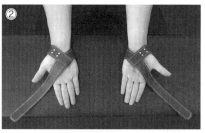

図6●ストラップと使用方法
①ストラップの端を穴に通す。②ストラップを手首に固定する。③バーの下からストラップを通す。④ストラップを手前に一周させてバーに巻きつけ、たるみを調整する。⑤バーに巻きつけたストラップとともにバーを握る。

7 ストラップの使用

　バーを握る能力を補うために用いられる「ひも状の補助具」をストラップと呼んでいる（図6）。ラットプルダウンやベントオーバーロウのような引く動作のエクササイズや、デッドリフトのようにバーベルをぶら下げて保持した状態を維持するエクササイズを実施する場合、反復動作中に疲労によってバーを握る力が低下したり、手が滑ったりして正しい動きができなくなることがある。ストラップを用いることによって、これらの問題を解決するとともに、重い重量でもグリップの緩みを気にすることなく挙上動作に集中することが可能となる。ただし、ストラップを過度に使用した場合、各エクササイズで必要とされる把持力が十分に養えなくなってしまうことが懸念される。ストラップは、高重量を扱う場合や、特定の筋肉に限定的に刺激を与えたい場合などに限って使用することが望ましい。

8 トレーニング器具の使用に関する留意点

　トレーニング器具を安全に使用するための留意点は以下の通りである。

(1)フリーウエイト機器（バーベル、ダンベル、ラックなど）

- バーベルには、左右均等にプレートを装着する。
- バーベルのプレートの着脱は2名にて左右同時に行う。
- バーベルにプレートを装着する場合には、必ずカラーを取り付ける。
- バーベルのシャフト（バー）の曲がりや、部品の緩みがないかどうか確認する。
- ダンベルのシャフト部分の曲がりや、プレート部分の緩みがないかどうか確認する。
- ラックの損傷や変形がないかどうか確認する。
- バーを載せるフックの高さやセーフティバー（補助バー）の位置を適切に調節する。

(2)マシン

- 使用前には、マシンのシートやパッド、アームなどの位置を適切に調節する。ケーブルマシンの場合、アタッチメントを確実に接続する。
- ウエイトスタック式のマシンの場合、反復動作中には、動いているウエイトが下部のウエイトに接触しないように注意する。

(3)チューブ

- 使用に当たっては、摩耗や損傷がないかどうか確認する。

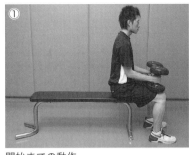 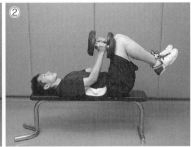 

開始までの動作
①ダンベルを両手に保持してベンチの端に座り、大腿部の上にダンベルを縦向きにして載せる。②股関節の角度を一定に保ったまま、後方に倒れ込むようにして背臥位になる。③両脚を床に下ろしてダンベルを上げて開始姿勢をとる。

  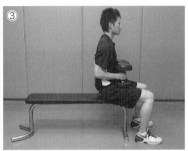

反復終了後の動作
①脇を締めてダンベルをゆっくりと下ろす。②股関節を曲げて、大腿部をダンベルに近づける。③股関節の角度を一定に保ったまま、上半身を起こす。

図7 ●背臥位のダンベルエクササイズを実施する際のテクニック（オンザニーテクニック）

9 背臥位で行うダンベルエクササイズを実施する際のテクニック（図7）

　ダンベルベンチプレスやダンベルフライのように、背臥位によるダンベルエクササイズを実施する場合、動作前後のダンベルの円滑な移動と落下防止のために、「オンザニーテクニック」（図7）と呼ばれる方法が用いられる。ダンベルを床に落下させた場合、肩などに過剰な負担が加わるリスクが高まるとともに、ダンベルや床の損傷や騒音および振動の発生も懸念される。

10 低体力者や高齢者に対する指導上の配慮

　低体力者や高齢者に対して、レジスタンストレーニングの実技指導を行う際には、対象の特性を踏まえて、以下のような配慮が必要である。

(1)シートや背もたれの使用（図8）

　立位のエクササイズを行う際に、正しい姿勢が維持できない場合には、ベンチや椅子に座ったり、背もたれに腰背部を固定したりするなどの対応を検討する。また、両脚を左右に開いた姿勢で行うエクササイズにおいて、正しい姿勢がとりにくい場合には、両脚を前後に開く方法（図8②）も効果的である。

(2)可動域の調整

　実施者の関節可動域や、筋肉の張りの状態などを考慮して、無理のない可動域で動作を行うように指導する。

(3)動作の開始ポジションの工夫

　各エクササイズの動作は、できるだけ筋力を発揮しやすいポジションから開始することが望ましい。例えば、マシンによるチェストプレスの動作を開始するポジションは、バーが胸に近く力を発揮しにくいポジションからではなく、マシンのフットバーや補助者のアシストによってバーを押した力を発揮しやすいポジションからの方が適切である。

①立位のエクササイズ　②両脚を前後に開く　③ベンチに座る　④背もたれに腰背部を固定する

図8●低体力者・高齢者に対する指導上の配慮
立位のエクササイズ（①）で正しい姿勢が維持できない場合には、②〜④の対応を検討する。

⑷呼吸法やカウントの工夫

　低体力者や高齢者に対しては、トレーニング中の努責による血圧の急上昇を防ぐために、正しい呼吸法を徹底することが必要である。指導者は、トレーニング動作中に、「吸って」「吐いて」といった助言を適宜行うようにする。また、反復動作のスピードやテンポを一定に保つために、指導者が声を出してカウントすることも効果的である。

2──レジスタンストレーニングの代表的エクササイズ(30種目)の実技と指導

【注意事項】
● 本項で紹介する方法は、トレーニング効果と安全性の観点から推奨される代表的な方法です。実施に当たっては、実施者の特徴や目的に応じて、適宜アレンジを加えることが必要な場合があります。
● トレーニングの実施に当たっては、運動の可否について医師の許可を得ることが必要です。事故や傷害等の発生には十分にご注意ください。本項で紹介した全てのエクササイズの実技や補助及び指導の方法、トレーニングプログラムの実践などに関わる事故や傷害、健康被害等については、一切の責任を負いません。あらかじめご了承ください。
● 本項で紹介された指導法や補助法の中には、実施者との身体接触を伴うものがあります。実施に当たっては、事前に了解を得るなどの配慮が必要です。本書で紹介した指導法や補助法に関わるトラブル等については、一切の責任を負いません。あらかじめご了承ください。

（有賀誠司）

▶引用・参考文献
1) 有賀誠司：競技スポーツのためのウエイトトレーニング, 体育とスポーツ出版社, 2001.
2) 有賀誠司：フィットネス指導者のための筋力トレーニング指導マニュアル・実技指導編, 日本プランニングシステム, 2007.

腰部のエクササイズ（5種目）

1. ベンチプレス

[使用部位]
- 大胸筋、三角筋前部、上腕三頭筋

[実　技]
〈ポジショニングと開始姿勢〉
- ラックに載せたバーの真下に目がくるようにして、ベンチにあお向けになる。
- ベンチにあお向けになり、左右の足の裏全体を床につける。また、後頭部、上背部、殿部をシートにつける。
- 肘と肩を同じ高さにした際に肘が直角になるグリップ幅で、バーの中央から左右同じ距離に両手でバーを握る（①）。
- 補助者のサポートを受けながら、ラックからバーを外し、肩の真上までバーを移動させて静止し、開始姿勢をとる（②）。

〈動　作〉
- バーを胸骨の中央部に下ろす（③）。
- バーが胸に触れたら開始姿勢まで押し上げる。
- 動作中のバーの軌道は、真横から見て緩やかなカーブを描くようにする。
- 反復を終えたら、補助者がバーを保持してサポートしながらバーをラックに戻す。

[呼吸法]
- 低〜中負荷を用いる場合は、バーを下ろす局面で息を吸い、バーを上げる局面で息を吐く。
- 高負荷を用いる場合は、息を吸いながらバーを下ろし、バーが胸に触れたら息を止めて挙上し、スティッキングポイントを通過した後に息を吐く（経験者のみ採用）。

[補助法]
- 補助者は、実施者の頭側のできるだけ近いポジションに、腰背部をまっすぐに保ったまま、膝と股関節を少し曲げて上半身を前傾させた姿勢で立つ。
- 開始時にバーをラックから外すときと、反復終了後にバーをラックに戻すときには、実施者のグリップの内側をオルタネイティッドグリップで保持して補助を行う（④）。
- 実施者の反復動作が困難になった場合、補助者は実施者に力を発揮するように指示した上で、バーを保持して、一定スピードで挙上し、バーをラックに戻す。

[起こりやすい誤り]
- 足が床から離れる。身長が低い人の場合、床から踵が浮きやすいため、対策として足の下に台やプレートなどを敷く。
- 殿部がシートから浮き、腰が反っている。
- バーベル挙上時に肩甲骨が過度に外転している。
- 動作中、肘が胴体に近づき、肩が外旋している。
- 手首が背屈している。
- 動作の軌道が不安定。
- 胸の上でバーベルをバウンドさせている。
- バーベルが斜めに上がる。

2. インクラインベンチプレス

[使用部位]
- 大胸筋（上部）、三角筋前部、上腕三頭筋

[実　技]

〈ポジショニングと開始姿勢〉
- インクラインベンチの背もたれの角度を30〜40度を目安に調整する。
- ベンチにあお向けになり、左右の足の裏全体を床につけ、後頭部、上背部、殿部をシートにつける。
- 肘と肩を同じ高さにしたときに肘が直角になるグリップ幅で、バーの中央から左右同じ距離になるようにしてバーを握る。
- 補助者のサポートを受けながら、ラックからバーを外し、肩の真上までバーを移動し、静止して開始姿勢をとる（①）。

〈動　作〉
- バーを鎖骨の上辺りに下ろす（②）。このとき、肘はバー

の真下に位置する。
- バーが鎖骨に触れたら開始姿勢まで押し上げる。
- 反復を終えたら、補助者がバーを保持してサポートしながらバーをラックに戻す。

[呼吸法]
- 低〜中負荷を用いる場合は、バーを下ろす局面で息を吸い、バーを上げる局面で息を吐く。
- 高負荷を使用する場合は、息を吸いながらバーを下ろし、バーが胸に触れたら息を止めて挙上し、スティッキングポイントを通過したあとに息を吐く（経験者のみ採用）。

[補助法]
- 実施者の頭側のできるだけ近いポジションに、腰背部をまっすぐに保ったまま、膝と股関節を少し曲げて上半身を前傾させた姿勢で立つ。
- 開始時にバーをラックから外すときと、反復終了後にバーをラックに戻すときには、実施者のグリップの内側をオルタネイティッドグリップ（片逆手）で保持して補助を行う。
- 実施者の反復動作が困難になった場合、補助者は実施者に力を発揮するように指示した上で、バーを保持して、一定スピードで挙上し、バーをラックに戻す。

[起こりやすい誤り]
- 足が床から離れている。
- 殿部がシートから浮き、腰を反らせている。
- バーベル挙上時に肩甲骨が過度に外転している。
- 動作中、肘が胴体に近づき、肩が外旋している。
- 手首が背屈している。
- 動作の軌道が不安定になっている。

3. ダンベルベンチプレス

[使用部位]
- 大胸筋、三角筋前部、上腕三頭筋

[実　技]

〈ポジショニングと開始姿勢〉
- 両手にダンベルを持ってベンチに座り、ダンベルを大腿部の上に立て、そのまま後方にゆっくりと倒れ込むようにし

てベンチにあお向けになる。
- ベンチにあお向けになり、左右の足の裏全体を床につけ、後頭部、上背部、殿部をシートにつける。
- 肘を伸ばしてダンベルを左右の肩の上に静止させて開始姿勢をとる（①）。両腕は、どの方向から見ても床に対してほぼ垂直になっており、左右のダンベルのバーは床と平行

になるようにする。

〈動　作〉

●肘を曲げてダンベルをコントロールしながら下ろす（②）。上から見たときに、ダンベルのバーは胸骨の中央部の真横に位置するようにする。また、前腕部は床と垂直になるようにする。

●バーを十分に下ろしたら開始姿勢まで押し上げる。このとき、バーの軌道は、真横から見て緩やかなカーブを描くようにする。

●反復を終えたら、肘が体側に沿うようにしてダンベルを下ろし、大腿部をダンベルに近づけて、股関節の角度を保ったまま上体を起こす。

[呼吸法]

●低～中負荷を用いる場合は、ダンベルを下ろす局面で息を吸い、ダンベルを上げる局面で息を吐く。

●高負荷を用いる場合は、息を吸いながらダンベルを下ろし、ダンベルを十分に下ろしたポジションで息を止めて挙上し、スティッキングポイントを通過したあとに息を吐く（経験者のみ採用）

[補助法]

●実施者の頭側のできるだけ近いところに片膝を立てて座り、反復動作が困難になった場合、前腕の部分を保持して動作の補助を行う。

[起こりやすい誤り]

●足が床から離れている。

●殿部がシートから浮き、腰を反らせている。

●ダンベル挙上時に肩甲骨が過度に外転している。

●動作中、肘が胴体に近づき、肩が外旋している。

●動作の軌道が不安定になっている。

●手首が背屈している。

4．ダンベルフライ

[使用部位]

●大胸筋、三角筋前部

[実　技]

〈ポジショニングと開始姿勢〉

●両手にダンベルを持ってベンチに座り、ダンベルを大腿部の上に立て、そのまま後方にゆっくりと倒れ込むようにしてベンチにあお向けになる。

●ベンチにあお向けになり、左右の足の裏全体を床につけ、後頭部、上背部、殿部をシートにつける。

●肘を伸ばしてダンベルを左右の肩の上に静止させて開始姿勢をとる（①）。左右のダンベルのバーは互いに平行になるようにする。このとき、両腕がどの方向から見ても床と垂直になるようにする。

〈動　作〉

●肘をわずかに曲げた状態で、ダンベルが肩を中心とした円軌道を描くようにしながら、ダンベルを肩の側方に下ろす（②）。ダンベルを下ろしたときには、上から見て手首、肘、肩を結ぶ線が身体の長軸に対して垂直になるようにする。

●ダンベルを下ろしたときと同様の軌道を通るようにして、ダンベルを開始姿勢まで挙上する。

●反復を終えたら、肘を体側に沿わせるようにしてダンベルを下ろし、大腿部をダンベルに近づけて股関節の角度を保ったまま上半身を起こす。

[呼吸法]

●低～中負荷を用いる場合は、ダンベルを下ろす局面で息を吸い、ダンベルを上げる局面で息を吐く。

●高負荷を用いる場合は、息を吸いながらダンベルを下ろし、ダンベルを十分に下ろしたポジションで息を止めて挙上し、スティッキングポイントを通過したあとに息を吐く（経験者のみ採用）。

[補助法]

●実施者の頭側のできるだけ近いところに片膝を立てて座り、実施者の反復動作が困難になった場合、前腕の部分を保持して動作の補助を行う。

[起こりやすい誤り]

●足が床から離れている。

●殿部がシートから浮き、腰を反らせている。

●ダンベル挙上時に肩甲骨が過度に外転してしまう。

●動作中、肘が胴体に近づき、肩が外旋している。

5. シーティッドチェストプレス

[使用部位]
- 大胸筋、三角筋前部、上腕三頭筋

[実　技]
〈ポジショニングと開始姿勢〉
- マシンのシートに座ったときに、グリップ部分が胸骨の中央部の高さになるように、シートの高さを調節する。
- マシンのシートに座り、両足を床につけ、後頭部、上背部、殿部をベンチの背もたれにつける。
- フットバーを踏んで、マシンのバーを前方に移動させ、肩幅より広めに握る。

- 肘を伸ばし、両足を床につけて開始姿勢をとる（①）。このとき、胸を張り、視線は正面に向ける。

〈動　作〉
- 力を抜かずに、ゆっくりとバーを胸に近づける（②）。
- バーを十分に胸に近づけたら、開始姿勢まで押す。
- 反復を終えたら、フットバーを踏んで、バーから手を離し、ウエイトを下ろしてマシンから離れる。

[呼吸法]
- 低〜中負荷を用いる場合は、バーを胸に近づける局面で息を吸い、バーを押す局面で息を吐く。
- 高負荷を用いる場合は、息を吸いながらバーを胸に近づけ、バーが十分に胸に近づいたら息を止めて押す動作を行い、スティッキングポイントを通過したあとに息を吐く（経験者のみ採用）。

[補助法]
- マシンを使用したエクササイズのため補助は不要。

[起こりやすい誤り]
- 腰が反っている。
- バーを押したときに肩が前方に移動する（肩甲骨が過度に外転している）。
- 動作中、肘が胴体に近づき、肩が外旋している。
- 手首が背屈している。
- 後頭部がシートから離れている。

背部のエクササイズ（4種目）

1. ベントオーバーロウ

[使用部位]
- 広背筋、僧帽筋、菱形筋

[実　技]
〈ポジショニングと開始姿勢〉
- 床に置いたバーベルの下に母趾球が来るようにして、両足を腰幅くらいに開いて立つ。
- 腰背部の姿勢を保ったまま殿部を後方に突き出すようにし

て膝と股関節を曲げ、上半身を前傾させて肩幅くらいの手幅でバーを握る。
- バーベルを床から少し持ち上げ、上半身を前傾させて、開始姿勢をとる（①）。

〈動　作〉
- 肘が体側の近くを通るようにしながら、肩甲骨を内側に引き寄せ、胸を張ってバーを腹部まで引き上げる（②）。
- バーをゆっくりと開始姿勢まで下ろす。

[呼吸法]
- バーを上げる局面で息を吸い、バーを下ろす局面で息を吐く。

[補助法]
- このエクササイズは補助を必要としない。

[起こりやすい誤り]
- 腰背部が丸くなっている。
- 上半身が起き上がっている。
- バーが脚部から離れている。
- 肘が外側に開いている。

2. ワンハンドダンベルロウ

[使用部位]
- 広背筋、僧帽筋、菱形筋

[実 技]

〈ポジショニングと開始姿勢〉
- 片手にダンベルを持ち、反対側の手と膝をベンチの上にのせ、上半身を床と平行にする。
- ダンベルを片手に持ち、肘を伸ばして肩の下に保持して開始姿勢をとる（①）。このとき、ダンベル側の肩甲骨を外転させて、背部の筋群を十分にストレッチさせる。

〈動 作〉
- 肩甲骨を内側に引き寄せながら、肘を上げてダンベルを腹部の横に引きつける（②）。
- ゆっくりとダンベルを下ろして開始姿勢に戻る。

[呼吸法]
- ダンベルを引き上げる局面で息を吸い、ダンベルを下ろす局面で息を吐く。

[補助法]
- このエクササイズは補助を必要としない。

[起こりやすい誤り]
- 肩甲骨を固定したまま、腕だけで引く動作を行っている。
- 肘が外側を向いている。
- 腰背部が丸くなっている。
- 胸郭のひねり動作が見られる。

3. ラットプルダウン

[使用部位]
- 広背筋、大円筋

[実 技]

〈ポジショニングと開始姿勢〉
- マシンのパッドやシートの高さを実施者の身体に合わせて調節する。
- バーを肩幅よりやや広めに握り、肘を伸ばしてバーを引きながらシートに座る。
- バーの真下に鎖骨がくるようにして上半身をやや後傾させ、背部の筋肉を十分にストレッチして開始姿勢をとる（①）。

〈動 作〉
- 肩甲骨を下げ、脇を締めて肘を胴体に引きつけるようにしながら、肩甲骨を内側に閉じて、バーを鎖骨の位置まで引き下ろす（②）。
- バーを十分に引き下ろしたら、ゆっくりと開始姿勢に戻す。

[呼吸法]
- バーを引き下ろす局面で息を吸い、開始姿勢に戻す局面で息を吐く。

[補助法]
- このエクササイズは補助を必要としない。

[起こりやすい誤り]
- バーを下ろしたときに背中が丸くなっている。
- 上半身が過度に後傾し、腰が反っている。
- 肘が後方に移動している。

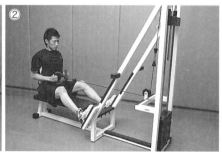

[使用部位]
- 広背筋、僧帽筋、菱形筋

[実　技]

〈ポジショニングと開始姿勢〉
- マシンのハンドルを両手で握り、フットボードに足を置き、ハンドルを引きながらシートに座る。膝は軽く曲げておく。
- 上半身を直立またはやや前傾させ、背部の筋群をストレッチさせて開始姿勢をとる（①）。

〈動　作〉
- 肩甲骨を内側に寄せ、肘を後方に引いて胸を張るようにしてハンドルを腹部に引きつける（②）。
- スピードをコントロールしながらハンドルを開始姿勢に戻す。

[呼吸法]
- ハンドルを引く動作局面で息を吸い、開始姿勢に戻す動作局面で息を吐く。

[補助法]
- このエクササイズは補助を必要としない。

[起こりやすい誤り]
- 肩甲骨が固定されている。
- 肘が外側に開いている。
- ハンドルを引いたときに背中が丸くなっている。
- 上半身が前傾、または後傾しすぎている。

肩部のエクササイズ（3種目）

1. シーティッドバーベルショルダープレス

[使用部位]
- 三角筋、上腕三頭筋

[実　技]

〈ポジショニングと開始姿勢〉
- ベンチに座り、ラックに載せたバーベルを肩幅よりやや広めの手幅で握る。
- 補助者のサポートを受けながら、バーをラックから外し、肘を伸ばしてバーを挙上して開始姿勢をとる（①）。

〈動　作〉
- バーを耳の下端部の高さまで下ろす（②）。
- バーを挙上して開始姿勢に戻る。

[呼吸法]
- 低〜中負荷を用いる場合は、バーベルを下ろす局面で息を吸い、バーベルを上げる局面で息を吐く。
- 高負荷を用いる場合は、息を吸いながらバーベルを下ろし、バーベルを下ろし切ったら息を止めて挙上し、スティッキングポイントを通過したあとに息を吐く（経験者のみ採用）。

[補助法]
- 実施者の後方に設置した台の上に立つ。台の高さは、バーを挙上したときの高さに応じて調整する。
- 実施者の反復動作が困難になった場合、補助者は実施者に力を発揮するように指示し、バーベルの中央部を保持して補助を行う。

[起こりやすい誤り]
- 手首が背屈している。
- バーベルの軌道が一定していない。
- 腰が反っている。
- 挙上動作の後半にバーベルが前方に移動している。

2. サイドレイズ

① ②

[使用部位]
- 三角筋、僧帽筋

[実　技]

〈ポジショニングと開始姿勢〉
- 両手にダンベルを保持し、膝を少し曲げて直立する。
- 肘をわずかに曲げて手のひらを内側に向け、ダンベルを大腿部の外側に保持して開始姿勢をとる（①）。

〈動　作〉
- 肘の角度を保ったまま、ダンベルを側方に肩と同じ高さまで上げる（②）。
- ダンベルを下ろして開始姿勢に戻る。

[呼吸法]
- ダンベルを上げる局面で息を吸い、ダンベルを下ろす局面で息を吐く。

[補助法]
- このエクササイズは補助を必要としない。

[起こりやすい誤り]
- 腰が過度に反っている。
- 肘よりも先にダンベルが高く上がっている。
- 挙上動作中に肩をすくめている。

3. ショルダーシュラッグ

① ②

[使用部位]
- 僧帽筋

[実　技]

〈ポジショニングと開始姿勢〉
- 両足を腰幅くらいに開き、直立した姿勢で両手にダンベルを保持して開始姿勢をとる（①）。

〈動　作〉
- 肩甲骨を挙上して肩をすくめ、できるだけ高くダンベルを持ち上げる（②）。
- 開始姿勢までダンベルを下ろし、僧帽筋をストレッチさせる。

[呼吸法]
- バーベルを上げる局面で息を吸い、バーベルを下ろす局面で息を吐く。

[補助法]
- このエクササイズは補助を必要としない。

[起こりやすい誤り]
- 動作中に、肘が大きく曲がっている。
- 可動範囲が小さい。
- ダンベルを挙上したとき、背中が丸くなっている。

上腕部・前腕部のエクササイズ（5種目）

1. スタンディングバーベルカール

[使用部位]
- 上腕二頭筋

[実 技]

〈ポジショニングと開始姿勢〉
- バーベルを肩幅程度のアンダーハンドグリップ（逆手）で握る。
- 両足を肩幅くらいの広さに開き、膝をわずかに曲げて直立し、肘を伸ばしてバーベルを大腿部の前に保持して開始姿勢をとる（①）。

〈動 作〉
- 肘を曲げてバーベルを挙上する（②）。
- バーベルを下ろして開始姿勢に戻る。

[呼吸法]
- バーベルを上げる局面で息を吐き、バーベルを下ろす局面で息を吸う。

[補助法]
- このエクササイズは補助を必要としない。

[起こりやすい誤り]
- 腰が反っている。
- バーを挙上する局面で肘が後方に移動している。

2. コンセントレーションカール

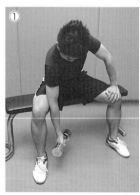 

[使用部位]
- 上腕二頭筋

[実 技]

〈ポジショニングと開始姿勢〉
- 片手にダンベルを持ち、ベンチに座って大腿部の内側に上腕部を固定して開始姿勢をとる（①）。

〈動 作〉
- 肘を曲げてダンベルを挙上する（②）。
- 肘を伸ばしてダンベルを下ろして開始姿勢に戻る。

[呼吸法]
- ダンベルを上げる局面で息を吐き、ダンベルを下ろす局面で息を吸う。

[補助法]
- このエクササイズは補助を必要としない。

[起こりやすい誤り]
- 手首が背屈または屈曲している。
- ダンベルの軌道が不安定。

3. ライイングトライセプスエクステンション

[使用部位]
- 上腕三頭筋

[実　技]
〈ポジショニングと開始姿勢〉
- ベンチの上にあお向けになり、補助者からバーベルを受け取る。
- 肩幅よりやや狭めの手幅でバーを握り、肘を伸ばして肩の上に保持して開始姿勢をとる（①）。
- 使用するバーベルは、まっすぐの形状のストレートバーよりも曲がった形状のカールバー（イージーバー）のほうが手首に負担がかかりにくい。
〈動　作〉
- 肘の位置を固定したまま、肘を曲げてバーベルをゆっくりと額の上へ下ろす（②）。
- 開始姿勢までバーベルを挙上する。
- 反復を終えたら補助者にバーベルを渡す。

[呼吸法]
- バーベルを下ろす局面で息を吸い、バーベルを上げる局面で息を吐く。

[補助法]
- 補助者は実施者の頭側に立ち、動作の開始と終了の際にバーの受け渡しを行う。動作中にはバーベルが実施者の頭上に落下しないように、バーの下に手を添えておく。
- 実施者の反復が困難になった際には、バーの中央部を保持して補助を行う。

[起こりやすい誤り]
- バーを下ろしたときに背中が反っている。
- 挙上動作の局面で肘が側方に開いている。
- バーを挙上する局面でバーを押し上げている。

4. トライセプスプレスダウン

- マシンの前に立ち、肩幅より狭いグリップ（こぶし１つ〜２つ分くらいの手幅）でバーを保持し、肘を体側につけて肘を曲げて開始姿勢をとる（①）。このとき、膝と股関節を軽く曲げて上半身は少し前傾させる。
- 前腕は床と平行程度のポジションにしておく。
〈動　作〉
- 肘の位置を固定したまま、肘を伸ばしてバーを下ろす（②）。
- 肘を曲げて開始姿勢までバーを戻す。

[呼吸法]
- 肘を伸ばしてバーを下ろす局面で息を吐き、肘を曲げてバーを戻す局面で息を吸う。

[補助法]
- このエクササイズは補助を必要としない。

[起こりやすい誤り]
- 動作中に腰が反っている。
- 動作中に上半身が動揺する。
- 動作中に肘が側方に開き、押し下げるような動きになっている。

[使用部位]
- 上腕三頭筋

[実　技]
〈ポジショニングと開始姿勢〉
- マシンのケーブルに山形のバーを取り付ける。

5. リストカール

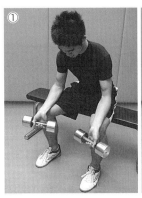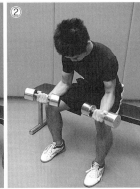

くようにして大腿部に前腕を固定し、手首を背屈させて開始姿勢をとる（①）。

〈動　作〉
- 手首を曲げてダンベルを挙上する（②）。
- 手首を伸ばしてダンベルを下ろし、開始姿勢に戻る。

[呼吸法]
- ダンベルを上げる局面で息を吐き、ダンベルを下ろす局面で息を吸う。

[補助法]
- このエクササイズは補助を必要としない。

[起こりやすい誤り]
- 可動域が小さい。
- 手首の回転軸が一定に保たれていない。
- 動作中に過度な弾みや加速がみられる。

[使用部位]
- 前腕屈筋群

[実　技]

〈ポジショニングと開始姿勢〉
- 両手にダンベルを持ってベンチに座り、手のひらが上を向

大腿部および股関節周辺部のエクササイズ（7種目）

1. スクワット（バックスクワット）

（横から）

[使用部位]
- 大腿四頭筋、大殿筋、脊柱起立筋群

[実　技]

〈ポジショニングと開始姿勢〉
- 動作中の腰背部の姿勢の安定と傷害予防のために、トレー

ニング用のベルトを着用する。
- スクワットラックのフックとセーフティバーを適切な高さに調節する。
- 肩幅よりやや広めに両手でバーを握る。
- 頭をバーの下にくぐらせながら、バーの真下に両足を左右

に開いて立ち、両肩を後方に引くようにして肩甲骨をやや内側に寄せ、肩の上端部よりやや低い位置にバーベルをのせる。
- ラックからバーを外して後方に下がる。
- 両足を肩幅、または肩幅よりやや広めに左右に開き、つま先をやや外側に向けて直立し、開始姿勢をとる（①）。
- 視線は正面に向けておく。

〈動　作〉
- 姿勢を保ったまま、膝と股関節を同時に曲げて、殿部を後方に突き出しながら上半身を前傾させ、大腿部の上端面が床と平行になるところまでしゃがむ（②）。
- しゃがんだときには、膝がつま先の真上に来るようにし、足の裏全体に体重がかかるようにする。
- 腰背部の姿勢を崩さずに、膝と股関節を同時に伸展させ、上体を起こしながら立ち上がり、開始姿勢に戻る。

[呼吸法]
- 低～中負荷を使用する場合には、しゃがむ局面で息を吸い、立ち上がる局面で息を吐く。
- 高負荷を用いる場合は、しゃがむ動作局面で息を吸い、しゃがんだ姿勢で息を止めて立ち上がり、スティッキングポイ

ントを通過したあとに息を吐く（経験者のみ採用）。

[補助法]
- バーベルの両側に一名ずつ立ち、どちらかが合図をして左右同時に、ゆっくりとバランスをとりながらバーの両端を持ち上げる。
- 立ち上がった後、ラックにバーを戻すために移動する際には、万一に備えて手を添えておく。このとき、バーに手を触れてしまうと、かえって実施者のバランスを崩してしまうことがあるので注意する。

[起こりやすい誤り]
- しゃがんだときに、膝がつま先より過度に前方に出ている。
- しゃがんだときに、膝がつま先の方向よりも過度に内側に入っている。
- しゃがんだときに膝を完全に曲げたり、バウンドさせたりしている。
- 動作中に腰背部が丸くなっている。
- しゃがんだときに、腰が過度に反っている。
- 立ち上がる動作中、腰の位置が左右どちらかに移動してしまう。
- 立ち上がる局面で顔が上を向き、首が過度に後屈している。

2.　レッグプレス

[使用部位]
- 大腿四頭筋、大殿筋

[実　技]
〈ポジショニングと開始姿勢〉
- マシンに座り、両足を腰幅から肩幅程度に開いてマシンのボードに固定する。
- 両手でマシンのハンドルをしっかり握り、身体を固定する。
- 両足でボードを押して、マシンのストッパーを解除し、膝を伸ばして静止して開始姿勢をとる（①）。このとき、膝が過伸展しないように注意する。

〈動　作〉
- 膝と股関節を同時に曲げながらボードを下ろす（②）。
- 膝と股関節を伸ばしながらボードを押して開始姿勢に戻る。
- 反復を終えたら、ボードをストッパーで固定する。

[呼吸法]
- 低～中負荷を使用する場合には、ウエイトを下ろす局面で息を吸い、上げる局面で息を吐く。
- 高負荷を使用する場合には、ウエイトを下ろす局面で息を吸い、挙上する局面のスティッキングポイントを通過したあとに息を吐く（経験者のみ採用）。

[補助法]
- このエクササイズは補助を必要としない。
- 高齢者や低体力者の場合には、急な脱力等に備えて、指導者がマシンのボードに手を添えておく。

[起こりやすい誤り]
- ボードを下ろしたときに、膝がつま先の方向より外側または内側に向いている。
- 膝が過伸展している。
- 腰が丸くなっている。
- 殿部がシートから浮いている。

3. レッグエクステンション

[使用部位]
- 大腿四頭筋

[実　技]

〈ポジショニングと開始姿勢〉
- マシンのパッドや背もたれのポジションの調節を行い、マシンの回転軸の真横に膝関節の回転軸がくるようにしてシートに座る。
- パッドに脚部をつけ、ハンドルを握って身体を固定して開始姿勢をとる（①）。

〈動　作〉
- 膝関節を伸ばしてマシンのパッドを上げる（②）。

- 膝を曲げてパッドを下ろし、開始姿勢に戻る。

[呼吸法]
- ウエイトを上げる局面で息を吐き、下ろす局面で息を吸う。

[補助法]
- このエクササイズは補助を必要としない。

[起こりやすい誤り]
- 腰が丸くなっている。
- 殿部がシートから浮き上がっている。
- 弾みをつけた動作が行われている。

4. レッグカール（ライイングレッグカール）

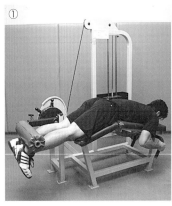
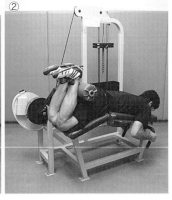

[使用部位]
・ハムストリング

[実　技]

〈ポジショニングと開始姿勢〉
・マシンのパッド等のポジションの調節を行い、マシンの回転軸の真横に膝関節の回転軸がくるようにして、シートにうつぶせになる。
・パッドに脚部をつけ、ハンドルを握って身体を固定して開始姿勢をとる（①）。

〈動　作〉
・膝を曲げてウエイトを上げる（②）。
・膝を伸ばしてウエイトを下ろし、開始姿勢に戻る。

[呼吸法]
・ウエイトを上げる局面で息を吐き、下ろす局面で息を吸う。

[補助法]
・このエクササイズは補助を必要としない。

[起こりやすい誤り]
・殿部が浮き上がっている。

5. フォワードランジ

[使用部位]
- 大腿四頭筋、大殿筋、ハムストリング

[実　技]
〈ポジショニングと開始姿勢〉
- 両手にダンベルを保持し、両足を腰幅に開いて直立して開始姿勢をとる（①）。

〈動　作〉
- 片足を前方に踏み出し、足が着地したら膝と股関節を曲げて沈み込む（②）。
- 前脚を蹴って後ろ脚で踏ん張り、両足をそろえて開始姿勢に戻る。
- 足を踏み出す動作は左右交互に行う。

[呼吸法]
- 前方へステップする局面で息を吸い、切り返して開始姿勢に戻る局面で息を吐く。

[補助法]
- このエクササイズは補助を必要としない。
- 高齢者や低体力者の場合には、後方に立ち、実施者と同様にステップしながら、実施者の脇の下の近くに手を添えておく。バランスを崩した場合には、すみやかに脇の下を下から支えるようにして補助を行う。

[起こりやすい誤り]
- ステップしたときに上半身が過度に前傾している。
- ステップしたときに膝がつま先より前に出ている。

6. デッドリフト

[使用部位]
- 脊柱起立筋群、大腿四頭筋、大殿筋

[実　技]
〈ポジショニングと開始姿勢〉
- 動作中の姿勢の安定と傷害の予防のために、トレーニング用のベルトを着用する。
- 床に置いたバーベルの下に母趾球がくる位置に、両足を腰幅程度に開いて直立する。
- 腰背部の正しい姿勢を保ったまま、膝と股関節を曲げて上半身を前傾させながらしゃがみ、膝の外側から肩幅程度の

オルタネイティッドグリップ（片逆手）またはオーバーハンドグリップでバーを握って、開始姿勢をとる（①）。

〈動　作〉
- 膝と股関節を同時に伸ばし、バーの軌道がすねと大腿部のすぐ近くを通過するようにして、直立姿勢までバーベルを挙上する（②）。
- バーベルを挙上したら、姿勢を崩さずにバーベルをコントロールしながら開始姿勢に戻る。

[呼吸法]
- 低～中負荷を用いる場合には、しゃがむ局面で息を吸い、立ち上がる局面で息を吐く。
- 高負荷を用いる場合は、しゃがむ動作局面で息を吸い、しゃがんだ姿勢で息を止めて立ち上がり、スティッキングポイントを通過したあとに息を吐く（経験者のみ採用）。

[補助法]
- このエクササイズは補助を必要としない。

[起こりやすい誤り]
- 動作中に腰背部が丸くなっている。
- しゃがんだときに胸部が正面を向き、腰が過度に反っている。
- バーが身体から離れている。
- 膝がつま先の方向よりも内側に入っている。

7．スティッフレッグドデッドリフト

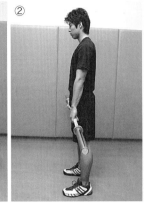

[使用部位]
● ハムストリング、大殿筋
[実　技]
〈ポジショニングと開始姿勢〉
● 動作中の姿勢の安定と傷害の予防のために、トレーニング用のベルトを着用する。
● 床に置いたバーベルの下に母指球がくる位置に、両足を腰幅程度に開いて直立する。
● 腰背部の姿勢を保ったまま、膝をわずかに曲げて固定し、股関節を曲げて上半身を前傾する。
● 膝の外側から肩幅程度のオルタネイティッドグリップまたはオーバーハンドグリップでバーを握り、開始姿勢をとる（①）。
〈動　作〉
● 膝の角度を固定したまま、股関節を伸展させて上半身を起こし、上半身が直立するところまでバーを持ち上げる（②）。
● バーベルを挙上したら、姿勢を崩さずにバーベルをコントロールしながら開始姿勢に戻る。
[呼吸法]
● バーを挙上する局面で息を吐き、バーを下ろす局面で息を吸う。
[補助法]
● このエクササイズは補助を必要としない。
[起こりやすい誤り]
● ウエイトを下ろす動作中に膝を曲げている。
● 腰が丸くなっている。
● バーが身体から離れている。

下腿部のエクササイズ（2種目）

1．スタンディングカーフレイズ

[使用部位]
● 腓腹筋
[実　技]
〈ポジショニングと開始姿勢〉
● マシンのフットプレートの上に腰幅程度に両足を開き前足部をのせる。
● マシンのパッドに肩を密着させてハンドルを握る。
● 膝を伸ばして直立し、踵を下げて開始姿勢をとる（①）。
〈動　作〉
● 足首を伸ばして踵を持ち上げる（②）。
● 足首を曲げて踵を開始姿勢まで下ろす。
[呼吸法]
● ウエイトを挙上する局面で息を吐き、ウエイトを下ろす局面で息を吸う。
[補助法]
● このエクササイズは補助を必要としない。
[起こりやすい誤り]
● 踵を上げるときに膝が曲がっている。
● 腰が反ったり丸くなったりしている。

- マシンのレバーを操作してパッドを引き上げる。
- パッドの下に大腿部を固定し、踵を下げて開始姿勢をとる（①）。

〈動　作〉
- 踵を上げてマシンのパッドを持ち上げる（②）。
- 踵を下ろしてゆっくりと開始姿勢に戻る。

[呼吸法]
- ウエイトを挙上する局面で息を吐き、ウエイトを下ろす局面で息を吸う。

[補助法]
- このエクササイズは補助を必要としない。

[起こりやすい誤り]
- 可動域が狭い。
- 大腿部のパッドの位置が不適切。
- 腰が丸くなっている。
- 動作中に足首の過度な内反または外反が見られる。

[使用部位]
- ヒラメ筋

[実　技]
〈ポジショニングと開始姿勢〉
- マシンのシートに座り、腰幅程度のスタンスで両足の前足部をフットプレートにのせる。

体幹部のエクササイズ（4種目）

1. シットアップ

[使用部位]
- 腹直筋、腸腰筋、大腿直筋

[実　技]
〈ポジショニングと開始姿勢〉
- 腹筋台や床の上にあお向けになり、膝を直角程度に曲げて足を固定する。
- 前腕をクロスさせて両手を肩につけて開始姿勢をとる（①）。手を頭の後ろで組む方法や、肘を伸ばして頭上で組む方法を採用した場合には、負荷が大きくなる。

〈動　作〉
- 頭を起こして、みぞおちをへそに近づけるようにしながら腰背部全体を丸め（②）、次いで股関節を屈曲させて腰部を持ち上げて、上半身全体を起こす（③）。
- 上半身を完全に起こしたら、腰部→上背部の順に腹筋台のシートや床につけて開始姿勢に戻る。

[呼吸法]
- 上半身を起こす局面で息を吐き、開始姿勢に戻る局面で息を吸う。

[補助法]
- このエクササイズは補助を必要としない。

[起こりやすい誤り]
- 腰背部をまっすぐにしたまま上体を起こしている。
- 上半身を下ろす動作局面で脱力している。

2. トランクカール

[使用部位]
● 腹直筋

[実　技]
〈ポジショニングと開始姿勢〉
● 腹筋台や床の上にあお向けになり、膝を直角程度に曲げる。両手は胸の前にクロスさせて肩の上にのせて開始姿勢をとる（①）。
● 足部は固定しなくてもよい。
〈動　作〉
● 頭を起こして、みぞおちをへそに近づけるようにしながら、腰を腹筋台や床に押しつけるようにして背中全体を丸める（②）。
● 腰背部を十分に丸めて腹直筋を収縮させたら、ゆっくりと開始姿勢に戻る。

[呼吸法]
● 腰背部を丸める局面で息を吐き、開始姿勢に戻る局面で息を吸う。

[補助法]
● このエクササイズは補助を必要としない。

[起こりやすい誤り]
● 腰が腹筋台や床から浮いている。

3. ライイングサイドベント

[使用部位]
● 外腹斜筋

[実　技]
〈ポジショニングと開始姿勢〉
● 専用の器具（ローマンベンチなど）や、高さのある台などに殿部より下を固定して横向きになり、手を頭の後ろに組んで、上半身を曲げて開始姿勢をとる（①）。
〈動　作〉
● へその少し上付近が動作の回転軸になるようにして、上半身を上げる（②）。
● 上半身を上げ切ったら、ゆっくりと開始姿勢に戻る。

[呼吸法]
● 上半身を上げる局面で息を吐き、下ろす局面で息を吸う。

[補助法]
● このエクササイズでは補助を必要としない。

[起こりやすい誤り]
● 動作の回転軸が不安定。
● 過度な弾みや加速的動作を用いている。

4. バックエクステンション

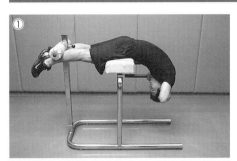

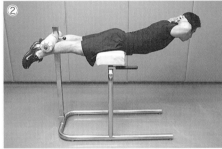

[使用部位]
- 脊柱起立筋群

[実 技]

〈ポジショニングと開始姿勢〉
- 専用の器具（ローマンベンチなど）や高さのある台などに下半身を固定してうつぶせになり、手を頭の後ろに組んで、腰背部を丸めて開始姿勢をとる（①）。

〈動 作〉
- 背中全体が床と平行程度になるまでゆっくりと上体を起こし、脊柱起立筋群を十分に収縮させて背中全体をやや弓なりにする（②）。
- 背中を丸めながら開始姿勢に戻る。

[呼吸法]
- 上体を起こす局面で息を吸い、下ろす局面で息を吐く。

[補助法]
- このエクササイズは補助を必要としない。

[起こりやすい誤り]
- 腰が過度に反っている。
- 動作中に過度な弾みや加速がみられる。
- 股関節の動きが使用され、ハムストリングや大殿筋が動員されている。

パワートレーニングの実技と指導法

1——パワートレーニングの指導法

パワートレーニングでは、多くのスポーツパフォーマンスに影響を及ぼす力(質量×加速度)や、力積（力×時間）を意識することが重要である。また、トレーニング時には設定したバーベル、ダンベル、体重などの質量が移動する際に増減することがないため、加速度と時間の要素を高めることが必要となる。加速度は静止状態、あるいは伸張性と短縮性の切り返しにおいて素早い動き出しを意識することが重要であり、慣性によって移動

した質量に対して、できるだけ長く力を加え続けることを意識する必要がある。また、パワートレーニングでは、挙上速度、跳躍高、跳躍距離、反応筋力指数などの目標設定とモニタリング、およびフィードバックがトレーニング効果に影響を及ぼす[1]〜[4]。そのため、適切なテクニックを習得したうえで、可能な限り目標を設定してモニタリングと即時的フィードバックを行うことが必要である。

2——パワートレーニングの注意事項

(1)バリスティックエクササイズの呼吸法は、動作開始前に息を吸い、動作中には息を止め、バーベルをキャッチした後や着地後に息を吐く。

(2)バリスティックエクササイズでは、補助者に危険が生じるため一部のレジスタンストレーニングのような補助は行わない。

(3)クイックリフトでは、手関節、肘、肩などの傷害を予防するためにプレートを装着する部分（スリーブ）が回転するバーベルを使用することが推奨される。

(4)クイックリフトでは、バーベルやフロアの損傷を防ぐため、可能な限りプラットフォームやラバーマット、ラバープレートの使用が推奨される。

(5)自体重負荷や負荷を加えたジャンプエクササイズでは、着地時の傷害リスクを回避するために、エクササイズ実施前に適切な着地動作を習得しておく必要がある（図1）。

(1)股関節と膝関節を屈曲させ、特に股関節屈曲を強調して衝撃を緩和する（①）。
(2)膝関節がつま先のラインよりも過度に出ないように注意する（①）。
(3)両脚を肩幅程度に広げ膝関節がつま先と同じ方向を向くように着地する（②）。
(4)低い跳躍高から開始して適切な着地姿勢が習得できたら、跳躍高を増加させる。

図1●着地動作

3——クイックリフト

クイックリフトは、①スタートポジション、②キャッチの有無、③キャッチポジション、④使用器具、⑤運動形態（単発的、連続的）、⑥活動様式、⑦動作様式（両側性、片側性）などを変更することで、エクササイズが多様化する。実施するエクササイズの決定には、トレーニングの目的、テクニックの習得状態、傷害リスク、体格、柔軟性などを考慮する必要がある。

クリーンやスナッチなどのエクササイズは、通常フロアから開始するが、足関節背屈制限などで腰背部の適切な姿勢を保持できない場合には、腰背部の傷害予防のためにボックス（ブロック）を利用してスタートポジションを高い位置に設定する（図2）。また、クリーンのキャッチ動作で手関節傷害リスクがある場合には、キャッチ動作を含まないクリーンが推奨される。

フロア　　　　ボックス（ブロック）　　　ハング

ミッドサイ　　　スプリット　　　シングルレッグ

ライザー　　　インクライン　　　デクライン

※スタートポジションの設定は、安全性に十分配慮したうえで決定する。
図2 ●スタートポジションの種類

(1)キャッチ動作が含まれているクリーンやスナッチに類似するエクササイズでは、下肢の爆発的伸展動作から下肢を素早く屈曲する能力を習得することができる。

(2)クリーンやスナッチ、およびこれに類似するエクササイズでは、スポーツパフォーマンスの特異性や目的に応じてスタートポジションを検討する（図2）。

(3)キャッチ動作を行わないクリーンプルは、パワークリーンよりも高負荷でトレーニングを行うことができるため、スプリントや方向転換走（COD）の改善に有益である[5]。

(4)直立姿勢からバーベルを大腿部まで素早く下げて伸張−短縮サイクルを利用してから行うカウンタームーブメントクリーンプルは、パワークリーンやハングパワークリーンよりもパワー、RFD、力が大きい[6]。

(5)クリーンやスナッチなどでは、サムアラウンドグリップよりもフックグリップでバーベルを握った方がパワー、スピード、力が高いことが示されている[7]。

●クイックリフトの段階的指導法

クイックリフトは、一般的なエクササイズよりも高度なテクニックを必要とするため、運動スキルの学習理論に基づいた段階的指導法を活用する必要がある（表1）[8]。また、パワークリーンはバーベルが膝関節を通過する局面が難しいため、バーベルを膝関節の上に構えた姿勢からテクニックを習得することが推奨されている（表2）。一方で、学習者に対する動画や言語によるフィードバックは運動スキルを高める効果が高く、欠点の修正や結果のフィードバックよりも、細かい情報を与えるフィードバックの方がより効果的であることが報告されている[9]。

表1●クイックリフトの段階的指導法

指導段階	主な指導内容
視聴覚による基礎学習	トレーニング指導者の見本や動画を利用して視覚と言語による説明を組み合わせ、全体の動作のイメージを形成する。
分　習　法	全体の動作を、独立性の高い要素に分割して、動作個々の技能の向上を図る。
漸進的分習法	分習法で向上させた個々の技能を複数重ね合わせ、全体の動作に漸進的に近づけていく。
全　習　法	全体的な動作の中で、スピード、タイミング、リズムなどを習得し、十分なテクニックが習得できたら、漸進的に負荷を増加させる。

表2●パワークリーンの段階的指導法

段階	主な指導内容
1	トレーニング指導者の見本や動画を利用して視覚と言語による説明を組み合わせて、パワークリーン全体のイメージを習得する。
2	膝関節よりも、やや上の位置で構えたハングポジションからの股関節、膝関節、足関節を爆発的に伸展する動作（トリプルエクステンション）を習得する。
3	クォータフロントスクワットを習得した後に、胸の高さにバーベルを引き上げた姿勢から、素早く股関節、膝関節を屈曲してバーベルをキャッチする動作を習得する。
4	バーベルを膝関節のやや上の位置で構えた姿勢から行う、ハングクリーンかミッドサイクリーンを習得する。
5	バーベルを膝関節より徐々に下に降ろした姿勢から行うクリーンを習得し、最終的にバーベルを床面に置いた姿勢から開始するパワークリーンを習得する。

1. クリーンプル

■開始姿勢：①
1．足幅を腰幅か肩幅程度に広げ、つま先は足幅が腰幅程度の場合に正面に向け、肩幅程度の場合にはやや外側に向けて、膝と同じ方向に向ける。
2．できるだけバーベルに近づき下肢を曲げて、両腕を肩幅か肩幅よりもやや広げて、腕を伸ばしてオーバーハンドグリップでバーベルを握る。
3．顔は正面を向いて肩甲骨を内側に引き寄せて背中を伸ばし、腰は自然なアーチを維持し、両肩はバーベルの真上かやや前方の位置に保つ。

■ファーストプル：②
1．開始姿勢を保持したまま、股関節と膝関節を伸ばす力によってバーベルを脛部や大腿部に沿ってフロアから引き上げる。
2．このとき、バーベルは比較的コントロールされた速度で引き上げる。

■セカンドプル：③④
1．徐々に加速されたバーベルが膝関節を通過したら、股関節、膝関節、足関節を爆発的に伸展する（トリプルエクステンション）。
2．トリプルエクステンションの直後に、腕を伸ばしたまま素早く肩甲骨の挙上動作（ショルダーシュラッグ）を行う。
3．バーベルが身体の近くを通過するように注意する。

■下降動作
1．背中や腰部を伸ばしたデッドリフトの下降動作の要領で、股関節と膝関節を屈曲させて静かにバーベルをフロアに下ろす。

●主な応用エクササイズ
1．ハングクリーンプル：バーベルを膝関節のやや上の位置に構えた姿勢から開始する。
2．ミッドサイクリーンプル：バーベルを大腿部の中央の位置に構えた姿勢から開始する。
3．カウンタームーブメントクリーンプル：直立姿勢でバーベルを握りハングポジションかミッドサイポジションまでバーベルを下ろした後に、素早く切り返してから行う。
4．スプリットクリーンプル：スプリットポジションで構えた姿勢から開始する。
5．シングルレッグクリーンプル：シングルレッグポジションで構えた姿勢から開始する。
6．ダンベルクリーンプル：ダンベルを両手、あるいは片手で握って行う。
7．ジャンプシュラッグ：クリーンプルのトリプルエクステンションでジャンプを行う。

■**開始姿勢：①**

1．足幅を腰幅か肩幅程度に広げ、つま先は足幅が腰幅程度の場合に正面に向け、肩幅程度の場合にはやや外側に向けて、膝と同じ方向に向ける。
2．できるだけバーベルに近づき下肢を曲げて、両腕を肩幅か肩幅よりもやや広げて、腕を伸ばしてオーバーハンドグリップでバーベルを握る。
3．顔は正面を向いて肩甲骨を内側に引き寄せて背中を伸ばし、腰は自然なアーチを維持し、両肩はバーベルの真上かやや前方の位置に保つ。

■**ファーストプル：②**

1．開始姿勢を保持したまま、股関節と膝関節を伸ばす力によってバーベルを脛部や大腿部に沿ってフロアから引き上げる。
2．このとき、バーベルは比較的コントロールされた速度で引き上げる。

■**セカンドプル：③④⑤**

1．徐々に加速されたバーベルが膝関節を通過したら、股関節、膝関節、足関節を爆発的に伸展する（トリプルエクステンション）。
2．トリプルエクステンションの直後に、腕を伸ばしたまま素早く肩甲骨の挙上動作（ショルダーシュラッグ）を行う。
3．爆発的トリプルエクステンションの動作によってバーベルが上昇するため、腕でバーベルを引き上げないように注意する。
4．バーベルが身体の近い位置を通過するように注意する。

■**キャッチ：⑥**

1．バーベルが胸部付近まで上昇したら、股関節と膝関節を素早く曲げると同時に両肘を前方に回転させて、バーベルを三角筋前部でキャッチする。
2．キャッチ動作では、顔は正面を向け背中や腰部の姿勢を保持したまま、股関節屈曲を特に意識した、しゃがみ込み動作が重要である。
3．素早いしゃがみ込み動作は重要であるが、トリプルエクステンションが不完全な状態でキャッチ動作を行うことは避けなければならない。

■**下降動作**

1．バーベルをキャッチしたら、股関節、膝関節を伸ばして立ち上がる。
2．股関節と膝関節を屈曲させて、バーベルをコントロールしながら股関節や大腿上部に下ろして衝撃を緩和させる。
3．背中や腰部を伸ばしたデッドリフトの下降動作の要領で、股関節と膝関節を屈曲させて静かにバーベルをフロアに下ろす。

●**主な応用エクササイズ**

1．ハングパワークリーン：バーベルを膝関節のやや上の位置に構えた姿勢から開始する。
2．ミッドサイパワークリーン：バーベルを大腿部の中央の位置に構えた姿勢から開始する。
3．カウンタームーブメントパワークリーン：直立姿勢でバーベルを握り、ハングポジションかミッドサイポジションまでバーベルを下ろしたら、素早く切り返してから行う。
4．スプリットパワークリーン：スプリットポジションで構えた姿勢から開始する。
5．シングルレッグパワークリーン：シングルレッグポジションで構えた姿勢から開始する。
6．スクワットクリーン：パラレルスクワットやフルスクワットの姿勢でキャッチを行う（Ⓐ）。
7．ワンハンドダンベルパワークリーン：ダンベルを使用して行う（Ⓑ）。

3. パワースナッチ

■**開始姿勢：①**

1. 足幅を腰幅か肩幅程度に広げ、つま先は足幅が腰幅程度の場合に正面に向け、肩幅程度の場合にはやや外側に向けて、膝と同じ方向に向ける。
2. できるだけバーベルに近づき下肢を曲げて、両腕を肩幅よりも大きく広げて、腕を伸ばしてオーバーハンドグリップでバーベルを握る。
3. 手幅は、①両腕を伸ばしたときの両肘の長さか、②片腕を伸ばしたときのこぶしから反対側の肩の肩峰までの長さを基準とし、肩関節の柔軟性などに応じて調整してもよい。
4. 顔は正面を向いて肩甲骨を内側に引き寄せて背中を伸ばし、腰は自然なアーチを維持し、両肩はバーベルの真上かやや前方の位置に保つ。

■**ファーストプル：②**

1. 開始姿勢を保持したまま、股関節と膝関節を伸ばす力によってバーベルを脛部や大腿部に沿ってフロアから引き上げる。
2. このとき、バーベルは比較的コントロールされた速度で引き上げる。

■**セカンドプル：③④⑤**

1. 徐々に加速されたバーベルが膝関節を通過したら、股関節、膝関節、足関節を爆発的に伸展する（トリプルエクステンション）。
2. トリプルエクステンションの直後に、腕を伸ばしたまま素早く肩甲骨の挙上動作（ショルダーシュラッグ）を行う。
3. 爆発的トリプルエクステンションの動作によってバーベルが上昇するため、腕でバーベルを引き上げないように注意する。
4. バーベルが身体の近い位置を通過するように注意する。

■**キャッチ：⑥**

1. バーベルが胸部付近まで上昇したら、股関節と膝関節を素早く屈曲させると同時に両肘を前方に回転させて、腕を伸ばした姿勢でバーベルを頭上でキャッチする。

2. バーベルはフロアに対して垂直の位置でキャッチを行い、顔はやや前傾させる。
3. 背中や腰部の姿勢を保持したまま、股関節屈曲を特に意識した、しゃがみ込み動作が重要である。
4. 素早いしゃがみ込み動作は重要であるが、トリプルエクステンションが不完全な状態でキャッチ動作を行うことは避けなければならない。

■**下降動作**

1. バーベルをキャッチしたら、股関節、膝関節を伸ばして立ち上がる。
2. 股関節と膝関節を屈曲させて、バーベルをコントロールしながら股関節や大腿上部に下ろして衝撃を緩和させる。
3. 背中や腰部を伸ばしたデッドリフトの下降動作の要領で、股関節と膝関節を屈曲させて静かにバーベルをフロアに下ろす。

●**主な応用エクササイズ**

1. ハングパワースナッチ：バーベルを膝関節のやや上の位置に構えた姿勢から開始する。
2. ミッドサイパワースナッチ：バーベルを大腿部の中央の位置に構えた姿勢から開始する。
3. カウンタームーブメントパワースナッチ：直立姿勢でバーベルを握り、ハングポジションかミッドサイポジションまでバーベルを下ろしたら、素早く切り返してから行う。
4. スプリットパワースナッチ：スプリットポジションで構えた姿勢から開始する。
5. シングルレッグパワースナッチ：シングルレッグで構えた姿勢から開始する。
6. スクワットスナッチ：パラレルスクワットかフルスクワットの姿勢でキャッチを行う（Ⓐ）。
7. ワンハンドダンベルパワースナッチ：ダンベルを使用して行う（Ⓑ）。

■**開始姿勢：①**

1．足幅を腰幅か肩幅程度に広げ、つま先は足幅が腰幅程度の場合に正面に向け、肩幅程度の場合にはやや外側に向けて、膝と同じ方向に向ける。
2．できるだけバーベルに近づき下肢を曲げて、両腕を肩幅か肩幅よりもやや広げて、腕を伸ばしてオーバーハンドグリップでバーベルを握る。
3．顔は正面を向いて肩甲骨を内側に引き寄せて背中を伸ばし、腰は自然なアーチを維持し、両肩はバーベルの真上かやや前方の位置に保つ。

■**ファーストプル：②**

1．開始姿勢を保持したまま、股関節と膝関節を伸ばす力によってバーベルを脛部や大腿部に沿ってフロアから引き上げる。
2．このとき、バーベルは比較的コントロールされた速度で引き上げる。

■**セカンドプル：③ ④**

1．徐々に加速されたバーベルが膝関節を通過したら、股関節、膝関節、足関節を爆発的に伸展する（トリプルエクステンション）。
2．トリプルエクステンションでは、頭をできるだけ高い位置に移動させるように行い、高くジャンプすることよりも足関節底屈を意識する。

■**ハイプル：⑤**

1．トリプルエクステンション後に、腕を伸ばしたまま肩甲骨の挙上動作（ショルダーシュラッグ）を行いながら、両腕でバーベルを引き上げる。
2．ハイプル動作では、バーベルが身体の近くを通過するように注意する。
3．腕を伸ばして、開始姿勢に戻る。

■**下降動作**

1．背中や腰部を伸ばしたデッドリフトの下降動作の要領で、股関節と膝関節を屈曲させて静かにバーベルをフロアに下ろす。

●**主な応用エクササイズ**

1．ハングクリーンハイプル：バーベルを膝関節のやや上の位置に構えた姿勢から開始する。
2．ミッドサイクリーンハイプル：バーベルを大腿部の中央の位置に構えた姿勢から開始する。
3．カウンタームーブメントクリーンハイプル：直立姿勢でバーベルを握り、ハングポジションかミッドサイポジションまでバーベルを下ろしたら、素早く切り返してから行う。
4．スプリットクリーンハイプル：スプリットポジションで構えた姿勢から開始する。
5．シングルレッグクリーンハイプル：シングルレッグで構えた姿勢から開始する。
6．スナッチハイプル：スナッチと同様の手幅で行う（Ⓐ Ⓑ）。
7．カウンタームーブメントスナッチハイプル：スナッチと同様の手幅で行う。
8．ダンベルクリーンハイプル：ダンベルを使用して行う（Ⓒ）。

◆**アイソメトリックプル**◆

大腿部の中央付近の高さでバーベルをセーフティバー上で固定して行う、アイソメトリックプルのRFDは、スプリント、ジャンプ、COD、パワークリーン1RM、スクワット1RMとの間に有意な相関関係が認められている[10) 11)]。そのため、アイソメトリックプルは動的バリスティックエクササイズを実施することが困難な場合などに利用することができる。

アイソメトリックプルは、ミッドサイポジションかハングポジションで構えた姿勢から開始し、下肢の関節は実際には動かないが、股関節、膝関節の爆発的な伸展動作を強調して行い、腕でバーベルを引き上げないように注意することが重要である。

■**開始姿勢：①**

1. バーベルが胸の高さになるように、パワーラックかスクワットラックのフックの高さを調整する。
2. バーベルを肩幅よりもやや広いオーバーハンドグリップで握り、両肘を45°程度、前方に向け三角筋前部と鎖骨部でバーベルを支持する。
3. 足幅を腰幅か肩幅程度に広げ、つま先は足幅が腰幅程度の場合に正面に向け、肩幅程度の場合にはやや外側に向けて、膝と同じ方向に向ける。

■**ディップ：②**

1. 上体の姿勢を保持したまま、股関節と膝関節を曲げ、クォータースクワット程度の深さまで素早くしゃがみ込む。
2. ディップでは、膝関節を深く曲げるよりも股関節の屈曲を意識して素早い沈み込み動作を行い、バーベルが三角筋前部から離れないように注意する。

■**ドライブ：③**

1. クォータースクワット程度の姿勢までしゃがみ込んだら、素早く切り返して股関節、膝関節、足関節を爆発的に伸展する（トリプルエクステンション）。
2. 下肢の爆発的伸展動作によってバーベルが浮き上がったら、上体の姿勢を保持したまま、腕を爆発的に伸展してバーベルを真上に挙上する。
3. バーベルを挙上する際には、顔の近くを通過するように注意する。

■**キャッチ：④**

1. バーベルを真上に挙上したら、股関節と膝関節を素早く屈曲させた姿勢で衝撃を緩和させる。
2. 挙上したバーベルは、フロアに対して垂直方向の位置でキャッチする。
3. 頭をやや前方に倒してバーベルは頭のやや後ろでキャッチする。

●**主な応用エクササイズ**

1. プッシュプレス：股関節と膝関節を伸ばした姿勢で、バーベルをキャッチする（Ⓐ）。
2. スプリットジャーク：両足を前後に広げた姿勢で、バーベルをキャッチする（Ⓑ）。
3. ダンベルプッシュジャーク：ダンベルを両腕に持って、プッシュジャークを行う（Ⓒ）。
4. ワンハンドプッシュジャーク：ダンベルを片側の腕で持って行う。
5. ラックジャーク：ラックにバーベルをセットした姿勢から行う（Ⓓ）。

4——ジャンプエクササイズ

1. ジャンプスクワット

■開始姿勢：①
1. バーベルが胸の高さになるように、パワーラックかスクワットラックのフックを調整し、セーフティバーを大腿部上部の高さに調整する。
2. バーベルを肩幅よりも広く握り、僧帽筋上部に乗せたら両肘を後方に引き上げたときにできる、僧帽筋上部の筋の棚にバーベルを乗せる。
3. 両足は肩幅か肩幅よりもやや広げて、つま先と膝関節をやや外側の同じ方向に向けて直立姿勢で立つ。
4. 背中を伸ばし、腹部を引き締めて、腰が反りすぎないように注意する。

■ディップ：②
1. 背中を伸ばして腰は自然な弯曲を維持したまま、股関節と膝関節を曲げて大腿部の上面と床が平行になる程度までしゃがみ込む。
2. しゃがみ込む動作では、つま先と膝関節が同じ方向を向くように注意する。
3. しゃがみ込むスピードは、軽負荷の場合には素早く行い、中等度以上の負荷の場合にはコントロールした速度で行う。

■ジャンプ：③
1. 大腿部の上面と床が平行になる程度までしゃがんだら、素早く切り返して股関節、膝関節、足関節を爆発的に伸展して、真上に高く跳躍する。
2. つま先と膝関節を同じ方向に向けながら、下肢の伸展動作を行う。
3. 動作のはじめから爆発的に加速し、足が床から離れるまで加速し続ける。
4. 跳躍の際にバーベルが肩から離れないように注意する。

■着　地：④
1. 足を肩幅か肩幅程度に広げて、股関節と膝関節を屈曲させて衝撃を緩和させる。
2. 着地動作では、膝関節がつま先のラインよりも過度に出ないように注意して、膝関節がつま先と同じ方向を向くように着地する。

●主な応用エクササイズ
1. スタティックジャンプスクワット：股関節と膝関節を屈曲させて静止した状態から行う（Ⓐ）。
2. コンセントリックジャンプスクワット：セーフティバー上にバーベルを乗せた状態から行う（Ⓑ）。
3. シザースジャンプ：スクワットジャンプの最高到達点で脚を前後に入れ替えて着地する（Ⓒ）。
4. シザースリープ：シザースジャンプの最高到達点で脚を前後に入れ替えて、垂直方向の高さと水平方向の距離を獲得できるようにジャンプを行う。
5. ダンベルジャンプスクワット：ダンベルを両手に持って行う（Ⓓ）。

2. ホリゾンタルジャンプスクワット

■**開始姿勢：①**

1. バーベルが胸の高さになるように、パワーラックかスクワットラックのフックを調整し、セーフティバーを大腿部上部の高さに調整する。
2. バーベルを肩幅よりも広く握り、僧帽筋上部に乗せたら両肘を後方に引き上げたときにできる、僧帽筋上部の筋の棚にバーベルを乗せる。
3. 両足は肩幅か肩幅よりもやや広げて、つま先と膝関節をやや外側の同じ方向に向けて直立姿勢で立つ。
4. 背中を伸ばし、腹部を引き締めて、腰が反り過ぎないように注意する。

■**ディップ：②**

1. 背中を伸ばして腰は自然な弯曲を維持したまま、股関節と膝関節を曲げて大腿部の上面と床が平行になる程度までしゃがみ込む。
2. しゃがみ込む動作では、つま先と膝関節が同じ方向を向くように注意する。
3. しゃがみ込むスピードは、軽負荷の場合には素早く行い、中等度以上の負荷の場合にはコントロールした速度で行う。

■**ジャンプ：③**

1. 大腿部の上面と床が平行になる程度までしゃがんだら、素早く切り返して股関節、膝関節、足関節を爆発的に伸展して、水平方向に跳躍する。
2. つま先と膝関節を同じ方向に向けながら、下肢の伸展動作を行う。
3. 動作のはじめから爆発的に加速し、足が床から離れるまで加速し続ける。
4. 跳躍の際にバーベルが肩から離れないように注意する。

■**着　地：④**

1. 足を肩幅か腰幅程度に広げて、股関節と膝関節を屈曲させて衝撃を緩和させる。
2. 着地動作では、膝関節がつま先のラインよりも過度に出ないように注意して、膝関節がつま先と同じ方向を向くように着地する。

●**主な応用エクササイズ**

1. スタティックホリゾンタルジャンプスクワット：股関節と膝関節を屈曲させて静止した状態から行う。
2. シングルレッグホリゾンタルジャンプスクワット：ダンベルを両手に持って、片脚でホリゾンタルジャンプスクワットを行い両足で着地する。
3. ホリゾンタルラテラルジャンプスクワット：両脚で側方にジャンプする。

5──プライオメトリクス

　プライオメトリクスは、①活動部位、②償却時間、③筋活動様式、④動作様式、⑤運動形態、⑥運動方向、⑦関節角度などを変更することで、エクササイズが多様化する。また、下肢のプライオメトリクスでは、ジャンプ、ホップ、リープなどの用語によってエクササイズが分類されている（表3）。

●**プライオメトリクスの注意事項**

(1)エクササイズの償却時間が実際のパフォーマンスよりも長くなる場合には、設定した強度が高すぎるため、関節角度、償却時間などを観察して強度を設定する[12]。

表3●下肢の主なプライオメトリクスの分類

タイプ	エクササイズの特徴
ジャンプ	垂直方向への最大跳躍高か、水平方向への最大跳躍距離を意識して行うエクササイズ
ホ　ッ　プ	最大速度で実施しながら、跳躍高や跳躍距離を意識して一連の動きを連続的に行うエクササイズ
バウンド	最大の水平速度を伴いながら、最大跳躍距離を意識して行う連続的エクササイズ
リ　ー　プ	最大跳躍高と最大跳躍距離を意識して行う、単発での最大努力によるエクササイズ

(2)身体の過度な力みは、償却局面のスムーズな切り返しを妨げ、伸張反射や弾性エネルギーの利用を享受できないことがあるため注意が必要である[13]。

(3)ジャンプ動作では股関節と足関節の仕事量が大きいことから[14]、股関節の素早い伸展動作と地面に長く力を加えるために足関節底屈を意識したテクニックが推奨される。

(4)腕振り動作を伴うジャンプでは、腕振りによる体幹の前傾によって股関節、足関節の仕事量が増大するため[14]、素早い腕振りと素早い沈み込みを意識することが必要である。

(5)スタティックタイプでは、動作初期からの爆発的な動き出しを行うように心がける。

(6)カウンタームーブメントジャンプでは、伸張性局面の速度と短縮性局面の跳躍高、スピード、パワーに関連性が認められているため、伸張性局面の素早い沈み込みを意識する必要がある[15]。

(7)リバウンドタイプでは、伸張反射を利用するために償却局面で関節が大きく曲がりすぎないように注意する。

(8)腱組織の解剖学的構造が下肢と異なる上肢のプライオメトリクスでは、償却局面において「柔らかいバネのような動き」をすることが推奨されている[16]。

(9)メディシンボールを用いる複合動作では、下肢からの運動連鎖を利用してメディシンボールを投射する。

(10)メディシンボールを用いる場合には、メディシンボールが頭部などの身体にぶつからないように十分に注意する。

下肢のプライオメトリクス

1. アンクルジャンプ

① ②

[目 的] 足関節の爆発的伸展能力の養成
[実 技]
1. 膝関節を若干曲げ、両足を腰幅程度に開き、上体をまっすぐに伸ばして腰に手を添えた姿勢で正面を向いて構える。
2. 足関節を爆発的に伸展（底屈）させ、垂直方向にできるだけ高く跳ぶ。
3. できるだけ股関節や膝関節の伸展を制限し、足関節を爆発的に伸展することを強調して跳躍動作を行う。
[応 用] (1)前方へのアンクルジャンプ、(2)側方へのアンクルジャンプ

2. ジャンプスクワット

① ②

[目 的] 下肢の爆発的伸展能力の養成
[実 技]
1. 両足を肩幅か肩幅よりも若干広げ、両腕を頭の後ろで組む。
2. 上体を伸ばし、股関節と膝関節を屈曲させ大腿部上面が地面と平行になる姿勢を保持する。
3. 静止した姿勢から股関節、膝関節、足関節を爆発的に伸展して、垂直方向にできるだけ高く跳ぶ。
[応 用] (1)開始姿勢のしゃがむ深さの変更、(2)シングルレッグジャンプスクワット

3. カウンタームーブメントジャンプ

[目　的] 反動動作を用いた垂直方向への下肢の爆発的伸展能力の養成

[実　技]
1. 両足を肩幅か肩幅よりも若干広げ、腕を若干曲げて直立姿勢で構える。
2. 腕の下方向への素早い振込み動作とともに、股関節、膝関節を素早く屈曲する。
3. 素早く切り返して股関節、膝関節、足関節を爆発的に伸展して、両腕を真上に振り上げながら、できるだけ高く跳躍する。

[応　用] ⑴腕振り動作を行わないジャンプ、⑵シングルレッグジャンプ

4. ホリゾンタルジャンプスクワット

[目　的] 反動動作を用いた水平方向への下肢の爆発的伸展能力の養成

[実　技]
1. 両足を肩幅か肩幅よりも若干広げ、腕を若干曲げて直立姿勢で構える。
2. 腕の下方向への素早い振込み動作とともに、股関節、膝関節を素早く屈曲する。
3. 素早く切り返して股関節、膝関節、足関節を爆発的に伸展して、両腕を40〜45°前方に振り上げながら水平方向に向かって、できるだけ遠くに跳躍する。
4. 跳躍動作では、両腕から脚までが一直線になるように跳躍する。

[応　用] ⑴連続ジャンプ、⑵腕振り動作を行わないジャンプ、⑶シングルレッグジャンプ

5. ニータックジャンプ

[目　的] 跳躍後の素早い股関節の屈曲動作を伴う、下肢の爆発的伸展能力の養成

[実　技]
1. 両足を腰幅か肩幅程度に広げ、腕を若干曲げて直立姿勢で構える。
2. 腕の下方向への素早い振込み動作とともに、股関節、膝関節を素早く屈曲する。
3. 素早く切り返して股関節、膝関節、足関節を爆発的に伸展して、両腕を真上に振り上げながら垂直方向に向かって、できるだけ遠くに跳躍すると同時に素早く股関節を屈曲させる。
4. 股関節を屈曲させたときに、上体が前傾しないように注意する。

[応　用] ⑴スタティックタイプのジャンプ、⑵連続でのジャンプ

6. ハードルジャンプ

[目　的] 前方への高さと距離を意識した、下肢の爆発的伸展能力の養成

[実　技]
1. ハードルの手前で両足を腰幅か肩幅程度に広げ、腕を若干曲げた姿勢で構える。
2. 腕の下方向への素早い振込み動作とともに、股関節、膝関節を素早く屈曲する。
3. 素早く切り返して股関節、膝関節、足関節を爆発的に伸展して、両腕を真上に振り上げながらハードルを跳び越える。
4. ハードルを跳び越えるときに、上体が前傾しすぎないように注意する。

[応　用] ⑴ハードル高や距離の変更、⑵スタティックタイプのジャンプ、⑶シングルレッグジャンプ

7. ラテラルハードルジャンプ

[目　的] 側方への高さと距離を意識した、下肢の爆発的伸展能力の養成

[実　技]
1. ハードルの手前で横向きに立って、両足を腰幅か肩幅程度に広げ、腕を若干曲げた姿勢で構える。
2. 腕の下方向への素早い振込み動作とともに、股関節、膝関節を素早く屈曲する。
3. 素早く切り返して股関節、膝関節、足関節を爆発的に伸展して、両腕を真上に振り上げながら側方に跳躍してハードルを跳び越える。
4. ハードルを跳び越えるときに、上体が前傾しすぎないように注意する。

[応　用] (1)ハードル高や距離の変更、(2)スタティックタイプのジャンプ、(3)シングルレッグジャンプ

8. ボックスジャンプ

[目　的] 全身の伸展動作直後に素早い屈曲を伴う、下肢の爆発的伸展能力の養成

[実　技]
1. ボックスの手前で、片手を伸ばしてボックスに軽く触れる程度の間隔を空け後方に下がる。
2. 両足を腰幅か肩幅程度に広げ、腕を若干曲げた姿勢で構える。
3. 腕の下方向への素早い振込み動作とともに、股関節、膝関節を素早く屈曲する。
4. 素早く切り返して股関節、膝関節、足関節を爆発的に伸展して、両腕を真上に振り上げながらやや前方に跳躍する。
5. 跳躍後に、下肢を素早く屈曲させ、安定した姿勢でボックスの上に着地する。

[応　用] (1)ボックス高や距離の変更、(2)スタティックタイプのジャンプ、(3)シングルレッグジャンプ

9. ラテラルボックスジャンプ

[目　的] 側方への伸展動作直後に素早い屈曲を伴う、下肢の爆発的伸展能力の養成

[実　技]
1. ボックスの横で、両足を腰幅か肩幅程度に広げ、腕を若干曲げた姿勢で構える。
2. 腕の下方向への素早い振込み動作とともに、股関節、膝関節を素早く屈曲する。
3. 素早く切り返して股関節、膝関節、足関節を爆発的に伸展して、両腕を真上に振り上げながら、やや側方に跳躍する。
4. 跳躍後に、下肢を素早く屈曲させ、安定した姿勢でボックスの上に着地する。

[応　用] (1)ボックス高や距離の変更、(2)スタティックタイプのジャンプ、(3)シングルレッグジャンプ

10. シザースジャンプ

[目　的] 前後に開脚した姿勢からの垂直方向への下肢の爆発的伸展能力の養成

[実　技]
1. 両腕を頭の後ろで組み、両足を腰幅か肩幅程度に開き、脚を前後に大きく広げる。
2. 前方の股関節、膝関節、足関節が90°になるように曲げ、後方脚の膝を地面に近づけて、腰を落として構える。
3. 上体は正面に向けた姿勢を保持したまま、前後の脚を爆発的に伸ばして垂直方向に跳躍して、最大の跳躍高のときに前後の脚を入れ替える。

[応　用] (1)しゃがむ深さの変更、(2)腕の振り上げ動作を用いるジャンプ

11. シザースリープ

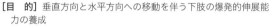

[目　的] 垂直方向と水平方向への移動を伴う下肢の爆発的伸展能力の養成

[実　技]

1. 両腕を頭の後ろで組み、両足を腰幅か肩幅程度に開き、脚を前後に大きく広げる。
2. 前方の股関節、膝関節、足関節が90°になるように曲げ、後方脚の膝を地面に近づけて、腰を落として構える。
3. 上体は正面に向けた姿勢を保持したまま、前後の脚を爆発的に伸展してやや前方にできるだけ高く跳躍して、最大の跳躍高のときに前後の脚を入れ替える。

[応　用] (1)しゃがむ深さの変更、(2)腕の振り上げ動作を用いるジャンプ

12. アンクルホップ

[目　的] 連続動作による足関節の爆発的反応筋力の養成

[実　技]

1. 両足を腰幅程度に広げ、膝関節を若干曲げて、つま先側に重心を乗せてかかとを地面から少し持ち上げて、上体をまっすぐに伸ばして手を腰にそえる。
2. 足関節を爆発的に伸展することを強調して垂直方向に跳躍して、着地後に短い接地を心がけながら連続的に高く跳ぶ。
3. 短い接地を達成するために、跳躍後はつま先を正面に向ける。

[応　用] (1)腕の振り上げ動作を加える、(2)前方への移動を伴うホップ、(3)前後左右のホップ

13. ハードルホップ

[目　的] 連続動作による上方と前方への下肢の爆発的伸展能力の養成

[実　技]

1. 両足を腰幅か肩幅程度に広げ、腕を若干曲げた姿勢で構える。
2. 股関節、膝関節を若干曲げた姿勢から素早く切り返して、腕を下から上に振り上げながら、下肢を爆発的に伸展して前方のハードルを跳び越える。
3. 着地と同時に素早く切り返し、次のハードルを連続的に跳び越える。
4. 跳躍動作の直後に、脚を素早く引き上げ、上体が前傾しないように注意する。
5. 両腕は跳躍動作とともに顔の付近まで引き上げ、下降時に両腕を下げる。

[応　用] (1)ハードル高や間隔の変更、(2)シングルレッグホップ

14. ラテラルハードルホップ

[目　的] 連続動作による側方への下肢の爆発的伸展能力の養成

[実　技]

1. 両足を腰幅か肩幅程度に広げ、腕を若干曲げた姿勢で構える。
2. 股関節、膝関節を若干曲げた姿勢から素早く切り返して、腕を下から上に振り上げながら、下肢を爆発的に伸展して横向きにハードルを跳び越える。
3. 着地と同時に素早く切り返し、次のハードルを連続的に跳び越える。
4. 跳躍動作の直後に、脚を素早く引き上げ、上体が前傾しないように注意する。
5. 両腕は跳躍動作とともに顔の付近まで引き上げ、下降時に両腕を下げる。

[応　用] (1)ハードル高や間隔の変更、(2)シングルレッグホップ

15. オルタネイトラテラルハードルホップ

[目　的] 連続動作による左右交互への下肢の爆発的伸展能力の養成
[実　技]
1. 両足を腰幅か肩幅程度に広げ、腕を若干曲げた姿勢で構える。
2. 股関節、膝関節を若干曲げた姿勢から素早く切り返して、腕を下から上に振り上げながら、下肢を爆発的に伸展して横向きにハードルを跳び越える。
3. 着地と同時に素早く切り返し、反対側にハードルを連続的に跳び越える。
4. 跳躍動作の直後に、脚を素早く引き上げ、上体が前傾しないように注意する。
5. 両腕は跳躍動作とともに顔の付近まで引き上げ、下降時に両腕を下げる。
[応　用] (1)ハードル高や間隔の変更、(2)シングルレッグホップ

16. ジグザグハードルホップ

[目　的] 連続動作による斜め前方への下肢の爆発的伸展能力の養成
[実　技]
1. 両足を腰幅か肩幅程度に広げ、腕を若干曲げた姿勢で構える。
2. 股関節、膝関節を若干曲げた姿勢から素早く切り返して、腕を下から上に振り上げながら、下肢を爆発的に伸展して斜め前方にハードルを跳び越える。
3. 着地と同時に素早く切り返し、反対側に跳躍して徐々に前方に移動しながらジグザグにハードルを連続的に跳び越える。
4. 跳躍動作の直後に、脚を素早く引き上げ、上体が前傾しないように注意する。
5. 両腕は跳躍動作とともに顔の付近まで引き上げ、下降時に両腕を下げる。
[応　用] (1)ハードル高や左右へのジャンプ間隔の変更、(2)シングルレッグホップ

17. 漸増バーティカルホップ

[目　的] 連続動作による高さを追求した下肢の爆発的伸展能力の養成
[実　技]
1. 斜めに張ったゴム、またはロープの横で、両足を腰幅か肩幅程度に広げ、腕を若干曲げた姿勢で構える。
2. 股関節、膝関節を若干曲げた姿勢から素早く切り返して、腕を下から上に振り上げながら、下肢を爆発的に伸展して左右に連続して跳躍する。
3. 左右に連続して跳躍しながら、徐々に前方に移動してゴム(ロープ)を跳び越え、最高点に達したらその場で数回、左右への跳躍を繰り返す。
4. 跳躍動作の直後に、脚を素早く引き上げ、上体が前傾しないように注意する。
5. 両腕は跳躍動作とともに顔の付近まで引き上げ、下降時に両腕を下げる。
[応　用] (1)ゴム(ロープ)の傾斜角度の変更、(2)シングルレッグホップ

18. シングルレッグプッシュオフ

[目　的] スタティックタイプでの片脚の爆発的伸展能力の養成
[実　技]
1. ボックスに片足を乗せ、上体をやや前傾させた姿勢でボックスの前か横に構える。
2. 両腕を振り上げながら、ボックスに乗せた脚を爆発的に伸展して垂直方向に高く跳躍する。
3. 踏切足から先にボックスに着地し、衝撃を緩和させながら後方の足で着地する。
[応　用] (1)ボックス高の変更、(2)連続ジャンプ

19. オルタネイトプッシュオフ

[目 的] 連続動作による下肢の爆発的伸展能力の養成

[方 法]

1. ボックスに片足を乗せ、上体をやや前傾させた姿勢でボックスの前に構える。
2. 両腕を振り上げながら、ボックスに乗せた脚を爆発的に伸展して垂直方向に高く跳躍し、最高到達点で前後の脚を入れ替える。
3. 着地すると同時に反対側の脚でボックスを力強く蹴って垂直方向への跳躍動作を連続して行う。
4. ボックスが高すぎると着地の際に、スネがボックスの角にぶつかってしまうため、ボックスの高さを調整して実施する。

[応 用] ⑴ボックス高の変更

20. オルタネイトラテラルプッシュオフ

[目 的] 連続動作による下肢の側方への爆発的伸展能力の養成

[実 技]

1. ボックスに片足を乗せ、上体をやや前傾させた姿勢でボックスの真横に構える。
2. 両腕を振り上げながら、ボックスに乗せた脚を爆発的に伸展してできるだけ高く跳躍して、ボックスの反対側に移動する。
3. 着地すると同時に反対側の脚でボックスを力強く蹴ってできるだけ高く跳躍して、ボックスの反対側に移動する跳躍動作を連続して行う。
4. 単に側方に跳躍するだけではなく、垂直方向への跳躍高も意識しながら行う。

[応 用] ⑴ボックス高やボックス幅の変更

21. バウンディング

[目 的] 連続的に脚で素早く切り返し前方へ移動する能力の養成

[実 技]

1. 脚を前後に広げた姿勢で構え、静止または歩行、ランニングからスタートする。
2. ランニング動作のように腕を振りながら、交互に脚で力強く地面を蹴り、できるだけ遠くに移動する。
3. 接地時に膝関節が屈曲しすぎないように注意して、短い接地時間を心がける。
4. 遠くに跳びすぎると骨盤や体幹が回旋してしまうため、骨盤や体幹の回旋が生じない距離での跳躍が必要である。

[応 用] ⑴シングルレッグバウンド

22. ラテラルバウンド

[目 的] 連続的に脚で素早く切り返し側方へ移動する能力の養成

[実 技]

1. 両足を腰幅か肩幅程度に広げ、腕を若干曲げた姿勢で構える。
2. 両腕を振り上げながら、片脚で力強く地面を蹴って、側方に跳躍する。
3. 反対側の足で脚地すると同時に素早く切り返して、スタート地点まで戻る。
4. 接地時に膝関節が屈曲しすぎないように注意して、短い接地時間を心がける。
5. 接地時には、次の跳躍動作を素早く行うために重心線よりも外側に接地する。

[応 用] ⑴跳躍する幅を変更したバウンド

23. ジグザグバウンド

[目 的] 連続的に脚で素早く切り返し左右へ移動する能力の養成
[実 技]
1. 左右にラインを引き、ラインの外側に立ち、両足を腰幅か肩幅程度に広げ、腕を若干曲げた姿勢で構える。
2. 両腕を振り上げながら、片脚で力強く地面を蹴って、反対側の斜め前方のラインに跳躍する。
3. 反対側の足で着地すると同時に素早く切り返して、再び反対側の斜め前方のラインに跳躍する。
4. 接地時に膝関節が屈曲しすぎないように注意して、短い接地時間を心がける。
5. 接地時には、次の跳躍動作を素早く行うために重心線よりも外側に接地する。
[応 用] (1)跳躍する幅を変更したバウンド

24. 階段バウンド

[目 的] 連続的に脚で素早く切り返し前方へ移動する能力の養成
[実 技]
1. 両足を腰幅か肩幅程度に広げ、腕を若干曲げた姿勢で構える。
2. 両腕を振り上げながら、両脚で跳躍してステップ面を1～2段をとばしながらできるだけ速く階段を跳び上がる。
3. 高く跳躍しすぎると減速局面が大きくなり、接地時間が長くなってしまうため接地時間が長くなりすぎないように注意する。
4. 接地時に膝関節が屈曲しすぎないように注意して、短い接地時間を心がける。
[応 用] (1)シングルレッグバウンド、(2)交互脚でのバウンド

25. 階段ラテラルバウンド

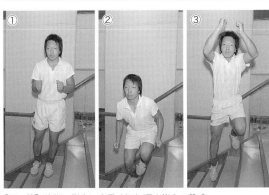

[目 的] 片脚で側方に素早く切り返す能力の養成
[実 技]
1. 階段のステップ面に片脚で横向きに立ち、腕を若干曲げた姿勢で構える。
2. 1段下のステップ面に下りたら、片脚で素早く切り返して上の段に跳び上がる。
3. スタートの位置よりもさらに高い段を目指して跳躍する。
4. 接地時に膝関節が屈曲しすぎないように注意して、短い接地時間を心がける。
[応 用] (1)連続でのバウンド

26. デプスジャンプ（ドロップジャンプ）

[目 的] 強い衝撃から、脚で素早く切り返して垂直方向へ跳躍する能力の養成
[実 技]
1. 両足を腰幅か肩幅程度に広げ、腕を若干曲げた姿勢でボックスの端に構える。
2. 片足を前方に一歩踏み出して地面に落下したら、両足で着地すると同時に素早く切り返して、目標物を跳び越える。
3. 跳躍動作では脚を素早く引き上げ、上体が前傾しないように注意する。
4. 跳躍動作の直後に、脚を素早く引き上げ、上体が前傾しないように注意する。
5. 接地時に股関節と膝関節が大きく屈曲しないように注意して、短い接地時間と高い跳躍を心がける。
[応 用] (1)ボックス高や目標物の高さの変更、(2)シングルレッグジャンプ

27. デプスリープ（ドロップリープ）

[目 的] 強い衝撃から、脚で素早く切り返して水平方向へ跳躍する能力の養成

[実 技]
1. 両足を腰幅か肩幅程度に広げ、腕を若干曲げた姿勢でボックスの端に構える。
2. 片足を前方に一歩踏み出して地面に落下したら、両足で着地すると同時に素早く切り返して、できるだけ遠くに跳躍する。
3. 跳躍する際には、両腕を40〜45°前方に引き上げて、両腕から脚までが一直線になるように跳躍する。
4. 接地時に股関節と膝関節が大きく屈曲しないように注意して、短い接地時間と高い跳躍を心がける。

[応 用] (1)ボックス高や目標物の距離の変更、(2)シングルレッグリープ

28. ラテラルデプスジャンプ

[目 的] 強い衝撃から、脚で素早く切り返して側方へ跳躍する能力の養成

[実 技]
1. 両足を腰幅か肩幅程度に広げ、腕を若干曲げた姿勢でボックスの端に横向きで構える。
2. 片足を側方に一歩踏み出して地面に落下したら、両足で着地すると同時に素早く切り返して、できるだけ遠くの側方に跳躍する。
3. 跳躍動作では脚を素早く引き上げ、上体が前傾しないように注意する。
4. 跳躍動作の直後に、脚を素早く引き上げ、上体が前傾しないように注意する。
5. 接地時に股関節と膝関節が大きく屈曲しないように注意して、短い接地時間と高い跳躍を心がける。

[応 用] (1)ボックス高、目標物の高さ、目標物距離の変更、(2)シングルレッグジャンプ

上肢のプライオメトリクス

1. メディシンボールチェストプッシュ

[目 的] 上肢によるスタティックタイプでの前方への爆発的伸展能力の養成

[実 技]
1. 両膝を腰幅か肩幅程度に広げた膝立ちの姿勢で、メディシンボールを両手で持つ。
2. メディシンボールを胸の前で構えて、両肘を体幹につけるように曲げる。
3. 下肢の反動をできるだけ利用しないで、両腕を爆発的に伸ばしてメディシンボールを前方にできるだけ遠くに投げる。

[応 用] (1)地面に両膝か片膝をつけた姿勢で行う、(2)座位姿勢で行う

2. メディシンボールショルダープレススロー

[目 的] 上肢による垂直方向への爆発的投射能力の養成

[実 技]
1. 両膝を腰幅か肩幅程度に広げた膝立ちの姿勢で、メディシンボールを両手で持つ。
2. 両肘を曲げて肩の高さでメディシンボールを構える。
3. 肩部、両腕を使って、メディシンボールをやや斜め上方に爆発的に投射する。
4. 下肢の反動をできるだけ利用しないで、メディシンボールを投射する。

[応 用] (1)地面に両膝か片膝をつけた姿勢で行う、(2)座位姿勢で行う

3. メディシンボールプルオーバースロー

[目 的] プル動作における爆発的投射能力の養成
[実 技]
1. 仰臥位の姿勢で両膝を曲げて、後頭部、背部、殿部、両足を地面につける。
2. 両肘を軽く曲げ、ボールを頭上に構える。
3. 背部、胸部、両腕を使ってメディシンボールをできるだけ遠くに投射する。
4. メディシンボールを投射したときに背中が地面から離れないように注意する。
[応 用] ⑴フラットベンチ上で行う、⑵メディシンボールを受け取った直後に投射する

4. メディシンボールトライセップススロー

[目 的] 上腕三頭筋による爆発的投射能力の養成
[実 技]
1. 両膝を腰幅か肩幅程度に広げた膝立ちの姿勢で、メディシンボールを両手で持つ。
2. 両肘を軽く曲げ胸を広げて、メディシンボールを頭部の後方に構える。
3. 両腕が左右に開かないように注意して、メディシンボールを前方に投射する。
4. 下肢の反動をできるだけ利用しないで、メディシンボールを投射する。
[応 用] ⑴地面に両膝か片膝をつけた姿勢で行う、⑵座位姿勢で行う

5. ニーリングメディシンボールバックスロー

[目 的] 肩関節屈曲動作における爆発的投射能力の養成
[実 技]
1. 両足を腰幅か肩幅程度に広げて、両膝を地面につける。
2. 両肘を軽く曲げてメディシンボールを腹部の高さで構える。
3. メディシンボールを若干持ち上げたら素早く切り返して、両腕を真上に振り上げてメディシンボールを垂直方向に投射する。
4. メディシンボールを頭上で離すと、身体後方に投射することができる。
5. ボールを投射する際に腰が反りすぎないように注意する。
[応 用] ⑴メディシンボールを地面に置いた姿勢から行う、⑵スタティックタイプスロー

6. プッシュアップジャンプ

[目 的] 上肢の伸張−短縮サイクルによる爆発的伸展能力の養成
[実 技]
1. 両手を地面につき肩幅よりもやや大きく開き、身体をまっすぐに伸ばした腕立て伏せの姿勢で構える。
2. 両腕を曲げ身体を下ろし、素早く切り返して両腕を伸展して、両手が地面から離れるように跳び上がる。
3. 地面から跳び上がる際に、身体が曲がらないように注意する。
[応 用] ⑴腕を曲げた姿勢から開始する、⑵膝を地面につけた姿勢で行う、⑶手幅の変更

7. デプスプッシュアップジャンプ（ドロッププッシュアップジャンプ）

[目　的] 強い衝撃から、両腕で素早く切り返す上肢の爆発的伸展能力の養成

[実　技]
1. 10〜20cm程度の高さのボックスを2台用意し、肩幅よりもやや広めの位置にボックスを左右に設置する。
2. 両腕をボックスに乗せ、身体をまっすぐに伸ばした腕立て伏せの姿勢で構える。
3. 両腕を地面に下ろしたら、肩関節と肘関節の可動域を最小限にして素早く切り返して跳びあがり、ボックス上に再び両手で着地する。
4. 地面から跳び上がる際に、身体が曲がらないように注意する。

[応　用] (1)膝を地面につけた姿勢で行う、(2)手幅の変更

体幹のプライオメトリクス

1. メディシンボールシットアップスロー

[目　的] 体幹の爆発的屈曲能力と肩関節の爆発的伸展能力の養成

[実　技]
1. 仰臥位の姿勢で両膝を曲げて、後頭部、背部、殿部、両足を地面につけて、膝関節を深く曲げてかかとをお尻に近づける。
2. 両肘を軽く曲げて、メディシンボールを頭上に構える。
3. 体幹屈曲と肩関節伸展動作を強調して、メディシンボールを遠くに投射する。

[応　用] (1)メディシンボールを受け取った直後に投射する

2. ニーリングメディシンボールオーバーヘッドスロー

[目　的] オーバーヘッド姿勢からの両腕による爆発的投射能力の養成

[実　技]
1. 両足を腰幅か肩幅程度に広げ両膝を地面につけ、体幹を直立させた姿勢で、メディシンボールを両手で持つ。
2. 両肘を軽く曲げてメディシンボールを頭上の後方に構える。
3. 体幹を素早く伸展させてから、メディシンボールを前方に投射する。
4. 体幹の屈曲動作を強調して、メディシンボールを投射する。

[応　用] (1)カウンタームーブメントタイプ、(2)立位姿勢で行う

3. メディシンボールサイドスロー

[**目　的**] 体幹の爆発的回旋能力の養成
[**方　法**]
1. 両足を肩幅程度に開いた安定した姿勢で、両肘を軽く曲げてメディシンボールを腹部の高さで構える。
2. 体幹の反動動作によって、メディシンボールを爆発的に側方に投げる。
3. 体幹の回旋を強調し、腕だけでメディシンボールを投げないように注意する。
[**応　用**] (1)地面に両膝か片膝をつけた姿勢から行う、(2)座位姿勢で行う

複合動作のプライオメトリクス

1. メディシンボールバーティカルスロー

[**目　的**] 下肢と上肢の複合動作における垂直方向への爆発的伸展能力の養成
[**実　技**]
1. 両足を腰幅か肩幅程度に広げた立位姿勢で、地面に置いたメディシンボールを両手で持って背中を伸ばした姿勢で構える。
2. 股関節、膝関節、足関節を爆発的に伸展させながら、両腕を真上に振り上げてメディシンボールを垂直方向に投射する。
3. メディシンボールが顔を通過する際に離すと、垂直方向へ投射が可能となる。
4. 下肢の爆発的伸展動作の運動連鎖を利用して、メディシンボールを投射する。
5. メディシンボールを投射する際に、腰が反らないように注意する。
[**応　用**] (1)メディシンボールを胸の高さで構えた姿勢から行う、(2)カウンタームーブメントタイプのバーティカルスロー、(3)ジャンプスクワットからのバーティカルスロー

2. メディシンボールバックスロー

[**目　的**] 下肢と上肢の複合動作における垂直方向への爆発的伸展能力の養成
[**実　技**]
1. 両足を腰幅か肩幅程度に広げた立位姿勢で、地面に置いたメディシンボールを両手で持って背中を伸ばした姿勢で構える。
2. 股関節、膝関節、足関節を爆発的に伸展させながら、両腕を真上に振り上げてメディシンボールを垂直方向に投射する。
3. メディシンボールを頭上で離すと、身体後方に投射することができる。
4. 下肢の爆発的伸展動作の運動連鎖を利用して、メディシンボールを投射する。
5. メディシンボールを投射する際に、腰が反らないように注意する。
[**応　用**] (1)メディシンボールを胸の高さで構えた姿勢から行う、(2)カウンタームーブメントタイプのバックスロー、(3)ジャンプスクワットからのバックスロー

3. メディシンボールフォワードスロー

[目　的] 下肢と上肢の複合動作における水平方向への爆発的伸展
能力の養成

[実　技]
1．両足を腰幅か肩幅程度に広げた立位姿勢で、地面に置いたメ
ディシンボールを両手で持って背中を伸ばした姿勢で構える。
2．股関節、膝関節、足関節を爆発的に伸ばすと同時に、両腕を真
上に振り上げてメディシンボールを水平方向に投射する。

3．両腕は40～45°前方に振り上げて、両腕から脚までが一直線
になるようにメディシンボールを投射する。
4．下肢の爆発的伸展動作の運動連鎖を利用して、メディシンボー
ルを投射する。

[応　用](1)メディシンボールを腹部の高さで構えた姿勢から行う、
(2)カウンタームーブメントタイプのフォワードスロー

4. メディシンボールプッシュプレススロー

[目　的] 下肢と上肢の複合動作における垂直方向への爆発的伸展
能力の養成

[実　技]
1．両足を腰幅か肩幅程度に広げた直立姿勢で、メディシンボール
を両手で持つ。
2．両肘を曲げて肩の高さでメディシンボールを構える。

3．股関節、膝関節を若干屈曲したら素早く切り返して、股関節、
膝関節、足関節を爆発的に伸ばして跳躍動作を行い、肩部、両腕
を使って、メディシンボールをやや斜め上方に爆発的に投射する。
4．下肢の爆発的伸展動作の運動連鎖を利用して、メディシンボー
ルを投射する。

[応　用] (1)スタティックタイプでのプッシュプレススロー

5. メディシンボールチェストプッシュスロー

[目　的] 下肢と上肢の複合動作における
水平方向への爆発的伸展能力の養成

[実　技]
1．両足を腰幅か肩幅程度に広げ、脚を
前後に大きく広げた姿勢でメディシン
ボールを両手で持ち胸の高さで構える。
2．股関節と膝関節を屈曲させた姿勢から、
股関節、膝関節、足関節を爆発的に伸
ばすと同時に両腕を前方に伸ばしてメ
ディシンボールを前方に投射する。
3．下肢の爆発的伸展動作の運動連鎖を利
用して、メディシンボールを投射する。

[応　用](1)カウンタームーブメントタイプ、
(2)投射直後にスプリントを加える

6──フィットネス分野のパワートレーニング

フィットネス分野でパワートレーニングを実施する際には、伝統的な速度で行われるレジスタンストレーニングによって適切なエクササイズテクニックを習得し、年齢や性別で評価される筋力が標準値以上に達していれば、高速レジスタンストレーニングやバリスティックエクササイズを実施することが可能である（表4）。

また、高速レジスタンストレーニングでは動作終盤に物体や身体が浮き上がるようなバリスティックな動作を意識して行うことによって力や力積が増大する[17]。したがって、高速レジスタンストレーニングも動作初期から終盤までの爆発的な動作を意識することが重要である。

（菅野昌明）

表4●フィットネス分野のパワートレーニングの段階的な指導法

1. 伝統的速度のレジスタンストレーニングによって、適切なエクササイズテクニックを習得することから開始する。
2. レジスタンストレーニングによって、年齢や性別で評価される筋力水準が標準値以上に達していれば、高速レジスタンストレーニングを導入することが可能である。
3. 高速レジスタンストレーニングを実施する場合には、安全性に十分に配慮したうえで短縮性の速度を段階的に高めることから開始する。
4. 伸張‒短縮サイクルのエクササイズを行う場合には、伸張性と短縮性ともに徐々に速度を高める必要がある。
5. 高速レジスタンストレーニングを容易に実施できる場合は、負荷を加えた高速レジスタンストレーニングや自体重負荷ジャンプスクワットなどを行うことが可能な場合がある。

1. チェアステッピング

[目　的] 初心者に対する下肢を爆発的に動かす能力の養成

[実　技]
1. 両足を腰幅程度に広げて、椅子に浅く腰掛けて、両手で椅子の座面を持つ。
2. 左右の股関節と足関節を素早くリズミカルに連動させて、脚を上下に動かす。
3. 動作が途切れないようにリズミカルに連続して実施する。

[応　用] (1)脚を高く引き上げるステッピング、(2)脚の開閉動作によるステッピングなど

2. チェアスクワット

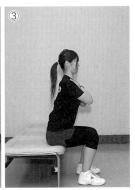

[目　的] 下肢の爆発的伸展能力の養成や移動能力の改善

[実　技]
1. 両足を肩幅程度に開き、椅子に浅く腰掛け、上体をやや前傾させ両腕を胸の前で交差させる。
2. 高速で股関節、膝関節を伸ばして直立姿勢まで立ち上がる。
3. 開始姿勢に戻り、素早く立ち上がる動作を繰り返す。

[応　用] (1)連続動作で行うチェアスクワット、(2)椅子の高さを変更して行うチェアスクワット、(3)スタートの合図を視覚刺激などで行うチェアスクワットなど

3. チェアスクワットボールフォワードスロー

[目　的] 下肢と上肢の複合動作における爆発的伸展筋力の養成
[実　技]
1．両足を肩幅程度に開き、両手でボールを胸の高さで持ち、上体をやや前傾させて椅子に浅く腰掛ける。
2．素早く椅子から立ち上がると同時に、ボールを前方に力強く投射する。
3．下肢を伸ばす力を利用して、ボールを投射するように意識する。
[応　用]⑴開始の合図を設定（視覚・聴覚刺激）、⑵ボールの投射方向を変化するなど

4. スクワット

[目　的] 連続的動作における下肢の爆発的伸展能力の養成や移動能力の改善
[実　技]
1．両足を肩幅程度に開き、両腕は首の後ろで組んで、直立の姿勢で構える。
2．股関節、膝関節を屈曲させて大腿部の上面が床と平行になる位置までしゃがむ。
3．高速で股関節、膝関節を伸ばして直立姿勢まで立ち上がる。
4．これらの動作を連続的に実施する。
[応　用]⑴負荷を加えたスクワット、⑵しゃがむ深さを変更したスクワットなど

5. コンビネーションスクワット

[目　的] 連続的動作における下肢の爆発的伸展能力の養成や移動能力の改善
[実　技]
1．両足を肩幅程度に開き、両腕は首の後ろで組んで、直立の姿勢で構える。
2．股関節、膝関節を屈曲させて大腿部の上面が床と平行になる位置までしゃがむ。
3．高速で股関節、膝関節、足関節を伸ばして、つま先立ち姿勢になる。
4．バランス保持が困難な場合には、壁や固定された椅子などに手を添えて行う。
[応　用]⑴負荷を加えたスクワット、⑵しゃがむ深さを変更したスクワットなど

6. ジャンプスクワット

[目　的] 上級者向けの下肢の爆発的伸展能力の養成や移動能力の改善
[実　技]
1．両足を肩幅程度に開き、両腕は首の後ろで組んで、直立の姿勢で構える。
2．股関節、膝関節を屈曲させたら素早く切り返して、股関節、膝関節、足関節を爆発的に伸ばして跳躍動作を行う。
3．股関節、膝関節を屈曲させて、衝撃を緩和させながら着地動作を行う。
[応　用]⑴チェアジャンプスクワット、⑵負荷を加えたジャンプスクワットなど

▶引用・参考文献

1) Wu, W.F., et al.: Effect of attentional focus strategies on peak force and performance in the standing long jump. J Strength Cond Res. 26(5): 1226-1231, 2012.

2) Comyns, T.M., et al.: Effect of attentional focus strategies on the biomechanical performance of the drop jump. J Strength Cond Res. 33(3): 626-632, 2019.

3) Porter, J.M., et al.: Adopting an external focus of attention improves sprinting performance in low-skilled sprinters. J Strength Cond Res. 29(4): 947-953, 2015.

4) Vanderka, M., et al.: Use of visual feedback during jump-squat training aids improvement in sport-specific tests in athletes. J Strength Cond Res. 34(8): 2250-2257, 2020.

5) Suchomel, T.J., et al.: Training with weightlifting derivatives: The effects of force and velocity overload stimuli. J Strength Cond Res. 34(7): 1808-1818, 2020.

6) Meechan, D., et al.: A comparison of kinetic and kinematic variables during the pull from the knee and hang pull, across loads. J Strength Cond Res. 34(7): 1819-1829, 2020.

7) Oranchuk, D.J., et al.: Improvement of kinetic, kinematic, and qualitative performance variables of the power clean with the hook grip. Int J Sports Physiol Perform. 14(3): 378-384, 2019.

8) 藤田厚: スポーツ技術の基礎. スポーツと競技の心理 (松田岩男, 藤田厚, 長谷川浩一編). pp.51-112, 大修館書店, 1979.

9) Wisniewski, B., et al.: The power of feedback revisited: A meta-analysis of educational feedback research. Front Psychol. 10: 3087, 2020.

10) Dos'Santos, T., et al.: Relationships between isometric force-time characteristics and dynamic performance. Sports (Basel). 5(3): 68, 2017.

11) Wang, R., et al.: Isometric mid-thigh pull correlates with strength, sprint, and agility performance in collegiate rugby union players. J Strength Cond Res. 30(11): 3051-3056, 2016.

12) 長谷川裕: プライオメトリクスにおけるタブー. トレーニングジャーナル. 23: 14-15, 2001.

13) 木塚朝博: 随意運動に伴う反射動作の調整. 運動と高次神経機能 (西平賀昭, 大築立志編). pp.125-148, 杏林書院, 2005.

14) 原樹子, 深代千之: 垂直跳びにおける下肢反動と腕振りの効果. 体育の科学. 56(3): 168-173, 2006.

15) 菅野昌明, 松元颯星, 島典広, 仲立貴: エキセントリック速度がジャンプスクワットパフォーマンスに及ぼす影響. 第9回日本トレーニング指導学会大会, 2020.

16) 田内健二, 尹聖鎮, 高松薫: 同一個人の上肢と下肢のSSC運動における力発揮特性の相違. 体育学研究. 47(6): 533-546, 2002.

17) Suchomel, T.J., et al.: Force-time differences between ballistic and non-ballistic half-squats. Sports (Basel). 6(3): 79, 2018.

18) 関口脩, 永友憲治, 岸田謙二: クイックリフトの段階的指導法. NITTAI Sports Training Journal, 2: 33-69, 2005.

19) Radcliffe, J.C., Farentinos, R.C. (長谷川裕訳): 爆発的パワー養成プライオメトリクス. pp.49-143, 大修館書店, 2004.

20) 有賀誠司: パワー獲得トレーニングよくわかるプライオメトリクス. pp.44-53, 新星出版社, 2007.

21) 菅野昌明: プライオメトリクス. トレーニング指導者テキスト実技編 (日本トレーニング指導者協会編). pp.82-118, 大修館書店, 2011.

1──持久力向上トレーニングを安全に実施するガイドライン

1 シューズ・服装

　トレーニングを行うシューズには、快適さ、クッション性、安定性、柔軟性、耐久性が求められる。各自の足にフィットした適切なシューズを購入するには、夕方の時間帯に行き、必ず両足履きで靴ひもをしめ、歩行などの試し履きを行う。足にフィットしていると、つま先に人さし指ほどのスペースができ、不快な部分がほとんど感じられない。自重がかかる持久力向上トレーニングではクッション性が重要である。特に着地衝撃が体重の2〜4倍と大きいランニングでは、シューズに衝撃吸収材が用いられクッション性を高めている。

　トレーニングを継続するにつれて、シューズの

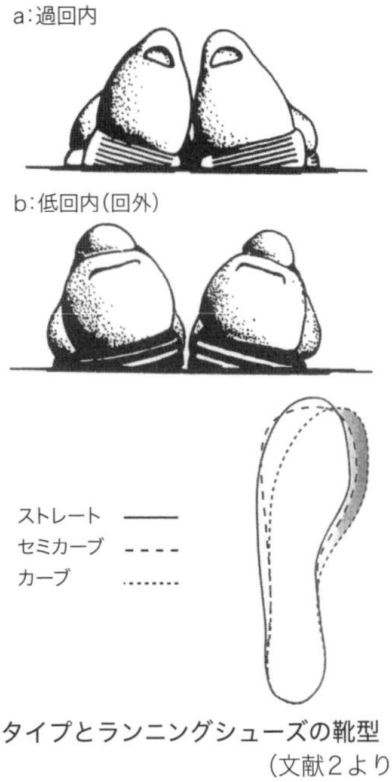

図1●接地タイプとランニングシューズの靴型
（文献2より一部改変）

性能は低下する。ランニングでは、走行距離240kmで靴底の機能が低下し、480〜800kmでクッション性能が約50%低下し、靴底の摩耗も進み、安定性にも問題を抱える。500km以上用いたランニングシューズは、大幅に機能が低下し、ランニング傷害の原因になるので交換すべきである[1]。

　ランニング時の接地タイプは、ニュートラル（標準）、過回内、低回内（回外）に分類され、それぞれの接地タイプに適した靴型がある。ニュートラルはセミカーブの靴型、過回内ではストレートの靴型、低回内（回外）ではカーブの靴型が適している[2]。ただし、下肢のアライメントが影響する過度な過回内、回外には、整形外科医に相談の上、補正インソールを作成した方がよい（図1）。

　さて、2018年頃から俗に厚底ランニングシューズと言われるシューズが、ランニングの世界を席巻しており、トップランナーのほとんどが装着している。これは、柔軟で弾力性のあるミッドソール素材と剛性のあるカーボンプレートを組み合わせたランニングシューズである。このタイプのシューズを履いたケニアのキプチョゲが参考記録ではあるが、マラソン2時間切りを実現した。組み込まれたカーボンファイバープレートが、エネルギーコストを4%減少させる主な要因になっており、マラソンの世界記録ペース（20.59km/時）で走行速度の3.4%の改善につながることが指摘されている[3]。長距離ランニングのパフォーマンス向上には、カーボンファイバープレート付きの厚底ランニングシューズの影響が大きいことから、レースにおいては、このタイプのシューズの着用が、高いレベルの競技者では必須ともいえる状況

になっている。

　トレーニング時の服装は、気温・天候に合わせて選択する。暑熱環境では、軽くて通気性のよいウエアを選択し、日差しが強い場合、帽子・サングラスを着用する。寒冷環境では、保温効果の高いウエアを選択する。トレーニングが進むにつれ体温が上昇するので、途中でウエアを脱げるように重ね着をしておく。また、寒冷環境では、末梢の体温が失われがちなので、保温性の高い手袋と帽子を着用する。

②水分補給

　持久力を向上させるトレーニングを実施するとき、トレーニング前・トレーニング中・トレーニング後の適切な水分補給が重要である。一般に高強度の持久的運動を行っているとき、1.9 ～ 3.8ℓ/時の水分が失われるが、消化器からは0.95ℓ/時しか吸収できない。また、トレーニングや運動によって、のどの渇きを感じるシステムが鈍ることもあるので、のどが渇き始める前から水分補給を行う。特に暑熱環境では十分な水分補給が必要であり、熱中症予防につながる。ただ近年は、水分の過剰摂取のリスク（水中毒：低ナトリウム血症）も指摘されるようになっている。暑熱環境でなければ、自分自身ののどの渇きを目安にして給水を行うほうが安全である[4]。

　水分損失に見合った適切な水分補給が行われれば、体温、心拍数が低く維持され、主観的運動強度も低くなり、効果的にトレーニングを持続することができる。冷たい水、冷たいスポーツドリンクは体温を下げる効果が期待でき、体内への吸収力も高いので水分補給に適している。1時間を超

えるマラソン等の持久的スポーツやトレーニングでは、電解質・ミネラル補給のため、また水中毒を避けるためにもスポーツドリンクが最適である。

③ ウォームアップとクールダウン、ストレッチング

　ウォームアップは、ゆっくりしたジョギング等、強度が低い有酸素性運動から開始する。筋温が上昇するまで約5 ～ 15分程度、低強度の有酸素性運動を継続するが、寒冷環境では長めに行う。徐々に強度・ペースを主運動に近づけ、最後に主運動に近い運動（例えば、ウインドスプリント）を実施する場合もある。

　完全に主運動が終了した後、ゆっくりしたジョギングや整理体操といったクールダウンを実施する。乳酸が蓄積する無酸素性持久力向上トレーニング後には、特にクールダウンが重要である。クールダウンは、乳酸の除去と心拍数低下を促し、疲労回復が期待できる。ただし、低強度の有酸素性持久力向上トレーニングでは、心拍数が比較的低く保たれ、乳酸の蓄積も少ないので、クールダウンは重要でない。また、マラソンレース後のクールダウンも不要である。

　なお、トレーニング直前、競技直前のスタティックストレッチングは、筋腱複合体のバネ作用を低下させることが指摘されており、30秒かけた入念なスタティックストレッチングは、特別な必要性がない限り避けた方がよい[5]。一方、トレーニング後のスタティックストレッチングは、筋の柔軟性を高め関節の可動域を広げ、傷害防止に役立つ可能性があるため、継続的に実施した方がよい。

2──持久力を向上させる代表的なトレーニング手段

① ウォーキング

　ウォーキングは、誰でも安全で手軽に実施できる有酸素性持久力向上トレーニングである。

ウォーキングによる消費エネルギーは、1km当たり0.5kcal/kgとされている。例えば体重60kgの人が5kmウォーキングすると、150kcalのエネルギーを消費することになる。

図2●高齢者のウォーキング

ウォーキングは、脂肪燃焼が高い低強度の有酸素性運動であり、運動不足でメタボリックシンドロームの傾向の人たちに勧められるトレーニング手段である。しかし、体力レベルが高いアスリートの減量プログラムとしては、特別な必要性がない限り、単位時間当たりの消費エネルギーが大きいランニングが勧められる。

運動習慣のない人がウォーキングに取り組む場合、速く歩くことより、長く歩くことから始める。まずウォーキングに慣れたうえで漸進的に歩行速度を上げていく。高速ウォーキングの基本フォームは、背筋を伸ばし大きく腕を振りながら速度を上げて歩く。接地は踵着地で、母趾球から離地する。大きな速度を獲得するには、大きなストライドが必要となる。高速ウォーキングでは、骨盤の回転を利用して、腰をひねりながらストライドを広げる。この骨盤の回転動作は、最も高速で歩く競歩の選手達に顕著に見られる。

② ランニング

一般のスポーツ愛好家にとってランニングは、持久力を向上させ、体脂肪を燃焼させ、単位時間当たりのエネルギー消費量が大きい効率のよいエクササイズである。ランニング中のエネルギー消費量は、1km当たり1kcal/kgであるのに対し、ウォーキングでは1km当たり0.5kcal/kgである。

アスリートにとってランニングは、有酸素性持久力・無酸素性持久力を向上させる代表的なエクササイズである。特に持久系アスリートには、有酸素性持久力をさらに向上させ、無酸素性持久力も向上させるトレーニングの中心となるエクササイズである。

ランニングは、小さなジャンプの連続であり着地衝撃が大きく、接地時に体重の2～4倍の着地衝撃がかかる。大きな着地衝撃からランニングは、肥満気味・膝など脚部に故障をもっている人には負荷が大きすぎるトレーニング手段であり、他の有酸素性トレーニング（自転車エルゴメーター・水泳・ウォーキングなど）を実施した方がよい。

ランニングフォームにおいて、ウォーキングの延長としてランニングを指導する場合がある。これは踵から着地して母趾球から離地することを強調する指導である。しかし、ピーター・コー（著名な選手であるセバスチャン・コーのコーチ）は「60％の優秀なランナーは足の前部（つま先）で着地し、30％は足の中間部（ミッドフット）で、10％が足の後部（踵）で地面をとらえている」としている[6]。また、ハーフマラソンのランナーには様々な接地部位が見られることと、記録の上

つま先からの着地

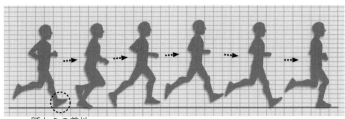
踵からの着地

図3●ランニングの着地

表1●高速のランニングフォームのポイント

A	キック動作を強調し、離地時に膝を完全伸展すると、脚の引きつけ動作の遅れ（ピッチ低減）につながる。離地時にはやや膝は曲がっている。
B	接地前の下腿の過度な振り出し動作は、重心より大きく前に接地。これはブレーキの要素が大きいオーバーストライドになる。 接地位置は重心の少し前、股関節の真下に近い位置。
C	ストライドの獲得は、股関節の柔軟性と、股関節周りの筋力向上で。 プライオメトリクスもストライド獲得に貢献。 また、プライオメトリクスは、接地時間を低減させ、ピッチ向上に貢献。
D	肩に力を入れずリラックスして腕振り。90度程度に肘を曲げる。 過度に肘を曲げすぎたり腕を抱え込まない。 大きなねじれが生じないように上体は前方に向け固定。

位群ほど足の中間部（ミッドフット）の接地が増えることが示されている[7]。このように、踵着地がランニングフォームの基本ではなく、高速のランニング動作では中間部（ミッドフット）や前部（つま先）の接地も多くなっており、厚底ランニングシューズを履いたトップランナーのほとんどは前部（つま先）の接地になってきている（図3）。

一般の市民ランナーや専門外のアスリートに対してランニングを指導する場合、特定の接地部位の強調より自然な接地を指導する。また、ストライドよりもピッチを強調して、安全かつ長い距離が走れるフォームを指導する方が有効である。

一方、ランニングを主体とするアスリート（陸上競技・トライアスロン等）には、より高速走行に対応できるように、足の中間部（ミドルフット）、前部（つま先）で接地するフォームを勧める。また、飛び跳ねる動きは上下動を大きくし、無駄なエネルギー消費となる。高速のランニングフォームのポイントは表1に示される。

3 トレッドミル

トレッドミル（1章2節の図15）は、回転するベルトの上でウォーキングあるいはランニングを行うマシンである。トレッドミルは、接地衝撃がソフトであり狭い場所でもトレーニングが可能で、

通常は有酸素性持久力向上のトレーニングが行われる。

トレッドミルでトレーニングを行うときには、ベルトに乗る際に注意が必要である。まずハンドレールを持ち、ベルトをまたぐ。ベルトが低速で動いていることを確認した後、ベルトの上に乗り歩き始め、徐々にペースアップし手を離す。分速100〜150mを越えたあたりから、ウォーキングからランニングへ徐々に移行し始める。なお、トレーニング中に転倒しないように、指導者は気を配ることも大切である。

4 自転車エルゴメーター

自転車エルゴメーター（図4）には、有酸素性持久力の向上を狙ったマシン（エアロバイクなど）と、無酸素性持久力の向上を狙ったマシンがある。自転車エルゴメーターは、体重負荷がかからず着地衝撃がないので、体重が重い人の有酸素性持久力向上トレーニングとして、あるいは脚部に傷害を起こしたアスリートのリハビリテーションに効果的である。なお、体力が低い人では、脚部の局所的な筋疲労がトレーニング開始後すぐにおき、十分なトレーニング負荷がかからない危険性がある。

シート高は、ペダルの最下点で軽く膝が曲がる程度であるが、これにより膝関節をロックさせず脚の最大伸展が可能になる。伸展している脚がロックされると、膝や腰の痛みを引き起こす可能性があるので、ロックしないように気をつける。

図4●自転車エルゴメーター

ペダリング頻度は、1分間のペダル回転数(rpm)で示される。経済的なペダリング頻度は60〜90rpmである。初心者・中級者では60〜70rpm、上級サイクリストでは80〜90rpmのペダリング頻度を用いる傾向にある。

[5] ステアクライマー

ステアクライマーは、階段上りと同様の運動負荷での有酸素性トレーニングマシンである。階段上りよりも膝へのストレスは軽減されるが、垂直方向の力発揮が必要とされるため高強度のエクササイズとなる。つま先を前向きにし、足全体をそれぞれのペダルに置く。ハンドレールを軽く保持するが、ハンドレールに頼りすぎると適切な運動負荷がかからない。バランスがとれればハンドレールから手を離す。直立姿勢でペダルを前方に踏み込む。頭を起こし体幹は股関節の真上に置き、過度の前傾姿勢はとらない。曲がった脚の膝はつま先より前には出さず、伸ばした脚の膝は軽く曲げて過伸展させない。肘を直角に曲げ腕を自然に振る。ステップの深さは最大の可動域が確保できるように設定する。ステップスピードは1分間に40〜95回の範囲である。初心者は、遅めのリズ

ムで始め、慣れてきたらステップスピードを増加させる。

[6] エリプティカルトレーナー

エリプティカルトレーナーは、ステアクライマーにウォーキングやランニングを組み合わせたマシンである。水平方向の動き、あるいは垂直方向に傾斜をつけることができる。また脚の後方への動きも可能である。足全体をそれぞれのペダルに置く。ハンドレールを軽く保持するが、ハンドレールに寄りかかりすぎると適切な運動負荷がかからない。バランスがとれればハンドレールから手を離す。頭は起こし、体幹は股関節の真上に置き、過度の前傾姿勢はとらない。曲がった脚の膝はつま先より前には出さず、伸ばした脚の膝は軽く曲げて過伸展させない。ペダルのリズムが遅く傾斜がほとんどない場合は、動作はウォーキングと同様である。リズムが速くなると、ランニングに近づいてくる。中程度の傾斜をつけると上り坂ウォーキングやランニングに近づく。傾斜が極めて大きくなると、動作はステアクライマーと同様になる。

3——持久力を向上させる代表的なトレーニング方法

[1] 持続性トレーニング（表2〜4参照）

(1)LSD

LSDはLong Slow Distanceの略語で、トレーニングの量を重視した代表的な有酸素性持久力向上トレーニングである。このトレーニングは、乳酸が生じない低強度で実施する。目安になるのが楽に会話のできるペースであり、ランニングの場合ゆっくりしたジョギングペースである。LSDのトレーニング量は、トレーニング時間で示されるのが一般的で、60分以上3時間程度までがよく用いられる。

生理学的なメリットは、心臓血管系機能の向上、

脂肪の利用能の向上（筋グリコーゲンの節約にも貢献）と体脂肪の減少である。デメリットは、通常の競技時より運動強度が低くスピードが遅いため、強度不足・スピード不足のトレーニングに陥りやすいことである。特に、レース時に必要な無酸素性代謝（解糖系、ATP-CP系）のトレーニングが不足する。また、筋に対して遅筋線維（ST線維）のみの刺激で速筋線維（FT線維）への刺激が不足し、高速の動作に影響する可能性があり、パワー系のアスリートには勧められない。

なお、健康を目的として有酸素性持久力トレーニングを実施する場合、1時間以内のLSDが、十分な効果を得られ安全性も高いので、最も勧めら

表2 ●長距離ランナーの基礎トレーニング期の週間スケジュール例

	月曜日	火曜日	水曜日	木曜日	金曜日	土曜日	日曜日
トレーニングのポイント	有酸素性持久力+筋力向上	有酸素性持久力+無酸素性持久力	有酸素性持久力+アクティブレスト	有酸素性持久力+筋力向上	有酸素性持久力+アクティブレスト	有酸素性持久力	休養
メイントレーニング	10〜15kmATペースランニング	インターバル1000m×5〜8（rest 200mジョギング）	90分LSD	10〜15kmATペースランニング	90分LSD	20〜30kmビルドアップ前半ジョギング、後半ATペースまで	REST
サブトレーニング	レジスタンストレーニング	朝練60分ジョギング	朝練30分ジョギング	レジスタンストレーニング	朝練30分ジョギング		

表3 ●中距離ランナーのプレシーズン期の週間スケジュール例

	月曜日	火曜日	水曜日	木曜日	金曜日	土曜日	日曜日
トレーニングのポイント	有酸素性持久力+筋力向上	無酸素性持久力	有酸素性持久力+筋力向上	無酸素性持久力+有酸素性持久力	筋力向上	無酸素性持久力	休養
メイントレーニング	8kmATペースランニング	レペティション300m×10（rest 5分）	8kmATペースランニング	インターバル（1000m+200m）×3セット（rest 5分）	40分ジョギング	タイムトライアル1000m+600m+300m	REST
サブトレーニング	レジスタンストレーニング+プライオメトリクス	朝練30分ジョギング	レジスタンストレーニング+プライオメトリクス	朝練30分ジョギング	レジスタンストレーニング+プライオメトリクス		

表4 ●ミドルパワー系球技アスリートの基礎トレーニング期の週間スケジュール例

	月曜日	火曜日	水曜日	木曜日	金曜日	土曜日	日曜日
トレーニングのポイント	筋力・パワー向上	無酸素性持久力+有酸素性持久力	専門種目のみ	筋力・パワー向上	無酸素性持久力+有酸素性持久力	専門種目のみ	休養
トレーニング	レジスタンストレーニング+プライオメトリクス	レペティション150m×10（rest 3分）+40分LSD		レジスタンストレーニング+プライオメトリクス	シャトルラン+60分LSD		REST

れる。

(2)ATペーストレーニング

ATペーストレーニングは、有酸素性持久力の向上、ATレベルの向上を目的としたトレーニング方法であり、一定の距離・時間を、AT強度（ペース）を基準として実施する持続性トレーニングである。ランニングの場合、トレーニング量は5〜20km（20〜90分程度）程度の距離を用いる。ATを実際に測定するのは困難なことから、トレーニング強度は心拍数をもとにして設定する。持久性アスリートでは85%強度程度で、週2〜4回実施し、タイム向上を目標とする持久的スポーツ愛好家では、75〜80%強度程度で週1〜2回実施するのが一般的である。

(3)タイムトライアル

タイムトライアルは、一定距離の全力走、全力泳であり、有酸素性持久力と無酸素性持久力両方の向上を狙ったトレーニング方法である。ランニングの場合、5km以上のタイムトライアルは主に有酸素性持久力を狙い、1000〜2000mでは有酸素性持久力と無酸素性持久力、600m以下では主に無酸素性持久力を狙うことになる。

パフォーマンスの向上を追求するアスリートにおいて、レース・競技場面に対応していくために必要不可欠なトレーニング手段であり効果も高い。しかし、オーバートレーニングにつながりやすいトレーニングなので、やりすぎには注意をはらう必要がある。タイムトライアルは、トレーニング時期・段階を踏まえ、週1回を超えない範囲で実施していく。

(4)ビルドアップ

ビルドアップは、低強度（AT以下）から全力まで、段階的にペースアップをしていくトレーニング方法である。前半は有酸素性持久力向上トレーニングとなり、後半は無酸素性持久力向上トレーニングとなる。短い時間で効率的に、有酸素

性パワーと無酸素性パワー両方を向上させ、特に体力レベルの異なるグループトレーニングで用いると有効である。また、心拍計と併用すると、おおよそのAT強度（ペース）を推測できる。

(5)ファルトレク

ファルトレクは、自然の中で地形の変化等を利用しながら、強度や速度を変化させるトレーニング方法である。平坦な場所や速度の遅い部分では、有酸素性持久力向上トレーニングとなり、登り坂や速度を上げた部分では無酸素性持久力向上トレーニングとなる。自然環境の中で実施するので、心理的な負担が少ない。欠点としては、トレーニング強度が各自の主観に任されるので、相対的に強度が不足する危険性がある。

② インターバルトレーニング

（表2、表3参照）

インターバルトレーニングは、全力に近い高強度のトレーニングを、不完全休息を挟みながら、繰り返し実施するトレーニング方法である。通常は十分なトレーニングを積んだアスリートのみが実施する。しかし、トレーニング強度をAT程度まで低下させた場合、トレーニングを積んだスポーツ愛好家でも実施可能である。最近では、後述するHIITの有効性が認められてきており、応用場面が拡大している[8]。

(1)ロングインターバル

ロングインターバルは、AT前後のペースで長い距離・時間を繰り返し行う。主に有酸素性持久力の向上を狙いとする。トレーニング強度は、心拍数をもとにした場合、おおよそ80～85%強度になるが、ランニングの場合5000mや10kmといった長距離走のレースペースを用いる。休息は不完全休息（400～1000mのジョギング、もしくは3～8分程度の軽運動）で、レース距離を分割して実施するため、レースペースを身体で把握することができる。短所としては、レースペースが基準となるため、トレーニング強度が不足する懸念もある。無酸素性持久力の向上は期待できない。

ロングインターバルのトレーニング距離としては、ランニングでは2000m×3～5本、3000m×3本がよく用いられる。ロングインターバルは、持久系アスリートに有効であるが、パワーと無酸素性持久力が求められる球技系アスリートには不適である。

(2)ミドルインターバル

ミドルインターバルは、AT強度をやや上回るペースで中間的な距離・時間を繰り返し行い、トレーニング強度は高め（90～95%）になる。一般的にはレースペースを基準とし、レース距離を分割して実施し、不完全休息（200～400mのジョギング、もしくは1～2分の軽運動）を挟んで実施する。ただし、レースペースでは無酸素性持久力トレーニングとしての強度が不足するので、レースペースよりもやや速めに設定すると効果的である。急走期は、無酸素性代謝と有酸素性代謝でエネルギーを供給し、緩走期に有酸素性代謝で回復させ、トレーニングを継続していく。

トレーニング距離としては、ランニングでは1000m×5～10本（200mまたは400mのジョギングを挟む）がよく用いられる。ミドルインターバルは持久系アスリートによく用いられる方法であるが、球技アスリートでは、基礎トレーニングの時期に、有酸素性持久力向上を狙った基礎トレーニングとして利用可能である。

(3)ショートインターバル

ショートインターバルは、AT以上での高強度（95%以上）で短い距離・時間を繰り返し行う。レースペースを基準として実施する場合も多いが、無酸素性持久力トレーニングとしての強度が不足するので、レースペースよりも速めに設定する必要がある。ショートインターバルは、不完全休息（100～200mのジョギング、もしくは30秒～1分の軽運動）を挟んで実施する。急走期は無酸素性代謝が中心で、不完全休息である緩走期に有酸素性代謝で回復させ、トレーニングを継続していく。

トレーニング距離としては、ランニングでは400m×10～20本（100mまたは200mのジョ

ギングを挟む）、200m×10〜20本(100mのジョ
ギングを挟む)がよく用いられる。ショートイン
ターバルは有酸素系アスリートの無酸素性持久力
および有酸素性持久力の向上を狙うトレーニング
として有効である。

　なお、無酸素性持久力向上を狙うショートイン
ターバルとして、300m×5〜8本（100m歩行
を挟む）等があり、無酸素性持久力が必要なアス
リート（400m走、800m走）に有効である。球
技系アスリートでは、シャトルランなど競技特性
に近い形でアレンジして、無酸素性持久力の向上
を狙い、ショートインターバルを実施することが
効果的である。

⑷HIIT

　HIIT（高強度インターバルトレーニング、
High Intensity Interval Training）とは、短い時
間の高強度運動を短い休息を挟んで繰り返し実施
するトレーニングである。このHIITの代表的な
トレーニングとされているタバタ・プロトコルは、
10秒間の休息を挟んで、20秒間の高強度運動
（170% $\dot{V}O_2max$）を6〜8セット実施するもの
である。週3回以上、6〜12週間継続すると、無
酸素性能力と有酸素性能力の両方が向上するとさ
れている[9]。また、HIITとして30秒間の高強度
運動（自転車漕ぎ）を4〜5分の休息を挟んで4
〜6セット、週3回ずつ6週間実施し、HIITでは
伝統的な持久力トレーニングとほぼ同等な、全身
持久力向上効果を得られたという報告がある[10]。
そして、HIITは他の持久力向上トレーニングと
比べて、週間トレーニング量で10分の1、時間
配分で3分の1となり、費用対効果の高いトレー
ニングであり、短時間で持久力の向上を狙うこと
ができる効率的なトレーニングとされている[10]。
HIITの典型的なパターンは、高強度運動と低強
度運動（もしくは休息）を2:1の時間比で実施す
ることである。ランニングの場合、30秒間スプ
リント、15秒間ジョギング、または休息、これ
を4〜8セット繰り返すといったやり方になる。
［例］HIITを適用した長距離アスリート用トレー
　ニング例

200mを800mのレースペース以上で走行（27
〜34秒程度、個人のレベルにより調整）、休
息は15秒、6〜8セット
［例］HIITを適用した市民ランナー用のトレーニ
　ング例
　30秒間高速走行（ウインドスプリント程度）、
　30秒の休息、6〜8セット

⑸ヒルトレーニング

　ヒルトレーニングは、起伏のある地形で走速度
に変化をつけて行い、有酸素性持久力と無酸素性
持久力の両要素の向上を狙ったトレーニングとな
る。登り坂では速度を維持、あるいは増加させ、
しっかり追い込むことで有酸素性持久力および無
酸素性持久力の向上を狙うトレーニングとなり、
下り坂の部分はジョギングで回復を図る。なお、
下り坂で速度を増加させると遅発性筋肉痛の原因
となり、故障の危険性が高いので、ジョギングペー
スが安全である。

③ レペティショントレーニング

（表3、表4参照）

　レペティションは、完全休息をとりながら全力
でトレーニングを繰り返すトレーニング形態で、
主に無酸素性持久力を向上させるトレーニング手
段として有効である。スピードトレーニングや瞬
発力向上のトレーニング、レジスタンストレーニ
ングの大部分も、レペティションのトレーニング
形態をとる。レペティショントレーニングは、セッ
トごとに完全休息をとるため、総トレーニング時
間が長くなる傾向にある。

　無酸素性持久力向上とスピード持続能力向上を
狙うレペティショントレーニングとして、ランニ
ングでは150〜350m×5〜8本(5〜10分休息、
全力走)があり、無酸素性持久力とスピードが必
要なアスリート（200m、400m）に有効である。

4──持久力に関連するトレーニングおよび環境

①クロストレーニング

故障等で専門的なトレーニングが困難な場合、代替として用いられるトレーニング手段がクロストレーニングである。ランニングの場合、クロストレーニングとして自転車エルゴメーター、水泳がよく用いられる。クロストレーニングでは、専門的なトレーニングと異なる筋群を用いるため、故障中でも運動強度を高く維持でき、有酸素性持久力および無酸素性持久力の低下をおさえることができる。また、過度の専門的なトレーニングからくるオーバートレーニングやオーバーユースを防止する可能性もある。

なお、可能な限り専門に近いトレーニング手段、運動強度の方が、競技パフォーマンスを維持するには有効である。しかし、故障の回復を優先させることも忘れてはならない。

②水中ランニング

水中ランニングは、ベルトやベストといった浮遊器具を用いて水中を走るトレーニングである（図5）。脚部の故障を抱えたアスリートが、有酸素性持久力および無酸素性持久力の維持を図るトレーニングとして効果的だが、実施可能な施設が極めて少ない。

③ディトレーニングおよびオーバートレーニング

ディトレーニングは、何らかの理由でトレーニング中止や大幅な減少を余儀なくされたときに起きる。継続的なトレーニングによって獲得した生理的な適応は、トレーニング刺激が減少すると、トレーニング前の水準に急速に戻ってしまう。ディトレーニングは、有酸素性持久力に顕著に影響する。有酸素性トレーニングを中止すると、数週間で最大酸素摂取量が低下し、筋内のミドコンドリアの酸化系酵素活性と、グルコース取り込み速度は1週間以内で低下する。なお、無酸素性エネルギー供給機構に関する筋内の酵素活性は、ディトレーニングの影響が少ない。

オーバートレーニングは、運動刺激やトレーニングが過剰になった場合に現れる。オーバートレーニングの前に、パフォーマンスのオーバーリーチングが生じる。そして、身体の適応能力が運動ストレスに追いつかなくなると、パフォーマンスの低下が生じ、オーバートレーニングとなる。オーバートレーニングの一般的指標は、表5に示される[11]。オーバートレーニングを防止するには、段階的にトレーニングの強度・量を向上させ、パフォーマンスの着実な進歩を図る。それとともに、定期的な休養で心身ともにリフレッシュすることが重要である。

浮遊器具を
腰につけての
深水ランニング

水中での
ランニング

図5●水中ランニング　　　　（提供：山本利春氏）

表5●オーバートレーニングの一般的指標

1. パフォーマンスの低下
2. 体脂肪率の低下
3. 最大酸素摂取量の低下
4. 血圧の変化
5. 筋肉痛の増大
6. 筋グリコーゲンの減少
7. 安静時心拍数の変化
8. 最大下運動での心拍数の増加
9. 総テストステロン濃度の低下
10. コルチゾール濃度の変化
11. 交感神経系の緊張の低下
12. 交感神経系のストレス応答の増大

※この表には主要なものだけを示した。　（文献11を改変）

4 テーパリング

　重要な試合・レースで最高のパフォーマンスを発揮するためには、テーパリングが重要である。テーパリングは、重要な試合・レース前の最終段階での調整方法で、トレーニング量を減少させ疲労を取り去り身体を回復させる。ただし、トレーニング強度を大幅に低下させた場合、生理的適応が失われる可能性がある。そこで、トレーニング強度を極端に低下させず、ある程度維持していくことが、テーパリングでは一般的である。

　ランニングにおいて、トレーニング強度を維持するために、最もレースに近い段階で行われるのが最終刺激練習である。レース直前の日（前日、2日前、3日前）に短い高強度のランニングを実施し、心身に刺激を入れる最終段階のトレーニングである。トレーニング距離は、レースペースを把握しやすいことから1000m前後の距離がよく用いられる。スピード（ペース）は、レースペースか、あるいはそれより少し速い程度で、タイムが正確に計測できる場所（トラックなど）で実施する。

5 高地トレーニング

　持久系アスリートのパフォーマンス向上を狙って、高地トレーニングがしばしば実施されている。標高1200〜1300m以上を準高地、1800m以上

を高地とし、アスリートのコンディションや競技特性を考慮して、トレーニングを行う標高が選定される。

　高地トレーニングへの生理的適応は、高地馴化初期と長期的な高地馴化に分けられる。高地馴化初期では、安静時・運動時の肺換気量の大幅な増加（過換気）が生じる。換気量の増加は、主として1回換気量の増加による。高地滞在が長期化すると呼吸数の増加も起きてくる。また、安静時・最大下運動時の心拍出量の増加も起きる。最大下心拍数と心拍出量は海面レベルより30〜50％上昇するが、1回拍出量は変化しない。

　2週間以上高地に滞在すると、長期的な高地馴化が生じる。増加していた心拍数、心拍出量がもとのレベルへ低下する。それとともに、ヘモグロビンが5〜15％増加し、赤血球数も30〜50％増加し、毛細血管の増加が起きる。

　長期的な高地馴化は高地の低酸素環境に対する身体の適応現象であり、有酸素性能力の向上が期待できる。海面レベルへ戻っても2〜3週間は、長期的な高地馴化が残り、有酸素性能力が高い。この期間に低地でのレース・競技会に出場すると高いパフォーマンスが期待できる。なお、長期的な高地馴化効果は、低地へ戻ると徐々に低下していき、1か月程度経過すると通常のレベルへ戻る。

6 グリコーゲンローディング

　グリコーゲンローディングは、持久系スポーツのレース・競技前に、計画的に高炭水化物食を摂取し、運動のエネルギー源であるグリコーゲンを蓄積し、パフォーマンス向上を狙う方法である。グリコーゲンローディングの方法は、次の通りである。

①レース・競技1週間前に疲労困憊となる運動（トレーニング）を実施し、筋グリコーゲンを枯渇させる。
②その後3〜4日間は低炭水化物食を摂取する。
③レース・競技3〜4日前にもう一度疲労困憊となる運動（トレーニング）を実施する。
④その後3〜4日間、高炭水化物食を摂取し、筋

グリコーゲン量を増大させる。

⑤レース

　この方法は、レース直前に疲労困憊となる運動（トレーニング）を2回も実施することになり、疲労が大きく体調管理が困難なことから古典的方法とされている。そこで現在では、改良された方法が用いられている。改良されたグリコーゲンローディング法は、疲労困憊となる運動（トレーニング）は特に用いず、通常のテーパリングを行う。レース・競技直前の3〜4日間、脂肪分をカットした高炭水化物食を摂取し、筋グリコーゲン量の増大を図る[12]。

　グリコーゲンローディングは、1時間半〜2時間以上継続する持久的スポーツ（マラソン、クロスカントリースキー50km、トライアスロン）で効果的である。しかし、15分から1時間（5〜20km、水泳の長距離泳）以内のレースではあまり効果的でない。

（山内　武）

▶引用・参考文献
1) ティム・ノックス, ランニング学会訳: ランニング事典, pp.141-146, 大修館書店, 1994.
2) Earle, R.W., Baechle, T.R. 編: NSCAパーソナルトレーナーのための基礎知識, p.346, 森永製菓健康事業部, 2005.
3) Hoogkamer, W., et al.: A comparison of the energetic cost of running in marathon racing shoes, Sports Med, 48: 1009-1019, 2018.
4) ランニング学会: マラソンレース中の適切な水分補給について, https://e-running.net/0350topics_no06.html, 2021年3月31日確認
5) 日本トレーニング指導者協会編著: スポーツトレーニングの常識を超えろ! pp.152-161, 大修館書店, 2019.
6) デビット・マーティン, ピーター・コー（征矢英昭・尾縣貢訳）: 中長距離ランナーの科学的トレーニング, p.16, 大修館書店, 2001.
7) Hasegawa, H., et al.: Foot strike patterns of runner at the 15-km point during an elite-level half marathon. J. Strength Cond. Res, 21(3): 888-893, 2007.
8) 日本トレーニング指導者協会編著: スポーツトレーニングの常識を超えろ! pp.26-30, 大修館書店, 2019.
9) 田畑泉: 高強度間欠的トレーニング (HIT) の理論的背景. 体育の科学63(9): 683-688, 2013.
10) Gibala, M.J. et al.: Short-term sprint interval training versus traditional endurance training: similar initial adaptation in human skeletal muscle and exercise performance. J Physiol, 575: 901-911, 2006.
11) Baechle, T.R., Earle, R.W. 編: NSCA決定版ストレングストレーニング＆コンディショニング, 第2版, p.178, ブックハウスHD, 2002.
12) トレーニング科学研究会編: コンディショニングの科学, p.178, 朝倉書店, 1995.

スピードトレーニングの実技と指導法

1──スピードトレーニングの基礎

あらゆるスポーツに求められる速いスピード、爆発的なスタート、鋭い方向転換などのパフォーマンスを向上させるためには、ニュートンの3つの運動法則による運動力学的な知見を活用することが重要となる（表1）[1]。陸上競技のスプリント種目においては、次のような説明がなされている[2]。スタート時点では選手はルール上、完全に静止している。そのため、慣性の法則によって身体に外力を加えない限り、同じ姿勢を維持している。ピストルと同時に選手は、スターティングブロックを蹴って身体を加速させる。運動方程式（運動の法則）によって大きな加速が生まれるには、大きな力を外部から受ける必要がある。そして、ブロックを蹴ることによって、生じる作用・反作用の法則によって蹴った力と同じ反力を受け進行方向へと加速する。

スピードトレーニングで改善するべき体力要素は、最大筋力やパワーなどが重要である。また、スプリント動作に類似する特異的な活動筋群、筋収縮様式、動作様式などを考慮したレジスタンストレーニングやプライオメトリクスが必要であり、スピードトレーニングでは、非常に短時間で大きな力発揮することができる能力を高めるために、反応筋力（reactive strength）などの、スプリント中の力発揮の仕組みと効率的なスプリントフォームの習得に結びつくようなトレーニングを行う必要がある。スプリントスピードは、ストライド長（m/歩）とピッチ（歩数/秒）の積（ストライド長×ピッチ）によって決定される。しかし、発育発達の観点から、ある一定の年齢以降にピッチを増加させるには限界があるとされており、

表1 ● 3つの運動法則

第1法則（慣性の法則）
「どの物体も、静止しているときは、その状態を保ちつづける。また、直進運動をしている物体は、外力が作用しない限り、その状態を保ち続ける」
第2法則（運動方程式、運動の法則）
「ある物体に力を加えると、加えた力の方向に加速度が起こる。また、速度の変化の大きさは物体に加えた力の大きさに比例し、質量に反比例する」
第3法則（作用・反作用の法則）
「物体に力を加えた場合、力を加えた方向とは逆方向に、加えた力と同じ大きさの力が作用する」

（文献1を参考に作表）

トレーニングによるスプリントスピードの改善はストライド長の増大が貢献している[3]。大きなストライド長とは、脚を大きく広げることを意味しているのではなく、地面接地時の力発揮によって大きな地面反力を得ることで、水平方向への大きな移動距離を獲得し、滞空時間が長くなることである[4]。また、大きな地面反力を得るためには、力と時間の積（力×時間）である力積を高める必要があり、推進力につながる高い地面反力を得るためには、地面への足の接地時に大きな力を可能な限り短時間で発揮することが重要である。身体が静止した状態からスタートして、第3歩目あたりまでは、加速局面と比較して若干長く、かつ大きな力発揮をするため、大きい力を長い時間発揮するような力積となる。そして、トップスピードに到達する局面では、地面への足の接地時間は短縮し、力発揮もスタート局面よりも小さくなる[4][5]。そのためこの局面では大きな力を短時間で発揮するような力積となる。

また、ストライド長は下肢筋力、下肢伸展パワー、

地面に作用する力とも有意な相関関係が認められている[5) 6)]。一方で、ピッチはスプリントスピードの向上に寄与する割合は小さいものの、その向上には不可欠な要因である[7) 8)]。また、ピッチは短い滞空時間や足の接地時間が関与しているため、ピッチの向上を意識したスプリントトレーニングでは、短い滞空時間と接地時間を意識したトレーニングが必要である。トレーニング指導の現場では、このような知見を活用しながらトレーニング法を検討することが必要である。

2——スタート局面と加速局面のテクニック

スタート局面は、競技種目やポジションの特性によってスタートの姿勢や足の位置などが異なる。完全に身体を静止した状態から動き出すスプリントや歩行やランニングなどから状況の変化に応じて、スプリントを行う場合などがあり、このようなスタートは、球技系スポーツでは特に重要視されている。

静止した姿勢からのスタティックスタートでは、身体を加速させるために股関節、膝関節、足関節を爆発的に伸ばすトリプルエクステンションが重要となる（図1）。しかし、実際のスタート局面の指導の際には「頭部や両肩を斜め前方に放り出すようなイメージ」で行うことで、脚と身体が同じ方向にまっすぐ伸びた理想的なスタート姿勢に近づく（図1）。また、下肢のトリプルエクステンションには、肩関節の伸展動作も関与していることから[12)]、第1歩目の腕振り動作では身体後方へ大きく振り切る、あるいは振り抜くような腕振

図1●スタティックスタート
（トリプルエクステンション）

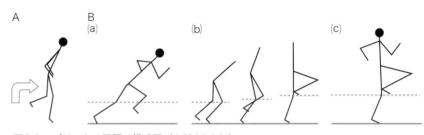

図3●スプリントの局面の模式図（文献13より）
A：リカバリー局面、B：(a)加速局面、(b)加速局面から最大スピード局面、(c)最大スピード局面

——————————1歩目——————————
図2●スタティックスタート（3歩目まで）

図4●スタティックスタート時の後ろ脚（1歩目、遊脚）の軌道

り動作を行うことが必要である（図1）。

スタティックスタートでは、後ろ脚の1歩目は前脚の外踝（くるぶし）の横を素早く通過させる（図2の②～④）。また、1歩目は、「後ろ脚で前脚の膝を素早く追い抜く」というイメージで行うことが推奨されている。この際、減速局面を最小限にするために身体の重心線よりも後方に足を接地し、前脚の脛と足部の角度は狭くしたポジティブシンアングルで、極力地面に近い位置で脚を操作することが必要となる（図2の①）。指導現場では、「地面を削る」や「地面をキックする」というようなアドバイスが行われているが、そのような指導は踵が身体後面側に高く振り上がることによって生じる脚が流れる動作やリカバリー局面が遅くなることにつながることがある（図3A）。そこで、スタート時のはじめの1～3歩目までの脚の動作パターンは、遊脚の足部は地面に近い高さで移動させ、局面の変化にあわせて徐々に反対脚の踝から下腿部、そして膝くらいの高さを通過するようなイメージで行うことが推奨されている（図3B(a)～(c)、図4）。

一方、地面接地の準備となる前脚足関節の支持期前半は、伸張性（エキセントリック）筋収縮により着地衝撃による機械的なエネルギーを吸収し、支持期後半では短縮性（コンセントリック）筋収縮により機械的エネルギーを増加させることで推進

力を得ている（図2の④～⑤、⑨～⑩の前脚）[9]。また、筋活動様式は股関節と膝関節は短縮性収縮、足関節は伸張-短縮サイクルで行われている[10][11][12]。このように、股関節、膝関節と足関節は異なる筋活動様式であるため、股関節と膝関節は短縮性収縮によるトレーニングで行い、足関節は伸張-短縮サイクルでトレーニングを行うことも必要である。

スタート局面におけるピッチとストライド長の関係では、高いピッチで走り出して素早くスピードを上昇させる方が一見効果的と思われているが、陸上競技の短距離選手を対象にした研究では、ストライド長の増加を意識したスタートタイプの方がわずかであるがスプリントスピードが向上することが報告されている[14]。一方で、大学野球選手を対象にした30mスプリント中におけるピッチとストライド長の比率を分析した研究では、30mスプリントが速い野球選手は、ピッチが一定となる10～15mの区間にピッチを増加させることで効果的な加速を生み出すことが示されている[15]。

このように競技種目によって、スタート局面のスプリントには特徴があるが、スタートの動作パターンとしては、大きな推進力を得るための地面接地時間が長くなることを回避しながらも、はじめの3歩目までは素早い脚の入れ替えが重要になる。

図5●1サイクル中のスプリント動作パターン

加速局面の腕振り動作では、徐々に肘関節を屈曲し、慣性モーメントを小さくして腕振り動作スピードを高めることができるコンパクトな腕振り動作を行うことが必要である。

3──最大スピード局面のテクニック

最大スピードを発揮するためには、スタート局面から加速局面まで無理なくストライド長とピッチを段階的に高めていくことが重要である。「スプリントスピード＝ストライド長×ピッチ」であるため、自身の体形やトレーニング実践を通じて至適なストライド長やピッチを知ることも大切である。また、ストライド長やピッチには個人の体形や体力などが関係しているため、大きなストライド長と高いピッチだけではなく、ストライド長に関与する滞空距離と接地距離、およびピッチに関与する滞空時間と接地時間を変化させることによって、ストライド長やピッチに影響を及ぼす。

足の地面接地時には、身体質量の約4〜4.5倍の地面反力が加わるため、その負荷に耐えるためにスプリント動作は遊脚を支持脚と重ねる、または遊脚が支持脚を追い越すような動作が求められる（図5の④〜⑥）。そして、リカバリー局面（図5の⑥〜⑧）では、素早く遊脚の踵を殿部の真下に引きつける動作ができることが望ましい（図3B(c)）。

最大スピード局面での腕振り動作は、高速下における下肢と上肢のバランスを維持することや、脚が前後・上下にスイングされることによって生じる過度な腰の捻れを抑制する働きがあることが示されており、安定したスプリントテクニックを維持するためには腕振り動作は必要な要素である[16]。最大スピード局面での腕振り動作では、できるだけ高い地面反力を誘発することを狙いとしているため、遊脚側が地面に向かってスイングする動作に合わせて、反対側の腕の肘関節をやや伸ばしながら腕を振り下ろし[17]、前方への振り戻しの際にはコンパクトな腕振り動作が行われている（図5の⑥〜⑦）。

一方、腕振り動作のない状態でのスプリントではスプリントスピードが低下することや、下肢のスイング速度が低下するなど、効率的なスプリントを維持することができない。また、ラグビーのようにボールを保持しながらのスプリントは、片手ボール保持よりも両手保持の方がスプリントスピードは遅くなることからも[18]、スプリントに腕振り動作は欠くことはできないことが示唆されている。

4──減速や停止、加速のテクニック

球技系スポーツや対人型スポーツにおいては、プレーの展開や次の運動の準備などを目的に減速や停止することがある。また、安全な減速や停止動作は、優位なプレーを実現するだけではなく、

図6●ストライドストップ

図7a●シャッフル（正面）

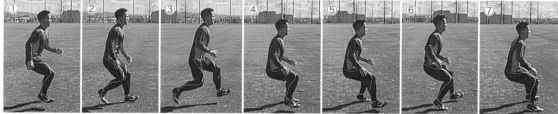

図7b●シャッフル（側面）

膝関節や足関節の靱帯への過負荷によるケガを回避するためにも重要なテクニックである。

1 減速・停止のテクニック

ストライドストップは、左右どちらかの足でストップしてからもう片方の足が接地する。両足でストップするのが困難なスピードで移動している際に用いられるストップ方法でもある（図6）。その際に、踏み出した足は、重心線よりも大きく前に踏み出すネガティブシンアングルで行うことによって、適切に減速・停止を行うことが可能となる（図6）。

シャッフルは、スプリント中、減速をしながらも素早い足踏み動作を繰り返し続け、次の状況変化に対応する減速テクニックである（図7a、b）。例えば、ディフェンス時に移動方向が定まらないようなオフェンス選手の動きを観察しながら、相手の進行方向を予測する。シャッフルを指導する際は、股関節と膝関節を屈曲させて足踏み動作中に両膝がニーイン・トーアウト（knee-in toe-out）にならないように注意する。または、下腿部が地面と垂直になっているかもケガ予防の観点

からも重要であり、身体重心線よりも前方に足を踏み出すことによって、安全に減速することが可能となる。一方、シャッフルにおいて、左右の足を大きく引き上げて行った場合、片側の足が引き上げたときに相手選手がその方向に移動した際には対応が一瞬遅れてしまう。そのため、特にシャッフル動作の後半では左右の足を高く引き上げすぎないで、伸張−短縮サイクルによる弾性エネルギーを利用するようなシャッフルを行うことが必要である。

② 加速のテクニック

　球技系スポーツでは、低速ランニングからスプリントを行うフライングスタートや対戦相手との

かけ引きの中で行われる、減速や加速を伴うチェンジオブペースが行われることがある。このような低速ランニングからの加速では、片側の脚を1歩だけやや大きく前に踏み出して、脚と身体が同じ方向にまっすぐ伸びた姿勢で身体を前傾させたら、下肢関節のトリプルエクステンションによって力強く地面を蹴り、その後はピッチを増加させてさらに加速を大きくすることが重要である。

　また、ストライドストップやシャッフルなどでの減速から加速する場合には、片側の脚を1歩後ろに引き、脚と身体が同じ方向にまっすぐ伸びて身体全体が自然に前傾した姿勢から、トリプルエクステンションによって地面を力強く蹴り、その後にはピッチを増加させ加速を大きくする。

5──方向転換（カッティング）のテクニック

　サッカーやラグビーなどのフットボール系種目では、相手をかわすための攻防動作、また、野球やソフトボールなどのベースボール型種目ではベースランニングの際に見られる方向転換（COD：change of direction）の際に行われる動作をカッティング（cutting）と呼んでいる。一般的にカッティングには、オープンステップ、クロスオーバーステップ、スプリットステップが用

いられる。オープンステップは進行方向とは反対側の足でカッティング動作を行い（図8）、クロスオーバーステップでは進行方向と同側の足でカッティング動作を行う方法である（図9）。スプリットステップはステップ直前に両足を遊脚させて進行方向とは反対側の足でカッティング動作を行う。カッティング動作では、ランニングなどによって進行方向に生じる慣性によって身体バラ

図8●オープンステップ

図9●クロスオーバーステップ

ンスを崩してしまい、素早い方向転換を妨げてしまうことがある。これを予防するためには、ステップ脚を身体の重心線よりもやや前方の外側に大きく踏み出し、身体を一直線に伸ばした姿勢によって大きな力積を獲得して、素早い方向転換を行うことが重要であり、どのようなカッティング動作にも共通することである（図10）。また、カッティング動作では、より大きな角度で方向転換を行うために、ステップ時に骨盤を進行方向に向け、その直後にはステップ脚と反対側の脚を進行方向に向けるなどのテクニックを習得することが必要である（図8の④、および図9の⑧）。一方で、球技系スポーツでは、顔を進行方向と逆方向に向けて方向転換を行う場合もあるため、ディフェンスでは、相手選手の顔ではなく骨盤付近を注目することで、その進行方向を判断することもできる。

カッティング動作直後には、素早く身体を加速することが求められるが、カッティング動作が適切に行われている場合には、進行方向に対して身体全体が前傾しているため、直後にピッチを増加させて加速することが必要である。しかし、カッティング動作が不十分で進行方向に対して身体が

図10●オープンステップ時の力の作用・反作用（白矢印・黒矢印）

前傾していない場合には、進行方向に1歩目をやや大きく踏み出して身体全体を前傾させてから、その後にピッチを増加するテクニックを必要とする場合もある。

球技系スポーツでは、相手選手をかわすためにどの方向へ移動するのかをあらかじめ決めておいてからカッティングする場合と、反対に相手選手に逃げられないようにとっさの判断でカッティングをする場合がある。ベースボール系種目では、打者走者はホームベースから一塁ベースへ向けて左回りに走るため、打者走者がベースを回る方向は常に左向きで、かつ打球の行方を確認しながらあらかじめ回るかどうか決めておくことが多い[19]。

6──反応スピードと認知機能のトレーニング

球技系スポーツでは、相手・味方選手やボールの動きなどを含む周辺環境の変化を的確に認知・判断し、その場で可能な運動反応の方策の中から最適な方法を選択して行動することが要求される[20]。認知的トレーニングとは、選手の予測能力や状況判断力を高めるトレーニングのことで、

その方法には、実際のフィールド上での相手をつけた攻防練習やゲーム形式でトレーニングを行うものと、室内の実験室などで映像を見ながら実践的なトレーニングを行うものがある。実験室で行うトレーニングについては、条件統制が確保できるため有効性が実証されている。しかし、実際の

フィールド上では、ゲーム中のシチュエーションは多様であるため、特定のゲーム形式でトレーニングしても、その効果には限界があり、実証的証拠は十分に得られていない[20]。

スピードに関連する能力向上トレーニングとして、ラダーなどを用いたフットワークエクササイズが一般的に行われている。しかし、どんなに複雑なフットワークであっても、ラダーエクササイズは、あらかじめ定められた課題運動を繰り返し行うため、状況判断や認知のトレーニングとしては十分とはいえない。また、反復トレーニングによってフットワーク自体が自動化されてしまい判断や反応をして動くというトレーニング効果は期待できない。そこで、同じラダーエクササイズでも、フットワーク中にサッカーのドリブルやパスをする、もしくは外部からの信号や指示に応じた課題を加えることなどが必要である。

7——スプリントスピードの一般的トレーニング法

スプリントスピードの改善は、専門的筋群の強化やパワー向上、柔軟性の改善などスプリント時に必要とされる機能を高めるトレーニングだけではなく、効率のよいスプリントテクニックの習得もスプリントトレーニングには重要である。スプリントテクニックの習得には、スプリント動作の1サイクル（片脚支持期―離脚期―回復期―両脚遊脚期―接地準備期―片脚接地期）中に見られるある動作を抽出し、それをドリル形式で反復するスプリントドリルは、古くから行われているポピュラーなエクササイズである。

図11●マーチング

図12●マック式Aスキップ

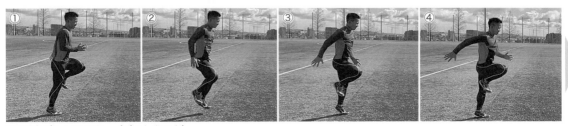

図13●バットキッカー（バットキック）

① スプリントドリル

スプリントドリルの実践自体は、直接的にスプリント能力を向上させるわけではなく、あくまでもスプリントにおける動作パターンの学習や専門的筋群の強化を目的とするものである。ただし、発育過程の子どもを対象にした効率的なスプリント動作を学習するための補助具を使ったドリルの結果、ピッチ、ストライド、タイムの改善が認められ、かつ理想的なスプリント動作の獲得につながった事例もあるため、スプリントドリルを実施する年齢や経験値によっては、ドリルの効果を期待することもできる。

(1)マーチング

いわゆる行進動作をしながらスプリントフォームを模倣するドリルである（図11）。遊脚側の踵は支持脚付近を通過しながら、ハイニー（high knee、図11の⑤）の姿勢になる。この際、遊脚側の足部は背屈し、地面接地の準備期では、足裏全体を地面と平行に保ちながら両側が重なった瞬間（図11の③、⑦、⑧）に反対脚の股関節と膝関節が屈曲する（図11の④～⑤、⑧～⑨）。接地足の軌道は、身体の前方に振り出すのではなく、身体の真下に落とすイメージで（図11の③、⑦）、接地足を身体重心付近に下ろす。ただし、実際には身体重心の真下に接地した場合には、身体が前方に倒れてしまうため、あくまでも真下に接地するイメージで行うことにとどめるべきである。

(2)マック式Aスキップ

1970年代に活躍したポーランド出身のコーチ、ゲラルド・マック（Gerard Mach）氏が発案したマック式スプリントドリルの1つで、日本だけではなく世界中のトレーニング現場で現在も実施されている。Aスキップは、スキップのリズムでマーチングをしながら進むドリルである。マーチング（図11）と異なり、片脚支持期（図12の⑤、⑫）で、地面反力を受けとめて身体を支える反応筋力の負荷が加わる。Aスキップは、膝を引き上

図14●スティックスプリント

げる動作と遊脚を地面に向けたスイング動作を習得することを狙いとしている[21]。このドリルの実施方法としては、1m当たり3反復程度のリズムで行う[21]。

(3)バットキッカー

離脚期後の踵を殿部の真下に引きつけるドリル（図13）で、リカバリー局面または回復期における下肢の屈曲動作（図3A）のパターンを習得することを目的としている。支持脚が地面を離れた後の回復期において下肢関節の屈曲動作の遅れは、スプリントスピードの低下に影響することが示唆されている[12]。加速期後は、ストライド長が大きくなり離脚期の踵が身体後方に残り、脚が後方に流れる現象が起こりやすいため、地面反力を得て跳ね返ってくる遊脚の踵は、素早く殿部の後方ではなく真下に引きつける。このドリルの実施スピードは、1m当たり3回程度のリズムで行う[21]。

２ スティックスプリント

マーカー走ともいわれるこの種類のトレーニングは、使用する用具（マーカー、スティック、ミニハードル、ウィケットなど）の数量やサイズ、用具の設置間隔、走行距離などを、目的次第でアレンジすることができる（図14）。一般的にはストライド長の増加では用具の設置間隔を広くし、ピッチの向上では設置間隔を狭く置く。

(1)ミニハードル走

素早い左右の脚の入れ替え動作を学習するドリル。ミニハードル(高さ約15cm)を3足長程度(80〜100cm)の等間隔で8〜12個設置する。ミニハードル間で片脚接地、ミニハードルをまたぎ越す瞬間に素早く空中で左右脚を入れ換えながら進む。

(2)スティック

高速下で素早く脚を入れかえる動作パターンを学習する際には、スティック（高さ約5cm）やマーカーを5.5〜6足長（約170cm）間隔で8〜10本設置し、8〜16歩（約15〜20m）の助走距離を利用して加速した後にスティック間を短い接地によって通過する。通常、スプリントスピードが最高値付近に到達すると、ストライド長は身長程度となる。加速局面以降は、ピッチを維持しながら広いストライド長でスピードを保つが、このスティック間は、身長よりも若干狭い（0.5〜1足長）間隔で設置されているため、ピッチを高めないとスピードを維持することができない。

３ アップヒルスプリント

例えば、接地脚の股関節や膝関節、足関節を同時に素早く伸ばす（トリプルエクステンション）動作が繰り返される階段上りや上り坂を駆け上がるようなレジスティッドスプリントトレーニングでは、下肢の筋活動は短縮性（コンセントリック）収縮が中心となる。

アップヒルスプリントは、スプリントスピードの改善よりも、下肢筋群の強化を目的として行われているが、事実アップヒルスプリントでは、より大きな筋活動を必要とし、下肢筋力が向上することが示唆される[22][23]。上り坂を利用したトレーニングの効果は、傾斜が小さい（1.3%）坂では平地走と同等のスプリントスピードが出るものの、足関節底屈動作（足関節伸展動作）が見られるといった最大スピード局面では、回避しなければならない動作が生じることが示されている[24]。また、アップヒルスプリントに類似するスプリントに抵抗を加えたレジスティッドスプリントでは、20m

以内のスプリントスピードが改善したことが報告されている[25)][26)]。そのため、アップヒルスプリントでは、下肢の動作様式や先行研究の知見から、20m以内の短距離スプリントスピードの改善に効果的であると考えられる。

4 ダウンヒルスプリント

　下り坂を利用したダウンヒルスプリントでは、地面接地時に膝や足部の関節を固定した状態にすることによって、下肢筋群はエキセントリックな負荷が増加した様式で行うスプリントトレーニングである。ダウンヒルスプリントでは平地走よりも高い最大スプリントスピードの出現が確認されている[27)]。また、ダウンヒルスプリントのようなオーバースピード条件でのアシスティッドスプリントトレーニングでは、ステップ長やピッチが有意に増加する一方で接地時間を短縮することができるため、スプリントトレーニングの追加ツールとして推奨される[28)]。

8──アジリティの一般的なトレーニング法

　アジリティ（agility）は、「刺激に反応して、速度や方向を素早く変化させる全身運動」であると定義されているため、知覚から意思決定までの認知的要素が含まれない動作を方向転換（COD）、あるいは方向転換スピード（CODS）と呼び、認知的要素が含まれる動作をアジリティと呼んでいる。そのために、アジリティを改善することを目的としたトレーニングには、マーカーなどの用具を用いて方向転換を行うドリル形式のエクササイズにおいても知覚から意思決定までの認知的要素を含むことが必要である（図15）。アジリティの構成要素は、認知的要素、方向転換のテクニック、直線スプリントスピード、下肢の筋力、パワー、反応筋力、体幹筋力といった体力によって構成されている[29)]。そのために、アジリティ能力の改善には、アジリティを構成する要素の課題特性に応じたトレーニングを行うことが必要である。

1 CODとアジリティトレーニング

　一般的には、はじめに適切な方向転換テクニックを習得するために、低速ランニングから足の接地位置、身体の傾きと姿勢、加速と減速のためのストライドの調整などを習得し、次第にランニングスピードを高めていく（図15）。そして、適切な方向転換のテクニックが習得できた段階からは、知覚から意思決定までの認知的要素を加えてトレーニングを行う。さらに、ボールや用具、対人などを加えて実際のスポーツに近づけた条件でトレーニングを行う。また、実際の競技スポーツでは、プレー中に起こり得る複数の状況に対応できる能力を養成するために、ドリル形式のエクササイズにおいてもマーカーなどの用具を置く位置、ランニングの距離やスピード、方向転換の角度やタイミング、方向転換後の動作やスプリント距離など、常に変化を与えた条件でトレーニングを行う必要がある。

図15●方向転換走のトレーニング例
①直線スプリント、②～③シャッフルしながら減速、③～⑦サイドステップによるカッティングからサイドステップ移動、⑧サイドステップによるカッティング。

2 認知的要素のトレーニング

　対人スポーツや球技系スポーツでは、視覚的や触覚的などの刺激に反応して、直後に起こり得る状況の変化に対応することが求められる。そのため、知覚から意思決定までの認知的要素のトレーニングにおいては、視覚、触覚などの刺激の種類を実際のスポーツと同じか類似させて行う必要がある。実際には視覚刺激に反応するスポーツにおいて、トレーニング時に聴覚刺激を与えても十分な効果を引き出すことができないと考えられている。また、刺激を与える側も常に同じタイミングで刺激を与えた場合には、刺激に対する反応ではなくタイミングを見計らった動作となってしまうため、タイミングを意図的にずらして与えるなど

の配慮も必要である。一方で、実施する動作が単純な場合には、はじめから認知的要素を加えたトレーニングを行うことも可能である。

3 素早い動き出しのためのテクニック

　球技系スポーツなどでその場で相手選手を待ち構えてディフェンスを行う際に、両脚を完全に静止させてしまった場合には、伸張−短縮サイクルによる弾性エネルギーを利用した素早い動作を行うことができない。一方で、その場での足踏みのような大きな動作では、引き上げた足が地面に接地した後でなければ、次の動作に移行することができないため、どちらも素早い動作のディフェンスを行うことができない。そのために、両脚を上下に小さくリバウンドさせるような動作で行うと、

左右のいずれの方向にも弾性エネルギーを利用した素早い動作を行うことが可能となる。

（黒須雅弘・菅野昌明）

▶引用・参考文献
1) 石井喜八, 西山哲成編著: スポーツ動作学入門, pp.3-4, 市村出版, 2002.
2) 土江寛裕: スプリント学ハンドブック. スプリント走のバイオメカニクス, 日本スプリント学会編, pp.62-80, 西村書店, 2018.
3) 宮丸凱史編著: 疾走能力の発達, 杏林書院, 2001.
4) 柳谷登志雄: 100m走の競技力向上をピッチとストライド, 力発揮から考える. コーチングクリニック, 35(11): 78-83, 2021.
5) 柳谷登志雄: スプリント走能力を評価する・高める. コーチングクリニック, 35(1): 80-83, 2021.
6) 菅野昌明, 濱田和樹, 長谷川裕: ジャパントップリーグに所属するラグビー選手におけるスプリントスタート変数と筋機能の関係. トレーニング指導, 2(1): 11-17, 2017.
7) Hunter, J.P., et al.: Interaction of step length and step rate during sprint running. Med Sci Sports Exerc, 36(2): 261-71, 2004.
8) Takahashi, K., et al.: Muscle size of individual hip extensors in sprint runners: Its relation to spatio-temporal variables and sprint velocity during maximal velocity sprinting. PLoS One, 16(4): e0249670, 2021.
9) 遠藤俊典ほか: 100m走後半の速度低下に対する下肢関節のキネティクス的要因の影響. 体育学研究, 53: 477-490, 2008.
10) Young, W., et al.: Relationship between strength qualities and sprinting performance. J Sports Med Phys Fitness, 35(1): 13-19, 1995.
11) 伊藤章ほか: スタートダッシュにおける下肢関節のピークトルクとピークパワー, および筋放電パターンの変化. 体育学研究, 42: 71-83, 1997.
12) Delecluse, C.: Influence of strength training on sprint running performance. Current findings and implications for training. Sports Med, 24(3): 147-156, 1997.
13) Collier, C.: Foundational concepts of sprinting -spatial and movement perspectives. TRACK COACH, 159: 5071-5077, 2002.
14) 宮西智久: 野球におけるスプリント能力. スプリント学ハンドブック, pp.145-155, 西村書店, 2018.
15) 蔭山雅洋ほか: 大学野球選手における30m全力疾走中のピッチとストライドの特徴. スポーツパフォーマンス研究, 9: 183-196, 2017.
16) Macadam, P., et al.: Role of arm mechanics during sprint running: A review of the literature and practical applications. Strength Cond J, 40(5): 14-23, 2018.
17) 木越清信: 短距離走における腕振り動作の反動効果が疾走速度に及ぼす影響. 筑波大学体育系紀要, 3: 133-138, 2015.
18) Grant, S.J., et al.: The effect of ball carrying method on sprint speed in rugby union football players. J Sports Sci, 21(12): 1009-1015, 2003.
19) 宮西智久: 野球におけるスプリント能力. スプリント学ハンドブック, pp.145-155, 西村書店, 2018.
20) 李宇盟錤ほか: サッカーにおける認知的トレーニングの有効性に関する研究―ボールを奪った後の攻撃局面に着目して―. 専修大学体育研究紀要, 36: 1-8, 2012.
21) Benton, D., Mallett, C.: Electronic roundtable. The use of the Mach running drills. Modern Athlete and Coach, 40(1): 9-13, 2002.
22) Vernillo, G., et al.: Biomechanics and physiology of uphill and downhill running. Sports Med, 47(4): 615-629, 2017.
23) Toyomura, J., et al.: Efficacy of downhill running training for improving muscular and aerobic performances. Appl Physiol Nutr Metab, 43(4): 403-410, 2018.
24) 杉本祐太, 前田正登: 上り坂疾走における傾度の違いが疾走動作に及ぼす影響. コーチング学研究, 27(2): 203-213, 2014.
25) Moya-Ramon, M., et al.: Effects of resisted vs. conventional sprint training on physical fitness in young elite tennis players. J Hum Kinet, 73: 181-192, 2020.
26) Cahill, M.J., et al.: Influence of resisted sled-pull training on the sprint force-velocity profile of male high-school athletes. J Strength Cond Res, 34(10): 2751-2759, 2020.
27) 荒川勝彦: ダウンヒル・ランニングの走速度特性に関する研究. 幾徳工業大学研究報告, A-12: 69-78, 1988.
28) Kratky, S., Müller, E.: Sprint running with a body-weight supporting kite reduces ground contact time in well-trained sprinters. J Strength Cond Res. 27(5): 1215-1222, 2013.
29) Young, W.B., et al.: Agility and change-of-direction speed are independent skills: Implications for training for agility in invasion sports. Int J Sports Sci Coach, 10(1): 159-169, 2015.

ウォームアップと柔軟性向上トレーニング、その他のトレーニングの実技と指導法

1——ウォームアップと柔軟性向上トレーニング

1 ウォームアップ

〈実施上のポイント〉

　一般的なウォームアップ（ジョギング、スタティックストレッチング、ダイナミックストレッチング、フットワークドリルなどウォームアップエクササイズ）とともに、専門的なウォームアッ

プを実施する。専門的ウォームアップは、ウォームアップの仕上げとして、スポーツに特異的な動作、パターン、順序、強度、持続時間、筋収縮、反応などを考慮した内容を計画する。

　ここでは一般的なウォームアップエクササイズの例を紹介する。側方に移動するエクササイズは、左右両方向とも行うようにする。

ウォーキング系

---

1. ウォーキングランジ

［目　的］
- 股関節周囲筋の可動性・柔軟性の向上。

［動　作］
1. 片方の脚を前に出し、腰を落とした姿勢をとる（①）。
2. その姿勢で交互に脚を踏み出して、大股で前に進む（②〜③）。
3. 踏み出した脚に体重をかけるようにする。

---

2. クロスランジウォーク

[目 的]

● 殿筋群の柔軟性の向上。

[動 作]

1. 進行方向に対して横向きに立つ（①）。
2. 右脚を身体の前側で横向きに踏み込み、左脚と交差（クロス）させる（②）。右脚の殿筋群のストレッチを意識する。
3. 後ろになっている左脚を進行方向に移動させ、脚を平行に開いた姿勢に戻る（③）。
4. 右脚を身体の後側に踏み込み、左脚と交差させる（④）。踏み込んだときに、左脚の殿筋群のストレッチを意識する。
5. これらの動作を繰り返して側方に移動する。
6. 脚を踏み込むときは上体が傾かないように、なるべくまっすぐに保持する。

3. ハンドウォーク

[目 的]

● 大腿後面から下腿後面筋群の柔軟性、体幹筋群の安定性の向上。

[動 作]

1. 両脚を揃えて立ち、前屈し両手をできるだけ身体の近くにつく（①）。
2. 徐々に手の位置を前方に移動させ（手で歩くようなイメージ：②）、腕立ての姿勢をとり保持する（③）。このとき体幹部の安定を意識する。さらに両手をできるだけ遠くまで移動させ、保持する（④）。
3. 歩いて両脚を徐々に両手の位置まで移動させ（⑤）、元の姿勢に戻る。このとき、大腿後面から下腿後面の筋群のストレッチを意識する。
4. これらの動作を連続で繰り返す。

4. スパイダー

[目 的]

● 股関節周囲筋の可動性・柔軟性、手・脚、体幹の連動性の向上。

[動 作]

1. 両手を地面につけ、両脚を開いてしゃがむ。左手を前方に出し、左足をやや後方に引き、開始姿勢を取る（①）。
2. 開始姿勢から、まず右手をできるだけ前方に出す。タイミングをずらし、左脚を前方に踏み出す。前方に踏み出す足は同側の手の外側につき、左肩と左膝が接触するようにする（②）。同じ動作を繰り返す（③～④）。
3. 手脚の動きは、体幹脊柱から開始するイメージで行う。
4. 1つの動作ごとに、股関節周囲筋のストレッチを意識する。

スキップ（プライオメトリクス系）

1. スキップ

[目　的]
- 心拍数上昇、肩関節・股関節の動的柔軟性の向上。

[動　作]
1. 肩関節を中心に大きく腕を振り、スキップで前方に進む（①〜②）。
2. 股関節の動きを徐々に大きくする。
3. 設定距離は、20m程度とする。後ろ向きのバックスキップで開始位置まで戻る。

2. ハイスキップ

[目　的]
- 心拍数上昇、肩関節・股関節の動的柔軟性の向上。弾むような動作（伸張反射を意識）による殿筋群の刺激。

[動　作]
1. 腕を大きく振って、高さを意識した大きなスキップで前方に進む（①〜③）。
2. 足裏全体（押し出しは母趾球）で地面をしっかりと捉える。
3. 高さを出すことで、通常のスキップより股関節伸展動作が大きくなる（殿筋群が刺激される）。

3. クイックスキップ

[目　的]
- 心拍数上昇、足関節周囲筋の刺激。

[動　作]
1. 速さを意識したスキップで前方に進む。細かい動作で行う（①〜④）。
2. 素早い動作によって、足関節の底屈による下腿三頭筋の伸張反射を促進する。膝の素早い引き上げを意識して行う。

ステップ・ホップ

1. サイドステップ

［目 的］
● 心拍数上昇、股関節周囲筋の動的柔軟性の向上。
［動 作］
1. 進行方向に対して横向きに立つ（①）。サイドステップで側方に進む（②）。
2. 足で地面をしっかりととらえるようにする。
3. ステップごとに腕を横に振り上げて下ろす動作を加えるようにしてもよい。身体の横で肘をしっかりと伸ばして動かす。さらに、内回し、外回しと交互に腕を回す動作を加えてもよい。腕を回す動作をするときには、肩甲骨も意識し連動した動きを心がける。

2. キャリオカ

［目 的］
● 心拍数上昇、体幹部のひねりの動的柔軟性の向上。
［動 作］
1. 進行方向に対して横向きに立つ。腰をひねりながら、クロスステップで側方に進む（①〜⑤）。

2. ゆっくり大きなステップから、徐々に速く細かいステップに移行していく。
3. 腰をひねるとき、肩のラインが進行方向と平行となるように意識する。

3. 左右ジグザグステップ

［目 的］
● 心拍数上昇、片脚着地からの切り替え動作の促進。
［動 作］
1. 進行方向に向かって立つ。
2. 斜め方向に向かって、左右交互にステップし、前方に進む（①〜③）。
3. 片脚着地の安定が保たれていることを確認しながら、切り替え動作を行う。

4. バウンディング

[目 的]
- 心拍数上昇、下肢の爆発的パワー発揮の準備。

[動 作]
1. 写真に示すように、手脚の動きを大きくし、膝を高く引き上げ滞空時間を長くするように意識しながら、弾むように前に進む（①～③）。
2. 地面接地時のタイミングと接地時間の短縮を意識する。

5. 前方ホップ

[目 的]
- 心拍数上昇、下肢の爆発的連続パワー発揮の促進。

[動 作]
1. 進行方向を向き、両脚を揃えて膝を曲げて立つ（①）。

両脚同時に前方へ連続ジャンプを行う（②～④）。
2. 体幹の過度な前後屈を抑え、両脚の動きを揃える。
3. ジャンプ角度は30～45度になるように意識し、垂直方向に偏りすぎないようにする。

6. 側方ホップ

[目 的]
- 心拍数上昇、下肢の爆発的連続パワー発揮の促進。

[動 作]
1. 進行方向に対して横向きに立つ（①）。
2. ホップ動作を行って、側方に進む（②～③）。両脚の動作のタイミングを一致させ、身体が宙に浮くようにする。

方向転換（アジリティ系）

1. サイドステップ→スプリント

[目　的]
● 側方から前方への方向転換の準備。

[動　作]
1. 進行方向に対して横向きになり、肩幅よりも広めに足を開いて立つ（①）。
2. 進行方向に3歩サイドステップで進む。その後で前を向き重心を下げてスタートの姿勢をとり、進行方向に走り出す（②）。
3. スタート時には、股関節の捻転を意識し、母趾球を中心に地面を蹴る。

2. サイドステップ→オープンターン→スプリント

[目　的]
● サイドステップからの停止・方向転換の準備、足部・股関節内転筋群の刺激。

[動　作]
1. 進行方向と横向きに肩幅程度に足を開いて立つ（①）。
2. 進行方向とは逆向きに3歩サイドステップをして止まる。後ろ側の右脚で地面を蹴り、そのまま前に向き直って（②）、進行方向へ走り出す（③）。

3. サイドステップ→クロスターン→スプリント

[目　的]
● サイドステップからの停止・方向変換の準備、足部・股関節外転筋群の刺激。

[動　作]
1. 進行方向と横向きに肩幅程度に足を開いて立つ（①）。
2. 進行方向とは逆向きに3歩サイドステップをして止まる。後ろ側の右脚を前側に交差（クロス②）させて、その右脚で地面を蹴り出し前方へ走り出す（③）。

4. ジグザグラン

[目　的]
● 方向転換動作の準備・刺激。

[動　作]
1．5～10mの距離をとり、目標となるコーンをジグザ
　グに置く。

2．進行方向に向かって前向きに片脚で立つ（①）。
3．コーンを目標にしてジグザグにステップする（②）。
4．外側の脚で地面を蹴り方向転換を行う（③～④）。
5．方向転換の角度を90度以上、90度、90度以下に設
　定し行う。

5. サイドステップ（左右）→スプリント

[目　的]
● 方向転換動作の準備・刺激。

[動　作]
1．スタート地点にミニハードルを横向きに2台設置し、
　その間に前向きに立つ（①）。
2．右のハードルを横向きに1歩またぎ越し（②）、スター

ト地点に戻って2歩足踏みをする。次に左のハードルを
1歩またぎ越し（③）、スタート地点に戻ってその場で2
歩足踏みをする。
3．前方へ走り出す（④）。[距離は10～20m]
4．左と右の順番を変えて行う（2～3セット）。

6. スプリント→回転→スプリント

[目 的]
● 方向転換動作の準備・刺激。
[動 作]
1. 前向きにスタート姿勢をとって立ち、走り出す（①）。

2. コーンなどで目印を付けた地点で減速して180度回転し（②〜③：あるいは笛などで合図してもよい）、再び前方へ走り出す（④）［距離の目安は20m］。
3. 回転動作時のバランスをうまくとるようにする。

7. バックラン→スプリント

[目 的]
● 方向転換動作の準備・刺激。
[動 作]
1. 後ろ向きにスタート姿勢をとって立ち、後方に走り出

す（①）。
2. コーンなどで目印を付けた地点で減速し、180度回転して前を向き（②：あるいは笛などで合図してもよい）、再び走り出す（③〜④）。［距離の目安は20m］

2 スタティックストレッチング

〈実施上のポイント〉
①伸張反射の起こらない範囲でゆっくりと痛みのない範囲でストレッチする。
②伸展感（ストレッチ感）のイメージを脳で意識する。
③息を吐きながら伸ばし、最大可動域まで来たら、

自然に呼吸する。
④最大可動域まで来たら姿勢を保持して、10〜30秒ストレッチする。
⑤必要に応じてストレッチ時間を延長し、セット数を増やす。
⑥ストレッチ前の準備を考慮する（体温を上げる、環境を整える）。
⑦競技特性に応じて実施する。

1. 腰背部・股関節周囲筋

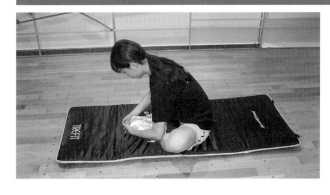

[動 作]
1. 座位で両膝を開いて曲げ足裏を合わせる。
2. つま先を両手でつかみ、両肘が床につくように上体を腰から倒していく。
3. あごを引き、上体はリラックスさせる。
[応 用]
● 同様の姿勢で両足首をつかみ、肘で脚の内側を押さえるように上体を倒していく。

2. ハムストリングス・下腿後部①

[動　作]
1. 一方の脚は伸ばし、もう一方の脚は膝を立てる。
2. 伸ばしている脚のつま先をつかみ、立てた側の膝を抱える。

3. ハムストリングス・下腿後部②

[動　作]
1. 一方の脚は伸ばし、もう一方の脚は膝を曲げて外側に倒す。
2. 伸ばしている脚のつま先を両手でつかむ。

4. ハムストリングス・下腿後部③

[動　作]
1. 3の発展系ストレッチングである。
2. 伸ばしている脚の膝上に、もう一方の脚の足首を置く。
3. 脚を固定し、上体を倒していく。

5. ハムストリングス・下腿後部④

[動　作]
1. あお向けで脚を抱える。
2. 片脚を上げ、大腿後部、下腿後部、足首というように、順に抱える位置を変える。
3. 足首を持てたら、膝を伸ばしていく。

6. 下腿後部（ヒラメ筋）

[動　作]
1. ストレッチする側の脚の膝を立て、足首を背屈させる。
2. 踵を床から離さないようにしながら、体重をつま先側にかけていく。
3. 立てた膝が胸の中心にくるように、上体を前方に倒す。

7. 下腿後部（腓腹筋）

[動　作]
1. 高ばい姿勢をとり、両腕で上体を支える。
2. ストレッチする側の脚にもう一方の脚を交差させて伸ばす。
3. 踵を床から離さないようにしながら、膝も伸ばす。

8. 腸腰筋・殿筋群

[動　作]
1. 脚を前後に開き、上体を起こす。
2. 前方の脚は膝を曲げつつ、後方の脚は膝を伸ばしたまま、重心を真下に落としていく。

9. 腸腰筋・大腿四頭筋

[動　作]
1. 8の動作から後方に伸ばしている側の脚の膝を曲げて、足首をつかむ。
2. 上体を倒す角度でストレッチ具合を調節する（倒す→起こす）。

10. 腸腰筋・内転筋群

[動　作]
1. 8の姿勢から、前方の脚のより内側に上体を倒す。
2. 両肘を床につけるようにして、上体を努力しながら倒していく。

11. 腰背部①

[動 作]
1. 両脚を伸ばした長座姿勢で膝を少し曲げ、膝裏で両手を組む。
2. 両腕を組んだまま、胸と脚とが離れないように、徐々に脚を伸ばしていく。

12. 腰背部②

[動 作]
1. 長座から一方の膝を立て、もう一方の脚に交差させる。
2. 上体をひねり、立てた膝の外側を対角位置にある肘で押さえる。
3. 背中を伸ばし、視線は真後ろに向ける。

13. 腰背部③

[動 作]
1. あお向けから腰をひねって、一方の脚を反対側にもっていく。
2. 反対側にもってきた膝の屈曲角度は90度以上にする。
3. 曲げた膝を手で押さえ、もう片側の腕は伸ばして手のひらを下にする。
4. 両肩と曲げた膝の3点を床につけるようにする。
5. 軸脚（伸ばした脚）と上体とを一直線上に保持する。

14. 腰背部・大腿四頭筋

[動 作]
1. 13の姿勢から、軸脚の膝を床につけたまま曲げる。
2. 伸ばしていた手で、その脚のつま先をつかむ。
3. 両肩・曲げた両膝、浮いたつま先をポイントに保持する。

15. 内転筋群①

[動 作]
1. 開脚し、上体を起こす。
2. つま先を上方に向ける。

16. 内転筋群②

[動 作]
1. 15の姿勢から、上体を前方に倒す。
2. つま先を上方に向ける。

17. 内転筋群③

[動 作]
1. 柔軟度を考慮しながら、片脚を内側に曲げた状態で行う。
2. 伸ばしている脚のつま先を上方に向ける。

③ パートナーストレッチング

〈実施上のポイント〉

①ストレッチを受ける者はリラックスして、しっかりと筋肉の伸展感を意識する。

②伸張反射の起こらない範囲、ゆっくりと痛みのない範囲でストレッチする。

③呼吸は止めず、吐きながら伸ばし、最大可動域まで来たら自然に呼吸する。

④最大可動域まできたら姿勢を保持して、10～30秒ストレッチする。

⑤必要に応じて時間を延長し、セット数を増やす。

⑥目的とする筋肉が伸びているか、痛みはないかを確認する声かけを必ず行う。

⑦対象者が痛みや痺れ、違和感を感じるときは、パートナーストレッチングを中止し医療機関での診察を受ける。

⑧肩の外転外旋位等の傷害の発生が起こりやすい肢位でのストレッチングは行わない。

---

1. ハムストリングス（膝関節屈曲筋群）

[動　作]
1. あお向けで、片脚を上げた姿勢で行う。
2. パートナーは相手の踵を肩に当てた状態で膝を伸ばすようにする。

[ポイント]
● 痛みのない範囲で行う。膝を強く押さえないようにする。
● パートナーは実施者の反対側の脚を脚で押さえて、上がらないようにする。

2. 腸腰筋（股関節屈曲筋群）

[動　作]
1. うつぶせで、片脚を軽く曲げた姿勢で行う。
2. パートナーは相手の骨盤後部上方を押しながら、膝を上方に上げていく。

[ポイント]
● 骨盤を強く押さえ込まない。腰を反らせすぎない。

3. 股関節内転筋群

[動　作]
1. 座位で、足裏を合わせる。
2. パートナーは後方から相手の両膝の内側を押さえる。
3. 相手に身体を密着させ、上体を前方に倒して、徐々に前屈していく。

[ポイント]
● 踵をできるだけ身体に近づけて行う。

4. 股関節外転伸展筋群

[動　作]
1. あお向けで、腰をひねって両脚を斜めに開く。
2. パートナーは膝と足首で、相手の脚をそれぞれ押さえる。
3. 体重をかけて前方の膝を曲げる。伸展度は膝の曲げ具合により調節する（②）。

[ポイント]
● 長身の選手のためのストレッチングとして有効である。指導者の身体的負担が軽減できる。

5. 腰背部・大腿四頭筋

[動　作]
1.　あお向けで、腰をひねって両脚を斜めに開き、膝を屈曲させる。
2.　パートナーは重点的に伸ばしたい部分が伸びるように、膝、腰などを押さえる。

[ポイント]
●両肩と曲げた膝を床につけるようにする。
●強く押さえすぎないようにする。
※p.263の14も参照。

6. 肩の水平内転内旋筋

[動　作]
1.　座位で、肘を上げて開いて、両手を後頭部で組む。
2.　パートナーは、相手の後方に立ち、両肘の内側に手を置く。
3.　身体を密着させ、背中を押さえながら両肘を開いていく。

[ポイント]
●肩周囲は損傷しやすい部位であるため、痛みや違和感のない範囲で行う。

7. 肩の内転筋群

[動　作]
1.　座位で、片腕を上げた姿勢で行う。
2.　パートナーは、相手の首と肩峰との中間位置に手を置き、もう一方の手は肘をつかむ。
3.　手で押さえながら、肘の内側を上げていく。

[ポイント]
●相手がリラックスした状態で行う。無理に力を入れない。

8. 肩の屈曲筋群

①

②

[動　作]
1.　座位で、片腕を後方に伸ばした姿勢で行う。
2.　パートナーは相手の両手首を後方からつかみ、両腕が床と平行になるまで上げていく（①）。

[ポイント]
●痛みや違和感のない範囲で行う。

[応　用]
●両肘を持って両腕を上に上げていく（②）。

9. 股関節内転筋群・腰背部

①

②

[動　作]
1.　座位の開脚姿勢で行う。
2.　パートナーは相手に身体を密着させ、上体を倒して前方へ押していく（①）。

[ポイント]
●痛みや違和感のない範囲で行う。段階的に進める。

[応　用]
●柔軟性が不足している場合は片脚を曲げて、片方ずつ行う（②）。

10. 腰背部

①

②

[動　作]
1.　座位の開脚姿勢で行う。
2.　パートナーは相手の後方に立ち、脇に手を入れて、上腕をつかむ。
3.　身体を引き上げつつ、脊柱を中心にひねるようにして伸ばす。

[ポイント]
●痛みや違和感のない範囲で行う。段階的に進める。
●左右差を確認し、制限のある場合は重点的に行う。

④ ダイナミックストレッチング

〈実施上のポイント〉

①収縮させる筋群をイメージする。

②呼吸は止めず、収縮時に息を吐くようにする。または回数を言うなど、声を出す。

③連続で5〜10回実施する。

④リズミカルな動作で行う。

⑤手・肘・足・膝などをできるだけ体幹から遠くへ、大きく動かすと効果的である。

1. 肩の回旋①（外転・内外旋）

[動 作]

1. 腕の力を抜き、腕を動かして肩を付け根から回す。
2. 腕を内側から外側に、外側から内側に回す。

2. 肩の回旋②（外転・内外旋）

[動 作]

1. 腕の力を抜き、肘を曲げて肩に指先をつけたまま、肘で大きく円を描いて、肩を回す。
2. 肘を前方から後方に、後方から前方に回す。

3. 肩の交互回旋

[動 作]

1. 一方の腕は前方から後方に、もう一方の腕は後方から前方に動かして、肩を回す。
2. 左右交互に腕を回して、肩を回旋させる。

4. 肩の水平位内外転①

[動 作]

- 頭の後ろで手を組み（①）、身体をまっすぐにして行う。
- 内転（②）は、内転筋群を意識して、両肘をつけるように閉じる。
- 外転（③）は、内転位から、肩甲骨を中央に寄せるように両肘を開く。

5. 肩の水平位内外転②

[動 作]

1. 立位で上体を前方に傾けた姿勢で、腕の力を抜いたところから行う。
2. 腕を下から上へ、上から下へと動かし、肩の内転・外転を行う。

6. 股関節の伸展屈曲

[動　作]

1．リラックスして立ち（①）、股関節の伸展・屈曲をリ
　ズミカルに繰り返す。
2．伸展は、伸展筋群を意識して後方へ大腿を上げる。股
　関節から動かすようにし、膝から先はリラックスさせて
　おく（②）。
3．屈曲は、屈曲筋群を意識して前方へ大腿を振り上げる。
　股関節から動かすようにし、膝から先はリラックスさせ
　ておく（③）。

7. 股関節の内外転

[動　作]

1．リラックスして立ち（①）、股関節の外転・内転をリ
　ズミカルに繰り返す。左右とも実施する。
2．外転は、外転筋を意識して外側へ脚を振り上げる。膝
　から先はリラックスさせておく（②）。
3．内転は、内側へ脚が交差するまで、内転筋を意識して
　内側に振り上げる。膝から先はリラックスさせておく
　（③）。

8. 股関節の内外旋

[動　作]

1．腰に手を当てて立ち（①）、股関節の外旋・内旋を繰
　り返す。左右とも実施する。
2．外旋は、外旋筋群を意識して内〜外へ大きく回す（②）。
3．内旋は、内旋筋群を意識して外〜内へ大きく回す（③）。

9. 体幹の回旋

[動　作]

1．立位から、片脚を前方に1歩踏み出す（①）。
2．踏み出した脚側に上体をひねる（②）。腰背部の回旋
　筋群を意識する。左右とも実施する。

⑤ 器具を使用したストレッチング

〈実施上のポイント〉

1人ひとりの柔軟性の特徴によって、また身体の構造上により、従来の方法では十分に伸ばすことができない場合がある。

より効果的にストレッチするためには、バランスボールやフォームローラーなど、各種ストレッチング用の器具を利用するとよい。

1. 逆ブリッジ（肩・胸部・腹部）

［動 作］
1. ボールに腕を置き、腰から胸、肩、肘、手までを一直線にする。
2. ボールに上体を預けてリラックスする。

2. ブリッジ（肩・胸部・腹部）

［動 作］
1. ボールの中心に脊柱がくるように、あお向けに乗る。
2. ボールの上でリラックスする。

2──バランストレーニングとファンクショナルトレーニング

① バランストレーニング

⑴バランスの定義

バランス（balance）という言葉は、広義には状態や現象が一定に保たれ、安定のよい様子を表現するときに用いられる。また、「つりあい」「均衡」を表す（『広辞苑』より）。

静止している物体に外力が加わっても動かず平衡が保たれている状態（静的平衡）は安定がよい。この物体が静止している時の力学的バランスを静的バランスという。一方、物体が一定の速度で移動したり、ある一定の軌道を保ちながら移動する時に、外力が加わってもその速度や軌道が変化せず、平衡が保たれている状態（動的平衡）は、動きの安定性が高い。これは物体が運動している時の力学的バランスであり、動的バランスという。

⑵物体の安定性の条件

バイオメカニクス的には、物体の安定性の条件は以下の3つである。

①重心が低い

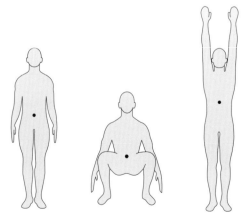

図1●姿勢による身体重心の違いの例（文献1より）
身体重心の位置を●で示した。

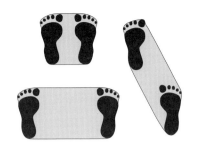

図2●支持基底面（文献1より）
図中にグレーで示した部分が支持基底面である。
足の開き方で支持基底面が変わることがわかる。

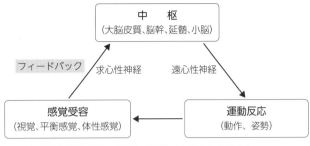

図3●感覚情報と動作、姿勢の制御（文献2より改変）

②支持基底面が大きい

③重い

　直立位における人体の重心は、骨盤内の仙骨の
やや前方に位置し、成人男性の場合は身長の約
50％、成人女性の場合では約55％の位置にある。
また、身体重心の位置は構えの違いにより変化す
る（図1）。スポーツ競技中には、身体重心を状
況に応じて変化させ、安定と不安定を使い分ける
能力が必要である。

　また支持基底面とは、地面と接触している部分
の輪郭に囲まれている範囲のことで、両足底面と
その間の領域が支持基底面である（図2）。両足
の間を狭くすれば、支持基底面は小さくなり不安
定となる。逆に両足の間を広くすれば、支持基底
面も大きくなり安定度は増加する。また、高齢者
が杖や手押し車を利用することにより支持基底面
が大きくなり、姿勢の安定性が増し、転倒の危険
性も低下する。物体の重心線（重心の位置から下
ろした垂線）が支持基底面の間にあれば、物体は
転倒しない。バランスとは、支持基底面で重心を
制御（コントロール）する能力ともいえる。

⑶バランスの制御機能

　ヒトの直立姿勢は、主に視覚（目）、平衡感覚（前
庭器官、三半器官）、体性感覚（筋、固有受容器）
の3つの感覚情報をもとに調節されている。この
感覚情報は、中枢神経系により制御されている。
これらの情報が求心性神経により中枢神経系へ伝
達し統合され、中枢神経系から筋への指令により
運動反応（姿勢、動作）が起こる。その運動反応

の状況により、また感覚受容器から中枢神経系に
フィードバック情報が伝わる。このように、ヒト
の姿勢や動作は、精密で高度なメカニズムにより
構築されている（図3）。

⑷加齢とバランス能力

　加齢に伴いバランス能力が低下することは、多
くの研究により報告されている。バランス能力の
低下は高齢者における転倒事故の危険因子とされ
ている。

　高齢者の転倒は、大腿骨頸部等の骨折の発生、
その後の機能障害、そして寝たきり状態へとつな
がり、重度の介護が必要となる場合もある。健康
寿命の短縮の要因となることもあるので、バラン
ス能力の維持向上は重要な鍵になるといえる。

　近年、高齢者が継続的にトレーニングを行うこ
とで、バランス能力の改善効果が得られることが
確認されている。加齢による各種体力要素の低下
を予防し、適正なトレーニングにより維持向上す
ることが重要であり、実施可能な範囲で行う必要
がある。70歳以上の高齢者においては各種体力
の低下は顕著であるが、高齢者でも適正で安全な
トレーニングの継続により、バランス能力が向上
し日常生活動作の改善が期待できる。

⑸スポーツのためのバランストレーニングの
考え方

　スポーツで求められる動的バランスは、時々
刻々と変化する支持基底面に対応して均衡を保つ
能力だと考えると、バランストレーニングには、
均衡を崩す外力負荷を適時設定することが求めら

れる。アスリートはスポーツ競技中において変化する外部条件に適応し、自身の身体重心をコントロール下におき、最善のパフォーマンスを発揮することが要求される。このような動的バランスを向上、獲得することがバランストレーニングの目的である。

　スクワットなど両脚立ちの荷重閉鎖系運動では、重心の安定化を優先させるようにバランスが要求される。片脚立ちなど荷重開放系運動では、重心が基底面から外れないように不安定化での重心動揺制御が要求される。つまり、バランストレーニングの目的は、以下の点が挙げられる。

・筋骨格系への自動/受動運動の学習
・末梢神経系への外乱刺激に対する反射的活動の促進
・中枢神経系による動作予測：フィードフォワードの制御

(6)バランストレーニングの実際

　先ほど述べたように感覚受容器（視覚、平衡感覚、体性感覚）の情報が、中枢神経系で統合されることにより姿勢は制御されている。それらの感覚情報が利用される度合いには個人差があるので、トレーニングの前に、基本的な特徴を評価するとプログラム作成に有効である。

●トレーニング前の評価

　両手を腰に当て、肩幅程度に足を開いた両脚立ちの基本姿勢をとる。

[視覚] 閉眼し、姿勢の変化を観察する。姿勢軸の乱れや安定化に変化がないかをみる。大きな乱れや明らかな不安定がある場合、バランス保持能力が視覚情報に依存している可能性がある。

[平衡感覚] 基本姿勢の両手を腰に当てた状態から、支持基底面上の重心を変化させる負荷を加える。
①両手を胸の前で組む。
②両手を頭の後ろで組む。
③両手を伸ばし、頭上に上げる。

　次に、片脚立ちの姿勢に変えて、上記の条件の難易度を上げる。条件に応じた変化、乱れを観察する。左右の差も同様に観察評価する。

[体性感覚] バランスパッドの上に基本姿勢をとる。足裏の感覚受容器の影響を観察する。
①両手を胸の前で組む。
②両手を頭の後ろで組む。
③両手を伸ばし、頭上に上げる。

　次に、片脚立ちの姿勢に変えて、上記の条件の難易度を上げる。条件に応じた変化、乱れを観察する。左右の差も同様に観察評価する。

　それぞれの感覚器官の条件における姿勢の変化を比較し、バランス能力の個人特性を評価する。

●バランストレーニングの実技

片脚立ちで行うエクササイズ

1. アームスイング：前後

[動　作]
1. 両足を揃えて、両腕を下げた状態で立つ（①）。
2. 片脚を上げる（②）。
3. 両腕を前方に上げて、前後に10〜20回振る（③）。
※逆側の脚も同じように行う。

2. アームスイング：側方

[動 作]
1. 両足を揃えて、両腕を下げた状態で立つ（①）。
2. 片脚を上げて両腕を側方に上げる（②）。
3. 両腕を内外に10～20回繰り返し動かす（③）。
※逆側の脚も同じように行う。

3. アームスイング：前後＋側方

[動 作]
1. 両足を揃えて、両腕を下げた状態で立つ（①）。
2. 片脚を上げ、両腕を前方に上げる（②）。
3. 上げた両腕を横に開く（③）。
4. 腕を体側に戻す（④）。②～④の動作を10～20回繰り返す。
※逆側の脚も同じように行う。
[応 用] 閉眼で同じエクササイズを行う。

4. Tバランス：体幹前傾30度	5. Tバランス：体幹前傾40度	6. Tバランス：体幹前傾90度

[動 作]
両足を揃え両手を横に上げて立った姿勢をとる。片脚を後方に上げ、上体を前方に30度傾ける。その姿勢で10～30秒維持する。
※逆側の脚も同じように行う。

[動 作]
両足を揃え両手を横に上げて立った姿勢をとる。片脚を後方に上げ、上体を前方に40度傾ける。その姿勢で10～30秒維持する。
※逆側の脚も同じように行う。

[動 作]
両足を揃え両手を横に上げて立った姿勢をとる。片脚を後方に上げ、上体を前方に90度傾ける。その姿勢で10～30秒維持する。
※逆側の脚も同じように行う。
[応 用] (1)骨盤を回旋させて行う。
(2)閉眼で行う。

バランスボールを使ったエクササイズ

1. 4点支持

[動 作]
両手両膝をバランスボールの上に乗せて、そのまま10〜30秒静止した状態を保つ。

2. 3点支持

[動 作]
両手両膝をバランスボールの上に乗せて、片手を前方に上げる。そのまま10〜30秒静止した状態を保つ。

3. 対角2点支持

[動 作]
両手両膝をバランスボールの上に乗せた後、片手を上げ、その逆側の脚を後方に上げる。そのまま10〜30秒静止した状態を保つ。

4. 両膝立ち

[動 作]
バランスボールの上に両膝立ちになり、10〜30秒静止した状態を保つ。

5. 両脚立ち

[動 作]
バランスボールの上に両脚で立ち、10〜30秒静止した状態を保つ。

6. 片膝立ち（ハーフニーリング）

[動 作]
バランスボール上で片膝と片足をついた姿勢になり、安定を保つ。ダンベルなどを持って行うことで、負荷を大きくすることもできる。
※逆側の脚も同じように行う。

7. 前後開脚スクワット（スプリットスクワット）

[動　作]
バランスボールに後ろ足のつま先を乗せ、前足を床について、前後に開脚した姿勢をとる。そのまま前足でスクワットを行う。ダンベルなどを持って行うことで、負荷を大きくすることもできる。
※逆側の脚も同じように行う。

8. 片脚スクワット

[動　作]
前後に開脚し、バランスボールに前足をついた姿勢で（負荷を持って）スクワットを行う。
※逆側の脚も同じように行う。

負荷を利用して行うエクササイズ

　負荷を利用するのは不安定性を増すためで、バランス能力の向上を目指すエクササイズであることに注意する。常にバランス保持の意識をもって行う。

1. 片脚立ちからリフトアップ

[動　作]
1. 片膝を前方に上げて、逆側の手にダンベルなどを保持する（①）。
2. 手に持った負荷を上方につき上げる（②〜③）。
※逆の脚でも同じように行う。

2. 片脚デッドリフト

[動　作]
立位で片手にダンベルなどを保持する。逆の脚を後方に上げ、片脚立ちで上体を前に倒す。背中はまっすぐ保ったままにする。その後で上体を起こす。
※手と脚を逆側にして、同じように行う。

3. 前後開脚左右ひねり（スプリットスクワットツイスト）

[動　作]
1. 前後開脚して腰を落とした姿勢で、両手に負荷を保持する（①）。
2. 左右に体幹をひねる（②〜③）。

4. 前後開脚切り替え左右ひねり（マックスランジ）

[動　作]
1. 両手に負荷を保持して、両脚を軽く前後に開いて立つ（①）。
2. そのまま前後に脚を大きく開いて腰を落とし、体幹をひねる（②）。
3. 脚を入れ替えて、逆側に体幹をひねる（③）。
4. 同様の動作を繰り返す（④）。

5. 片脚パワークリーン

[動 作]
1. 負荷を両手で保持し、片脚を後ろに上げ上体を前に倒した姿勢をとる（①）。
2. そのまま負荷を両手で持ち上げる（②〜③）。

6. 片脚クリーン＆ジャーク

[動 作]
1. 負荷を両手で保持し、片脚を後ろに上げ、上体を前に倒した姿勢をとる（①）。

2. そのまま負荷を両手で顔の前まで持ち上げる（②〜③）。
3. さらに負荷を両手で頭上に突き上げる（④）。

着地動作を利用して行うエクササイズ

1. 前後両脚跳び

[動 作]
1. ミニハードルを並べる（①）。
2. ミニハードルを前後に跳び越える。着地点はランダム

に変える（②〜④）。
[応 用] 片脚で行う。

2. ラテラルホップ（両脚側方跳び）

[動　作]
1. ミニハードルとコーンを並べる。ミニハードルの前に立つ（①）。
2. ミニハードルを前に跳び越えて着地する（②）。

3. コーンを目印に左右に跳ぶ。もう1つ前のハードルを跳び越えて、②～⑥を同じように行う（③～⑥）。
[応　用](1)片脚で行う。(2)ハードルの間隔を狭くして行う。

用具を利用したその他のエクササイズ

1. スラックライン

[動　作]
細い綱の上に立って、バランスをとりながら前に進む。

2. サーフィンボードを利用したスクワット

[動　作]
サーフィンボードの上に立って、バランスをとりながら、スクワットを行う。

② ファンクショナルトレーニング

⑴ファンクショナルトレーニングとは

ファンクショナルトレーニングは、1990年以降に米国で提唱され始め、その後、流行し定着してきたものである。専門家により様々な定義が提唱されているが、正式には統一されていない。

力やパワーの向上を目的にトレーニングするのが従来の考え方であり、トレーニングのキーワードは「より大きく、強く、速く」であった。しかし現在は、動作をトレーニングするという考え方が注目されていて、キーワードも「機能的、効率的、動作改善、傷害予防」へと移行している。

ファンクショナルトレーニングは、「動き、動作を改善向上させるトレーニング」と考えておくと理解しやすいだろう。

⑵ファンクショナルトレーニングの登場まで

米国において、1960年代よりウエイトトレーニングが普及し、スポーツ現場におけるアスリートのためのストレングス＆コンディショニング（S&C）が発展してきた。S&Cの戦略は、シーズン制スポーツの年間計画において、筋肥大〜筋力向上〜最大筋力〜パワー向上〜ピーキングという段階で進行させるものである。このピリオダイゼーション（期分け）は、1960〜1970年代に東欧における陸上競技の投擲や跳躍種目、ウエイトリフティング等で採用されて成功し、その情報が米国へと伝わり普及していった。特に、アメリカンフットボールにおいて、ピリオダイゼーションの考え方が導入され、その影響が、バスケットボールや野球などの競技にも広がっていった。

S&Cの主な目標はパフォーマンスの向上と怪我の予防である。しかし当時、全てのスポーツにおいて成果が出たとは言えない状況であった。アメリカンフットボール形式のS&Cにより、基礎的な筋力やパワーは向上したが、スポーツ特異性を考慮する必要のある競技別の専門体力や動作への効果に限界も指摘されていた。そこで、トレーニングの基本原則であるスポーツの特異性、動作

図4●パフォーマンスピラミッド（文献3より）

特性を考慮し、あらたな視線や発想からトレーニングを見直すという流れが生まれてきた。それにスポーツ医学や運動学などの進歩があいまって登場したのが、ファンクショナルトレーニングというコンセプトである。

ファンクショナルトレーニングの理論に影響を及ぼした、欧米のリハビリテーション医学や運動学の発展や進歩として、マッスルインバランス、運動機能症候群（MSIアプローチ、MSI：Movement System Impairment）、動的神経筋安定化（DNS：Dynamic Neuromuscular Stabilization）、PRI（Postural Restoration Institute）エクササイズなどの理論があげられる。また、1990年以降、米国において様々な専門家がファンクショナルトレーニング理論や実践方法を提唱しているが、代表的なものとしては、キネティックチェーン、JBJT（Joint by Joint Theory）、パフォーマンスピラミッド（図4）などがある。

⑶ファンクショナルトレーニングの基本原則と定義

複数のファンクショナルトレーニングの指導者が提唱している共通原則は、①3面（矢状面／水平面／前額面という運動の3つの面：図5）、②多関節、③バランス要素、④連動動作、⑤重力／床反力である。機能解剖学的な原則としては、①筋や関節の解剖学的構造に合った動作で、代償動作がなく主働筋が主体であること、②深層筋から表層筋の順序で動作が開始されること、③筋の不均衡がなく、主働筋と拮抗筋が効率的に働く動作であることとなる（表1）。

ファンクショナルトレーニングとは、リハビリ

表1●機能解剖学的問題、重要な主働筋・拮抗筋・協働筋

	問　題	対　応
頻繁に観察される機能解剖学的問題	肩関節の前方偏位（肩関節インナーマッスル外旋筋群の弱化、不活動）	肩外旋筋群の強化
	肩関節の上方偏位（肩関節インナーマッスル外転筋の弱化、不活動）	棘上筋の強化
	上腕骨の内旋偏位（大胸筋、小胸筋、広背筋の過活動による拘縮）	肩外旋筋、肩甲骨内転筋の強化
	肩甲骨の外転上方偏位（肩甲骨内転筋の弱化、不活動）	肩甲骨内転筋、下制筋の強化
	肩関節屈曲制限による腰椎伸展の代償動作（肩関節伸展筋群の拘縮）	肩関節屈曲可動性の改善
	胸椎の伸展回旋制限	胸椎伸展回旋可動域の改善
	片脚立位でのアンバランス（股関節外転中殿筋の弱化、不活動）	股関節外転筋の強化
	股関節伸展動作時の大殿筋の弱化、不活動	大殿筋主体の股関節伸展の活性、強化
	足関節の背屈制限による過回内	足関節背屈可動性の改善
重要な主働筋と拮抗筋群	肩甲骨の外転内転筋	弱化傾向にある肩甲骨内転筋の強化
	肩の外旋内旋筋群	弱化傾向にある肩の外旋筋の強化
	大腿四頭筋とハムストリングス	弱化傾向にあるハムストリングスの強化
重要な主働筋と協働筋	股関節伸展動作における大殿筋とハムストリングス	主動筋である大殿筋の活性、強化

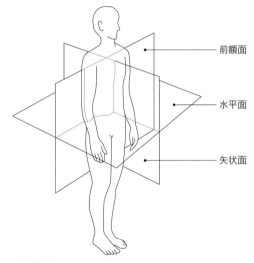

図5●運動の3つの面（文献4より）

前額面
水平面
矢状面

テーション医学、スポーツ医学、バイオメカニクス、機能解剖学、運動生理学、トレーニング科学等を統合した理論ともいえるであろう。

（有賀雅史）

▶引用・参考文献

1) 下河内洋平, 笹壁和佳奈：バランストレーニング①. JATI EXPRESS, vol.87, 2022年2月.
2) 上松大輔：感覚運動システム／姿勢 vs 動作. JATI EXPRESS, vol.55, p.22, 2016年10月.
3) Gray Cook: Athletic Body in Balance, Human Kinetics, 2003.
4) 西薗秀嗣, 加賀谷善教編著：ケガをさせないエクササイズの科学, 大修館書店, p.64, 2015.
5) 中村千秋編：ファンクショナルトレーニング, 文光堂, 2010.
6) Michael Boyle: Functional Training for Sports, Human Kinetics, 2004.
7) Shirley Sahrmann, 竹井仁・鈴木勝監訳：運動機能障害症候群のマネジメント―理学療法評価・MSIアプローチ・ADL指導, 医歯薬出版, 2005.
8) Phil Pageほか, 小倉秀子監訳：ヤンダアプローチ―マッスルインバランスに対する評価と治療, 三輪書店, 2013.
9) 西川崑：スポーツ現場における欧米アプローチの活用法①. JATI EXPRESS, vol.52, 2016年4月.
10) 上松大輔：Introduction to Movement-based training. JATI EXPRESS, vol.53, 2016年6月.
11) 上松大輔：職域の壁 vs 共通言語. JATI EXPRESS, vol.54, 2016年8月.

●ファンクショナルトレーニングの実技

本項のはじめで述べたように、ファンクショナルトレーニングの定義は定まっておらず、トレーニング方法も様々である。ここでは先ほど説明した5つの共通原則などを参考にしたトレーニングを具体例として示すことにする。

下肢の安定性：減速動作→投球動作、打球動作

ステップ1：ランジ［減速動作］――矢状面での動き

［動　作］
1．両手を胸の前で組み、足を肩幅に開いて立つ（①）。
2．片脚を前にまっすぐ大きく踏み出し、前後に開脚する（②）。

ステップ2：フロントローテーショナルランジ［投球動作］――矢状面＋水平面での動き

［動　作］
1．両手を胸の前で組み、足を肩幅に開いて立つ（①）。
2．片脚を前にまっすぐ大きく踏み出し、前後に開脚する（②）。
3．その姿勢から、体幹を踏み出した足の方向にひねる。

写真のようにボールを持って行ってもよい（③）。
［応　用］②の動作で斜めに大きく踏み出すようにすると、前額面上の動きも加えることができる（ダイアゴナルローテーショナルランジ）。

下肢の安定性：バランス・挙上動作→クイックリフト

　床にしっかりと足をついて安定した姿勢から、上肢に負荷を持ってエクササイズを行うことで不安定性を加える（体幹強化）。

1. 負荷を保持した片脚Tバランス：矢状面でのバランス、安定性

[動　作]
片脚立ちになり、両手で負荷を持ってTバランス（「バランストレーニング」の項目を参照）の姿勢をとる。
以下で紹介する2つの動作の開始姿勢となる。

2. 片脚Tバランス クリーン：矢状面＋前額面でのバランス、安定性

[動　作]
1. 片脚でTバランスの姿勢をとる（①）。
2. 両手に持った負荷を胸の前まで引き上げる（②）。

3. 片脚Tバランス クリーン＆ジャーク（プレス）：矢状面＋前額面でのバランス、安定性

[動　作]
1. 片脚でTバランスの姿勢をとる（①）。
2. 両手に持った負荷を胸の前まで引き上げる（②）。

3. さらに負荷を頭上まで引き上げる（③）。
　※体幹・骨盤の捻れが起こらないように気をつける。
[応　用] 片手で負荷を持って同じ動作を行う。

4. 片手ダンベル・片脚立ちサイドレイズ：前額面でのバランス、安定性

[動　作]
1．片脚の膝を上げて、逆側の手に負荷を持って立つ（①）。
2．負荷を側方に肩の高さまで引き上げる（②）。

5. 片手ダンベルTバランス クリーン：前額面＋矢状面でのバランス、安定性

[動　作]
1．片脚で立ち、同じ側の手でダンベルなどを持ちTバランスの姿勢をとる（①）。
2．負荷を側方に顔の高さまで引き上げる（②）。

6. 片手ダンベルTバランス クリーン＆ローテーショナルプレス：前額面＋矢状面でのバランス、安定性

[動　作]
1．片脚で立ち、同じ側の手でダンベルなどを持ちTバランスの姿勢をとる（①）。
2．負荷を顔の横の高さまで引き上げる（②）。
3．腕を内側に回しながら、頭上に負荷を持ち上げる。最後に手の甲が前を向くようにする（③）。
※体幹・骨盤の捻れが起こらないように気をつける。

索　　引

トレーニング指導者テキスト 実践編　3訂版

©Japan Association of Training Instructors, 2009, 2014, 2023

NDC780/xi, 290p／26cm

初　版第1刷──────	2009 年 1 月10日
改訂版第1刷──────	2014 年 3 月30日
3訂版第1刷──────	2023 年 2 月20日

編著者──────────	NPO法人 日本トレーニング指導者協会
発行者──────────	鈴木一行
発行所──────────	株式会社 大修館書店
	〒113-8541　東京都文京区湯島 2-1-1
	電話 03-3868-2651（販売部）　03-3868-2297（編集部）
	振替 00190-7-40504
	［出版情報］https://www.taishukan.co.jp

装丁者──────────	井之上聖子、石山智博
組　版──────────	加藤　智
イラスト──────────	石川正順、落合恵子
印刷所──────────	横山印刷
製本所──────────	難波製本

ISBN978-4-469-26948-2　　Printed in Japan